21世纪新闻传播学系列教材

媒介批评通论

第二版

刘建明　著

中国人民大学出版社
·北京·

总序

PREFACE

中国人民大学出版社策划出版的“21世纪新闻传播学系列教材”，是一套在新闻传播学领域内，皋牢百代，卢牟六合，贯穴古今，笼罩中外，密切联系新闻传播工作的实际，广泛吸收新闻传播学的最新研究成果，高挹遐揽，取精用宏，供新世纪的高等院校新闻传播院系教学使用的系列教材。

上个世纪初以来的100年，是世界新闻传播事业飞速发展的100年。这100年来，随着科学技术的不断发展，继报纸、期刊、通讯社之后，广播、电视、网络和多种新媒体相继问世，新闻传播的媒介日趋多元化，新闻传播的手段日趋现代化，“地球村”变得越来越小，新闻传播事业对世界政治、经济和文化的影响则变得越来越大。

这100年，也是中国新闻事业飞速发展的100年。其中最近的30年，即中国改革开放以来的30年，发展得尤为迅猛。

进入新世纪以后，中国新闻事业发展的势头更为迅猛。报纸、期刊、通讯社、广播电台、电视台的数量在宏观调控下，虽无大变化，但软硬件的实力都有了很大的提高。据2011年12月出版的《中国新闻年鉴》的最新统计数字，2010年全国共出版报纸1 939种，平均期印数2.14亿份。共出版期刊9 884种，平均期印数1.63亿份。全国共有广播电台227座，电视台247座，广播电视台2 130座，教育电视台44座。广播综合人口覆盖率为96.78%，电视综合人口覆盖率为97.62%。

另据2012年1月中国互联网络信息中心（CNNIC）发布的《第29次中国互联网络发展状况统计报告》显示，截至2011年12

月底，中国网民规模已达到5.13亿，互联网普及率达到38.3%。其中，手机网民数量为3.56亿，博客和个人空间用户数量为3.19亿，微博用户数量为2.5亿，社交网站用户数量为2.44亿，网络视频用户数量为3.25亿。中国居民中具备上网条件和技能的人已经基本转化为网民，大专及以上学历人群中互联网使用率已达96.1%。中国网站总数为230万个，网页数量为866亿个。

这样大的发展规模，这样快的发展速度，在世界和中国新闻事业史上都是空前的。回顾既往，盱衡未来，新闻传播事业在21世纪还将会保持旺盛的发展势头。新闻传播，作为上层建筑和意识形态的一个重要组成部分，在全面准确地宣传党的基本理论、基本路线和基本方针以及各项决策，反映人民群众的伟大业绩和精神风貌，以及推动改革开放和社会主义现代化建设等方面，必将继续发挥重要的作用。

与新闻传播事业的发展相配合，这100年来，为中国的新闻战线培养和输送人才的中国新闻教育，也有了相应的发展。中国的新闻教育起始于上个世纪初，迄今有近90年的历史。新中国成立前的30年，虽然先后在个别院校中设立了新闻系或新闻专科，但规模都不大，设备也不够完善，在校学生人数，最多的时候不超过400人，30年间累计培养出来的毕业生还不到3 000人。新中国成立后，为了给新中国的新闻事业培养人才，新闻教育有了新的发展，但到20世纪60年代中期为止，全国的新闻教育机构也还只有14家。当时全国只有343家报社、78座广播电台和13家电视台，革命老区来的新闻工作骨干正当盛年，足以支撑大局，新闻系和新闻专业的学生统招统分，基本上能够满足中央和省市以上新闻单位梯队建设方面的需要。"文化大革命"爆发后，新闻事业进入低谷，新闻人才的培养也被迫中辍。拨乱反正之后，新闻事业有了飞速的发展，但新闻工作的人才却出现了断层，明显供不应求，因而极大地推动了新闻教育的发展。中国的新闻教育得以重振旗鼓并得到空前迅猛的发展，主要是改革开放以来的这30多年的事情。30多年来，中国新闻教育和中国新闻事业同步发展。截至2011年，全国设有新闻传播学类院、系、专业的高校已由改革开放之初的两三所增加到800所以上，各种类型和层次的专业教学点已不下1 000个。新闻专业的教学已从单一的大学本科教育，发展到博士生、硕士生、本科生、大专生、成人教育、函授教育等多层次的格局，不少院系还设置了新闻传播学方向的博士后流动站。改革开放之初，全国在校新闻系科学生总共只有500来人，现在仅在校本科生就有16万人左右，硕士和博士研究生3万人左右，办学层次、办学规模、办学水平都有了很大的提高。进入新世纪以后，随着新闻传播事业的加速发展和新闻战线人才需求的不断增加，中国的新闻教育还将会有更大幅度的发展。

一般说来，新闻教育质量的高低，起决定作用的主要是两个因素：一个是师资，一个是教材。两者之间，教材的作用更大。这是因为，师资的多少和良窳，往往受办学主客观条件的限制，而教材一旦完成，就可以直接嘉惠于学子，风行四海，无远弗届。进一步说，一部好的教材，不仅可以满足教学的需要，培养出一大批人才，而且还可以同时拥有一定的学术含量，推动新闻传播学研究的发展。1919年出版的徐宝璜的《新闻学》，1927年出版的戈公振的《中国报学史》，就是这方面的很好的例子。这两本书都是作者在高等学校从事新闻学理论和新闻史教学时作为教材编写出来的，出版之后，立即引起世人的关注和推崇，一再重版，历久不衰，至今仍然是公认的新闻学理论和新闻史方面的传世之作和经典之作。正因为这样，新闻教育的前辈们，历来十分重视教材的建设。新中国成立初期的十来年，坊间出版的新闻学方面的书籍，绝大部分都是教材。改革开放以后，新闻传播学研究空前繁荣，新闻学方面的书籍大量问世，但教材仍然在其中占了很大的比重。这些教材，覆盖了新闻传播学的方方面面，经过出版家和众多作者们的长期努力，门类和品种基本配套齐全，曾经为同时期的新闻教学作出过重要的贡献。但是，随着时间的推移和新闻工作实际的飞速发展，这些教材的体例日显陈旧，观点和内容也亟待调整和更新。一些属于学科前沿和科技含量较高的新开课程的教材尚付阙如，使现有的教材出现了不少缺口。在新世纪已经到来之际，集聚力量，重新编写出一套体系完整，门类齐全，能够为新世纪的新闻教育和新闻人才培养服务的新闻传播学的系列教材，已经成为人们的共识和新闻业界与新闻教育界的迫切需求。

呈现在读者面前的，就是应这样的需求产生的一套系列教材，它将涵盖新闻学、传播学两个二级学科的方方面面内容，满足新闻、广播、电视、广告、媒体经济、新媒体等多个专业的教学需要。负责这些教材编写工作的，是中国人民大学、复旦大学、北京大学、清华大学、中国传媒大学、中国青年政治学院等多所著名院校长期从事新闻传播学方面教学与研究工作的专家学者，其中有相当大的一部分编写者都是相关学科的国家级的学术带头人，堪称一时之选。收入本系列的教材中，既有国家级重点教材，也有部级重点教材，其他的也都是经过严格筛选的精品，所以，本套系列教材的质量是有保证的，其权威性也将会得到社会的认同。

21 世纪是一个高度信息化的时代，是信息经济和知识经济占主导地位的时代。信息经济和知识经济有两大支柱，一是以高科技为代表的传播技术产业，二是从事新闻和信息产品生产的媒体产业。新闻传播学作为将这两大领域有机联结的桥梁，在今后的国家建设和社会发展中必将发挥越来越重要的作用。中国人民大学出版社经过精心策划，隆重推出这套系列教材，是具有高度的前瞻性和战略眼光的。在这里，我谨代表编委会和全体作者向中国人民大学出版社表示由衷的感谢。

这部系列教材开始策划于上个世纪的最后一年，本世纪初起陆续问世，迄今已编写出版了 50 余种。在体例和内容的创新和开拓等方面，远远超过同时期出版的同类教材。其中的有些教材，还根据整个新闻传播理论与实践的发展和新闻传播学教学与研究的发展，陆续作了必要的补充和修订，重新出版，实现了内容的与时俱进。

这批教材的问世，将会为新闻传播事业和新闻教育事业的发展和繁荣、为新世纪新闻传播人才的培养作出它应有的贡献。这是出版者和全体作者共同的一点希望。是为序。

方汉奇

2012 年 3 月 15 日

于中国人民大学宜园

自序

PREFACE

媒介批评理论：拿来主义与中国范式

《媒介批评通论》推出第二版，是为了适应近年媒介批评的变化，试图回答媒介批评提出的新问题。该版文字完稿于 2012 年 2 月，主要针对我国媒介批评遇到的新课题，进一步探索批评的中国范式。

本书主要围绕为什么要开展媒介批评、媒介经常出现哪些错误引发社会批评、媒介错失的根源是什么、如何进行媒介批评等问题，建构知识体系和理论框架，对相关概念和原理作出阐释。本书对一千多个媒介现象作出简要分析，对媒介批评者认识媒介有一定的参考价值。该版引用了近几年媒介批评的新例子，原版中少量典型例文由于没有找到更恰当的新作，仍然保留了下来。

我国的媒介批评同西方大不相同，西方偏重媒介制度与意识形态批判，而国内则盛行对媒介作品的评析。建构我国自己的媒介批评理论，促进批评范围不断扩大，把媒介作品、媒介经营、媒介体制及其他相关问题都纳入批评对象，将有助于增强媒介的软实力建设。

西方媒介批评着力于媒体的控制分析，无论是文化批评、意识形态批评、文化社会学批评、传播政治经济学批评还是媒介技术批评，大都贯穿对媒介资本或政治权力的批评，同我国现行的媒介实践大都对不上“牙口”。奉行“拿来主义”，全部照搬西方批判理论，国内传媒界人士多有南辕北辙之感，少有问津。西方批判理论并没有为各国创立通用原则，把它们全部搬过来，自然

"水土不服"。美国、英国、加拿大与德国的媒介批评就有很大差别，表明它们都是根植于本国媒介制度的理论，并不具有世界性。

但这并不意味着西方媒介批评理论没有参考价值，不能吸收它的正确观点。引介西方媒介批评理论，无疑具有借鉴作用，有些学者出版了多种译著和综合研究成果，作出了艰苦的努力。但如果要求我们的每个结论都以西方学说为圭臬，甚至不与"国外以及港台学界媒介批评"使用的概念一致，就是对媒介批评的"误解误用"；不照搬"西方成熟的媒介批评的理论架构"就"不够学术化"，则把学术研究降低为鹦鹉学舌，有违学术独立的品格。引进与独立探索是两个不同领域，后者可以借鉴前者，但无须全盘照抄，人云亦云。

吸取西方批评理论中有生命力的养分，只是为了使我国的媒介批评研究更具科学性，不是唯西方马首是瞻。借鉴既有继承，又有分析、批判和扬弃，目的是要把有用的东西移植过来。依据我国媒介传播的特性提炼批评理论，是探索中国范式的主要路径。若我们的研究成果引起国内传媒人士的兴趣，即使有一小部分人感到有用，主动阅读这方面的著作，表明对中国批评范式的探索已有所收获。

本书第一版在 2001 年 1 月出版后的十年间，共销售两万多册，年均售出两千余册，并逐年略有增加。这样一本初步理论著作，平均每年维持两千余册的销量，并有 30 多所新闻传播院系把它作为教材，让作者深感责任重大。近年媒介生态迅速变化，网络媒体异军突起，本书读者无疑会要求作者推出新的版本，提出新的见解，进一步充实、深化原书的观点与体系。

1999 年年末作者着手写作本书第一版时，国内没有此类现成著作可资借鉴，完全是在陌生领域里的探索。当时报刊上评述记者、媒体和新闻作品的文章日益增多，各级宣传管理部门的新闻评阅工作已经铺开；在新闻界内部，评选优秀稿件，总结报道得失，以及编辑们选用稿件时的商讨与决定，都涉及媒介批评的知识与理论（见第一版自序）。正是上述种种需要，使作者萌生了写作《媒介批评通论》的冲动，加上当时已经出版了电视、电影、广告批评研究的专著，本书便侧重探讨新闻传播中的媒介批评，把反思新闻报道作为重点。所以，第一版中某些概念的阐释与立论，多立足于新闻媒介批评，在自序中对此特别作了说明。

近年，媒介批评领域不断扩大，网络批评大量涌现，综合性媒介批评文章也日显生机，《媒介批评通论》第一版的内容已显褊狭。加之原版某些论述有艰涩、盘曲之处，对其作必要的修订一直为作者所牵挂。从 2011 年 4 月起，作者对原版着手进行修改，充实了新的观点，对全书结构作了调整，引述了西方批评理论有价值的见解，围绕中国范式倾注了更多的笔墨。

由于作者水平所限，本书的知识构建与理论演绎难以完美，仍需广大读者，特别是同行专家的批评。也希望有更多的学者加入这一领域的研究，共同推进中国媒介批评范式的完善。

作 者

2012 年 2 月于清华大学荷清苑

目录

CONTENTS

媒介批评与媒介批评研究

第一章 CHAPTER 1

大众传媒出现后，推动社会发生了重大变化，建立了卓越功勋，但也发生过许多错误，媒介批评越来越引起传媒人士以至全社会的关注。进入 21 世纪，媒介批评成为我国媒介领域、学界和政界的热门话题，研究专著已出版了多本，以《新闻战线》、《中国记者》、《今传媒》、《新闻出版报》、《新闻记者》和《当代传播》等为代表的新闻传播学报刊，纷纷开辟媒介批评专栏，批评文章不断增多，标志媒介批评正在繁荣。但对媒介批评的相关概念和基本认识仍众说纷纭，本书第一章将首先讨论媒介批评的内涵和批评观念。

第一节　媒介批评的内涵和相关概念

我们常见到“文学批评”、“电影批评”或“文艺批评”的概念，也读过这方面的论著，对“批评”的含义十分清楚。但人们对媒介批评的理解却发生了疑问，产生了许多质疑。有的文章说，媒介批评就是对大众传播媒介的批评，是对媒介产品以及媒介自身作用的理性思考。还有文章认为，只有欧洲批判学派的观点才叫媒介批评。而有的学者指出，媒介批评是对大众传媒和大众文化的反思活动，指出大众传播的特定意识形态背后的意义和内在意义。这些解释都有一定道理，但作为对媒介批评含义的阐释，多有几分玄虚，缺少对内涵和外延的全面观照。

一、媒介批评的内涵和核心

给任何概念下定义，都要指出它的内涵和外延，检查定义项和被定义项是否相呼应，定义项的内容是否真实、全面、准确，并触及对象的本质。根据这一定义规则，本书给**媒介批评**下的定义是：对媒介运作的正误、得失作出评价，褒贬媒介行为、媒介作品、媒介工作者或媒介制度，揭示媒介传播的倾向和利弊，包括报刊批评、影视批评、出版批评和网络批评。指出媒介的优劣是非与利害得失，对媒介作出价值判断，是批评媒介的主要目的。从广义上看，媒介批评既包括对媒介现象的肯定与赞许，也包括对其弊端与危害的否定。从狭义上看，媒介批评是一种否定思维，主要是对媒介的负面问题进行反思，指正媒介传播或媒介制度的错失。本书主要在狭义上使用媒介批评的概念。

有人主张，媒介批评的定义应当“是指人们以一定的价值立场和理论为依据，对渗透在传播媒介政治经济体制、从业者行为、媒介产品以及媒介消费者消费过程中的利益、意识形态与权力进行的判断、阐释与评价的活动”①。按照这种定义，如果批评一篇新闻的结构混乱、一部电视剧的主要演员表演拙劣、纸馅包子是假报道、某个记者向被报道者索贿等等，一律要上升到意识形态与权力的高度，才叫媒介批评，显然是说不通的。这个定义也没有揭示概念的外延，似乎只把学术化批评纳入外延，而把报刊批评、影视批评、出版批评等排除在外，不能反映媒介批评的全景。

媒介批评不包括各种文艺批评，相反，它同文学批评、电影批评、电视剧批评、美术批评和音乐批评等一切文艺批评是有区别的。文艺批评围绕各类文艺作品的思想性和艺术性进行评价，揭示作者创作活动的优劣，实际是对作品虚构艺术的评价。媒介批评虽然也包括对电影、电视剧和其他文艺作品的评价，但主要是对其社会价值、社会效果、创作政策及其相关问题的批评，涉及作品传播的各种现象。这些问题是客观存在的事实，同创作的虚构毫无关系，也不侧重于艺术分析。

媒介批评的核心是批评者的反思与价值判断。媒介批评以评价媒介现象作为阐释内容，对媒体及其作品展开一系列评析，自始至终渗透着对其错失的“反思”。把批评当做一种反思的过程和结果，探索媒介传播的得失，总结和升华经验，是获得新的媒介思想的一种途径。正如黑格尔所说，“以思想本身为内容，力求思想自觉其为思想”②。媒介批评最终要发现一种媒介思想，开拓媒介理论的新视域。媒介在反映现实时，总是与实际相隔一定的距离，但媒介批评与现实几乎没有距离，富有指点现状的性质。因而，媒介批评能使媒介理论的各要素，诸如对象观念、形态观念、传播观念、受众观念等更充分地体现出来，通过对相关理论类型的选择、综合和运用，对媒介作出分析，依据实际给予正误优劣的评价。媒介批评的反思总是在媒介传播与它所反映的领域来回滑动，以多种科学理念研究媒介存在的问题，把探索触角主要伸向传播的效果领域，为优化媒介的实践服务。

媒介批评是一种价值判断，所谓**价值判断**，是指“什么是好的，什么是坏的，什么是应当的，什么是不应当的”等论断或看法，对媒介属性及利害同受众的需要关系作出评判。它既不是对媒介客观性质的认识，也不是单纯的主观偏好的表达。价值判断有正误之分，衡量价值有客观标准。媒介活动及其作品的价值主要看它对受众的影响，对他们产生

---

① 董天策主编：《中外媒介批评》，8页，广州，暨南大学出版社，2010。
② ［德］黑格尔：《小逻辑》，39页，北京，商务印书馆，1980。

何种意义。过去由于媒介批评被权威所垄断，价值判断可能被少数人非理性的解释所左右，受众对媒介的理解大都被忽视，使媒介解读的另一端——受众的反应——成为无人涉足的荒漠。其实，在媒介及作品和受众构成的传播的整个系统中，受众的反应是媒介传播的重要部分，对权衡媒介的价值有不可或缺的作用。

价值判断既有客观性又有主观性。不同媒介批评者对同一种媒介现象的价值判断不可能完全相同，因为他们的主观感受不一样。由于媒介的价值效用对不同群体可能迥然不同，所以批评者的价值判断有高低正误之分。衡量价值判断正误的标准，要看媒介活动是否符合客观规律，媒介作品是否符合广大受众的利益和兴趣。媒介传播引起受众的反响，是一种原生的媒介批评形态，对媒体及其管理机构来说可能是一种未知世界。媒介批评要把未知的、粗糙的意识世界转化为苏醒状态和现实的认知世界，全面把握受众的评价活动，才能对媒介的真正价值作出判断。这就是说，媒介及其作品的价值只有在受众的解读中才能焕发生机，因为它存在于受众的理解之中。提升受众的解读原则、方法和评价理念，对于媒介批评的成功与否，是举足轻重的环节。2012 年 2 月 15 日《中国青年报》发表的批评文章《“金扫帚”能否扫去电影业尘垢》一文中有这样两段话：

> 要知道，“金扫帚奖”并非一家之言，并非政府奖和专家奖，其所有奖项均经由公众在各门户网站投票产生提名名单，再由影评人、媒体人、文化学者等组成评委团，以独立身份，不受雇用，不媚权势，不论亲疏，投票产生最终结果，是有相当的民意基础的。
>
> 草根意见不可不察。一部电影是好是坏，首先要看观众口碑，尊重市场和观众。被提名“最令人失望”者，虽有再拍烂片的权利，但观众更有按紧钱包、坚决不为烂片埋单的权利。正如导演王小帅所言，“金扫帚奖”在快乐和幽默中，透着一种责任和严肃。电影人理应回应观众期待，拍几部记录这个时代中国人的内心、情感、命运的电影，拍几部直面现实、直击心灵的电影，这是其责任所系。而不是粗制滥造地炮制一批古装烂片。也如“金扫帚奖”创办者程青松所言：“我们到底是用烂片来培育中国电影市场，还是应该用好片来培育?”可以说，“金扫帚奖”给电影人提出了一个严肃的话题。

该篇批评文章就 2011 年度最差电影颁发的“金扫帚奖”提名，对“金扫帚奖”的价值作出“给电影人打一针‘清醒剂’，使之醒悟，促其奋进”的判断。而这一判断则是从广大观众的评选这一事实概括出来的。

价值判断要有事实根据，以事实判断为基础，没有对媒介现象的深刻认识，也就无法对它能否满足受众的需要作出判断。事实判断是批评者观察媒介现象后对事实作出的陈述，随后才能指出这一媒介现象对受众有无价值、有什么价值、有多大价值。显然，媒介批评的价值判断有一定的客观性，可概括为对事实及受众意义的判断，评价媒介对人以至整个社会产生的后果。事实判断与价值判断的区别在于，价值判断蕴涵“受众需要”、“社会意义”这类因素，而事实判断则是说明事实是否符合实际情况和真相。

媒介批评的价值判断还依据某些理论、信念、信仰对媒介的意义与利害进行权衡，媒介批评家尤其如此。受众批评者可能缺乏理论依据，但他们大都遵循喜闻乐见和某种习以为常的追求来判断媒介。一般而言，几乎所有媒介批评者都在观察事实的基础上依据一种理念支撑，来分析媒介的是非，判断媒介的价值，并在相当一段时间内很少改变对媒介价值的认识。这样，每一次价值判断背后都隐含着一种推理：判断的过程都是推理的过程，价值判断始终是推理的结果。

二、媒介批评研究中的概念使用

媒介批评是个总概念，包括报刊批评、影视批评、出版批评和网络批评；就文本而言，又可分为新闻批评、影视剧批评、书籍批评和广告批评等；在形式或方法上还包括理论阐释、个案分析和量化研究。如果不顾各种具体情况，强调在任何语境下只有使用“媒介批评”这个概念才是规范、标准的，使用诸如“电视批评”、“新闻批评”等其他概念就“不够学术化”或“不成熟”[①]，恰恰是对媒介批评内涵与外延理解片面的表现。

究竟使用哪个概念，要看批评或研究的具体内容和对象，既不要盲目地照抄西方，也不要僵化地看待概念。倘若对电视批评或研究电视批评，要求用“媒介批评”而不用“电视批评”才算规范，倘若批评出版界的问题或研究出版批评，强调只有用“媒介批评”而不用“出版批评”才算“学术化”，实际是种属概念不分，制造混乱。任何概念都有具体内容，有不同的规定性，适用不同的语境和指代物。种属概念由于包括特定的对象，也不能随意混用。就好比当人们吃苹果时想评论一下这个苹果的味道，硬要说它是水果，不准说是苹果，这种卖弄知识而导致的愚昧，没有任何学术意义。

即使在西方，指称对某种传媒的批评，也未必都用“媒介批评”（media criticism）这一概念。根据批评对象和方式，他们分别使用 newspaper counsel（报评）、press counsel（报刊评议或出版评议）、journalism criticism（新闻批评）、press criticism（报刊或出版批评）、TV criticism（电视批评）、newspaper review（报纸评论）、book review（书评）、mass communication criticism（大众传播批评）等概念。报刊批评、新闻批评这两个概念初看起来容易同舆论监督混淆，但在一定语境下读者能够区分，而且在中西媒介批评中都使用这两个概念，恰好说明上述担心是多余的。

媒介批评这个概念确实含义宽泛，但任何概念的内涵和外延都是有边界的，绝不是无边无际、活泛多变的。概念是研究命题的基本元素，具有确切的指称，否则就会把一个事物误认为另一个事物。如果对概念的基本含义各执一词，那么人类就根本无法交流，任何科学研究都寸步难行。“媒介批评”这个概念在任何时候和任何国家的含义大体是一致的。如果不一致，那是由于一些人对它阐释错误或阐释不全面造成的。

媒介批评这个概念主要是外延广阔，如前所述，褒贬媒介行为、媒介作品、媒介工作者或媒介制度，包括报刊批评、影视批评、出版批评和网络批评，还包括新闻批评、广告批评、影视剧批评。这些外延在“媒介批评”出现之前就已存在。有人一方面提倡用媒介批评这个概念，另一方面又认为影视批评不是媒介批评，由此推断电影、电视不是大众媒介，显然是一种逻辑混乱。本书在媒介批评这个总概念下论证媒介批评的一般知识和普遍法则，同时对新闻批评、影视批评和出版批评也作具体研究，兼对传媒的宏观（例如体

① 参见刘自雄：《为媒介批评正名》，见董天策主编：《中外媒介批评》，广州，暨南大学出版社，2010。

制、机制问题）和微观（例如对某条新闻或某部电视剧）批评进行探讨。

对新闻批评这一概念的使用，不能脱离特定的语境。对新闻作品和新闻报道效果的评价，包括对某则新闻报道的动机、影响、新闻文本分析，是**新闻批评**的主要内容和目标。在我国，对新闻作品的评价与分析文章在新闻传播学杂志上大量出现，硬要用媒介批评这个概念代替新闻批评的概念，无疑是大小概念不分。为防止被人混同为监督报道，“新闻批评”不应随意使用，只能在评价新闻报道和新闻作品的语境下使用。

媒介批评研究涉及很多概念，这些概念根据反映的对象不同，可分为单一概念和普遍概念。单一概念的内涵狭窄，外延只有一个；普遍概念则是反映某一类事物，内涵宽泛，外延有若干个。这两种概念不能混同，不能相互代替。比如，电子媒介是普遍概念，而网络和电视都是同类的单一概念，二者的属性是不同的，但它们却有一定的共性。除此之外还有实体概念和属性概念。实体概念是指具体事物的概念，指称能够摸得着、看得见的事物，比如北京日报社、中央电视台、某高校出版社等。而属性概念则是反映事物某种属性或类别的概念，比如报社、电视台、真实、感人、媒介、影像、图解等，这些都是不能被直接观察到的，只能借助若干实体去认识和理解。在媒介批评研究中常会因混淆上述概念，不了解它们的差别，产生种种逻辑错误。比如“报纸是不会消亡的，因为报纸已经变成网络版”，此处且不论报纸会不会消亡，错误在于网络版已经不是报纸的概念，因为网络版的纸质载体已经丧失，发行与销售形态业已消失，充其量可称为“网报”——在互联网上报告新闻，怎么能称为“报纸”呢？

媒介批评研究经常使用定义法对许多生疏的概念加以解释，在揭示概念内涵的同时，界定研究对象的外延，以便确切地把握媒介现象。人们对同一个概念有不同理解，定义过宽或过窄都会导致对媒介现象认识的不准确。定义只能用肯定判断，而不能用否定判断，在逻辑上定义的概念不能包含或部分包含被定义的概念，否则就会出现同义反复，导致定义不明确，或根本无法揭示事物的本质。本书把大量媒介现象提炼为概念，分别作出定义，以明确这些现象的含义及其边界，构成媒介批评的一系列知识和原理。

媒介批评研究者与媒介批评者在使用概念进行思维时，要正确判断和论证自己的结论，还要符合思维逻辑，否则就不能准确地阐述和评价媒介。思维活动使用概念和推理，只有遵循以下逻辑规律才能有效地阐释自己的结论，正确地评价媒介。

（1）批评或批评研究者遵循同一性逻辑。在思维和表达过程中，使用的概念和判断必须保持同一性，不能变来变去，把不同概念视为同一个事物的代称。偷换概念、转移命题以及言说跑题、文不对题都违反了同一律，比如把电视批评混同为电视研究，把媒介批评理论视为媒介理论，把研究以新闻媒介批评为主的著作看做研究媒介批评理论的著作，进而指其研究的内容不是全部媒介而陷入片面等，这些都是偷换概念的表现。概念和判断没有保持同一性，违反了同一思维规律。

（2）批评或批评研究者避免陷入逻辑矛盾。人们在思维和表达思想时，已经使用某一概念作出判断，就不能再用与之相反的概念来判断，使自己的结论陷入矛盾。比如“整台节目质量很高，从内容到形式都有惊人的创新，但其中有几支歌曲演唱得不好，谓之新作，曲调却似曾相识”。这个批评结论使用的概念和推理违反了矛盾律。如果“整台节目质量很高”这个判断是真的，但“有几支歌曲演唱得不好”这个判断就是假的，或者“整台节目质量很高”这个判断是假的。这种自相矛盾的媒介批评或批评研究结论，经常在一些文章中出现。

（3）批评或批评研究者防止认同两个相反的判断。对同一个媒介现象的批评所作的两个对立的判断，其中必有一真一假。如果二者皆真，则推理无法成立，判断失真；如果二者都假，则无法对媒介作出判断，不是模棱两可就是信口胡言。例如“这家报社多次收到读者的批评来信，报纸销量急剧萎缩，但上级也多次表扬这家报社，二者发表的意见都有道理，都值得肯定”。这一评价违反了思维排中律，承认两个判断都真实、都正确，但二者却针锋相对，肯定有一方提出的意见无法成立。

（4）批评或批评研究者的推论要有正确、充足的理由。媒介批评与研究者说明一个观点时，提供的理由和证据必须是真实、充分的，理由和证据与其要证明的观点之间有紧密的因果关系。如果提供的理由和证据不真实、不正确，和结论没有逻辑关系，即为虚假的论证，推导不出批评和批评研究的结论。例如，“新闻自由是新闻记者不受任何限制、独立报道新闻的意志和权利，世界上许多国家都剥夺了记者的新闻自由，这是不公正、不道德的。”在这一结论中，“记者不受任何限制、独立报道新闻的意志和权利”是个错误的论据，由此推导出“剥夺了记者的新闻自由”、“不公正、不道德”的结论是不合情理的。恰恰相反，二者却具有“反制关系”——正因为某些记者不受任何限制，奉行一意孤行的新闻自由，才导致他们的不正当的权利被剥夺。这句话的论据不正确、不可靠，那么“不公正、不道德”的结论也就站不住脚。

第二节　媒介批评研究与媒介批评理论

自20世纪90年代以来，我国有些学者对媒介批评展开了研究，进入21世纪先后出版了媒介批评研究的专著十多种，主要包括新闻批评、影视批评、广告批评专著，也有引进西方批判理论的论著以及中国和西方媒介批评史著作。媒介批评研究不应从定义出发，而应从丰富的批评实践中概括出知识体系与规律。媒介批评不是传播学，而是媒介理论的一个分支，也是社会批判理论的一部分。研究媒介批评主要是探讨媒介批评观念、批评规范与批评方法，把握媒介评价的标准，以便对媒介现象作出深刻、准确的评析。

一、媒介批评及其批评理论

19世纪后半叶，在西方传媒广泛影响社会后，媒介同每个人的生活密切相关，各类群体开始重视它的传播内容和方式，其负面效果也经常引起反响，大众、记者、作家、政府或政党要员和各类学者不断介入媒介批评，发表重要的批评意见。他们的批评行为是一种传播现象，但不能笼统地说他们的观点属于传播学。传播学研究的是信息传播规律与法则，包括媒介的特点与类别、信息的本质与特征、信息传播的模式与过程、传播效果、受众理论、传播控制与传播制度等学说。欧洲批判传播学否定美国的经验学派，创立了交往行为理论、叙事理论、话语理论、符号理论等传播学体系，重在建立传播行为的系统理论。如果把以上这些议题或某一部分理论整体地纳入媒介批评研究内容，就没有抓住媒介批评的特定对象。

媒介批评理论是对媒介批评实践和批评法则与方法的总结，不是侧重阐述传播知识和传播规律，而是总结对媒介行为、媒介作品或媒介制度及相关问题如何评价的知识和理论。显然，媒介批评理论是研究媒介批评的学说，概括批评媒介的知识、原理和方法，它本身不是媒介批评。一旦媒介批评研究概括出正确的理论体系，可以指导媒介批评，就能把它归类为人文学科。

但也有人提出质疑，媒介批评是没有一定之规的，规定怎样批评，还把它称为“学”，是不恰当的。这种观点无疑是说，媒介批评没有规范，没有规则，没有规律，愿意怎么批评就怎么批评，无须遵循什么规则和标准，也没有这样的学问。按照这一逻辑，辱骂媒体，捏造事实抨击记者，把媒体的正当舆论监督说成人身攻击……是不是符合“没有一定之规”？在没有“一定之规”的掩护下，向媒体泼污水，批评不讲准则，没有标准，也不需要什么方法，说得通吗？加拿大批评理论家诺思罗普·弗莱在《批评的解剖》一书中认为，文学批评是一门科学，应被当做一门独立的学科。① 没有“一定之规”之说，是违反科学思维和批评实践的。

世界上万事万物都有“一定之规”，有的规定性是外显的，有的规定性是隐蔽的，当人们挖掘出这种规定性并有必要对其作出系统的学理说明时，就可能形成理论。凡对事物作出评价，无论是评选各种人物或产品，还是进行政治、哲学、文学批评，以至我们所研究的媒介批评，都有一定规范和规定性。媒介批评不受是非善恶约束，任意歪曲文本原意和作者意向，这是不可思议的。加强对媒介批评的研究，建立一定的理论，是开展有益的媒介批评的重要条件。提升媒介批评的专业化水准，探索正确的媒介批评理论和方法，不仅有助于推动媒介批评的广泛开展，而且是大众传播媒介健康发展的重要前提。

媒介批评和媒介批评学是两回事，不能混淆，尽管二者的含义容易混同。西方媒介批判理论的多数学者几乎都不把他们的媒介批评作为一门学科来对待，很少有人把自己的批判理论和方法称为媒介批评学，更不称为传播学，尽管他们对媒介的批评应用了传播学、新闻学的某些知识。他们批评的是媒介运作及媒介制度存在的问题，批评的目标是促进媒介的改革，推动社会变革，不是在那里研究媒介批评。把西方的媒介批判理论作为媒介批评学来看待，实际混淆了两个不同事物。媒介批评理论研究批评媒介的原理、规范和各种规定性，指导媒介批评者如何认识媒介存在的问题，旨在总结一套正确的批评理论和方法，引导媒介批评健康地开展。

二、我国媒介批评研究的发展

在近现代中国，媒介批评的发展是否孕育了媒介批评理论的萌芽，尚没发现初具体系的论著加以证实。因此，只能把媒介批评理论的产生时间暂定为20世纪80年代。1987年11月台湾学者黄新生出版了《媒介批评——理论与方法》一书，全书共16章，对媒介批评作了有益的探索。书中介绍了欧洲批判学派批评媒介的许多重要观点。在中国大陆，1994年年底《电视艺术》杂志主持了一次“电视批评”研讨会；1995年又举办了“媒介批评”笔谈，特别是吴迪在《北京广播学院学报》第5期上发表的《媒介批评：特性与职

① 参见［加］诺思罗普·弗莱：《批评的解剖》，再版译序，天津，百花文艺出版社，2006。

责》一文，提出“媒介批评就是对大众传播媒介的批评，是对媒介产品以及媒介自身作用的理性思考”的界定，在中国媒介批评研究发展史上占有一席之地。1994 年，韦峰的硕士论文《论媒介批评》也初步探讨了媒介批评的基本属性。这之后的媒介批评研究，开始升温：1996 年第 2 期的《现代传播》在“学报沙龙”上，以“媒介批评”为主题开展了专题研讨；1996 年第 4～6 期的《电视艺术》杂志连续刊登“媒介批评笔谈”专栏。

1996 年 12 月，《新闻出版报》开设“媒介观察”专栏，为开展新闻批评闯出一条路子。12 月 25 日，理论版主任伍旭升先生邀请本书著者主持“传媒评论学”栏目，组织学者写一组有关传媒评论学的稿子，推动对媒介批评的研究。参加笔会的有四川新闻研究所教授林之达、天津师范大学教授刘卫东、清华大学硕士研究生易涤非、清华大学讲师胡钰、襄樊日报社主任记者黄道宏等。

1998 年 1 月，《当代传播》主编任怀义先生邀请本书著者组织几个学者连续写了 20 多篇文章，用两年的时间在该刊论述传媒评论的有关问题。该刊从第二期开辟“传媒评论学”讲座，参加者除上述几位研究者外，还有当时供职中国青年政治学院新闻系的展江教授。

到 20 世纪末，公开发行的新闻学研究杂志有 50 余种，评选“核心期刊”后，刊物的质量都有大幅度提高，后来人民网也开设了“媒介批评”栏目。尽管我国目前尚无以媒介批评命名的研究机构，但具有媒介批评功能的组织早已存在。例如，中宣部新闻局设有新闻阅评小组，采取专业和非专业阅评人相结合的方法，负责阅评全国 30 家主要报刊，撰写阅评意见，供媒体和有关领导研究。作为国内第一家舆论调查与研究机构，中国人民大学舆论研究所 1986 年建所之初，就将其宗旨定为“调查新闻实践问题和新闻传播效果，为新闻媒介和舆论机关提供实证研究和数据资料”。该所拓展和丰富了我国媒介批评的实践。多年来，中央电视台在对世界知名电视台跟进研究的同时，目光进一步“向内转”——开始注重自身的评价活动。1998 年，该台成立“媒介分析小组”，负责评估每日的新闻节目并定期编写《媒介分析》活页，指陈该台新闻策划和播出节目的得失。①

1999 年 9 月 9 日在《新闻出版报》上发表的一篇短文，提出了新闻批评的“求是”原则。现将全文转录如下：

开展实事求是的新闻批评

《新闻出版报》的“采编周刊”连续发表了张芬之同志《“一”变“二”的缘由》（8 月 12 日）、《一等奖的缺憾》（8 月 30 日）两篇对获奖新闻作品的评论文字，主要讲问题和不足，这样实事求是的新闻批评，在《新闻出版报》这样有全国影响的报纸上发表，对规范新闻评奖和提高新闻写作水平是很有裨益的。

笔者认真研读了附录的这两篇作品，以为张芬之同志的评论是客观的，认真说理的。这两篇作品的不足是明显的，一搭眼便可看出，如《房子主人入席畅言“房子法规”》，新闻主体部分看不出主人是谁，“畅言”了什么，且文中不乏“目前”、“近年”、“年内”等模糊概念，不符合好新闻的基本要求；而《同级工作机构如何纠正同

① 参见王君超：《媒介批评——历史与走向》，载《国际新闻界》，1999（2）。

级政府的错误行为全国人大常委会部分组成人员提出疑问》，不仅新闻要素不全，且写法太一般，主体部分只是几位委员的“说”或“认为”。这类作品不仅入选，且位居较高奖次，实在值得商榷。现在有的好新闻评选，单纯从工作需要出发，没能很好地坚持新闻精品标准，是值得注意的倾向。

新闻批评是推动新闻事业、新闻宣传实践的有力武器，新闻批评应该好处说好，差处说差。衷心欢迎新闻出版界开展实事求是的新闻批评。

黄新生在《媒介批评——理论与方法》中，虽然不曾给媒介批评下一个明确的定义，但他提出媒介批评的三个基本取向（orientation），对于全面理解媒介批评不无参考意义。这就是：

1. 以评判（evaluation）作为求知的方法——在批评大众媒介时，应该不讳言价值的判断，指陈大众媒介所创造的价值与人们生活的关系，为人们指导与解释生活的意义。

2. 媒介批评倾向于批判的取向——批评家应具批判精神，以否定性思考、意识的启蒙、现状的改变，透视媒介中的集体意识，剖析媒介中的物化关系，进而激起阅听人的独立判断能力，避免沦为商业化媒介机构的祭品。

3. 媒介批评以诠释（interpretation）作为取向——批评家通过诠释活动，指出传媒的特定意识形态背后的意义和内在的意义。①

应当说，黄新生先生这部著作具备研究媒介批评的基本范畴。我国台湾学者张锦华先生的《传播批判理论》一书，除了介绍西方的批判学派的观点外，也有许多个人的立论。但他们更多的是借鉴西方媒介批评理论，着眼于媒介制度、理念、方法与机制的宏观批评，对媒介作品和传媒人的活动的批评较少。

近十年来我国出版了一批媒介批评的理论著作，例如王君超的《媒介批评——起源·标准·方法》、肖小穗的《传媒批评：揭开公开中立的面纱》、李道新的《影视批评学》、夏琼的《新闻评析》、谢静的《建构权威、协商规范：美国新闻媒介批评解读》、李岩的《媒介批评：立场·范畴·命题·方式》、欧阳宏生的《电视批评学》、雷跃捷的《媒介批评》、曾娅妮的《媒介批评：理论与例证》和翻译过来的沃里克的《电子媒介批评：应用的视角》、A. A. 伯格的《媒介分析方法》和艾伦的《重组话语频道：电视与当代批评理论》等，都具有一定的学科体系。现在的关键问题是，如何尽快提高这门学科的理论水平，逐步深化和丰富研究的范畴，推进中国媒介批评的繁荣和发展。

三、媒介观念与媒介批评观念

任何媒介批评都负载两层理念——媒介是什么和媒介批评是什么，对媒介本质的认识影响批评家确定批评对象、批评方法、批评标准和批评功能。在媒介批评史上，有贡献的批评家的观念屡屡表明，他们不仅回答了媒介是什么，从媒介观念中汲取了许多营养，而且在促进媒介批评深化和完善方面也卓有建树。媒介观念与媒介批评观念的这种有机联系，贯穿在整个媒介批评中。

---

① 参见黄新生：《媒介批评——理论与方法》，4～5页，台北，五南图书出版公司，2002。

媒介观念是人们对各类大众传播媒介总的认识，包括对媒介的产生、运作、机制、制度、功能和传播效果的看法，也包括对各种媒介知识和原理的评价。人们对媒介有总体观念，也有许多细小具体的观念，比如新闻观念就是媒介观念的一部分，而新闻观念又包括客观报道观念、宣传观念、媒介权力观念等。这些观念转化为媒介批评观念，通过评价性语言对媒介展开批评。显然，**媒介批评观念**正是媒介批评者运用媒介观念和多种社会科学知识，在媒介批评中体现出的理念和方法论。

媒介批评的主要观念是媒介究竟是什么，本书不得不首先（第二章）作出深层的回答，否则媒介批评观念就难以树立。媒介不是没有生命的物质载体，任何大众传播媒介都不是指物质载体和技术。中央电视台的大楼、发射机、摄像机、编辑机及一切设备仅仅是器物，并不是媒介，只有传播载体同传播者、传播机构及在一定制度下的运作和功能总和，才能称为媒介。媒介是一个集合概念，泛指所有大众传播机关或某一类传播机构（例如报刊社或电视台等），当人们指称某个传播机构时，一般要用“媒体”这一概念。而报纸、收音机、电视机与广播电视发射机这类传播信息的物件，只能称作信息载体。作为批评者观察和体验的对象，媒介是载体、传媒人、机构与传播运作的综合体。当媒介批评观念从属于价值判断后，就有了独立于媒介观念之外的特点。一般而言，媒介观念在先，批评观念在后，批评观念也表现为反转的方式，以批评呈现的事实印证媒介是否正确或有益。

每个国家和每个时代都有特定的媒介制度与传播习俗，也有相应的媒介观念和批评观念，二者都具有时空属性。如果我们今天仍然以徐宝璜、戈公振的观点分析 21 世纪的新闻媒体，不仅感到身心疲惫和无所言指，而且也会导致批评自身的危机。同样，我们把西方 20 世纪诞生的传播学和批判理论全部拿到中国来批评中国今天的媒介，也会感到丝扣不合，任何批评家都会有一种思想与心理不适，这归根结底是媒介观念错位导致的困境。

媒介观念的演进，在每个阶段都有变化，导致媒介批评观念的不断更新。在大多数情况下，批评家只有首先实现媒介观念的变革，才可能突破旧的批评模式，产生新的批评思想。强调媒介批评观念的独立和对媒介观念的超越，不致乱用不适用的东西，是树立正确批评观的关键。媒介批评观念具有以下几方面的特征：第一，它在相当程度上摆脱了实践形态的困扰，以抽象思辨来解释这种困扰的性质和解决的方法。这不是机械地再现实践经验，而是对实践和经验的反思。第二，它超越了媒介及其作品的思维和缠绵叙事，在理性世界里进行科学演绎，指正媒介存在的问题。第三，媒介批评观念充满政治学、哲学、社会学、心理学、语言学、传播学、文化学等学科原理，是各个学科知识交汇的结晶，但又集中于批评的特殊语境下。第四，不能把媒介批评观念视为媒介观念的直线运用，它有自己的思想样式，以评判为出发点，以指导媒介为直接目的。

第三节 媒介批评流派与批评对象

媒介批评理论探究的主要是媒介的解读原理和规律，因为没有准确的解读，不借助一定观念和方式分析媒介，任何批评都会茫然失措。如果说媒介是用一套语言系统反映世界，那么，媒介批评则是批评者用另一套语言对媒介反映的反映。要进行正确的批评，不仅需要充分调动感官和深度体验，而且必须在高层次上归纳和提炼这些经验，概括出一套理论模式和方法。这样一来，媒介批评在解读媒介过程中，将批评观念将转化为特有的指向、格调和派别。

一、我国媒介批评的流派

建构媒介批评理论是让一切媒介批评者，特别是大众，掌握正确的媒介批评观念，对媒介进行反思，使媒介理论的各要素，诸如对象观念、形态观念、价值观念等更充分地体现出来，通过对各种理论类型的选择和运用，对媒介现象作出科学分析。在媒介批评观念的基础上，依据不同理论或方法对媒介现象进行评价，产生了不同的**媒介批评流派**。在我国可初步划分为杂感批评流派、学理批评流派、历史主义批评流派和西方批判理论流派。

杂感批评流派诉诸客观论的信念，触景生情，针对媒介表象有感而发，就事论事，作出简要的评价。例如：

报道没有正负，只有真假

汪 强

在日前举行的新闻媒体座谈会上，河南省委书记卢展工说，舆论监督也是一种正面报道，不能简单地把它称为负面报道（《中国青年报》，2011-02-01）。卢展工的说法令人耳目一新。

……

对执政者来说，将舆论监督说成什么报道，不是很重要的；如何定义正面报道、负面报道，不是很重要的。重要的是对舆论监督要有正确的态度。卢展工的态度就值得赞赏。他不仅没有搞跨省抓记者那一套，反而强调对舆论监督要奖励，要求媒体向外界展示一个真实的河南，没有加过什么修饰，真正把真实的河南展现出来。

——《中国青年报》，2011-02-10

学理批评流派是从媒介现象应有的意识形态底蕴出发，对媒介运作、媒介功能及相关问题出现的错误予以批评，从学理上阐述媒介的理想状态。学理批评流派力求用理论的语言阐释媒介的理性。例如：

质疑“媒治”

陈力丹

2010年4月15日，《北京青年报》A2版（评论版）提出一个命题：“媒治”应成为法治的一部分。同名的评论认为，媒体通过新闻曝光，给有关部门施加压力，敦促有关方面采取究责措施，起到了关键的作用，形成了“媒治”。评论还认为，社会可以期待的正常状态是，“媒治”作为社会治理和“权利监督权力”的形式，本身就是法治的一个有机组成部分。

在这里，作者把传媒代表与公民行使的“权利”，同行政或司法机关拥有的“权力”混淆了。媒体只是一类意见的载体，它不拥有以暴力做背景的“权力”，仅仅通过反映舆论来体现它的社会功能。

…………

用“媒治”一词来概括媒体在社会运行过程中所起的作用，将“媒治”归入权力体制，这是一个观念混乱的伪命题。我国最高国家权力机关是人民代表大会，行政、审判和检察机关是国家权力的执行机关。相对于立法权、行政权、司法权等刚性的权力，大众传媒曾被比喻为“第四权力”，这仅仅是比喻，不是真的。传媒可以在认识领域推进社会的法治化，但它不是也不能是法治的一个部分。一旦媒治成为法治的一部分，这个“法治”也就变味了，不再是法治。

——《当代传播》，2010（5）

学理批评流派承认批评对象的各种各样的表现形式中存在着永恒的规律和最终的真谛，力求提出一种唯一的意识形态答案。它是批评的至高目标，批评的目的就是接近它，揭示它，用理论的语言重建它。至于这个至高目标究竟是什么，到哪里去寻找，则因人而异。在学理批评流派看来，这个至高目标是媒介显现的“理性”精神，早已由某种设定的原理规划好了的真理。英国客观批评派的创始人艾略特甚至认为，批评“有可能获得我们自身以外的什么东西，这种东西我们暂时可以把它叫做真理”，至于这个真理究竟有什么具体内容是次要的，“只要它们确实存在，且不管它们是怎样的”[①]。他对这个至高目标的崇拜几乎达到盲目的程度。实际上，媒介批评最终追求的真理目标，需要符合社会的整体利益和公众的价值要求，而不应是“不管它们是怎样的”。

许多媒介作品涉及历史事件和历史知识，如果发生错误，批评家为了澄清历史事实而从历史角度批评媒介，被称作**历史主义批评流派**。历史主义批评以历史原貌展示宏大的社会叙事，回味媒介或其作品的广阔社会价值。按照荷兰学者佛克马和蚁布思的说法，文学批评中的“历史主义”，就是“根据一定的标准，并联系同时期的其他历史现象，来解释和评价某个时期的历史现象”[②]。例如：

《庐山恋》经典依旧

叶之植

在新时期的中国电影中，《庐山恋》是不可多得的作品之一。很多当年的青年、现在的中老年观众，仍能回忆起影片放映的盛况，这部电影给他们留下了不可磨灭的记忆涟漪。本月19日，《庐山恋》导演黄祖模老人走了。于是，这部历经30年的电影，伴随着一个老电影艺术家的离去，又一次重回人们的心头。

…………

历史是一种文化传承。黄祖模老人走了，但中国电影还在继续。当我们缅怀一位

① ［英］艾略特：《批评的功能》，见伍蠡甫主编：《现代西方文论选》，289页，上海，上海译文出版社，1983。
② ［荷］佛克马、蚁布思：《二十世纪文学理论》，5页，香港，中文大学出版社，1985。

老艺术家离去的同时，也应该再次审视如今中国电影的创作与格局，应该思考一下：什么样的电影才能成为永远的经典？

——《京华时报》，2011-02-22

历史主义批评方法应当从历史走出来，着眼于对历史的现实解读，从历史现象中发现媒介发展的路径。这是超出历史之外的思想成果。正如美国学者莫瑞·克里格指出的："如果我们仅仅屈从于一种历史和社会的解释，我们是无法领略文学艺术作品的真谛的。"①

西方批判理论流派是指借用西方媒介批判观点与方法，对我国的媒介现象进行分析和评价，诸如用法兰克福学派的文化工业理论、费斯科的文化消费主义理论、福柯的话语理论等分析我国媒介或媒介文本的意义。这一流派的批评家有的针对国情、借鉴有价值的西方批判理论，令人耳目一新；有的则机械地照抄照搬，甚至认为只有西方媒介批判理论才是唯一正确的媒介批评，根本不能恰当地分析我国的媒介现象。

一定的批评观念总是"融化"在批评类型及倾向之中，促成和完善媒介批评的实践。在今天的中国，媒介批评流派还不十分成熟，也许人们还难以明确地把它们划分开来。总之，观念是流派的灵魂，流派是观念的载体。各批评流派都或多或少有排他性和局限性。但无论如何，各个流派都受一定批评观念的支配，批评的方法、分析的深浅和批评效果有明显的差异。

二、媒介批评的对象与范围

媒介批评明确自己的**对象**，就是确定批评的目标，寻求评价的客体，抓取媒介现象的是非优劣进行评价。毫无疑问，媒介活动的各个领域和环节都应成为批评的对象，包括与作品发生关联的、展示出的生活现象。媒介的主体和作品的形态与影响，比如新闻作品及体裁、类型、受众的接受活动，以及媒介在整体上与社会的联系，都会进入批评的视野。媒介批评的重点是对媒介从业者和媒体本身的评议，作品只是作者和媒体影响社会的手段，对手段的批评也可能不直接涉及媒介的主体，但无论如何都无法摆脱对作品完成者的评价。

透视社会及其变化，以及媒体如何认识社会，是媒介批评的**域外对象**。媒介批评也包括对与媒体相关的社会的评价，用外部世界解释媒介现象，否则便是一种孤独主义者的狭隘眼光。若媒介批评只停留在媒介自身及其作品，以其反映世界的内容与形式为唯一对象，很少论及媒介与作品之外的世界，则称作媒介批评的**域内对象**。有些媒介批评者常常收窄自己的目光，将域内对象视为媒介批评的唯一目标，不愿意寻求媒介问题的社会原因。

当批评者确定批评对象后，保持在怎样的范围才属于媒介批评也是一个值得探讨的问题。如果越过了界限，可能变为政治批评、道德批评或社会批评。这个范围很难界划，甚至从来没有人要求对此达成统一的认识。但多数媒介批评是围绕作品和媒体进行的，这就找到了界划批评范围的立足点。确定这一范围虽有种种复杂的情况需要考虑，但对应传播

① ［美］莫瑞·克里格：《批评旅途：六十年代之后》，133页，北京，中国社会科学出版社，1998。

内容及相关领域，可以大体概述为如下几个方面。

第一，媒介批评对那些优秀的或拙劣的传播内容作出评述，围绕被媒体选择或加工的事实是否合理进行分析，这些不仅是媒介批评的范围，很可能还是其他学科（如媒介伦理学、媒介语言学、媒介心理学、媒介社会学）涉猎的范围。当媒介作品不和任何批评者发生联系时，它是自在的；当它而且只有它被纳入批评者思考时，其内容的瑕疵才会被注意到并具有评价的意义。换句话说，不是批评者把媒介批评的对象“接受”下来，而是批评者基于特定的追求发现了某些媒介作品的批评价值。

客观事实被反映得怎么样，是各个批评流派的主要评价对象。尽管在别的领域的批评家看来，将新闻作品的优劣纳入评价范围有时是“荒谬”的。例如，文学批评家认为，在发明了录像机之后，新闻报道是唾手可得的精神产品，缺乏完美建构的必要。其实不然，新闻事实的记录虽无须高超的艺术技巧，但由于种种动机，出现了记者特有的选择手法，事实被切割得面目全非以藏玄机，让受众常常难以发现破绽。这种常见的新闻艺术难以把握，没有犀利的批评就无法使受众认识。评价这些手法的优劣，不仅使新闻报道成为一门学问，也使新闻批评显露出深刻的学理。

如果把作品视为批评对象，那么，批评的不只是内容，也包括形式。西方新批评派认为，只有对作品结构、形式、技法的批评才算是精神产品的批评。艾略特在其著名的《批评的功能》一文中就明确表示，“我说的批评，意思当然指的是用文字所表达的对于艺术作品的评论和解释”①。新批评派相信，使素材神奇地转换而具有质的区别，不在于作品说了些什么，而在于它怎么说，批评家面临的首要问题是形式。正是在这个意义上，人们把新批评派称为形式主义批评，它对媒介批评的直接和间接影响也越来越大。在我们看来，内容和形式同样重要，有的可以偏重于内容，有的可以突出形式，也可二者兼重，这要根据作品本身的特性。

第二，媒介批评还要面对媒介的总体倾向、运作机制与效果，评价媒体在社会生活中的作用。如果批评的范围只包括作品内容、形式，而不去研究媒介为什么要推出这些作品，它们是为哪些人服务的，对社会产生的是积极作用还是危害，这种批评也就仅具有微弱的意义了。所以媒介批评还包括对某个媒介或媒介整体状况的批评，依据媒介行为作出宏观或微观分析。媒介贯彻传播政策和措施，媒介工作人员的操守，媒介举办的社会活动，媒介的违法和不光彩举动，以及媒介作品等动态，都属于**媒介行为**。媒介是否存在有益和有害两种行为，是评价媒介的主要目标。媒介行为不光表现在传播过程中，还表现在同其相联系的其他社会活动中，媒介从业者平日的一言一行，也都包括在内。

另外，从文化视角、经济状况、意识形态及组织形式分析媒介的性质和作用，从媒介的技术水平、生态变化和媒介科技的发展前景分析媒介对社会与人的心理影响，让人们全面认识媒介的社会地位和历史走向，也是对媒介总体倾向剖析的一个组成部分。显然，以上每个方面都是某家媒体的一个侧面，其运作时好时坏，有优有劣，都可纳入批评范围。

第三，从社会层面而言，被纳入批评范围的还包括媒介制度、传播政策。媒体的社会影响，最终取决于媒体的指导思想和管理，这在相当程度上取决于媒体的传播方针和经营

① ［英］艾略特：《批评的功能》，见伍蠡甫主编：《现代西方文论选》，278页，上海，上海译文出版社，1983。

方针。各国的媒介体制尽管千差万别，但都从属于一定的所有制和政治制度，因此，最根本的媒介批评是对制度、体制和运作方针利弊的评价。

当代各国媒体林立，以各自不同的动机和目的进行传播活动，实现某种政治和经济目标：有的以追求经济利益为动作目标，有的不惜歪曲事实欺骗受众，有的则组织记者勇敢地捍卫真理。媒体制度与方针是媒介性质与功能的决定因素，对它们的评价成为媒介建设的重要指导。好的媒介批评不仅能纠正社会和媒体的错误行为，而且鞭笞某些媒体对正义和良知的践踏。庞大的媒介阵容已构成社会意识的主体，时时左右公众对社会问题的认识，对社会的全面发展发挥着引航或阻碍作用。媒介批评必须以正确评价媒介制度为主要目标，引导媒介向社会传播真理，使社会不断走向新的文明。

第四，当批评者评论一篇媒介作品时，必然涉及作品内容反映的客观世界，这种反映是否真实，是否有积极意义，自然涉及如何看待这个世界。这个世界的原貌是什么样的，如何认识它、评价它等一系列问题，在媒介批评中也是无法回避的，媒介批评的域外对象越来越受到批评家的重视。今天的社会与世界在多数批评家的视界里不可能消失。非但如此，域外对象是域内对象的延伸，前者比后者更能放大批评的价值。

本章概念与思考题

概念

媒介批评　价值判断　新闻批评　媒介批评理论　媒介批评流派　媒介观念　媒介批评观念　杂感批评流派　学理批评流派　历史主义批评流派　西方批判理论流派　媒介批评的对象　域外对象　域内对象　媒介行为

思考题

1. 怎样理解“媒介批评”的内涵？
2. 比较媒介批评与文艺批评的区别。
3. 媒介批评的核心是什么？怎样理解？
4. 媒介批评如何进行价值判断？
5. 媒介批评与批评研究者有哪些思维规律？
6. 媒介观念和媒介批评观念有哪些联系与差别？
7. 比较我国各种媒介批评流派的区别。
8. 媒介批评包括哪些范围？

第二章

批评视野中的媒介

CHAPTER 2

正确认识媒介，是正确批评媒介的前提。每个准备投入媒介批评的人，首先要问一问自己是否了解媒介，在多大程度上掌握大众传媒的相关知识和理论。媒体作为社会的神经系统，今天已在全球结成一张覆盖一切空间的网，媒介批评正面临媒体的巨变，评价媒介无时无刻不涉及媒体的现代意义。

第一节　媒介功能意识的升华

罗杰·菲德勒说：“现代传媒史始于印刷书籍，最初仅是复制同一范围的文本。印刷术逐渐导致内容的变化——更加世俗、更加实用和更加通俗的作品，以及政治性和宗教性小册子……印刷术发明后200年，我们现在心目中的标准报纸就与16世纪末17世纪初的传单、小册子和新闻信札区别开来，它们特别关心的是传送国际贸易和商业有关的时事新闻，这样，它就延伸到出于政府、外交或商业的目的而长期从事的某种活动这一公共领域。后来的报纸史可以说成是维持不断的经济和技术进步史。”① **媒介**泛指信息与文化传播机构，包括出版业、新闻业、广播和影视业，由意媒（文字、图像与各种符号）和质媒（传播技术及介子）构成传播者同受众的中介物。媒体这一概念，常指某个具体媒介，而“传媒”则是“媒介”的另一种说法。媒介总是代表某种观念，作为人类思想的扩充器，是影响巨大的意识传播体系。

① ［美］罗杰·菲德勒：《媒介形态变化——认识新媒介》，257页，北京，华夏出版社，2000。

一、信息载体的新视角

媒介传播的庞大事业直到20世纪中期才被人们所重视，此前社会科学大师们论述社会意识时，多着眼于哲学、文学、艺术及各种科学，大众传媒的地位与作用却被忽视。整个20世纪，人类经历着一场深刻的变化：向人们提供事实的信息量不断稳步上升，信息的狂潮向人们源源不断地扑来。人类借助媒介表达思想，大量信息狂潮般卷入人的认识，就蕴涵一种强烈的追思。如果要询问媒介有什么作用，最基本、最浅显的答案就是，它是信息与思想的载体。

媒介传播的狭义信息都是描述性的，旨在向人们报告一种情况，但同时媒介还大量传播观点、理论和艺术影像，表达对客观事物的看法，这是广义的信息。无论哪种媒体，传播信息大都服从于一个目的，即扩充某种思想，媒体成了扩充思想的机器。为了达到最大限度的扩充效果，人类不断发明新的传播技术，丰富传播手段，追求更大的传播空间。“电力很快就成为传输信息的理想技术手段：电力用于远程通信的历史已有150年，每25年是一个重要阶段：1850年前后是电报，1850年至1880年是电话，1900年前后是电磁波传输，1920年至1930年是无线电广播，1950年至1960年是电视，最后是从70年代开始的新媒体。”[①] 当代电子媒介在一瞬间把生活中的重要事实集中起来，送到每个家庭，让人类迅速地、多维地、全面地了解世界的最新变动，扩充思想的速度和空间都远远超过了印刷媒介。

各国政府的智囊团和思想库、各大跨国公司，以至行踪诡秘的各国情报机关，每时每刻都在搜集各种报刊、书籍披露的事件和思想，录制广播电视发出的各种影像，下载网络材料，周密地研究世界动向。各种媒介以最新、最丰富、最全面的消息和见解，吸引全人类的注意，如果它提出的观点正确，思想扩充能达到社会一切领域。每个国家的媒介都以最活跃、最深刻的思想让人们认识千变万化的世界，思想扩充不仅有空间的意义，而且在时间上紧随历史车轮永远向前推进，使人们的观念发生迅速的变化。

媒介上的信息与思想都来自现实生活，是对社会现实的直接反映，由于媒介的庞大阵容和相对独立的地位，对客观事物的揭示大都能够做到真实、广泛。随着人类实践活动不断修正，媒介的信息与思想也不断展示新的时代与理念，暴露落后思想对社会生活的破坏，批判荒谬思想体系的阴暗。媒介无论如何不能脱离人民的思想而存在，因为与人民对立的媒体将失去受众，丧失生存的土壤。媒介就本性而言，是人民生存和呼声的社会“倒影”，保持着传播思想的朝气。那些落后于时代、背离人民意志的媒体在充当信息和思想载体时，不得不冒充人民的声音，自诩表达人民的意愿，但最终还是遭到人民无情的冷落。

媒介传播信息与思想增进了人类对世界的认识，使各种知识得以一代代传授下去，提高了人类生存的智慧与能力。受众借助媒介积累知识，不断加深观念的变化，人的成长和社会进步加快了步伐。“对于所谓的婴儿高峰期出生者来说，电视机很快成为他们的抚慰者、保姆、老师和伴侣。”“收音机通过声音把世界上所发生的一切，立刻传送到一代人的耳朵中，并产生丰富的联想。而电视机带给他们的是单一化的画面，这种单一性决定了这一代人对现实和对其自身的感受。”[②] 电视让孩子们知道了他们所好奇的一切，想知道的一

---

① ［法］弗兰西斯·巴尔、杰拉尔·埃梅里：《新媒体》，11页，北京，商务印书馆，2005。

② 同上。

切，看到了未曾见过的东西，他们连连接触新奇的景象，大开眼界。

在今天，媒介频繁地改变人们的追求方向，它所传播的生活时尚影响越来越多的人。“20世纪大众传媒的崛起和媒介选择的快速增长，已经深刻地改变了几乎整个社会的期望和日常生活模式。”“电脑媒介也已经开始改变人们社会化和界定自己的方式。在电脑空间里每个人都能做到想是谁就是谁。它们能像换衣服一样容易地改变自己的身份。”① 媒介以集束信息与强烈的思想改变人类的生存模式，人们可以按照自己想要的方式来设计自己，媒介已成为生活的创造者。但问题在于，许多人不能把媒介给予的范例与答案都付诸行动，约束自己的盲动、懈怠或自弃。媒介批评强调这一点，力图把媒介正当功能的实现转给受众，引导他们把这种功能变成有价值的行动。

二、政治涵化与政治推力

媒介作为社会与政治变革的助推器，对推进社会进步有极为重要的意义。社会发展需要媒介推广社会的积极因素，而先进的政治组织利用媒介宣传自己的主张，成为主导社会的前进力量。政治离不开媒介，媒介是政治思想的孵化器，构成政治与社会变革的推力。在现代社会，政治牵动社会全体成员的利益，借助媒介支配许多人的言行，影响社会生活的各个方面。媒介批评强调政治事件的重大意义，它们决定许多媒介作品的内容和形式，在历史上产生深刻而长远的影响。

政治书籍、政治新闻与政治影视片在媒介中占有突出地位，传媒人总是努力挖掘政治事件的倾向，精心采编，力求以生动的形式宣示给受众。但它们的宣示很难做到不偏不倚，成为客观事实的真实再现并反映公众的普遍呼声。当它们观察和分析的视角陷入片面，或由于在传播内容中加入主观想象，或按照媒体操纵者的意图确定传播框架时，将设计出一幅幅脱离实际的现实画面。媒体传播的此类政治内容无法提出社会的关键问题，往往成为人类认识现实的障碍，难以推动社会社会问题的解决。

无论中国还是西方，社会总有阶层或阶级之分，或由于经济地位悬殊、文化习惯各异，不同阶层的人对政治立场的选择也不同。面对这些差别，有的媒介只能代表少数人的政治追求，有的则努力站在人民一边，传播内容带有不同的政治烙印。

国家间的利益差异将长时间存在，即使在全球化的浪潮中，不同国家政治理念差别依然巨大。政制、语言、宗教、历史、价值观带来了巨大的文化反差，文化冲突、外交纠纷甚至战争不断发生，媒介成为各种政治冲突的反光镜和加速器。媒介的政治属性是客观存在的，任何媒介都不可避免地反映政治，服务于一定的政治集团，倡导一种政治制度。

这样，媒介的**思想涵化**功能已经举足轻重，它们传播各种政治信息，蕴涵某种政治主张，引起社会政治理念的潜在变化，最终影响受众的政治立场，由此导致政治变革运动的出现。媒介根据一定的政治观念对事实进行取舍，决定反映什么、强化什么、弱化什么，不仅让人们知道事实，也让人们接受媒介的政治观念。在貌似客观的外表下，媒介隐含的政治观念影响着人们的生活，如果这种传播表达了真理，就能顺利地推动社会的进步，这些媒介反映的就是正确的政治。反之，则是错误的政治。媒介批评的重要指向是如何揭开

---

① Roger Fidler, *Media Morphosis—Understanding New Media*, Sage Publications, Inc, 1997, pp. 90 - 99.

这种涵化的面纱，评价媒介行为的内在倾向。

先进的媒介如实反映人民的呼声和社会现实，指引执政者制定正确的决策，从而推进民主生活和政治变革的健康发展。媒介如果为错误的政治服务，掩盖社会真相，只能充当愚弄公众的工具。这种传播活动违反社会规律，将被人民所唾弃。如果媒介为强势集团代言，忽视普通民众的声音，甚至掩盖负面的真实情况，那么国家就很危险。像中国这样有着中央集权传统的国家，民众对官员少有约束力，如果媒介不能起到有效的监督作用，就会招致公众的反感，甚至导致社会混乱。媒介这种政治倾向与作用，始终是媒介批评关注的焦点。

人们长期以来有这样一种观念，似乎媒介的根本任务，是用领导机构的思想统一人民的思想，当媒介反映了错误的政治观念，造成了灾难性后果，媒介工作者就拿出“政治路线正确，新闻媒介正确；政治路线错误，新闻媒介错误”的外因论来推卸责任。在如何反映正确的政治观念上，媒介应该改变消极无为的态度，主动站在人民立场上，赢得人民的信任。衡量媒介及其精神产品，最终要看人民满意不满意，人民喜欢不喜欢。

传媒人只有牢记应有的职业道德，用科学、正直、疾恶如仇的理念武装头脑，才会有政治上的清醒与坚定。媒介如果是人民思想的表达者，真诚地与人民共患难，才能推动社会的健康发展。媒介传播者反映人民的意志，发扬人类的正义精神，才能有所作为，但只有在民主、法治的社会和媒介独立于政治集团强悍的支配之外，才能实现这一目标。

三、对世界的透视与反射

媒介是客观世界的组成部分，也包含在客观世界里，它的存在扮演的是意识反射的角色。与纸张、衣物等纯物质不同，它包含了人的主观意识，时刻都在反观、反作用于物质世界，这就是媒介的反射属性。因此，媒介信息与客观世界的关系从根本上说是意识与物质的关系，客体与透视的关系，反映与被反映的关系。

如果媒介正派的话，它的信息只能来源于客观事实，观念不过是对客观事实的阐释。客观事实如果存在，它才能被感知并通过“反映”转化为媒介信息。客观性是一切事实的根本属性，不随媒介的存在而存在，也不依赖于人们的感官而存在。因此，事实总是真实的，客观事实是媒介信息的本源和前提。从哲学的角度看，这正体现了唯物主义最根本的观点，即物质决定意识，这也是媒介批评者分析媒介时必须遵循的基本原则。

但是，并不是所有依据客观事实的媒介信息都是对客观世界的反映。媒介信息不是客观事实自动生成的，而是经过媒介加工后形成的，它能否反映客观世界，在很大程度上受到媒介能否按照客观真相对它加工的制约。这里的客观真相包括以下几点：(1) 事实选择的客观性，要求媒介不以自己的主观偏见为导向，按照客观真相反映事实。如果媒介总是按自己的主观意识选择事实，必然会导致对客观世界的片面认识，甚至出现曲解和虚幻，构成**虚拟现实**，又称虚拟环境。片面的选择是对客观真实的歪曲，不能反映真实的客体，导致媒介作品在整体上脱离客体的面貌。很多媒介为了吸引受众而大量刊登负面事件，对那些数量更多的正面事件弃之不顾。这样的媒介信息反映的只是世界的一部分，不是整个客观世界。(2) 媒介对信息进行加工，做到主客体的统一，不以主体的意识而改变客体的实际，媒介内容构成真实环境，而不是李普曼一言以蔽之的“虚拟环境”。(3) 在不同利益群体看来，同一个事实有不同倾向，这是事实的内部结构或矛盾。事实本身的倾向（主要是对不同人的利害）引起媒体的不同认识是自然的，在处理这些带有倾向性的信息时，媒介应该顺应事实的本质，而不是根据自己的主观意志去改造它。这个本质就是，哪一种倾向占主要地位就应突出地加以反映，不能把次要倾向渲染为主要倾向。（4）以事实说话，不仅是对客观事实的尊重，也是传媒人主观能动性的适当发挥。许多媒介作品恰恰违背上述规律，背离客观世界来反映世界。

媒介反映社会生活，还要真实地反映客观事物的诸多联系。媒介全息透视世界，让受众全面了解生活，看清人类的发展道路。很多事实，不管是发生在自然界还是发生在人类社会中，都持续一定的时间，呈现层出不穷的各种现象，形成复杂的发展过程。媒介应突出反映客观事实的主线，使受众看到世界的主导倾向，进而准确而深刻地认识世界。

媒介考察客观事物时，展现在眼前的往往是千变万化、丰富多彩的种种现象，在它们的背后隐藏着事实的本质。媒介信息正确反映客观世界，就一定要透过表面现象，把握事物的本质，即透过假象事实把握真相事实。这就要求媒介从感性认识上升到理性认识，重视选取代表事物本质的事件完成媒介作品。全息透视客观世界是媒介的难题，媒介的种种错误都发生在不能忠实地、全面地考察事实，进而背弃事实真相这一要害上。

四、流行文化的孵化器

媒介文化不仅是值得批评的一个话题，而且有一套特定的文化批判体系，但只有根植于本土文化的内涵与习俗，才能对媒介文化作出有益的分析。如果照搬西方文化研究的概念和方法，在话语与内容上争相“克隆”，自然缺乏现实的针对性，甚至连克隆者自己都不懂他在说些什么。

媒介也是文化载体，是大众文化的孵化器，培育和推动流行文化的发展。人们热烈谈论媒介文化问题时，讨论的许多论题实际是生活习惯、时尚潮流、民族习俗和社会心理现象，把文化视为人类的生活方式。这是对文化的广义理解，但狭义的文化只包括文化艺术和知识教育。所以**媒介文化**主要是指传媒呈现的文艺作品、文艺表演和生活潮流，以及大众的生活与娱乐方式，大都属于流行文化。媒介批评把一切都视为媒介文化，会流于泛文化分析，无助于探讨媒介文化的个性和传播效果。

流行文化集中体现在媒介上，而不是在严肃艺术家的创作室与生产线上。这种文化不取决于文本作者，而是取决于媒介传播与接受者的喜好，被多数媒介选择为文化样板。今天在媒介文化的强大信息流冲击下，高雅文化不断萎缩，大众传媒一面对其不屑一顾，另一面又对其吸纳、借鉴，也时有理论阐释，有使之蜕化为流行文化的倾向。流行文化实际与通俗文化、大众文化同出一辙，被广大受众所追随，对它的消费并不是被动的，而是有相当大的主动性。正因为如此，媒介文化日益成为时兴潮流和受众喜闻乐见的文化，不断激起他们的兴趣。

今天，在书籍、电影和各类新闻媒体的版面与节目中，媒介文化跨越时空障碍，克服区域和文化传习的限制，迅速地抵达每个人。不同文化环境的人坐在电视机前，看着同一个画面，在极短时间内扩大了文化的传播范围，产生文化增殖。媒介对文化的形成和发育起着酵母作用，具有文化繁衍力，无时无刻不在促进人类文化结构的更新。媒介展示人生的价值，塑造人的理想，同时也在推广高雅文化。但媒介批评者看到，媒介文化具有开放性、多元性、包容性和多样性，包括雅文化和俗文化、中国文化和外国文化、先进文化和腐朽文化，还有政治文化、战争文化和饮食文化，也有口头文学与民间文化等各种类型。有史以来人类创造的文化形式在媒介上应有尽有，但我国媒介限制对腐朽、落后文化的正面表现，多次采取措施消除对低俗文化的炒作。

媒介批评担负文化批判的任务，培养受众健康向上的文化取向，冲洗流行文化的糟粕。大众特别喜爱浅显易懂的娱乐品，人人喜爱的时装与快餐等生活方式，被称为**流行文化**。这种大众文化离不开媒体，正是媒体培植了特定的思想品味，人们的许多嗜好明显是从媒介获得的。同时它也孕育了大量性格温良与充满才智的受众，使其富有文化底蕴，举止文明，情趣高雅。但不容忽视的是，流行文化也培育了“单面人”（one dimensional man），孤陋寡闻，只知一隅，价值观平庸而偏激。正如马尔库塞所说，这些“单面人”具有古板一致的行为模式，个性狭隘，创造力泯灭。

媒介反映社会的主流文化，即先进的、于人民有益的健康文化，是培植人社会化的前提。主流文化支配社会主导价值观，表现为奋发图强的民族精神，一切落后、颓废、腐朽和低俗的文化都与主流文化格格不入。主流文化作为社会绝大多数人崇尚的文化，以高雅文化为核心，倡导创新和奋斗精神，提倡进步、宽容、平等和美德，具有积极向上的文化取向。媒介应以反映主流文化为己任，引导受众的人格沿着健康的方向发展，使社会呈现公平正义、朝气蓬勃的和谐状态。媒介批评从分析媒介文化入手，引导流行文化向高雅文化靠拢，是评价媒介功能的重要尺度。

第二节 媒介性质与媒介力量

媒介是意识传播机构，传播内容涉及社会各领域，它的性质也具有多元性。过去，人们把媒介的性质简单地概括为信息或舆论工具，不仅片面，而且远离了它的社会地位和作用，没有揭示它的多重属性。媒介在完成社会教化和信息交流的使命中，表现出意识形态机构的性质，这一本质属性形成强大的媒介力量。

一、意识形态机器与公共领域

从本质上说，大众传媒是公共领域中的意识形态机器。美国学者理查德·戴恩斯特把电视视为“我们时代的机器”，认为“尽管几乎不能将电视误认为是一块完全未经商业染指的纯美学领域，然而也不可能将其降低到粗俗的商业套语的地位。价值的电视视觉形态同时在好几个区域运作，在图像转播的动态过程中，就交叉于金钱、政权、文化利益等一长串的链环之中”[①]。不仅电视，所有媒介都交叉于金钱、政权和文化利益之中，所有人都想利用它传播自己的主张以影响公众事件，因而它有很强的意识形态性。媒介批评期望获得正确的判断，首先要对媒介的这一性质有深刻的认识。

对于经济基础和整个社会生活而言，媒介居于思想上层建筑的地位，经常提出某种自

① 王逢振主编：《电视与权力》，43页，天津，天津社会科学出版社，2000。

认为正确的思想，认定为真理并竭力宣传。这种意识形态机器覆盖范围广阔，面向大众，通过反映舆论、引导舆论，力求控制人们的思想。传媒提供对世界的看法，不光是企图操纵人们的思想，杰出的传媒还让人民看到正义的精神。媒介的意识形态是一定制度的组成要素，始终为倡导某种秩序而忙碌。

一般来说，一家媒体对社会问题的报道，有一种长年不变的准则，至少在几个月内不会轻易改变。这种"**观念恒定**"是它的意识形态属性的基本特征。观念恒定代表着一种利益，也可能代表真理或荒谬，使媒介成为一定政治集团的思考器。对那些摆脱狭隘集团控制的媒体而言，它可能不再充当某个集团的思考器，但它却不能摆脱意识形态的主宰，因为意识形态不等于某个集团的政治态度。

在相当长的历史时期，在西方，"意识形态"成了贬义词。但它却是某种稳定的、具有指导作用的观念，确切地说，系统地、自觉地反映社会经济和政治制度的思想体系是**意识形态**的基本内涵。人类精神活动的产物，包括政治、法律以及宗教、道德、哲学和文学艺术等，统称为社会意识形态。[①] 几乎所有的媒体对经济与政治问题的反映都带有自觉的、系统的观念，潜伏着意识形态倾向。对于新闻媒体而言，新闻的片断性和事实性，只是这种意识形态的特征，无数片断式的新闻都可整合为一个思想链条。传播媒介决不像铁路、车辆、轮船等那种没有生命的物质载体，也不像各种电子通信导体那种物质媒介。媒体的全部行为不过是源于物质活动的精神生产，借助语言和图像传达某种观念，又以一种既定的观念解释社会的经济、政治活动和精神活动。

真正的大众媒介都具有明显的公共性，拒绝狭隘集团的控制而传播大众的呼声，成为社会的**公共领域**。在一个和谐、公正的社会，媒介的公器性质得以强化，顽强地维护社会的公共利益。在这一公共领域中，人们借助媒介交流思想，共同参与社会生活，媒介成为表达大众呼声的公共讲坛。国家的立法机构、代议机构和各种非政府组织，都应是公共领域，是人民讨论和表达意志的地方。在一个不公正、充满对立和冲突的社会，媒介被少数人控制，用来维护一定集团的私利，公器的属性就会消失，阶级性与集团控制性也会凸显出来。

在当代社会，代表一定利益集团的媒体正在失去大量受众，自然不是公器，但仍有许多媒体总是力求充当人民的喉舌，其公共性质越来越突出，具有明显的公共领域的属性。汉娜·阿伦特曾指出，"公共"（public）一词，"首先意味着，在公共领域中展现的任何东西都可以为人所见、所闻，具有可能最广泛的公共性"[②]。"公共领域"是指人们可以自由进入、有权使用的领域，无论市场还是政府在一定意义上都是公共的。但私人领域也被深深地卷入市场之中，尽管交易规则是相同的、公共的。在现代社会，"公共性成为国家机构本身的组织原则"[③]，政府权力属于公权，政府是公共机关，媒介更应是公共领域和公共机关，否定它的这一性质就没有什么民主可言，媒介批评只能指向集权的媒介制度。

公共领域为人们平等参与意见交流提供可能和条件，但不可能均衡地传播每个人的观点和每一种观点，因而它不可能是中立的。哈贝马斯的媒介公共领域"中立论"，不过是

① 参见冯契主编：《哲学大辞典》下册，1817页，上海，上海辞书出版社，2001。

② ［美］汉娜·阿伦特：《人的条件》，38页，上海，上海人民出版社，1999。

③ ［德］哈贝马斯：《公共领域的结构转型》，93页，上海，学林出版社，1999。

一种幼稚的期望，是不切实际的理想主义。媒介即使不表达自己的观点，但却有过滤他人观点的作用，选择一部分人喜欢的意见和事实加以传播，这种隐晦的意识形态随处可见。公共领域用来保护正当的私人利益，为人民讨论公共问题、寻求美好的生活提供空间。如果社会存在经济与政治的不平等，充满阶级或阶层压迫，许多人丧失利用媒介表达意见的权利，媒介就蜕变为某一阶级或阶层的意识形态机器。这种性质的媒介自然不是公共领域。

在市场经济条件下，新闻媒介还有企业与商品属性，因为它依赖于市场，在经营领域按照企业运作，主要产品——新闻、书籍或影视片成为商品。媒介作品是可以消费的，也能够被广大受众消费。书籍、电影和报刊像物质商品一样，在市场流通中显现出价值交换的属性，提高发行量和收视收听率实际是一种商品推销。人们付费收看电视节目和订阅报纸杂志，都是一种消费行为。受众也许消费的不是媒介载体，而是媒介中的文化、思想和信息。但许多媒介批评涉及这种消费现象，没有指导媒体如何给受众提供正确的消费产品，更多的是关注媒介如何占领市场。

但无论如何，不能把具有强烈意识形态色彩的媒介简单地归结为企业，因为它的主要属性不是商业机构。精神产品的经营和购买存在一种消费主义的意识形态，越来越多的人被卷入由媒介设计的流行文化的热潮。商家与传媒所制造的消费主义意识形态已经进入某些人的脑髓，左右人的欲望，使其把幸福生活定义为物质与精神的自我满足。当媒介激起观众的某种购物欲，一场消费热潮随之形成，大众不仅在工作时为企业家打工，在商店也在替企业家挣钱。媒介制造的这种消费主义意识形态，是为企业家服务的，也成为大众滋生消费欲望的工具，对其本质的挖掘还是个粗浅的认识领域。

二、主流媒体与媒介权威

根据媒介影响力的大小，媒介可以被分为主流与非主流媒体。**主流媒体**（mainstream media）是一个舶来词，在报业发达的欧美是指高级报纸（或称严肃报纸）和影响力极大的广播电视公司，发挥引领主流人群的作用。主流媒体信誉卓著，以履行社会责任为己任，覆盖率和影响力较大。

主流媒体是现代新闻事业发展到一定阶段的产物。19世纪中期大众化报纸兴起后，欧美有些大报主动介入政治，反映大众呼声，对社会冲突和重要事件及时发表社论或评论以示立场，奠定了社会代言人的地位。这些报纸成为高级报纸，被称为主流媒体。

主流媒体是主流人群接触的媒介，主流人群由掌握消费话语权、政治话语权、知识话语权和时尚话语权的阶层及大众所构成。满足他们的需要，引起他们的注意，才能成为真正的主流媒体。主流媒体是代表社会发展方向和大众立场的权威媒介，也代表着主流舆论——民意，在社会上享有较高的声誉。主流媒体关注国家前途、社会发展和民众福祉，对重要事件的反映不是停留在事实表层，而是深入挖掘其深层意义，提供独家见解、深度报道、宏观分析，成为历史的见证者和记录者。

媒体占据社会的主流地位，采取“主流取向”，呈现出主流媒体的品质和风格。从整个媒介的发展来看，媒体若要进入主流化地位，不能仅仅满足于为社会服务，还要提升媒体的品质，创立品牌，集中优势打造影响力。主流化首先要给受众提供权威的信息和鲜明、正确的思想，竖起社会舆论的旗帜，才会受到公众的追随。这对提升媒体的竞争力，扩大媒体的覆盖率起到促进作用，同时也确立了媒体的思想领导地位。如果一家传媒能够为社会的主流人群提供必需的信息与思想，这个传媒的社会地位就十分显赫，具有巨大的社会号召力，构成了**媒介力量**。

媒体的影响力达到一定高度，公众对其产生依赖，标志媒介富有权威，可称为**权威媒介**。权威性是评价媒介的综合概念，作为媒介力量的标志之一，是主流媒体必备的品质，包括社会教化能力、思想吸引力和媒介的信用度，是由其知名度、社会威望、名记者群、重大报道和重要言论出现的频率以及媒介覆盖率等要素所构成。在媒介产业化时期，广告收益也成为媒介权威的象征，甚至成为一种标志。反过来，媒介权威也会促进发行量、收视率和广告收入的提高。

三、媒介权力与国家软实力

解读与批评媒介，自然要考察它的权力地位，重视它左右公众言行的力量。正如美国学者对纽豪斯报团老板评价的那样，“就连他最得力的心腹们，也不禁暗自承认他的无比权力”①。**媒介权力**是无形的，却是巨大的，具体表现为对人们言行的支配。

媒介向社会披露事实或提出问题，不仅向人们提供自认为标准的意见，而且还发动宣传攻势，力求征服人们的信念。社会政局、社会思潮稍有变动，媒介就及时、快速地作出反应，参与各种思潮。谁迅速掌握了媒介，谁就占有宣传优势，谁就能长久或暂时地控制局势。某种社会运动走向高潮或落入低谷，媒介都在其中发挥一定的作用。媒体一旦产生左右舆论的锋芒，成为政治和策略的最有力的推行者，就拥有了一种地道的政治权力。

当然，这是一种软权力，不是依靠行政命令支配人们的行为，而是向人们灌输一种思想，使其凝聚在一起，进而行动。一切政治实体都运用媒介把实际权力转化为软权力，使两种权力完美地结合，有效地发挥组织与领导民众的作用。如果媒介传播的思想产生动员舆论的效果，人民就被发动起来，出现众志成城的场面。媒体的这种力量无论在历史上或现在，都没有减弱或消失，只是改变了形式。

作为社会思想的中枢，大众媒介紧盯政府和政界的动向，一旦把真相报道出来，就会推动或阻碍政府的执政。如果众多媒介采取一致的宣传而行政权又失去对它们的控制，社会管理就可能被媒介所左右。因此，任何政府都力图把媒介掌握在自己手里，成为国家职能的一部分。媒介权力有时受到政治和法律的约束，在正常情况下是必需的，否则它的权力有极端发挥的可能。而在反动政治环境中，媒介权力往往会突破政治制度对它的限制，激发大众对该制度的怀疑和否定，成为推翻这种政治制度的力量。

任何一种媒介，都会巩固它认为合理的社会关系，维护它支持的思想体系和政治设施。这时，媒体把人民的要求告诉政治家，让其了解广大人民，忠诚地服务于人民。但它同时还把国家的声音告诉人民，让人民了解政府的决策，支持政府的有益工作或监督政府的行为。媒介的这种社会作用，使其不是国家的统治工具，而是人民的传感器和扬声器。这样，媒介便充当了政府权力的要件，在客观上转化为国家权力的职能。

---

① ［美］汤玛斯·麦尔：《媒体帝王：美国最富有的传媒大亨纽豪斯传》，375页，海口，海南出版社，1996。

媒介具有争取民心、凝聚民力、摧毁腐朽的魔力，实际上是一个国家的软实力。一个国家的综合国力既包括经济、科技、军事实力等硬实力，也包括文化和意识形态等体现的软实力。理论的说服力、文艺作品的感染力、政治制度的教化力、新闻舆论的震撼力与方针政策的引导力，铸成一个国家的光辉形象和对世界人民的感召力，是一个国家**软实力**强大的标志。"硬实力和软实力依然重要，但是在信息时代，软实力正变得比以往更为突出。"[①] 软实力即思想的同化力、文化的影响力、意识形态的渗透力、制度的吸引力和媒介的公信力，将制度、价值观和意识形态演化为重要资源。对外可发挥征服人心、不战而屈人之兵的效力；对内可塑造人民对国家利益的共识，强化民众对国家的向心力，增强国民的自豪感与进取心。媒介如果拥有真理，很快就能改变一个国家的整体实力，正如一次重大报道、一篇评论或一本书能使国威大振一样，对内对外宣传的影响力有时是立竿见影的。

四、评价媒介的两个指标

评价媒介的最主要的两个指标是看它是否具有公信力和传播力。媒介权威建立在**媒介公信力**的基础上，在受众中形成崇高的威望而赢得信任，包括媒介的信用、信息的可靠性和受众的信赖。媒介公信力是媒介力量的第一个指标，由三个要素构成：一是受众对媒介的整体信任稳固，对媒介的观点坚信不疑，抱有完全肯定的态度；二是受众成为媒介的追随者，毫不犹豫地响应媒介发出的议题；三是受众主动使用媒介，每日或经常自觉接触媒介，媒介的发行量和覆盖率较大并稳定不变。

媒介公信力的形成，需要具备五个条件，一是长期提供真实、正确的精神产品，培植了受众获取知识与信息的依赖心理；二是报道客观公正，没有偏见，使受众养成判断问题的正确态度；三是主持正义，敢于揭露社会丑恶，勇于为民申冤，同践踏人民利益的行为斗争，从而赢得民心，成为民众的靠山；四是敢于说真话，总是公开、热情、坦诚、正确地提出自己的主张，引导人民认识自己的利益与使命；五是传播内容一贯严肃正面，娱乐新闻审美健康，从不亵渎或污染人类的精神领地。媒介公信力作为媒介吸引受众的根本原因，是媒体发展的动力，构成媒介传播力的基础。

传播力是媒介力量的第二个指标，指媒介的实力及精神产品对社会的影响力。从外在层次上看，传播力包括媒体规模、人员素质、精神产品的数量与质量、传播时效、覆盖率及社会效果，其中社会效果是媒介传播力的主要表征。传播力虽然直接表现为物质和技术手段的力量，但决不能忽视传播内容的征服力，这是传播力的内在层次。媒介的思想倾向是传播力最本质的东西，传播正确、积极和健康的内容，不断发出正义的召唤，具有激活受众感官和思想的能量，传播力就达到最高的效率。拥有同样传播技术和硬件设施的媒体，如果传播内容不正确、不鲜活、不抓人，受众并不钟情，覆盖率不可能提高。

决定传播力的关键因素，是媒介执行什么样的新闻出版与影视政策，坚持什么样的意识形态方针。媒体传播什么信息，怎样传播，宗旨是什么，都属于传播政策范畴。有了正确的传媒政策，即使媒体的物质实力不佳，仍有较强的传播力；反之，传播政策错误，即

---

① Joseph S. Nye Jr., "Soft Power," *Foreign Policy*, No. 80 (Fall 1990), pp. 153 - 171.

使技术手段很强，媒体也不会有多大的传播力。思想清晰，说理公允，是优秀媒体的基础。“伟大之记者，应有大无畏之精神，见义勇为，宁牺牲一身以为民请命，不愿屈于威武而噤若寒蝉。”[①] 传媒人为了私利或其他不正当的目的而利用媒体权力，只能破坏媒介的职业精神；凡导人于恶的报道——假话连篇、吹牛自夸、颠倒是非、愚弄大众，都将遭到良知的谴责，根本谈不上什么传播力。媒介批评重视对传播力的分析，对媒介的评价才有说服力。

第三节 媒介自由的理性

传媒人都崇尚和酷爱自由，把媒介自由看做传媒人的首要权利。**媒介自由**包括创办媒介和媒介运作的自由，主要体现为新闻出版、影视传播和表演、展示作品的自由，核心是言论自由和思想自由。在批评媒介时，最高昂的一种声音是关于媒介是否有自由或有多少自由的争论。应当说，自由是美好的，但传播自由作为媒体的一种权利又是受约束的。认识媒体的自由，把握媒介自由的限度，是媒介批评经常涉及的问题。

一、认识媒介自由的真谛

媒介自由常被理解为媒介按其意志行事，传播行为不受限制。但媒介不是社会的唯一存在，它总是处在一定社会关系中，只有在媒介和社会关系中认识媒介自由，才能把握自由的真谛。**媒介自由**是指传播工具依法从事传播活动的自由权，包括参与各种社会活动、探察社会动向、披露事件、传播信息和评论社会现象的自由。在现代社会，媒介不正当的自由常常剥夺了某些人的自由，这在一定经济、政治制度中滋生出来，带有鲜明的个人或集团的利己色彩。媒介批评若敢于揭示自由的这种劣根性，对媒介行为的社会动机就会认识得更深刻。

媒介自由无非是媒介控制者自我意志的实现，在法治失范的社会，专制与自由往往被不同的人视为同一个东西。历史上各种自由都有产生、发展、消亡的历史，而其发展的每一步，都和一定的经济形态、政治形态相联系。媒介自由由于受社会现状的限制，是相对的而不是绝对的。随着社会的进步，媒介自由的多少始终变化不定，总是由低级向高级发展、由不完善向完善进化，在不同历史时期，都呈现出明显的差别。

媒介参与社会活动、表明自己的立场，只要有价值并符合法律规定，就应获得应有的自由。如果法律是不合理的，人们必须起来进行推翻法律的斗争，然后才能谈得上媒介自由。在各种社会，表面上都允许媒介从事不违法的传播活动，但又常常出现不正当的干预。媒介自由不是歌颂主政者的自由，而是发表意见和批评行政当局的自由，只要不违法，就应获得保护。媒介理想的自由境界从来没有达到过，依法的自由也没有完全实现，一方面是由于媒介控制在利益集团手里，另一方面是由于即使合法的传播内容也可能危害公共利益，不能不对其加以适当限制。媒介批评对自由尺度和积极效果的分析，是个既重要又复杂的问题。

---

① 徐宝璜：《新闻学》，120 页，北京，中国人民大学出版社，1994。

媒介争取自由也是一种目的，是享有表达思想的权利，实现主体能力和精神追求的统一。作为人的本质之一，自由赋予人参与社会生活的基本方式，否则人就丧失了本性，如同在锁链中活动的牲畜。但人的这种自由是不能伤害他人的，伤害他人就违反了法律和道德，双方都失去了自由。所以，媒介自由只有达到人的解放、无害于他人和社会的境地，才是高尚、完美的。以这样的高度认识媒介行为，才能揭示媒介自由的真谛。人类的文明史是一部实现人的主体意志的自由史，自由必须被实践证明是有益的，才是合理、高尚的，媒介自由同样如此。

二、三种对立的媒介自由观

在媒介自由的学说中，有三种媒介自由观，就是人性论的媒介自由观、现代西方的媒介自由观和社会主义媒介自由观。媒介批评在分析媒介自由问题时，如果不了解这三种媒介自由观，或对错误的自由理论缺乏辨析能力，都会得出荒谬的结论。

将自由视作人性的崇高要求，从心灵不可侵扰和天赋权利出发，提出表达言论和知晓外界的诉求，属于人性论的媒介自由观。这一理念希冀社会的公正性，追求人与生俱来的平等权利，反对外界对媒介的限制。这一理论强调天赋人权、人的表达权与知情权神圣不可侵犯，主张依赖舆论与人们自身的信念消除媒介行为的放肆。

这种自由观以防止权力的控制为理由，反对外力对媒介行为的干预，追求意志的自主性。但在今天，没有不受权力控制的媒介，自然也不存在绝对自由的媒介。当许多人和正义事业受到媒介的骚扰与攻击时，在某些国家引起思想危机、群体冲突和政治阴谋，人性论的媒介自由观并没有给人带来任何安宁。在西方，有越来越多的事实证明，“报纸及其现代变种已越来越趋向满足出资人的利益与兴趣，与此同时，媒介还在制造不朽的假象，仿佛新闻是为广大消费者服务的。期望新闻出现戏剧性的逆转，即嘲弄那些出资的大财阀，就是陷入了最狂热的乌托邦式幻想”[①]。传媒的占有权，粉碎了媒介绝对自由的任何幻想，人性论的媒介自由观变成泡影。

若从公民同国家与法律的关系出发，则出现了另一种媒介自由观，即现代西方的媒介自由观。其主张是：政府通过宪法或相关法律保障公民言论及媒体传播的自由。为了发挥媒体监督政府的功能，媒体独立于政府之外，具有自主性，免受政府的干预。但政府有责任和义务根据信息对国家利益的重要程度决定哪些信息可以向公众和媒体公开，哪些信息涉及国家机密而必须受到保护，以此平衡国家利益和媒体的自由。宪法保障媒体自由的目的，是为使其成为一种制度性组织，充当社会运行的一种制约力量。西方国家的媒介大都属于私有，主要被两种力量所控制，一是拥有雄厚资本的大财团，一是政府，这两种力量因为拥有资本和权力而成为媒介自由的真正主体。在媒体中工作的人，就算是总编辑也必须遵循老板的意志，报道什么消息、什么时间报道、从什么样的角度报道，都由老板说了算。因此，马克思主义新闻理论认为，这是欺骗人民的资产阶级媒介自由。

从表面上看，西方媒体时常暴露政府的失职行为，似乎是非常公正、自由的，但实际上，媒体和政府之间是一种利益共生、相互博弈、相互利用的关系。鉴于媒体对社会的巨

---

① Altschull, J. Herbert, *Agents of Power: The Media and Public Policy*. New York: Longman, 1995, p. 299.

大影响，政府从不放松对舆论工具的利用和控制，设置了新闻署、广播管理委员会等管理机构，通过政策约束、利益交换、政治压力等影响媒体的老板。广告是媒体的主要收入来源，不占有媒体的大财团则通过是否投放广告来操纵媒介。如果某个大公司的工人举行反对该公司老板的罢工，与该公司有广告关系或其他关系的媒体必然采用各种方式对罢工进行抨击，而工人们却很难通过报刊、电台和电视台申述自己的意见，媒介自由的阶级性立即显现出来。

此外，社会主义媒介自由观也常常被曲解得面目全非。我国有的学者提出，社会主义媒介自由是在剥夺了敌对阶级的新闻自由之后建立在社会主义经济基础之上的民主与集中的统一、自由与纪律的统一、权利与义务的统一。社会主义媒介自由是全体人民享有的自由，不仅是法律条文上的自由，而且是实际的自由。生产资料公有的经济制度和人民民主专政的政治制度，使人民行使媒介自由的权利有了可靠的保证，人民可以依法运用媒介充分发表意见，表达自己的意志，对国家和社会事务实行舆论监督。社会主义媒介自由不是抽象的"普遍自由"，而是以剥夺敌对阶级的新闻出版自由为条件的，对于一切企图改变社会主义制度的违法新闻活动，不但不给予自由，而且要依法制裁。①

现代西方的媒介自由观与社会主义媒介自由观相互否定，都认为对方绝对荒诞。对媒介自由问题的破解，需要实事求是的勇气，要求学者拿出诚实的态度。实际上，目前无论在中国还是在西方，人民真正想表达的言论与思想，都有可能合理地发表，也都可能遭到封杀，双方都没有绝对的自由。西方的问题是资本控制经常凌驾真理之上，中国的问题是权力独断有时凌驾于人民意志之上。看待媒介自由问题，光从资本主义或社会主义制度层面去分析是不全面的，有的结论也不准确，许多立论的基础并不存在，只是一种理论推演。媒介批评如果按照上述观点看待媒介自由问题，倒是简单化了，但许多事实很快会击碎某些结论。

三、法治论的媒介自由观

媒介批评若要树立全面、正确的媒介自由观，需要以科学理念为指导，把媒介自由视作从多种因素的制约走向社会和谐的过程。一言以蔽之，媒介自由只有在一定法律制度中展示它的边界，才具有实在性。任何力量——资本、政府权力或公民，都不应成为媒介自由的绝对支配者。以法制制约自由、保障自由、体现自由，是自由的主体活动和社会客体要求的结果，也是媒介自由可能把握的形式。这种法治论的媒介自由观，是认识和实施媒介自由的唯一途径。

宪法和法律规定的种种自由权利，媒介都应当享有。由媒介实施的，以真实、公正和效用为目标的传播自由，必须有合乎规律的机制，使公众利用媒介充分地获取信息和真理，有效地防止媒介侵权或权力越界。在当代世界，这种自由正处于形成阶段，种种势力都在插手媒介的自由运作，因而贯彻的难度也相当大。

启发公民参与媒介管理是实现这种自由的重要条件，而媒介的公众化很难加以明晰，建立完善的传播法制则是十分重要和迫切的。在私有制社会中，由于国家难以统一资本的

① 参见王建珂：《两种性质不同的新闻自由》，载《山东师范大学学报》（社会科学版），1991（2）。

意志，维护公民的正当自由权益极其复杂；在以公有制为主体的社会中，如果支配公有媒体的权力具有“执政为民”的性质，媒介的真正自由就能得到保障。但实际上，压制媒介的不当行为时有发生，因为权力的高度集中始终是“执政为民”的障碍，民众的监督往往形同虚设。依靠独立于政府权力之外的法律来保护媒介自由和限制媒介滥用自由，无疑是唯一可行的途径。这种法律是由人民通过他们的代表制定的，或由人民直接制定，必须真正反映人民的意志。

媒介在法律范围内活动，进行法律允许的报道，在今天已被世界各国传播界所重视。但许多传媒人只强调法律的保护而力图摆脱法律约束；而媒介管制系统又往往重视法律限制，忽视对媒介自由的保护。另外，各个国家仍然在个别情况下实施媒介检查，由于制度不同、运用的方式不同、表现的程度不同，反映的政治需要也不同。这种检查是否符合由人民制定的法律，检查官员有时并不思考这个问题。所以，媒介的法治之路还很遥远，媒介的自由也就时多时少、时严时松。

媒体、公民和政府三方都是自由的主体，没有哪一方绝对代表社会利益。三方都需要自由，也可能由于种种原因危害自由，只有通过法律的协调，才能使三方的自由得以实现。法律上的媒介自由是媒介活动的法律秩序状态，以达到维护社会公共利益为目的。媒介可能为商业利益或某种不正当的动机滥用自由；政府为了工作上的便利或为了特殊利益，也有可能以公共安全为借口，干涉甚至取缔媒介自由；公民个人还可能因为对利益的过分要求阻挠或危害媒介活动。法律依照公平原则对三方权利进行协调，要求媒介活动中的任何一方不能危害他方，使三方权益保持互惠制衡状态。

媒介活动的现实秩序通过新闻出版和广播电视法的调解来实现，需要创立完善的传播法律制度，任何社会势力都应是法律的顺民。一方面媒介要依法行使权利；另一方面司法审判应解决权利与权力的冲突，制止官员无端干预媒介的传播活动。这是一个交织着权力和冲突的过程，立法者和司法者面临着如何评价各方利益与如何保护各方权利的问题。作为媒介关系中各方和谐共处的桥梁，冲突的每一次解决都要保证媒体、公民和政府三方的正当要求，遏制三方的非法行为。媒介批评从这一层面认识媒介自由，分析媒介活动可能出现的弊端，才算把握了法治论媒介自由观的基本原则。因此，社会主义媒介自由观实质是法治观。社会主义作为民主、法治、平等与和谐的社会，人民有权使用媒体传播信息、发表一切意见，对国家管理和社会问题行使表达权、参与权和监督权。这种媒介自由既不受权力集中和纪律的限制，也不受权利与义务的约束，唯一受到的只能是法律的制约和保护。

第四节 媒介生存与媒介张力

数量庞大的不同种类的媒介共生在同一个社会，相互作用，相互依存，形成媒介环境和媒介生态，它们与传播资源存在着可得可失的关系。20 世纪 60 年代以来，西方一些学者结合生态学、社会学知识对媒介环境及其构成进行研究，逐渐创立了媒介生态学。媒介批评需要了解媒介是在怎样的环境中生存和发展的，各种媒介如何共存和竞争，媒介演变的一般规律是什么，媒介怎样辐射和影响受众的心理，表现出的张力对社会有何影响。

一、媒介环境与媒介生态

媒介环境有两种含义，一种是媒介生存环境；另一种是受众陷于媒介包围之中，处于媒介影响的氛围中。前一种媒介环境引发出媒介生态的命题；后一种媒介环境关系到媒介对大众的作用，称为媒介的意识环境。

媒介的生存环境是媒介立足、发展的条件与相关社会因素的总和，构成媒介不断变化的潜在动力。媒介生存环境由物质技术条件、政治制度、媒介体制与传播政策、受众取向和各类媒介的竞争所构成。媒介的成功、发展或遭遇挫折，都发生在一定生存环境中，都是环境的产物。同样，一种媒介打破了传播秩序，搅动了社会安宁，产生的无论是何种效果，都能从媒介生存环境中找到原因。

众多媒介在同一个环境中运作、生存和发展，既可能协调共生，也可能相互倾轧和伤害，还可能互惠互利，促使各自发生相应的变化，这就是**媒介生态**的一般含义。“媒介生态”一词最早是由加拿大媒介理论家马歇尔·麦克卢汉在20世纪60年代提出的，他的杰作《古登堡的银河系》和《理解媒介：论人的延伸》首次提出“媒介生态”一词，用来比喻媒介技术对文化所发生的深刻影响。波兹曼在1968年的一次演讲中，将媒介生态学定义为“将媒介作为环境的研究”的简单内涵。他在2000年的一次演讲中又强调，媒介是被定义为文化繁衍的物质，技术是文化繁衍的媒介。

作为媒介生态学研究的代表人物，美国威廉帕特森大学的林文刚教授对媒介环境的理解是很独到的，他写道：“在英文中，媒介生态（media ecology）一词，主要研究的是传播媒介与技术的历史与文化含义。……把‘媒介’放在‘生态’的前面，就是为了说明我们感兴趣的不仅仅是媒介，还有媒介和人类之间的互动给予文化以特性的方式，也可以说帮助文化保持象征意义的平衡。如果把生态一词的古代和现代的含义结合起来，我们可以说，它说明了我们需要保持整个地球大家庭的井然有序。”① 由这个论断看，媒介生态是关于媒介与媒介、媒介与环境、媒介与技术和政治经济状况相互制约的关系，媒介生态的演变引起或伴随文化的变革。

如果把媒介设想为社会大系统中的一个子系统，那么社会就成为媒介这个子系统得以生存的现实环境，媒介不可避免地会同社会各部分发生联系。由于客观世界各种因素的相互制约总是走向相对平衡，媒介与社会各要素之间的关系也大体是平衡的，一种媒介不可能脱离它所在的社会突兀地发展，也不可能远远落后于这个社会而停步不前。科学技术的进步必然推动媒介发生全新的变化，而某种新媒介的出现或发展，则会使整个媒介系统发生变革。与此同时，人类的生活方式即文化也不可避免地会发生相应的变化，走向更加适应新媒介的形态。当媒介与其外部环境这种相互逆差与逐步适应达到相对平衡的结构，就会不断刺激政治与经济因素，引起整个社会的逐渐变化。

媒介生存环境的变迁在引起媒介生态变化的同时，也促使媒介自身进行调整，形态发生或慢或快的改变。**媒介形态**由媒介的介质样式、传播方式和传播效率所构成，表现为媒介物质外壳和功能系统的统一。自媒介诞生以来，一共出现过人体媒介、实物媒介、图示

① ［美］林文刚：《媒介生态学的学术史记源》，载 *The New Jersey Journal of Communication*，V8，N1，2000（8）。

媒介、手抄媒介、印刷媒介、传统电子媒介及网络媒介等七种形态，它们的表意手段和传播方式有质的区别，又形成新闻信作坊、出版社、报社、杂志社、广播电台、电视台和网站等媒介机构。各种媒介形态的相互竞争，导致落后的媒介逐渐退出历史舞台，先进媒介与有价值的传播手段保留下来，逐步取长补短、相互融合。

媒介形态不仅受制于媒介技术的影响，也受传媒生态的制约，推动先进媒介逐渐占据主导地位。但媒介的生存与发展主要依存于社会环境，即受制于国家的媒介制度、传播政策、公众对媒介的认识和社会的经济、技术条件等，正是这些因素决定了媒介形态和媒介生态的变化。

二、意识环境中的媒介张力

今天，媒介充盈社会每个空间，揭示社会与自然界的每个细微变化，人类所有的感官都被媒介覆盖，时时事事都求教于媒介，**媒介化社会**已经形成。在一定意义上，社会是媒介的，媒介无处不在。多种媒介通过语言、图像和符号，打破了维特根斯坦的语言认知逻辑，形成了媒介的意识环境。媒介的动态及它们的互动，产生了浓郁的思想与情感空间，充斥着各种意义导向和感染力，左右着人们的认识。

媒介的意识环境构成人类生活的重要内容，受众通过媒介掌握外部变化，与社会和自然界建立信息、能量与物质交换，使生产力、科学技术、生产关系和意识形态不断进步。媒介扩展人的眼界，使社会情绪、感觉及思想动机得到调整，从而不断提升认识水平。这种影响可能扩张原始的人性，引发思想迷离，诱发心理扭曲，以至激发破坏性行为。这种**媒介张力**导致社会风气低俗、受众行为失常，激起社会混乱。当媒介传播淫秽内容、蓄意煽动事端时，媒介张力的危害尤其严重。

在印刷时代，人们将知觉投入媒介，透过文字得到丰富的知识和理念，文字让人对环境获得有限的认识。在维特根斯坦看来，我们语言的界限就是我们世界的界限，在语言所建立的符号结构中，人们必须遵循其内部逻辑来观察、表现或形成对周围世界的概念。[①]但在今天，除语言外，人们借助媒介观察世界主要通过图像和声音，图像正在改变人们的兴趣和视野。强大的信息流、思想流和情感流加速地塑造人们的个性、兴趣和价值观。个性与兴趣表现为多种心理特征，充满浓郁的情感体验，容易使人对某一事物陷入“入迷”的状态。媒介促进受众某种兴趣的形成，或引导受众兴趣的转变，比如一些人喜欢色情、暴力的影视作品，沉迷于犯罪与危害社会的快感，沉浸在低俗化的娱乐氛围。

媒介的市场化与娱乐化，一度成为平民化媒介的改革潮流，传播内容从煽情刺激，到满足人性好奇，很多人在媒介熏陶下陷入精神颓废。一些青少年沉湎于淫乐尚武的影视片，不仅延误学业，身心遭受摧残，而且滋生见利忘义、为富不仁的发财欲望。对抢劫、强奸和凶杀事件，某些媒介极尽渲染，张扬血腥，竞曝隐私，发展到争相恶意炒作的地步。有的媒介还常用豪宅盛宴、名车极品、娇妻艳妾，鼓吹炫富之快，灌输另类人生价值。种种污浊信息使某些受众恶性心理膨胀，媒介张力损伤了媒体自身的公信力。

某些媒介批评家辩称，这是媒体走向大众化、通俗化过程中不可避免的，不能简单否

---

① 参见［奥］维特根斯坦：《逻辑哲学论》，85页，北京，商务印书馆，2009。

定；是市场造成了低俗之风，因为低俗的内容能吸引眼球，媒体迫于生存压力，不得不适应市场需要。他们强调，今天是娱乐时代，复归人性成为潮流，媒介释放“人性需求”是人性解放的表现。但他们忘记了媒介对社会的巨大影响，也忘记了传媒人必须承担的社会责任。媒体对纯洁人性的亵渎，不仅误导了人们的精神向往，而且对缺少辨别是非能力的未成年人伤害巨大，是以牺牲民族的高雅文化为代价的。媒体绝不能为了一时的经济利益而放弃道德责任，不能为追求“轰动效应”而制造“精神鸦片”和“文化垃圾”。大众传媒不去针砭时弊，却以张扬时弊为荣，搅起陈腐之风，是媒介批评亟须扭转的严峻问题。

三、数字化媒介下的受众主宰

当今的数字化媒介促进了人的眼、耳、手以及味觉等器官的全部延伸，受众随时能感知世界各个角落发生的事情。“电脑和互联网使人们有更好的方式在‘世界的一隅随手摸到世界各地’，人可以把小小的世界摆放在桌子上，也可以使世界成为一个‘便携式’的世界。对远程电脑的使用者而言，世界各地就在他们的指尖上。”① 不仅如此，互联网使受众可以广泛交流，随时发布信息和发表意见，成为传媒的主宰者。

网络形成发散型传播结构，汇集了多种传播手段，以非线性方式把信息送达广大受众，实现了点对面和点对点的传播。在网络上，国界已不明显，不同国家的人可以实现直接交流，加速了全球化的进程。互联网是一种受众高度参与的媒介，又是个人和公共媒介的高度融合，对它的任何控制都不能摧毁它的这一本性。它是双向的，也是多向的，并由使用者负责安排如何使用，在网上可以看到、听到、嗅到甚至触摸到你想得到的东西。通过互联网，网民不仅可以像看电视一样直接目睹新闻事件的发展，还可以随时点击、反复体会，发表对新闻事件的评论。所有人都可利用网络大发议论甚至制造谣言，把关人的设障被延缓，言论自由的空间进一步扩大。

受众成为数字化媒介的主宰，快速地掌握来自世界各地的信息，同时传播自己了解的信息。数字技术以光速传递消息，不必以牺牲信息的丰富程度为代价，只要媒介能达到的空间，人类就能深入这一空间。这使事件发生地与媒体所在地之间的距离变得不再重要，媒介产品的发出地和使用地之间几乎没有时间距离。

“数字化”首先意味着“一体化”，传统媒体也被归于网络渠道，人们无须读报就可以在网上得到报纸上的消息，同样，人们也可以在网上观看各电视台的节目。只要人们介入网络，就占有了各种媒介信息。受众可以随意使用、编辑他人的作品，对自己作品的修改也更便利。“所以数字化使作品没有了终极状态，它使作品始终处于‘更新’之中，并且这个更新过程不一定靠原创者来完成。不同的人可以对同一个对象进行不同的修改，这使一个作品可能产生越来越多的版本。”② 在网上，电影、广播和电视作品很可能被人们改编和使用，信息的受者和传者产生了最大程度的双向互动，从而扩大了精神产品的利用率。

随着平面媒体可能逐渐衰亡，传媒不分领域全面竞争的现象可能逐渐减弱，以至消亡。推动这一变化的是电脑和 Web 技术对传统媒体的改造，而不是与传统媒体的共存。

① 吴伯凡：《孤独的狂欢：数字时代的交往》，314 页，北京，中国人民大学出版社，1998。

② 彭兰：《网络传播概论》，322 页，北京，中国人民大学出版社，2001。

同样道理，“电脑互联网产业与报纸、广播电台、电视台的结合如同汽车与马车……文字处理系统与打字机、电脑辅助设计程序与制图板……前者与后者的汇合是为了消灭后者”①。在网络上，“信息数量的增多只是提供了更多的选择的可能性，但这并不会增强人们对信息的选择能力，反而可能是对选择能力的削弱”②。在信息爆炸时代，人类对媒介的主宰，充满诱惑与动荡，正在面临着一种困境：在网络上终日沉溺于对个性的追求，对世界夸夸其谈，但最终却不知个性与世界究竟是何物。

四、媒介制度与制度批判

媒介制度决定了媒介是繁荣兴旺还是奄奄一息，对媒介制度的批判是媒介批评的焦点，在西方尤其如此。**媒介制度**又称传播体制，是指传媒机构的隶属关系、传播宗旨和管理方式。一个国家可能有几种不同的媒介制度，也可能只有一种，它们的模式主要取决于国家的政治制度。

当代媒介制度大体可划分为集权和民主两种类型。**集权媒介制度**始终把握一个宗旨，即必须保护权力及其利益不致被媒体所破坏，从意识形态权威中产生的国家主导媒介的生存，公民没有权利怀疑或否定对媒体的强制管理。**民主媒介制度**是以“民主参与理论”为指导，主张民众有理由争取自身的传播权和接近权，拥有对媒介的使用权。人民公有媒体或是被西方称为公共媒体的管理体制，都属于这种类型。在西方发达国家，民主参与理论虽有一定影响，但不过是作为民众的要求在传播体制中局部地发挥作用，丝毫触及不到传媒资本集团的利益。

在20世纪的西方文化批判中，以卢卡契、葛兰西为代表的西方马克思主义者对文化传播体制展开批判，法兰克福学派依据西方的文化困境从阶级意识形态到政治强制的符号转换，揭示了媒介体制体现的意识形态国家机器。他们发现，在资本统治中大众传媒扮演了重要角色，甚至已构成“新的权力核心”。这种“传媒批判理论”透视了西方的媒介生态，大众传媒如何成为资本的工具，出现了人造物的强化与人的异化。欧洲的媒介批判学派从功能主义、行为主义和行政主义出发，阐释了媒介制度如何将统治阶级的利益打扮成全社会的利益，媒介何以为权力体制所左右，变成掩盖和压抑弱势阶级和阶层声音的工具。

在美国，赫伯特·I·席勒是批判美国媒介制度的主将，1969年他出版了《大众传播与美利坚帝国》，1973年出版了《思想管理者》，指出美国公司垄断文化，最终目标是支配与控制公众。而政府、军界和商业集团组成的既得利益集团在推进美国大众传媒的全球化进程中起了关键作用。他在《传播与文化统治》一书中，提出了文化帝国主义的概念，称其为一种“在国内和国际上都建构着权力的基本关系”③。另一个媒介制度批判者阿特休尔认为，任何新闻媒介都是一个国家或社会中政治、经济的权力的代理机构，无论是资本主义新闻事业还是社会主义新闻事业都是服务于主流意识形态的。诺姆·乔姆斯基则指

① 吴伯凡：《孤独的狂欢：数字时代的交往》，181页，北京，中国人民大学出版社，1998。

② 彭兰：《网络传播概论》，331页，北京，中国人民大学出版社，2001。

③ Herbert I. Schiller, *Communication and Cultural Domination*, International Arts and Sciences Press, Inc., 1976, p. 4.

出，有权控制他人思想的人利用宣传、公共关系和其他策略在未经过受众允许的情况下就试图控制受众的思想。他用“民主社会中的思想控制”这个概念圈定美国媒介制度的本质。① 美国另一位有影响力的公共知识分子麦克切斯尼早年做过记者，也揭示了美国媒介与民主的悖论，认为在美国民主自治的环境下，媒介必须承担两个功能：看门狗功能和公民的简单介入。以这两个标准来衡量，美国媒介制度是失败的，是三心二意和跛脚的看门狗。②

媒介制度是媒介环境的主要因素，传播的优劣直接源于媒介制度，特别是媒介的负面现象大都与媒介制度有关。媒介制度决定媒介行为受到怎样的管束，媒介为谁服务，能否反映人民的意愿。集权媒介制度严格控制媒介，决定媒介从业者的任用，掌握媒介资源的分配，明确或婉转地实行审查制。这种制度掌控社会信息的闸门，媒介受到一个最高权力的指挥，宣传内容及倾向基本一致，媒介行为井然有序，但反映生活是单调、呆板的。而民主媒介制度在今天还不成熟，不能说在西方国家已经建立，无论在中国还是在西方，这种制度似乎正在酝酿和萌芽，但具体情况又截然不同。就一般理想状态而言，民主媒介制度下的媒介是独立的，除了遵循法律、媒介道德和受众监督之外，传播信息不受约束，媒介资源是由市场配置的。

但不管哪种媒介制度都没有绝对的媒介自由，都担负着过滤信息和思想、引导大众欲望的责任。人的视线往往被空间所限制，对社会的全面了解也受到限制，只有借助媒介才能认识整个社会及其变化。如果媒介制度控制下的媒介背离这种天然功能，传播的信息主次不分，或根本不可靠，就需要批判，彻底改变它的壅蔽，使它尽快透明起来。我们曾一度把媒介制度的使命厘定为“要帮忙，不添乱”，导致媒体板着面孔、居高临下，会议报道、政策灌输和思想说教天天“轰炸”，直到受众纷纷逃离还不罢休。而那些市场化的媒体则迎合受众的低级趣味，炒作明星绯闻，心态浮躁。媒介制度一旦错位，该管的没有管，不该抓的抓得很死，媒介就会凸显精神失落与信仰缺失，娱乐化则兴盛不衰。要改善以上种种现象，只有从制度批判入手，才能推进媒介的真正变革。

本章概念与思考题

概念

媒介　思想涵化　虚拟现实　媒介文化　流行文化　观念恒定　意识形态　主流媒体　媒介力量　权威媒介　媒介公信力　公共领域　传播力　媒介权力　软实力　媒介自由　媒介环境　媒介生存环境　媒介生态　媒介形态　媒介化社会　媒介意识环境　媒介张力　媒介制度　集权媒介制度　民主媒介制度

思考题

1. 媒介有哪些功能？如何认识这些功能？

---

① 参见［美］诺姆·乔姆斯基：《新自由主义和全球秩序》，70页，南京，江苏人民出版社，2000。

② McChesney，R.，“Journalism，Democracy，…and Class Struggle，” *Monthly Review*，Nov. 2000，52 (6)，pp. 1－15.

2. 怎样理解媒介的意识形态性质？
3. 媒介的权力作用是怎样产生的？
4. 主流媒体的内涵是什么？
5. 权威媒介有哪些含义？
6. 如何评价媒介的公信力？
7. 媒介自由包括哪些内容？怎样认识媒介自由问题？
8. 数字媒体时代受众的地位发生了哪些变化？
9. 阐述媒介运作和媒介批评的关系。

第三章

我国媒介批评的演变

CHAPTER 3

媒介批评并非起源于西方，认为它最早产生于西方，是一种想当然的说法。不管在哪个民族和国家，只要出现媒介及传播活动，随之就会出现媒介批评。媒介与媒介批评的相继出现，是人类品评意识成果的自然现象。当具有真正意义的媒介——手抄文本被人类使用，对手抄作品的评价——赞成或反对也就随之出现。公元前513年，晋国赵鞅铸刑鼎书，受到孔子的尖刻批评，是媒介与媒介批评并蒂莲现象的历史事件之一，或许这是中国媒介批评的起点，或是有历史记载的开始。

第一节　从经书批评到报刊批评

我国最先出现手抄和印刷媒介，是世界上较早开展媒介批评的国家，舜立诽谤之木与舆人之谤，多有口头媒介批评的内容。从战国百家争鸣的经书批评高潮，到皇权对手抄邸报与民间小报的施威，再到晚清报刊的相互抨击，媒介批评经历了不同阶段，提出了许多宝贵的媒介思想。

一、经书纵论与士人对峙

中国最早的媒介批评属于经书批评。所谓**经书批评**，是指士人对“四书五经”等典籍提出的不同观点，是周朝和汉代媒介批评的主要内容。当时对立士人在讲学、言论记载和著述中批评对方的立国之道，形成最初治国理念的交锋，显示出早期媒介批评的政治性质。正如英国左派批评家特里·伊格尔顿所说：“一切批评在某种意义上都是政治的。”①

我国最古的官方史书《尚书》，记录了中国原始国家制度的历史。记载于《尚书·舜典》中的“象以典刑”（简称“象刑”）的观点，指在唐虞时代实行“象刑之制”，人犯了罪让其穿与常人不同式样、不同颜色的衣服、鞋子或头巾代替刑罚，称为“画像”。荀子批评《尚书》的“画像”是乱世妄说，实属“乱今”的谬论。荀子推论道，刑罚的宗旨是遏制残暴和罪恶，“杀人者不死，伤人者不刑”，是纵容残暴而非遏制罪恶，“故象刑殆非生于治古，并起于乱今也”②。对《尚书》的这一批评，反映了媒介批评与政治批评的交互性。

到春秋末期，儒家已有“六经”，著作与流派越来越多，经书批评也趋频繁与激烈，出现许多学问家对晦涩著述的考证。那些“论、注、疏、考”之类的书籍，在进行解释与评述经典的同时，也发表了大量批评意见。《庄子·天下》说：“《诗》以道志，《书》以道事，《礼》以道行，《乐》以道和，《易》以道阴阳，《春秋》以道名分。……百家之学时或称而道之。”就是评价经书的重要结论。

当时各家都鼓吹自己的学说，搜集古代文献编写著作，汇编成《夏书》、《商书》、《周书》，还有《论语》、《孟子》、《庄子》、《荀子》、《韩非子》、《吕氏春秋》等“专述”。这些经书引用《尚书》的次数最多，但引用的抄本不同，对井田制向土地私有制、君主分封制向国君集权制转变的现状提出不同见解，形成了儒、法、杂等百家著作争鸣的对峙。其中，儒、法两家的政治主张水火不容，相互指责对方书中的观点搞乱了世道（所谓礼崩乐坏），“诸子者，人道见志之书”③，互相诋毁不休。

秦国一度独尊法家，造成荀子所谓的“无儒”局面。秦昭王后发生了变化，博士制度建立起来，儒法名士均可作为博士参与朝政。到秦始皇时，招揽 70 名辩士辅佐朝政，有法有儒。可是儒生们常对朝廷政令以“克己复礼”的儒学大加议论，上朝时心里不以为然，下朝后跑到街巷公然诽谤。公元前 213 年，丞相李斯认为，儒生以古非今、诽谤朝政，这种情况不禁止，皇帝的威严就会下降，提出烧毁民间和博士们藏有的《诗经》、《尚书》等书籍，狂施残暴镇压手段，将经书批评推向极致。秦始皇接受了他的建议，终于发动了焚书坑儒运动（实际杀害的是术士）。

在中国的皇权社会，经常发生批驳对立学说和著作的斗争，都离不开最高统治者的怂恿和操纵。有的皇帝直接出面杀害批评朝廷的文人志士，焚其著作，大兴文字狱。汉代太史公司马迁的外孙杨恽作《报孙会宗书》，汉宣帝怀疑讥讽他“污秽不治，朝廷荒乱”，因此大怒，给杨恽安上“大逆不道”的罪名，处以腰斩。北宋神宗年间重用王安石变法，苏轼反对新法，在诗文中表达对新政的不满。御史中丞李定、舒亶等人记下苏轼《湖州谢上表》一文中的语句和此前所作诗句，以谤讪新政的罪名逮捕了他。苏轼在关押 4 个月中每日要交代诗文的由来和词句中典故的出处。宋朝有不杀士大夫的惯例，苏轼才免于一死。明朝朱元璋对孟子的重民思想极为反感，于洪武二十七年（1394 年）叫人把《孟子》中有关重民思想的章节全部删去，定名《孟子节文》。

---

① ［英］特里·伊格尔顿：《文学原理引论》，246～247 页，北京，文化艺术出版社，1987。

② 《荀子·正论》，见王先谦：《荀子集解》，328 页，北京，中华书局，1988。

③ 《文心雕龙·诸子》，见王利器校：《文心雕龙校证》，上海，上海古籍出版社，1980。

大量文人间的撰著批评，在各朝代也很激烈。汉代董仲舒将春秋公羊学说打扮成天人感应论，鞭挞秦朝好刑滥杀的暴政，主张“罢黜百家，独尊儒术”。汉武帝接受他的建议，立五经博士，儒学经典被神化，谶纬之学开始盛行。以王充为代表的唯物论者反对谶纬之学和“虚妄之美”，指出“儒者说五经，多失其实”，“经有褒增之文，世有空加之言”，“前儒不见本末，妄生虚说；后儒信前师之言，随旧述故”，对经书和儒学展开了尖锐的批判。

在经书批评中，也出现了像刘勰《文心雕龙》这样的学术性论著。《文心雕龙》是魏晋经传批评的集大成者，为中国媒介批评史竖起里程碑。刘勰以“宗经”为名，论述文章必须以儒家经典为宗，“励德树声，莫不师圣；而建言修辞，鲜克宗经。”实际上《文心雕龙》不仅提出文学理论和文学批评问题，把它归为媒介批评著作更为合理。书名“文心”是说“为文之用心”，全书50篇主要评价以往的经书辞赋，主张文章生于道，道是判断文章好坏的标准。刘勰把自然之道与儒道相结合，认为儒家圣人的经书最能“原道心以敷章”，“道沿圣以垂文，圣因文以明道”。他也大量谈到文章的“美饰华采、朴素自然”的写作方法，但他要求士人向圣人学习，主要学习“宗经”——效仿经书的榜样，做到“情深而不诡，风清而不杂，事信而不诞，义直而不回，体约而不芜，文丽而不淫”这“六艺”。

二、对邸报信息泄露的惩治

我国唐代开始出现邸报，这是朝廷传播统治思想的原始报纸。编辑和控制这种官报的编撰机构与朝廷文臣武将时有不同意见，于是出现了中国早期的报刊批评。**原始报纸没有采编分工，没有版面区隔，新闻没有题目，多为手抄或手工印刷，没有邮发机构，依赖驿站的差役传播。**对这种原始报纸的批评，反映了皇权控制消息同自由传播消息的斗争。

到了宋代，邸报由于编发环节少、传递速度快，朝廷感到有泄露机密的“危险”。《宋会要辑稿·职官》二之四四记载，太宗雍熙三年（986年）五月，诏：“开封府进奏官，止依例供申本府报状，诸州不许申发。”《宋会要辑稿·职官》一八之七八又载，太宗端拱二年（989年）五月，“差知书库刘襄抄录报状，供应攒日历。今缘宣命，不能抄录诸州杂报，窃虑有误编修。”当时有进奏官没有“依例”行事，越权对诸州发布消息，遭到朝廷“有误编修”的批评。朝廷还发现，刊载在诸如“诸州杂报”上的未经朝廷发布的消息，主要来自进奏院中的大小官吏，于是开始整顿进奏院。

《宋会要辑稿·职官》二之四五中记载：真宗大中祥符元年（1008年）诏：“进奏院不得非时供报朝廷事，宜令进奏官五人为保，犯者科违制之罪”。这不再是邸报批评，而是对进奏官下达禁令，罪惩泄露消息的编者。宋廷最高统治者认为，进奏官屡次在邸报上擅自泄露消息，是一种攻击朝政、煽动人心，甚至伪造敕文的阴谋，两度实行邸报定本制度。《宋会要辑稿·职官》二之四五载：“进奏院所供报状每五日一写，上枢密院定本供报。”尽管如此，进奏院“非时供报朝廷事”的情况并未禁绝，甚至各路进奏官在“依例”传发“报状”之外，已经发展到“别录单状”，擅自编录未经朝廷批准刊发的消息。

《宋会要辑稿·刑法》二之二九载，宋仁宗庆历八年（1048年）秘阁校书相州杨孜

“奏言”：“其余灾祥之事，不得辄以伪题亲识名衔，以报天下。如违，进奏官吏并科制之罪。”《宋会要辑稿·刑法》二之一七载，仁宗天圣九年（1031年）闰十月十五日诏：“闻诸路进奏官，报状之外，别录单状……自今听人告捉、勘罪、决停，告者量与酬赏。”朝廷公开诏示，鼓励人们检举告发那些“别录单状”的进奏官，只要一“告”，官府就“捉”，然后“勘罪”，决不手软。此类情形，在宋代文献中有许多记载，这里不再一一转引。

宋代还出现了民间的原始报纸，据《宋会要辑稿·刑法》二之三四载，神宗熙宁二年（1069年）闰十一月二十五日，检察御史里行张勘言：“窃闻近日有奸佞小人，肆毁时政，摇动众情，传惑天下。至有矫撰敕文，印卖都市。乞下开封府严行根捉造意、雕卖之人，行谴。”小报一出现，对其批评和赞扬一时风起云涌。《海陵集》中《论禁小报》一文对小报的罪名复述有加，呵斥为“浮言胥动，莫知从来”，“往往以虚为实，以无为有”；并提出“此以害治，虽若甚微，其实不可不察”[①]。对小报的指责，反映了宋代民间报纸与朝廷管制的冲突。

宋代统治者严禁小报，宣布它为非法，但直到宋朝末年小报也没有绝禁，可见民间对小报的欢迎。《宋会要辑稿·刑法》二下载《臣僚言》一文可以为证：“近年有所谓小报者，或是朝报未报之事，或是官员陈乞未曾施行之事，先传于外，固已不可。至有撰造命令，妄传事端，朝廷之差除，台谏百官之单奏，以无为有，传播于外。访闻有一使臣及阁门院子，专以探报此等事为生。或得于省院之漏泄，或得于街市之剽闻，又或意见之撰造，日书一纸，以出局之后，省、部、寺、监、知事及进奏官悉皆传授，坐获不赀之利。以先得者为功，一以传十，十以传百，以至遍达于州郡监司。人情喜新而好奇，皆以小报为先，而以朝报为常，真伪亦不复辨也。”

“议论朝政”有禁，“讪谤大臣”有禁，“妄造妖书妖言”有禁，“鼓吹界说”和刻印邪说的文字有禁，“探听和传报朝政”有禁，其中任何“一禁”都成为查禁小报的理由。[②] 小报的出现打破了官报的垄断局面，“以小纸书之，飞报远近”，被朝廷批评为“骇惑听闻”、“疑误群听”，遭到严厉的打压。

明代的邸报抄传设通政司、六科、提塘三个环节，明太祖把国家的最高新闻机构都进奏院改为通政司，取消中间环节，直接受皇帝管辖。永乐年间，有一次一些不重要的章奏通政司没有上报皇帝，而是直送六科。明成祖朱棣获知后，责备道：“设通政司，所以决壅蔽，达下情。今四方言事，朕不得悉闻，则是无通政司矣。自今宜深惩前过，凡疏奏关民休琪者，虽小事必闻，朕于听受不厌倦也。”[③]

清朝初始，提塘自设报房，提塘小报印发未经六科发抄的章奏，多次受到惩处。如《硃批谕旨》第三十四册记载，雍正六年（1728年）二月，四川巡抚宪德奏，“《京报》之小钞泄露之弊若此。以臣愚见，不若将提塘一项尽行革除，各驿量加夫马。一应公文总自部收部发”。

雍正四年（1726年），两名办“小报”的人何遇恩、邵南山因刊登皇帝游玩的新闻而

---

① 转引自戈公振：《中国报学史》，30页，北京，三联书店，1955。

② 参见《方汉奇文集》，137页，汕头，汕头大学出版社，2003。

③ 余继登：《典故纪闻》，第7卷，120页，北京，中华书局，1981。

掉了脑袋。这条消息说："初五日，王大臣等赴圆明园叩毕，皇上出宫登龙舟，命王大臣登舟共数十只，俱作乐，上赐蒲酒。由东海至西海，驾于申时回宫。"① 当时朝廷严禁小报报道皇宫动向，上喻"捏造无根消息，甚为可恶，着令兵刑二部详悉审讯"。雍正皇帝早已传旨宫中，当年端午节不作乐，对小报上皇帝龙舟之游的报道，大为震怒，下旨"俱应斩决"。这已不是什么媒介批评，而是媒介镇压，以两条人命的代价弹压民间原始报纸。

皇权统治者的言禁及对报人的迫害，暴露了他们的凶残和专横，反映了皇权的卑怯心理。当朝酷吏害怕人民，唯恐图谋不轨，对民间言论无不风声鹤唳。中国古代的官报和民间报纸有两类批评者：一类是民间评论家，多为名不见经传的平民士大夫阶层；另一类是皇帝大臣，以绞杀言论和消息传播为能事，反映了原始报纸的阶级斗争关系。

三、清末对现代②报纸的疾视

现代报纸拥有多个版面，以新闻报道为主要内容，版面划分栏目，活字印刷，设立编辑部，出现采编分工，通过电报和邮发系统发行。鸦片战争后，现代报纸逐步在中国登上舞台，在外报引领下国人相继创办了报刊，并在各自的"序"、"刊例"、"条例"、"缘起"和"发刊词"中对报刊作出评价。

在华外报一创办就有人评论其"报道公正"："西国新闻纸馆之设，其立论则甚公，其议事则甚当。不避权势，不畏奸豪，如有非理之处，皆得从容而议之。"③"我外国新闻纸，比中华之吏更直，虽至亲骨肉，也不徇情偏护。……一切不公不平之事，俱为载之新闻，以禁后人。"④"吾人欲以文字播道，宜迎合中国自有之国民性，而使其思想变为基督化，不必夹入许多西方思想，为之障碍。"⑤ 这种"公正"是指对一切不公平的事情敢于揭露，不畏权势，不徇私情，当时不少外报就是以此自居的。

对京报的缺点，中国读者已经司空见惯，感到不习惯的倒是一些刚到中国来的外国人，他们敢于指出弊端，认为"所叙仅撮其时日及地方，因其铺张各说，原难凭信，且其所载，专指军兴之事，亦未精详，尤属迂阔。故除时地之外，足征不讹者无几"⑥。"吾辈所不解者，中国之京报所有日行之公事皆列于众，如山东之灾亦属中国之大事，而京报所列并未多见，故中国朝廷并不能详知山东之大灾也。"⑦ 类似的议论还可以举出不少。英国著名汉学家庄延龄（巴克尔）甚至得出结论："世上没有一个都市，比北京更难获得其国中的消息。"⑧

清末民初是两种制度交错、两种生产力逐渐更替的肇起，自长矛大刀无法抵御坚船利炮起，中国开始学习西方。林则徐、魏源的开眼看世界和王韬、郑观应等人的思想启蒙，

---

① 王洪祥主编：《中国新闻史》，61页，北京，中央民族学院出版社，1988。

② 这里的"现代"不是时间概念，而是指报纸类型。

③ 花之安：《新闻纸论》，转引自方汉奇：《中国新闻事业简史》，第1卷，383页，北京，中国人民大学出版社，1995。

④ 《上海新报》，1863-12-12。

⑤ 佰诲：《基督教文字播道事业谈》，转引自《中国近代报刊史参考资料》，上册，142页，北京，中国人民大学新闻系校内用书，1982。

⑥ 《遐迩贯珍》，1853(8)。

⑦ 《申报》，1877-05-02。

⑧ 转引自朱传誉：《先秦唐宋明清传播事业论集》，378页，台北，台湾商务印书馆，1988。

使中国古老报业和印书局的发展突然开始加速。严复认为，“阅兹报者，观于一国之事，则足以通上下之情；观于各国之事，则足以通中外之情”①。太平天国的思想家洪仁玕在《资政新篇》中还提出，报纸可以“禁朋党之弊，消弭各种弱本强末的离心力量”；“有新闻篇以泄奸谋，纵有一切诡弊，难逃太阳之照矣”②。梁启超在为时务学堂学生所开西学必读书目中就有《格致汇编》，他评价说：“皆言西人格致新理，洪纤并载，多有出于所翻各书之外者，读之可增益智慧。”③ 他把报纸形象地比喻为国君的耳目、臣民的喉舌，“无耳目，无喉舌，是曰废疾……其有助耳目喉舌之用而起天下之废疾者，则报馆之谓也”④。

对现代报纸、书籍的这些评价，使当时中国的知识界耳目一新，两眼明亮，连统治者也觉得报馆书局真是“稀世珍宝”，那就让读书人试试吧。于是一批现代报馆和印书局先后在上海、北京、天津、广州和武汉问世了。裘廷梁在《无锡白话报序》中说：“无古今中外，变法必自空谈始。故今日中国将变无变之际，以扩张报务为第一义。阅报之多寡，与爱力之多寡有正比例，与阻力之多寡有反比例。”

但攻击现代报纸的言论也频频出现。1899年3月2日，张之洞致电总署，抨击《清议报》祸国殃民。电报说：“谤议中国时政，变乱是非，捏造诬罔，信口狂吠，且载有各国瓜分中国会章程一则，种种悖逆，令人发指。意在惑乱人心，挑动强敌，必欲中国立时大乱而后已，险恶已极！”⑤ 对改良报纸的这一攻击，置爱国于祸国，黑白颠倒，陷人于死地，也标志着改良派和皇室派已经公开决裂。

梁启超和强学会创办的《时务报》、《强学报》挥舞变法图存大旗，立场鲜明，议论透彻，大受读者欢迎。湖南邹代钧《致汪康年书》中评价改良派报纸说：“阅之令人狂喜，理识文兼具，而采择之精，雕印之雅，犹为余事，足洗吾华历来各报馆之陋习。三代以下，来由词句。为吾党幸，为天下幸。”他对《时务报》尤其推崇：“此报名贵已极，读书人无不喜阅。”⑥ 南京郑孝胥在《致汪康年书》中也盛赞：“《时务报》灿然而出，如挈白日，照耀赤县，可谓杰哉。梁君下笔，排山倒海，尤有举大事，动大众之概。”⑦

与革新派相反，守旧派始终抵制新报，对革新派报刊不屑一顾，先进的报业遭到鞭挞。《湘学新报》、《湘报》大力宣传民权主张，引起守旧势力的惊恐。张之洞说：“乃近日由长沙寄来湘学报两次，其中奇怪议论，较去年更甚。”⑧ 湘绅叶德辉连连投书南学会，攻击《湘报》“谬论甚多”。岳麓书院院长王先谦诋骂《湘报》“真中国之巨蠹”。邵阳守旧士绅竟以“乱民”罪名，将《湘报》撰述樊锥驱逐出境，说他“直欲以我列圣以来乾纲独揽之天下，变为泰西民主之国……真汉奸之尤哉”⑨！当《时务报》第40册上发表梁启超

---

① 严复：《国闻报缘起》，转引自《中国近代报刊史参考资料》，上册，283页，北京，中国人民大学新闻系校内用书，1982。

② 洪仁玕：《资政新篇》，见南京太平天国历史博物馆：《太平天国印书》，16册，南京，江苏人民出版社，1961。

③ 梁启超：《读西学书法》，转引自胡太春：《中国近代新闻思想史》，203页，太原，山西人民出版社，1987。

④ 梁启超：《论报馆有益于国事》，转引自《中国近代报刊史参考资料》，上册，242页，北京，中国人民大学新闻系校内用书，1982。

⑤ 傅国涌：《笔底波澜——百年中国言论史的一种读法》，桂林，广西师范大学出版社，2006。

⑥ 上海图书馆：《汪康年师友书札·三》，2658页，上海，上海古籍出版社，1987。

⑦ 同上书，2917页。

⑧ 张之洞：《致长沙徐学台》，转引自《中国近代报刊史参考资料》，上册，292页，北京，中国人民大学新闻系校内用书，1982。

⑨ 《摘驳樊锥开诚篇中语尤悖谬者》，见苏舆：《翼教丛编》，第5卷，台北，中央研究院中国文哲研究所，2005。

《知耻学会序》后，张之洞认为此文“太悖谬，阅者人人惊骇，恐招大祸”，立即电饬湖南巡抚陈宝箴“速告湘省送报之人，此册千万勿送”[①]，禁止该期《时务报》发行。

百日维新，昙花一现，慈禧不但囚禁光绪，诛杀“六君子”，而且颁上谕称：“近闻天津、上海、汉口各处，仍复报馆林立，肆口逞说，捏造谣言，惑世诬民，罔知顾忌，亟应设法禁止。著各该督抚，饬属认真差劲。其馆中主笔之人，皆斯文败类，不顾廉耻，即饬地方官严行访拿，从重惩治，以息邪说而靖人心。”[②]

创刊于1896年的《苏报》在创刊后几经转手盘让给退职官员陈范，由进步人士章士钊出任主笔，报纸的立场逐步激进。1903年4月间，邹容写了一部宣传革命的小册子《革命军》。《苏报》为《革命军》的出版做了大量的宣传，在《新书介绍》中这样评介：“笔极锐利，文极沉痛，稍有种族思想者，读之无不拔剑起舞，发冲眉竖。若能以此书普及于四万万人之脑海，中国当兴也勃焉。”《苏报》又刊出章的《康有为与觉罗君之关系》一文，直呼光绪皇帝为“载湉小丑”，举国上下无不震动。清政府感到革命威胁迫在眉睫，拘捕了《苏报》有关人员。7月6日，《苏报》上刊出章太炎《狱中答新闻报》，严厉谴责清朝当局制造“苏报案”。清政府委托律师古柏指控《苏报》和章、邹“故意诬蔑今上，诽诋政府，大逆不道，欲国民仇视今上，痛恨政府，心怀叵测，谋为不轨”。这场官司打了10个月之久，清政府本想借“苏报案”杀一儆百，却促进了革命报刊的广泛传播，起到星火燎原的作用。

报案是专制或邪恶势力迫害报纸，诬陷、残害记者或将其下狱，制造新闻冤案事件，是一种极端的媒体攻击，最终造成恶还其主的结果。事实上，清政府是彻头彻尾的失败者，“苏报案”激发了革命报刊的发展。1905—1911年，革命派在上海先后出版了十几家报刊，其中影响最大的是于右任创办的《民呼日报》、《民吁日报》和《民立报》，史称“竖三民”。

宣传民主、革新的报刊，历来与专制势不两立，引起顽固派的嫉恨。现代报刊是民主因素的产物，承担宣传新思潮的使命，与皇权水火不容。现代报刊批评的焦点在于反对还是捍卫民主精神，围绕启蒙或愚民、削皇权或争民权评价媒介行为，推动民智开化和政治清明。在专制统治日渐飘摇的背景下，专制主义者对现代报刊越是大动干戈地镇压，越表现出他们内心的恐惧，更大的革命浪潮就越加迅速地席卷而来。

第二节　民国前后的报刊思想对峙

清朝末年，以康有为、梁启超为首的变法人士企图在专制制度基础上进行逐步改良，探索中国走向君主立宪的现代国家之路，这同孙中山等革命派的主张发生了尖锐的对立。兴中会成立之初，由于忙于会党建设和武装起义，孙中山没有意识到报刊宣传的重要性。1895年广州起义失败后，在维新派报刊的影响下，许多民众视革命党人为乱臣贼子。孙

① 张之洞：《致长沙陈抚台、黄署臬台电》，转引自《中国近代报刊史参考资料》，上册，291页，北京，中国人民大学新闻系校内用书，1982。

② 《德宗景皇帝实录》，第428卷，8页，台北，新文丰出版公司，1978。

中山说："举国之人，无不以我为大逆不道，万恶乱臣贼子，为匪徒海盗。"[①] 他感到，要推翻清朝统治，在武力斗争的同时，必须重视报刊宣传。于是指派陈少白于1900年在香港创办《中国日报》。1905年中国同盟会机关报《民报》在日本创刊，与梁启超的《新民丛报》展开论战。

一、革命与维新报刊的论战

孙中山主张中国要像西方那样，大办"学会"和"学报"，"学报以进其益，萃全国学者之能，日稽考于古人之所已知，推求乎今人之所不逮，翻陈出新，开世人无限之灵机，阐天地无穷之奥理"[②]。他在日本领导了同盟会机关报《民报》的创办，亲自撰写了《〈民报〉发刊词》，提出了贯穿于他的报刊思想与宣传活动的"三民主义"理论。

早在1898年9月，梁启超在清兵的追捕下逃到日本，办起《清议报》与《新民丛报》声讨慈禧旧党，介绍民权理论，批判国民愚昧与奴性，倡导仿效日本实行君主立宪政治。孙中山在《〈民报〉发刊词》中首先批评了维新报刊对中国问题没有对症下药，指出了另一条拯救中国的道路，他写道："近时杂志之作者亦伙矣，婍词以为美，嚣听而无所终，摘埴索涂，不获则反复其词而自惑。求其斠时弊以立言，如古人所谓对症发药者，已不可见；而况夫孤怀宏识，远瞩将来者乎？夫缮群之道，与群俱进，而择别取舍，惟其最宜。"[③] 孙中山在《〈民报〉发刊词》中最后说："此先知先觉之天职，而吾民报所为作也。抑非常革新之学说，其理想输灌于人心，而化为常识，则其去实行也近。吾于民报之出世觇之。"以三民主义启迪民众，是《民报》着力宣传的历史任务。

《新民丛报》自1906年1月第73号起，连续发表梁启超的《开明专制论》和《申论种族革命与政治革命之得失》两篇长文，鼓吹在中国只能实行"开明专制"，然后再实行君主立宪。《民报》特发《号外》，刊登题为《〈民报〉与〈新民丛报〉辩驳之纲领》的文章，指出革命派和保皇派报纸的根本对立：《民报》主共和，《新民丛报》主开明专制；《民报》以政府恶劣，故望国民革命，《新民丛报》以国民恶劣，故望政府专制；《民报》主张政治革命必须有实力，《新民丛报》以为政治革命只需要求；《民报》以为革命要实现共和，《新民丛报》认为革命反以得专制；《民报》鉴于世界前途，社会问题必须解决，故提倡社会主义，《新民丛报》以为社会主义不过煽动乞丐、流氓之具。该纲领公开宣告："本报以为中国存亡诚一大问题，然使如《新民丛报》所云，则可以立亡中国。"[④] 两派报纸围绕要不要采取革命手段推翻清朝政府，要不要建立共和政体，要不要实行土地国有这三个问题辩论不休，相互指责。

1902年前后，梁启超在政治上表现出激进，在选择浸润和激烈这两种宣传方法时，他较多地采取后一种。1903年后，梁启超在政治上渐进保守，在文风上有明显改变，他比较浸润和激烈方法的短长时说："浸润于煽动相反对，此二者皆为鼓吹舆论最有力之具。

---

① 《孙中山全集》，第1卷，420页，北京，中华书局，2011。

② 孙中山：《上李鸿章书》，见《孙中山选集》，3页，北京，人民出版社，1981。

③ 孙中山：《〈民报〉发刊词》，转引自张之华：《中国新闻事业史文选》，119页，北京，中国人民大学出版社，1999。

④ 同上书，70～71页。

煽动之收效速，浸润之收效缓。”[①] 但他强调宣传应采取浸润的方法，反对“偏执之论”，主张报刊要沿袭诗经之义，采取“矢志必洁，而称物惟芳，托体虽卑，而择言近雅”的“风人之旨”[②]，他的文风一度失去昔日的锋芒。

孙中山对中国报刊良莠不分、鱼龙混杂的状况十分失望，批评维新报刊脱离实际，追求辞藻华美，崇尚空谈。他对立宪派大造保皇舆论进行了抨击：“近时杂志之作者亦伙矣。婍词以为美，嚣听而无所终，擿埴索涂不获，则反复其词而自惑。”[③] 当时改良派的报刊虽然很多，有时也表现出慷慨陈词的改革要求，但不能切中时弊。这类没有远大目光和卓越见识的报刊，难以指出一条救国之路，对挽救民族危亡乱投药石，使人民迷惘、惶惑而无所适从。

孙中山提出革命报刊要注意宣传艺术，引导舆论走向正确方向。他向《中兴日报》提出了“以攻心为先，以至理服人为上策”，使革命派在论战中“以堂堂之源，正正之阵，不涉漫骂，不攻击其私人行诣”[④]，发动和组织革命党人进行严肃的战斗。

在革命报刊的鼓吹下，维新派报刊渐失阵地，多数仁人志士拥护孙中山的三民主义，最终辛亥革命取得胜利。1912 年 3 月，孙中山在上海民立报馆致辞时，盛赞报纸对革命成功的巨大功绩，称“此次革命事业，数十年间，屡起屡仆，而卒睹成于今日者，实报纸鼓吹之力”[⑤]。他说：“我们从前手无寸铁，何以会革命成功呢？就是由于宣传……”[⑥] 他强调：“人类的政治思想极发达，民权的学说极普遍，更不专可用兵力，必要人人心悦诚服，都欢迎我们的主义，那才容易成功。革命成功极快的办法，宣传要用九成，武力只可用一成。”[⑦]

革命派与维新派的报刊论战，体现为两种政治势力的鏖战，最后革命战胜改良，保皇失去人心，印证了不同性质的报刊产生了不同的结局，服务于不同目标的媒介批评产生了不同结果，这就是：（1）媒介批评符合社会进步的要求，则会引导媒体发挥推动历史的作用；反之，媒介批评宣扬空想，使媒体在客观上阻止或延宕社会进程，最终要被民众抛弃，退出历史舞台。（2）对立媒介批评观点的相互批驳与论战，使正确的新闻思想深入人心，争取了受众；错误的媒介思想则诱导媒体背离历史要求，背离传播使命，失去人民的支持。（3）对立政治方向的媒介批评，历来都是不同社会理想和媒介观的冲突，符合历史潮流的媒介思想，最终要战胜保守的、落后的和生硬灌输的媒介思想。

二、民国前后的报刊摧残

清末民初，中国历史面临从未有过的变局，各种力量利用报刊粉墨登场，专制权力对

---

① 梁启超：《国风报叙例》，转引自《中国近代报刊史参考资料》，下册，509 页，北京，中国人民大学新闻系校内用书，1982。

② 梁启超：《说国风》（下），转引自胡太春：《中国近代新闻思想史》，120 页，太原，山西人民出版社，1987。

③ 孙中山：《〈民报〉发刊词》，转引自张之华：《中国新闻事业史文选》，119 页，北京，中国人民大学出版社，1999。

④ 冯自由：《革命逸史》，第 5 集，219 页，北京，中华书局，1981。

⑤ 《孙中山全集》，第 2 卷，337 页，北京，中华书局，2011。

⑥ 张其昀：《国父全书》，929～931 页，台北，“国防研究院”，1960。

⑦ 《孙中山全集》，第 8 卷，568 页，北京，中华书局，2011。

报刊和报人的摧残达到骇人听闻的程度。现代报刊从来就有反对专制的传统，报刊揭露同任何专制势力都会发生尖锐的政治对峙。民国成立前后，在帝后、军阀、政客斗争的漩涡中，报业成为最具风险的职业，报刊批评由精神批判转化为暴力批判，统治者制造了一桩桩杀害报人的恐怖事件。

创刊于1909年5月15日的《民呼日报》只出版92天，就被清廷以“毁坏名誉”的罪名勒令停刊。随后创刊的《民吁日报》发行仅48天即被查封。有人贴出揭帖，表示抗议，江南学界800人联名致电清廷要求：“该报是否有罪，应按报律为出入，庶保国权，而伸舆论。”[①] 上海道台蔡乃煌老羞成怒，居然发布牌示，声称《民吁日报》“宗旨不正，所著论说，类多臆断，挑动中日衅隙，损碍两国邦交，既为日本领事所持，故饬令封禁，实属咎由自取”[②]。

民国建立后，封建官僚和军阀的总代表袁世凯窃取总统大权，对“言论自由”无比仇视。他用金钱收买报刊，操纵御用报纸，大肆宣传皇帝梦，对讨袁报刊加以构陷。顿时连一些中立报刊也被查禁。政治保守的北京《正宗爱国报》登出一篇时评说“军人为国家卖命，非为个人卖命。若为个人，可谋生之处甚多，何必从军”，被加上“迹近通匪，煽惑军心”的罪名，社长丁宝臣被逮走，未经审讯便被处死。

在武人新闻专制高压下，以《申报》、《新闻报》为代表的私营报纸岂敢锋芒毕露，向专制挑战？它们大都游词诗乐，吟诵风月，谈吃论喝，以求苟且偷安。当时一位读者批评道：“侈谈声色，淫词浪墨，满幅淋漓，或揭个人之黑幕，或肆不经之谈，且揣其意，亦无非迎合一般堕落之心理，以广其销路而已。嗟夫，此等报纸其造孽于社会者，岂可以衡量计哉？”[③]

1921年元旦，《京报》刊出奉系军阀头目照片，附以简短的文字“奉民公敌张作霖”、“直民公敌李景林”、“鲁民公敌张宗昌”等。1925年年底，《京报》又推出一期“最近时局人物写真”特刊，张作霖照片下的文字为“一世之枭、亲离众叛之张作霖”。1926年4月18日，北京被奉军和直鲁联军占领，京师警察厅封闭《京报》，张宗昌下令逮捕社长邵飘萍。当北京新闻界的代表于次日请求张学良救助邵飘萍时，张学良回答：“逮捕飘萍一事，老帅与子玉及各将领早有此种决定，并定一经捕到，即时就地枪决。余与飘萍私交亦不恶，惟此次摇办飘萍，并非因其记者关系，实以其宣传赤化，流毒社会，贻误青年，碍难挽回。”[④] 4月26日，邵飘萍被枪杀于北京天桥。

不久，著名报人林白水也遭此厄运。1925年上海爆发“五卅惨案”，日本纱厂老板枪杀工人代表共产党员顾正红，引发全国反帝大游行。林白水的《社会日报》发出义正词严的呼声——“我们就排外赤化吧！反正迟早总得逼到这条路！”“为公理而战！”“为世界人类生存而战，为世界弱小被压迫的民族战争自由而战，为倾覆帝国主义，剿灭资本家而战！”林白水的言论与共产党领导的“五卅”大罢工通电的词句十分相近。他说：“我巴不

---

① 冯自由：《革命逸史》，第3集，312页，北京，中华书局，1981。
② 陈玉申：《晚清报业史》，265页，济南，山东画报出版社，2003。
③ 王璋：《为今日报界进一言》，载《东方杂志》，1919：16（5）。
④ 叶再生：《中国近代现代出版通史》，第2卷，781页，北京，华文出版社，2002。

得我这本白话报变成一枚炸弹，把全国的种种腐败社会炸裂了才好。”[①] 他认为：“新闻记者应该说人话，不说鬼话，应该说真话，不说假话！”

直奉军阀称林白水为赤党。1926 年 5 月 26 日，林白水著文谴责恭维军阀的政客报人：“军既成阀，多半不利于民，有害于国。除是死不要脸，愿作走狗，乐为虎伥的报馆，背着良心，替他宣传之外，要是稍知廉耻，略具天良的记者，那有不替百姓说话，转去献媚军人的道理。”8 月 5 日，林白水又发表一篇名为《官僚之习气》的时评，评论当时的三个军阀——吴佩孚、潘复和张宗昌，把被人称为“智囊”的潘复比作“肾囊”，对他的种种劣迹大加揭露。当晚他被军阀抓走，6 日清晨被押赴天桥刑场，以“通敌有证”的罪名枪杀。专制势力砸毁报馆，对记者施加人身伤害，或杀害记者，实施**暴力治媒**，是法西斯惯用的思想统治手段。这种镇压媒体的残暴行为被钉在历史耻辱柱上，在新闻史留下斑斑血迹，遭到历代人民的痛骂。

三、南京政府的舆论钳制

遏制、镇压反对派报人的暴行一直在中国社会延续，到蒋介石政权时期，往往“胡萝卜”和“大棒”两手并用。1928 年蒋刚当上南京政府领袖，有人揭发《申报》有一篇文章骂蒋是“叛徒”，蒋看后大怒。有人向他建议查封《申报》，蒋沉思片刻又冷静下来说：“言论上，应有自由，或不干涉。”但也有人认为“这是他沽名钓誉的心理作祟”[②]。

不久，国民党中央宣传部认为，当时全国报刊“言论正确的约占 25%，失常的约占 15%，其中以共党刊物最多，其他刊物，如国家主义派占总数约 5%，第三党、社会民主党约占 3%，国家社会党和无政府党各占 3%”[③]。为达到控制舆论的目的，南京政府出台了新闻出版法令、法规。1929 年蒋介石发表《双十节敬告同胞书》说：“中国的民众是日益变成机会主义者了”，民众利用阶级斗争和言论自由，“在颠复我们的国家”。蒋介石经常引用孙中山的话——“自由这个名词如果用到个人，就成一片散沙，万不能再用到个人上去，要用到国家上去，个人不可太过自由。”为求国家的自由，每个人“在社会上，就要服从各级政府，遵守一切法令”[④]。以“国家自由”为纲，国民党创建了专制的思想统治。

自 1929 年起，南京政府又先后颁布十几个条例与细则，严查“意图破坏中国国民党或三民主义者，意图颠覆国民政府或损害中华民国利益者”。凡报纸、杂志、书籍在出版前都要送到“党国政府”的检察机关审查，必要时扣押出版品的底版或处以其他刑罚。凡未经许可而擅行出版的书籍，一律扣押；凡经许可出版之书籍，如出版后与核准之原稿不符，内政部予以禁止或扣押。

1929 年 4 月胡适在《新月》上发表了《人权与约法》和《知难，行亦不易》两文，批

① 《发刊词》，载《中国白话报》，1903-12-19。

② [美] 易劳逸：《毁灭的种子：战争与革命中的国民党中国 1937—1949》，186～195 页，南京，江苏人民出版社，2009。

③ 江沛：《南京政府时期舆论管理评析》，载《近代史研究》，1995 (3)。

④ 蒋介石：《中国青年之责任》，见秦孝仪：《先总统蒋公思想言论总集》，第 13 卷，288 页，台北，中央文物出版公司，1985。

评国民党和孙中山。国民党各地党部纷纷提出质疑，认为“中国公学校长胡适，公然侮辱本党总理，并诋毁本党主义，煽惑民众，应严惩查办”。胡适拒绝这种批评，将自己和罗隆基、梁实秋等人的文章结集为《人权论集》由新月书店出版。胡适在该书序言中说：“我们所要建立的是批评国民党的自由和批评孙中山的自由。上帝我们尚且可以批评，何况国民党与孙中山！”“天天摧残思想自由，压迫言论自由，妄想做到思想的统一，殊不知统一的思想只是思想的僵化。”① 1930年2月5日，上海特别市执行委员会宣传部查禁《新月》第2卷6、7期合刊，罪名是“诋祺本党、肆行反动”，胡适的中国公学校长一职也被撤换。此后蒋介石委以胡适官位，胡适思考良久，决定退出同政府的较量，于1931年接受了国民政府财政委员会委员一职。②

国民党用来对付舆论界最常见的手段就是组织特务捣毁报馆、书店、出版社。1933年11月13日，上海良友图书公司被砸，随后神州国光社遇劫。1941年1月16日，特务闯入湖南衡阳《开明日报》，边打人边乱砸一气，有的编辑记者被打得血肉模糊。2月4日，重庆《新华日报》报馆营业部被特务捣毁门窗。1942年9月16日，福建省南平《南方日报》被暴徒40余人所毁。1945年1月23日，重庆《新华日报》报馆两次被特务纵火，均未造成巨灾。成都《华西日报》编辑部在一个月内竟被“政治性偷窃”达5次，损失50余万元，后又多次发生火灾，遭到流弹射击。4月，《华西日报》报馆被特务两次捣毁。自1928年至1945年年末，南京政府查禁报刊和书刊近千种，捣毁报社、出版社40余家，杀害左联作家、《申报》总经理史量才，镇江《江声日报》经理兼编辑刘煜生等文化人、报人和编辑记者100多人，暴力治媒事件频繁发生。

同时，南京政府对中立报刊竭力收买拉拢，为其宣传。《大公报》主编张季鸾是当时新闻界颇具影响的报人，《大公报》支持蒋介石统一中国，受到蒋的赏识。1931年5月22日，在纪念《大公报》发行一万号时，蒋介石送来亲笔题写的“收获与耕耘”的贺词，称该报“诸君之不断努力，声光蔚起，大改昔观，曾不五年，一跃而为中国第一流之新闻纸”。1934年夏，蒋介石在南京大宴百官，紧靠蒋左边席位就座的是一介布衣张季鸾。蒋给张频频斟酒布菜，二人谈笑风生，与宴者无不惊讶。③

抗战胜利后，国民党对舆论界的反对人士的镇压越来越大胆。1946年2月22日，特务再次冲砸《民主报》和《新华日报》，演成震动全国的“二二二”血案。3月1日，西安《秦风工商日报》被砸，27日又遭特务纵火焚毁。从1946年1月12日至8月8日，北平、上海、广州、西安、昆明、重庆等多个大城市先后有20名记者和大学教授遭特务毒打，47人被捕。1946年1月13日，著名记者羊枣（杨潮）惨死杭州监狱。3月28日，《国民日报》记者孙平天被逮捕，被惨杀后沉尸河中。4月10日，衡阳《大华晚报》记者李某，被特务用棉絮塞口装入麻袋，乱刀砍死。④

政治介入媒介批评应遵循思想评价的尺度，对作家、编辑记者进行正常的批评，不能对其打击陷害。但在没有民主和法治的社会，统治者总想任意指使媒体，媒介批评极易转

① 胡适主编：《人权论集》，125页，上海，新月书店，1930。
② 参见周为筠：《民国年间的一场人权运动》，载《凤凰周刊》，2009（2）。
③ 参见李满星：《百年第一国士张季鸾与蒋介石的交往》，载《名人传记》（上半月），2007（10）。
④ 参见江沛：《南京政府时期舆论管理评析》，载《近代史研究》，1995（3）。

化为暴力迫害。政府把媒介批评与管理变为暴力镇压，是专制制度的普遍特征。

第三节 报刊专业批评的萌芽与发展

对媒介内容、传播方法和风格进行批评，有一定的学理分析，属于媒介的专业批评，多由媒介工作者、相关学者和著作家发表批评意见。媒介的专业批评需要专业思想的指导，作为媒介发展到一定程度的产物，是媒介专业主义精神形成的动力和随行物。我国的媒介专业批评萌芽于五四运动时期，批评的对象主要是报刊。

一、报刊专业批评的先导者

学者和媒介批评家是社会问题的思考者，对媒介无视公众权益感悟至深，成为报刊专业批评的发起者。在五四运动前后，政治报刊的数量激增，各种社会思潮风起云涌，新闻学书籍和新闻学期刊开始出现，为报刊专业批评提供了指导和园地。

1919 年 12 月，徐宝璜的《新闻学》（原名《新闻学大意》）出版，在《新闻学》自序中，他指出："吾国之报纸，现多徘徊歧路，即已入迷途者，亦复不少。此书发刊之意，希望能导其正当之方向而行，为新闻界开一新生面。"① 徐宝璜写作《新闻学》，正是针对当时新闻界的弊端提供学术指导，在阐述新闻学原理的同时，结合报界存在的问题，对报刊的不良倾向进行了批评。

首先，徐宝璜反对记者弄虚作假、以伪乱真，强调"新闻须为事实……故凡凭空杜撰闭门捏造之消息，均非新闻"②。他深信，记者造假固然有客观原因，但个人的德才素养这类主观因素更居首位。徐宝璜还批判了广告宣传中的低劣风气，他写道："若为卖春药、治梅毒、名妓到京或种种骗钱之广告，则虽人愿出重资求其一登，亦当拒而不纳。因登有碍风纪之广告，足长社会恶风，殊失提倡道德之职务；而登载虚伪骗人之广告，又常使阅者因受欺而发生财产之损失。"③ 他批判了报刊的经济主义经营方针，倡导广告内容的净化，以广告的社会价值和信用来检验报纸广告的正当性。

1924 年创办的北京《平民大学新闻系级刊》、1927 年发行的《新闻学刊》、1928 年面世的《报学月刊》等，是我国最早一批研究新闻学的杂志，发表了大量新闻批评文章。

著名新闻学者黄天鹏先后主编过《新闻学刊》、《新闻周刊》和《报学杂志》，上边发表的报刊批评文章多收入他主编的《新闻学论文集》。他认为新闻业的特质是公共性而非营利性，"新闻纸主要的目的，在宣布新闻于公众。新闻纸是社会公共机关，与营业牟利者异其旨趣。""我们评判新闻价值的高低，可以以这种'公共性'质量的多寡来做分寸。换句话说，倘若这种新闻纸带御用的色彩，违反社会的公意，必为群众所厌弃。"④ 黄天鹏谴责资本家挟持报纸蝇营狗苟，损害读者利益。当时中国最大城市上海的报纸沉闷枯燥杂乱，读者感到不满，希望改革，但因私人独占，资方忘却了本身的使命，只知赚钱。他大

---

① 徐宝璜：《新闻学》，11 页，北京，中国人民大学出版社，1994。
② 同上书，10 页。
③ 同上书，86～87 页。
④ 黄天鹏：《新闻学入门》，45 页，上海，大光书局，1936。

声呼吁："我们应该起来督责，使新闻业入于正轨，简单地说，我们需要着'社会化'的新闻业。"他正告记者做服务大众的公仆，树立无冕之王的权威，甚至干脆让读者判定报纸的生死存亡，"可给自私自利的新闻纸以共弃的制裁，而纳之于正轨"①。

1929年汪英宾的《中国报业应有之觉悟》一文批评报界受外部势力的摧残，无视报人误导民意的恶果，指出"今日中国民意之衰落，大半由我报界人不能负其完全责任之咎也"②。黄天鹏就王世杰《对于中国报纸罪言》一文，针对有闻必录、闻风言事、损害他人名誉还不更正的错误，大加鞭挞。他借用西方的政谚发出感慨：怎样的一个民族，就有怎样的一种报纸。③

胡适在办《努力周报》时期（1922年），发表了《政论家与政党》一文，把报刊政论家分为"服从政党的政论家"、"表率政党的政论家"和"监督政党的政论家"三类。他极力赞成"监督政党的政论家"即独立的政论家，他们"只有政见，没有党见"，实施对各政党的监督。④ 他举例说："上海的报界在直奉战争时的议论，差不多全是'张作霖胜固可忧，吴佩孚败亦可喜'的论调。""《公言报》虽坏，但远胜于近来这种麻木的'稳健'了！""北京近来的报纸更不能免这种麻木与混沌的责备。"⑤

鲁迅是极有锐气的报刊批评家，在《论人言可畏》一文中揭露说："现在的报章之不能像个报章，是真的；评论不能逞心而谈，失了威力，也是真的，明眼人决不会过分的责备新闻记者。但是，新闻的威力其实是并未全盘坠地的，它对甲无损，对乙却会有伤；对强者它是弱者，但对更弱者它却还是强者。所以有时虽然忍气吞声，有时仍可以耀武扬威。于是阮玲玉之流，就成了发扬余威的好材料了。因为她颇有名，却无力。小市民爱听人们的丑闻，尤其是有些熟识人的丑闻……"对报纸的这一批评，颇具一针见血之力。

对国民党的官报，鲁迅这样写道：这些"靠了钦定或官许的力量，到处推销无阻"的东西，可是"读的人们却不多，因为宣传的事，是必须在现在或到后来有事实来证明的，这才可以叫作宣传。而中国现行的所谓宣传，则不但后来只有证明这'宣传'确凿就是说谎的事实而已"⑥。久而久之，"宣传这两个字，在中国实在是被糟蹋得太不成样子了，人们看惯了什么阔人的通电，什么会议的宣言，什么名人的谈话，发表之后，离开无影无踪，还不如一个屁臭的长久，于是渐以为凡有讲述远处或将来的优点的文字，都是欺人之谈"。最后他总结道："所谓宣传，只是一个为了自利，而漫天说谎的雅号。"⑦

此时还出现了报刊批评的专著，把媒介批评引向深入。1931年复旦大学新闻学会印行的上海作者郭箴一的《上海报纸改革论》一书，系统地批评了上海报纸存在的问题。在"上海报纸之现状"一章，作者指出上海报纸对民众的欺骗、报纸内容的低级无聊、报纸被资本所垄断、记者的曲笔逢迎等劣迹。1933年鲁迅、瞿秋白等出版了《萧伯纳在上海》的小册子，在第三、第四部分把上海各报刊对萧伯纳的到来刊登的报道剪辑在一起，对报

① 黄天鹏：《新闻学入门》，47～48页，上海，大光书局，1936。
② 黄天鹏：《新闻学论文集》，29～30页，上海，大光书局，1935。
③ 参见上书，90～98页。
④ 参见胡适：《政论家与政党》，见《胡适全集》，第21卷，256～258页，合肥，安徽教育出版社，2003。
⑤ 同上书，259～260页。
⑥ 《鲁迅全集》，第4卷，435页，北京，人民文学出版社，2005。
⑦ 同上书，435页。

刊的立场“一一加以解剖和比较”，暴露各家媒体的“歪脸”。《萧伯纳在上海》并不是媒介批评的专著，却渗透着报刊批评的强烈意识，表现出鲁迅和瞿秋白对帝国主义与国内反动报刊的痛恨，对国内某些商业报刊的不齿。

1939年，时任国民党中央政治学校新闻系主任的马星野对美国新闻事业的态度发生了变化，进行了一番批判。他曾留学美国，毕业于密苏里新闻学院，此时为论证蒋介石的党国新闻思想，几乎全面否定了英美的新闻事业。蒋介石认为，报纸的唯一功能是政治宣传而不是赚钱，马星野的报刊思想也来了个大转弯，提出：“民族至上国家至上，这是中国新闻界的第一个指南针。”“三民主义社会的新闻事业之目标，不是为资本家赚钱，不是为统治阶级说谎，而是为着全社会中每个分子（国民），同全社会的整个生命（民族）服务。记载时事，领导舆论只是一个手段，解放民族，建设文化才是目标。”① 他批判英美的报人“为增加销路，第一是不许得罪读者，因此有许多报纸应说的话也不敢说，应暴露的罪恶也不敢暴露。第二是满足读者较低级的兴趣……故奸淫掳掠、兴趣性小新闻、小说体的警厅法律新闻等等，成为英美法大众化报纸的主要特色”。

学者的报刊专业批评包含一定的推理过程，分析细腻，论断多有精湛之处。有时仅三五句话，就能抓住媒介的优劣和动机，点出要害及恶果。学者置身于报刊之外，多数人对报刊的观察较为客观，能反映社会对报刊的普遍认识。民国时期学人的报刊专业批评，笔锋凌厉，毫无掩饰，说明当时言论自由环境有时较为宽松，学者有机会匡正报刊的谬误或直率地表达批评意见。

二、报界专业批评的实践

在民国时期，新闻界也开展报刊专业批评，一方面是办报实践、提高传播效果的需要，另一方面是读者推动的结果。民国的进步报人在险恶、复杂的环境下办报，深感许多意外因素导致报道的不可预期的后果，为了吸取经验教训，不得不针对报道出现的问题及时开展批评。

1919年6月16日，《民国日报》副刊《觉悟》创刊，邵力子兼任主编。1920年7月他接到读者朱瘦桐的来信，希望在《觉悟》副刊中增设“书报批评”专栏。这封信说：“现在无赖文人在那里冒挂着新文化的招牌，出那不伦不类的丛书，想借此作投机的营业，为数也不少。我们若不赶速竭力的攻击，恐怕遗害于学术界，比古圣贤的瞽说还大呢！所以我现在要求你们专立一‘书报批评’栏，专批评现近出版的书报及讨伐那些冒牌的东西。如此办法，非但学者大家能做公开的研究，而且也可使那班冒牌的知所敛迹。”② 邵力子采纳了这位读者的建议，在版面上开辟了“书报批评”专栏，在答复该读者的短文中主张由广大读者对书报发表批评意见，而不是组织专家、学者来投稿。他写道：“本栏本取公开态度，只要确有见地，无不随时登载。稿件能源源而来，专设一栏，固然最好；否则登入别栏（评论），也无不可。”③

---

① 马星野：《三民主义的新闻事业建设》，见《青年中国》创刊号，159～167页，重庆，青年书店，1939。

② 《邵力子文集》上册，353页，北京，中华书局，1985。

③ 同上书，352页。

民国期间报纸常登市井琐闻，供读者消闲，如《时事新报》的《学灯》，《民国日报》的《觉悟》，北京的《晨报》副刊、《京报》副刊，以及后来黎烈文、张梓生编辑的《申报·自由谈》等，每日都刊载长短篇小说、妓院奇闻、文艺杂谈和游戏，多有荒诞、黄色内容。许多报人对此讳莫如深，也有满腹牢骚，一些业界人士把批评矛头对准有伤风化的报刊。例如，《大共和国报》曾连载言情小说《情海归槎记》，“追溯前游，颇多艳迹”。著名记者戴天仇在他的《民权报》上撰写了《刑法上之大共和日报》一文，批评该报登载淫秽文字，有失报格。该文引起租界捕房的注意，认为淫秽文字例所禁载，便把《大共和报》主编张丹斧拘了去，馆中同仁大为惊恐。

1936年元旦，北平和天津新闻界在张季鸾、成舍我、陈博生等人的倡议下成立了平津新闻学会。1937年5月16日开始在《世界日报》第九版刊行《报学半月刊》，除介绍外国报业报人，还刊登批评报界文章。1939年夏四川新闻学会在四川大学成立，开展新闻理论研究和时事讨论，该会创办了《新闻学报》，铅印16开本。第一期刊载了潘启元写的《理想的新闻纸》、唐舜虞写的《战时我国新闻纸销路之检讨》，对当时报纸的内容和发行作了评述。

到抗战后期，国统区的社会矛盾日趋尖锐，政治腐败，经济紊乱，报刊纷纷批评南京政府。国民党于1943年9月再次打出“宪政”的旗号，公布了《战时出版书刊审查办法》，进一步压制新闻自由，国统区的民主人士和进步报刊对当局的新闻政策掀起批评高潮，发起拒检运动（拒绝新闻检查）。1945年3月31日，中共重庆《新华日报》转登各地批评新闻专制的言论共九篇，以《新闻自由——民主的基础》为题，痛斥国民党政府限制言论出版。“是民主还是独裁就看有无言论自由”，“作恶扣押新闻必造成自由的衰落”，“出版事业趋于萎缩，人民的精神食粮缺乏；终使人民无识和不知。以无识和不知的人民，固不足以言抗战，更不足以谈建国”[①]。这些言论有力地抨击了国民党压制新闻自由的政策。

三、中共党报的专业批评

在抗战时期，中共领导的各根据地创办了几百份铅印和油印报纸，广泛开展宣传工作。中共党报同时还创办了少量的新闻评析刊物，在延安还开展了新闻学研究。延安马克思列宁学院1941年改组时，在中央研究院设立了由当时中宣部副部长李维汉兼主任的新闻研究室，陆定一写的《我们对于新闻学的基本观点》一文，成为根据地新闻工作者专业批评的理论指导。

早在1941年7月，山东大众日报社创刊了《记者生活》（后更名为《青年记者》），是党报最早的内部新闻批评刊物。1942年7月延安《解放日报》和青年记者协会延安分会合办了油印刊物《新闻通讯》，作为报社和通讯员之间评报、评稿的园地。到该年10月28日经过三期油印试刊，改为铅印，在《解放日报》第四版开设专页。

1940年中共中央宣传部部长张闻天发表文章说：“我们要反对那种‘吹牛’、‘夸大’、‘粉饰’、‘掩盖’、‘装腔作势’、‘华而不实’、‘形式主义’、‘风头主义’等毛病。这些毛

① 《新闻自由——民主的基础》，载《新华日报》，1945-03-31。

病，不幸在我们党内今天还是存在着的。”[①] 为此，他评价党报应“对于当前情况采取‘老老实实’的态度。革命处在严重危险中，我们就应承认这种危险。没有革命形势，我们就应承认没有革命形势。革命失败了，我们就应承认革命失败了。革命情势有好转，我们就应承认好转。我们丝毫也不用掩盖事情的真相，来欺骗或安慰别人与自己”[②]。

1941年8月毛泽东读了《解放日报》上《鲁忠才长征记》的调查报告，深有感触地认为，此文记述鲁忠才带领运输队到陕甘宁边区长途运盐的情况，写得生动实在，没有半句空话。26日他写下了必须把那些“下笔千言、离题万里”的作风扫掉，把那些“夸夸其谈”扫掉，把那些主观主义、形式主义扫掉。党报上需要的是这类东西，而不是那些千篇一律的“党八股”。次年2月8日他向延安参加整风的干部做了《反对党八股》的重要报告，成为党报媒介批评的重要文献。

1943年陆定一在《解放日报》发表文章，批评《解放日报》：“曾经登载过一篇叫做《鄜县城内家家户户纺织声》的新闻，后来查起来，那时鄜县城内连一架纺织机都没有。去年征粮时，报上又登过一条消息，说延安乌阳区首先完成入仓任务，后来查明，乌阳区在延安征粮中是最落后的一个区，记者写那个消息时，入仓工作还未开始呢！”[③] 这说明，党报上也有假新闻，甚至堂而皇之地登在第一版。

1947年下半年解放战争进入战略反攻阶段，为了保证最后胜利，必须有后方保障。为此，党中央提出胜利的关键“第一是善于捕捉战机，勇敢坚决，多打胜仗；第二是坚决执行争取群众的政策，使广大群众获得利益，站在我军方面。只要这两点做到了，我们就胜利了”。但中央在1947年2月进行的土改复查中发现，一些报刊在宣传土改方针时，不同程度地出现了右的偏向和严重失实，造成农民（特别是广大中农、贫雇农）对报纸的不信任。于是一场批判假新闻的“反‘克里空’运动”[④] 应势而生。

1947年6月至9月，《晋绥日报》在报上公开揭露失实新闻50余起，不仅揭露记者如何造成错误，还交代写稿的动机以及立场。7月10日，新华社总社发出《关于在争取新闻的时间性中必须防止的偏向的指示》，批评“记者入城后很容易犯资产阶级新闻观点的毛病，单纯追求‘快’，和非党报纸‘抢时间’、‘抢新闻’。这是必须防止和克服的……那种单纯追求‘迅速’，满足于表面的肤浅的报道，而降低我们新闻的指导意义的倾向，应引起我们的警惕并予以克服”。

到1949年2月，中共中央宣传部与新华社总社再一次对“抢新闻”问题发出指示，不过这次是批评党报记者“抢”新闻的意识不够。“这种缺乏时间观念和不善于争取时间的现象，无论在各分社以至总社本身都长期的严重的存在。这不仅是技术问题，也是我们政治上不够敏锐，工作态度不够认真负责，在工作作风上疲塌粗疏的结果。”这一指示的如下推理颇具辩证思想：“争取时间仍应先求内容准确无误，但也不能以此为借口而玩忽拖延。这个问题过去再三说过，迄未改正。”可以想象，对同一问题前后内容差异的两份

---

① 张闻天：《提倡朴素与切实的作风》，载《晋察冀日报》，1940-02-10。

② 同上。

③ 陆定一：《我们对于新闻学的基本观点》，载《解放日报》，1943-09-01。

④ 这一概念来自苏联话剧《前线》，指虚构、编造新闻。剧中一名军事特派记者名叫克里空，他在前线采访时，不深入前沿阵地，而是整天待在指挥部里胡编乱造新闻。当年根据地的新闻界把新闻失实称为“克里空”。

指示，表明党报的新闻观念正在急速转变，党报的专业批评理念日趋全面。

第四节 我国当代的媒介批评

中华人民共和国成立后，迅速转入国民经济恢复时期，媒介批评随着新闻报道任务的转变出现了转折。当时，从中共中央宣传部到各级媒体都很重视媒介批评，经过长期的发展逐步形成制度。这一制度的要求是：（1）各级党委定期检查报刊工作，总结宣传报道得失，作出工作部署。（2）各报刊定期总结新闻工作的成绩和缺点，制定克服缺点的措施，拟定下一步宣传报道计划。（3）各个媒体经常邀请通讯员评报、评节目，帮助媒体认识存在的问题，提出改进报道的建议。（4）要求编辑记者联系新闻工作实践，定期写出媒介批评文章，有的还规定一年需要写作的篇数。

一、管理批评与书报评论

新中国成立初期，中宣部就加强对报刊的监管工作，严禁各级党报刊登违背中央精神的稿件，全国各报刊在宣传上绝对执行中央的方针，贯彻向中央的“请示报告制度”。1949 年 11 月 20 日，中宣部发出《关于克服新闻工作系统中无政府无纪律现象、坚持请示报告制度的指示》，通报了一批忽视请示制度、违反宣传纪律的稿件，强调“请示审查制度是保障党和国家的宣传统一，防止政治上、政策上发生错误的重要步骤，破坏这种制度，会使我们在政治上遭受损失，是绝对不能允许的无政府无纪律状态”①。

1950 年，中央人民政府政务院又专门发表了《政务院关于中央人民政府所属各机关发表公报及公告性文件的办法》，指出：“凡属中央人民政府及其所属各机关的一切公告及公告性新闻，均应交由新华通讯社发布，并由《人民日报》负责刊载；如各种报刊所发表的文字有出入时，应以新华通讯社发布、《人民日报》刊载的文字为准。”② 这是党的新闻机构对重要新闻发“通稿”的缘起。

1950 年 6 月 15 日，出版总署在向政务院文化教育委员会所作的半年工作报告中说：“提高出版物的质量，基本的办法是扶助认真负责的出版家、鼓励优良出版物，发动群众性的批评。我们已协助《人民日报》建立了《图书评论》副刊，以为创导，尚能收到一定的效果。”由出版总署编审局编辑的《图书评论》副刊，于 1950 年 4 月 5 日在《人民日报》创刊，每两周刊出一期。这是新中国成立后在报纸上最早开设的书评专刊。出版总署还向各地新闻出版局（处）发出通知，称《图书评论》在《人民日报》创刊后“引起读者和出版工作者极大的注意，收到他们提出的许多建议、检讨、文稿和来信，对认真做好出版工作的帮助很大”，要求各地及时地开展书评工作。

1951 年 3 月 21 日，国家新闻总署和出版总署发出《关于全国报纸期刊均应建立书报评论工作的指示》，要求“在报纸期刊上经常发表对各种出版物的批评、介绍和有评论性

① 中国社会科学院新闻研究所编：《中国共产党新闻工作文件汇编》，上卷，325～326 页，北京，新华出版社，1980。

② 中国社会科学院新闻研究所编：《中国共产党新闻工作文件汇编》，中卷，9 页，北京，新华出版社，1980。

的出版消息”，各种报刊都应根据需要和可能，增设书报评论或图书评论等专刊。重要的报纸和期刊编辑部，都应当指定得力的人员或组织社外的评论员与专家，经常担任出版评论工作，并发表读者的投稿，吸收大量读者参加这项工作。[①]

为促进书报批评和新闻学研究的发展，一批新闻刊物创办出来，《人民日报》的《新闻工作》副刊（双周刊）和新华社创办的内部业务刊物《新闻业务》，成为媒介批评的园地。1952年12月21日，《人民日报》发表了通讯《马特洛索夫式的英雄黄继光》，记者声称此文运用“一般人能够体会到的合理想象”，描写了黄继光牺牲前的心理和细节活动。通讯一发表，立即在新闻界和读者中引起争议，《新闻业务》发表文章对这种“合理想象论”提出批评。这次报刊批评持续半年的时间，多篇文章对其进行了理论分析。

1952年思想改造运动开始，《学习》杂志第1～3期连续发表了几篇文章，阐述对思想改造运动的观点。其中《只有马克思列宁主义才能领导资产阶级思想改造》、《论资产阶级的“积极性”》和《认清资产阶级思想的反动性》等文章，把资产阶级在新民主主义革命中的积极性解释为资产阶级的欺骗手段，否定民族资产阶级在当时存在着两面性，认为民族资产阶级只有反动腐朽的一面。这些观点与当时的路线和政策不相吻合，也与《共同纲领》有冲突，引起资本家和民主党派的恐慌。

中共中央发现这一问题后，立即指示中宣部加以纠正，中宣部随即召开了文教宣传单位负责人参加的讨论会。1952年3月29日，中宣部部长陆定一根据讨论结果向中央作了《关于〈学习〉杂志错误的检讨》，承认“不允许资产阶级有自己的任何思想”等“都是不合理的，不合马克思主义的观点的，而且是幼稚可笑的”，犯了“离开党的路线和离开马克思主义的严重错误”。4月4日，中共中央向全国党政军机关批转了中宣部的检讨，认为这一检讨“是必要的和适当的，并决定此次错误重在检讨和改正，不拟给予处分”[②]。尽管这次报刊批评涉及了重大方针政策和全局的政治问题，但在讨论分析中，注重理论探讨，没有作出武断的结论。

由于新中国初期的新闻工作者大都是从革命年代培养出来的，许多人只知道服从上级命令，习惯揣摩领导心理，领导喜欢什么，就写什么、宣传什么。当时的新华社总社副社长兼总编辑陈克寒批评说：“某些机关和某些人们，自觉不自觉地向报纸和记者供给片面性的情况，报喜不报忧或报忧不报喜，也不能不负很大责任。……有些记者认为，上级要什么，就给什么，那样总不会有错，而且可以多得到一些发表的机会。”[③]

1953年3月，《宜山农民报》批评宜山地委的报道引起中共中央的注意，中宣部对广西《宜山农民报》批评宜山地委一事作出批复：“党报是党委会的机关报，党报编辑部无权以报纸与党委会对立。”在批复中规定，“党报编辑部如有不同的意见，它可在自己权限内向党委会提出，必要时并可向上级党委、上级党报直至中央提出，但不经请示不能擅自在报纸上批评党委会，或利用报纸来进行自己与党委会的争论，这是一种脱离党委领导的做法，也是一种严重的无组织无纪律现象”[④]。从此，这一批示就建立了党报不能批评同级

① 中国社会科学院新闻研究所编：《中国共产党新闻工作文件汇编》，中卷，193页，北京，新华出版社，1980。
② 于光远：《〈学习〉杂志错误事件》，载《百年潮》，2000（10）。
③ 陈克寒：《克服新闻报道的片面性》，载《人民日报》，1950-08-16。
④ 中国社会科学院新闻研究所编：《中国共产党新闻工作文件汇编》，中卷，279页，北京，新华出版社，1980。

党委和政府的原则，使媒体在舆论监督中的角色十分尴尬。

1954年5月，在第三次全国宣传工作会议上，陆定一作了《关于报纸工作的几个问题》的报告，提出报纸联系实际、联系群众不够密切；多数报纸的评论工作非常薄弱；在新闻报道方面，存在着迟缓、冗长、不生动的严重缺点。他指出："据华东的同志反映，上海先施公司解放后差不多每个地下党员都订一份《解放日报》，现在都不订了，这是由于报纸上的新闻迟缓、冗长、不生动。这是文风上的一个缺点。……许多报纸曾自觉地或不自觉地进行了个人主义、个人崇拜、分散主义、宗派主义的宣传，对于这些缺点，我们还总结得不够。有些报纸虽然总结了，但往往是局部性的。"[①]

1957年5月16—18日，在由中国记协、北京大学中文系新闻专业、中国人民大学新闻系联合举办的探讨新闻政策及新闻理论会议上，到会的记者和新闻教育界人士发言踊跃。安岗说："毛主席就不断说，他最不爱看《人民日报》，死板板地……"著名记者彭子岗说，《人民日报》拥有那么多的人，花了那么多的钱，结果却完全脱离群众，她问道："现在，谁还喜欢《人民日报》呢？连毛主席也不爱看了。"说到这里，会场上响起了掌声。她随即又说："《大公报》人手不多，经费又少，但就是效率高，不但消息快，而且文章好，有许多文章，很快就流传全国……"[②]尽管这次会议的发言，成为新闻界反右派斗争的重要"风源"，但发言内容还是说理的，批评是符合新闻专业规范的。

1956年和1961年刘少奇先后到新华社和人民日报社视察，除了肯定新闻工作的成绩外，也发表了重要的批评意见。他强调记者要"听真话、说真话"，"抵制弄虚作假，不搞形式主义"。他说："有些报纸刊登国际新闻只登说我们好的，骂我们的或者说一句美国好的都被删去，这种做法是不好的。"[③]"我们的新闻报道，为什么不反映真实情况呢？我们应该让人民知道世界真实情况，让人民知道今天世界上有几派人，有骂我们的人。现在我们的国际报道只有一面：骂美国的，说我们好的。这种片面性的报道，会造成假象，培养主观主义。"

他还说，外国记者强调他们的新闻报道是客观的、真实的、公正的；客观的、真实的、公正的报道，是他们的口号。我们如果不敢强调客观的、真实的报道，只强调立场，那么，我们的报道就有主观主义，有片面性。如果这样做，就是下决心要片面性。新华社的报道，如果有了片面性，就会丧失一切，对自己不利，对人民不利，就不能成为世界性通讯社。这种批评不再仅从政治出发，而是联系新闻报道规律，有很强的专业性、指导性。

1965年中共中央中南局书记兼广东省委书记陶铸针对当时报纸、广播的内容千篇一律，报道形式呆板僵化，向《新闻战线》的记者指出："社会主义报纸可不可以办得多种多样呢？我们想另辟蹊径，可不可以呢？我看是可以的。既要有政治性，又要有知识性、趣味性，通过一段实践来看，这样的报纸可以办好。我们教育人民的形式是多种多样的。

---

① 《陆定一文集》，459～460页，北京，人民出版社，1992。

② 李新：《反"右派"亲历记》，见中共中央党史研究室、中央档案馆编：《中共党史资料》，第六十七辑，38～39页，北京，中共党史出版社，1998。

③ 刘少奇：《对新华社工作的第一次指示》，见《中国共产党新闻工作文件汇编》，下卷，360页，北京，新华出版社，1980。

不要以为板起面孔，马克思主义的东西就多一些，文章写得风趣，不一定没有马克思主义。”① 陶铸说：“报纸要有声音，有争论。没有争论，报纸就没有味道。要允许有不同的意见，通过争论，把错误的意见引导到正确的方向去。”这种批评对我国媒体存在的单调和雷同倾向进行了分析，既涉及我国的新闻政策，又涉及媒体的报道内容和文风问题。

二、从媒介批判到媒介大批判

自20世纪50年代初，国家管理的极左倾向时有抬头，以防止旧阶级复辟和所谓反动思想的侵蚀为由，先后开展了对电影《武训传》的批判、《红楼梦》研究批判、胡适思想批判、肃清胡风“反革命集团”、“反右”斗争、对小说《刘志丹》和哲学界对《合二而一论》的大批判，最后导致“文革”媒介大批判的肆虐。**媒介批判**超出媒介批评的正常范围，对媒介、媒介作品及工作者进行深入的理论分析，有时可能出现尖刻的否定言论。

对电影《武训传》的批判，采取了阶级斗争的手段，事先定调子，选靶子，通过媒介发动，给这部电影的编剧、导演和演员戴上多顶政治帽子，指责赞扬这部影片的43篇影评及其作者“容忍歌颂地主阶级、污蔑农民革命斗争，竟至向反动思想投降”，连赞扬过武训的人都要作检讨。对电影“上纲”认识，给武训扣的帽子越来越大：“大流氓”、“大骗子”、“大地主”、“大债主”、“帮凶”、“反革命”、“封建僵尸”、“封建社会中最丑恶、最虚伪、最反动的奴才”等，有的批判文章把电影《武训传》说成是“对新中国的挑战”。

1957年5月中下旬，全国各新闻单位接连举行鸣放会，据中宣部编录的《新闻界反对右派斗争资料汇编》中记载，在鸣放中，著名报人邓季惺说党报是亲儿子，非党报是义子。老记者徐铸成在发言中批评《文汇报》内存在党员与非党员之间的“墙”，《文汇报》是教条八股报纸。发言最激烈的是《光明日报》总编辑储安平，他说：“报纸与党和政府存在着根本矛盾，那就是报纸要登，党和政府不许登”，“我们这些人是以批评政府为职业的”。他反对报纸报道党与政府的工作，宣传党的政策，认为“报纸就是报纸。报纸过去就叫新闻纸，它是报道消息的”，“只要是事实，什么新闻都可以登”②。复旦大学新闻系教授王中提出，党报也有两重性——工具性和商品性，而且“要在商品性的基础上发挥工具性”。人们不爱看，不买你的报纸，你就达不到宣传工具的作用，不要把报纸办得和内部文件差不多。③

在随后的“反右派”斗争中，徐铸成、储安平、王中等人在鸣放中的观点遭到严厉批判，被戴上“右派分子”的帽子。他们的看法与党报观念格格不入，应在学术讨论的范围展开批评与自我批评，但他们却遭到不应有的政治批判，人格受到侮辱，失去了某些人身自由。

从“反右派”开始，我国新闻界的极左思潮占据了统治地位，在“文化大革命”中，媒介大批判发展到了极致。1965年11月10日，姚文元的《评新编历史剧〈海瑞罢官〉》④

---

① 《陶铸同志谈〈羊城晚报〉》，载《新闻战线》，1979（1）。

② 《光明日报四十年》编辑小组编：《光明日报四十年：1949～1989》，68页，北京，光明日报出版社，1989。

③ 参见王中：《新闻学原理大纲》，见《王中文集》，92页，上海，复旦大学出版社，2004。

④ 载《文汇报》，1965-11-10。

发表于上海《文汇报》。他抨击说，《海瑞罢官》并不是芬芳的香花，而是一株毒草。吴晗的新编历史剧《海瑞罢官》，歌颂敢说敢做、具有一身浩然正气的清官海瑞，被姚文元诬陷为是给“右倾机会主义分子”彭德怀翻案。姚文元歪曲历史，无限上纲，对吴晗进行恶毒攻击，全国报刊在中央“文革”小组的威逼下发起对吴晗的声讨。

1966年5月8日，《解放军报》发表了江青化名高炬写的文章《向反党反社会主义的黑线开火》，《光明日报》发表关锋以何明化名写的文章《擦亮眼睛，辨别真伪》，蛮横地把《北京晚报》连载发表的《燕山夜话》和《前线》杂志发表的《三家村札记》斥为反党反社会主义的毒箭，把邓拓等人斥为阶级敌人、黑线人物。媒介大批判进一步升级。

1968年9月1日，林彪、江青一伙互相串通，指使陈伯达、姚文元等人合伙炮制《把新闻战线的大革命进行到底——批判中国赫鲁晓夫反革命修正主义新闻路线》一文，完全否定了新中国成立后的新闻工作，把刘少奇等许多领导人指责为反革命修正主义分子，诬蔑他们“妄图使新闻事业变成颠覆无产阶级专政，复辟资本主义的工具”，诬蔑各级党报是“放毒造谣的报纸”。在该文罗织的罪名下，许多著名的新闻界领导者和编辑记者被打进牛棚、被专政，有的被迫害致死。**媒介大批判**不仅推行思想迫害，对批斗对象进行肉体摧残，而且完全剥夺其人身自由。吴晗、邓拓等一批文化人、报人和意识形态工作的领导者，被凌虐致死，直至“四人帮”垮台后才推倒诬陷之词，恢复名誉。

三、新时期媒介批评的振兴

1976年“四人帮”被粉碎，十年“文化大革命”结束，传媒界和各行各业一样开始进行拨乱反正，一个新的时代来临了。“文化大革命”极左的媒介大批判被禁止，林彪、“四人帮”的流毒逐渐肃清，传媒业与媒介批评走上正常的发展道路。

实践是检验真理的标准的大讨论，否定了“两个凡是”和“唯书唯上”，打破了思想僵化，拉开了思想解放的序幕。正是这样一个良好的政治和思想环境，为健康的媒介批评创造了条件，提出了新的要求。邓小平指出：“一个革命政党，就怕听不到人民的声音，最可怕的是鸦雀无声。现在党内外小道消息很多，真真假假，这是对长期缺乏政治民主的一种惩罚。”“在党内和人民内部的政治生活中，只能采取民主手段，不能采取压制、打击的手段。宪法和党章规定的公民权利、党员权利、党委委员的权利，必须坚决保障，任何人不得侵犯。”① 邓小平这一重要论断，为媒介批评确定了重要的指导思想，推动了新时期媒介批评的振兴。

经济体制的转轨和思想观念的更新，构建了社会建设、文化建设和思想建设的基石，同时新闻改革也不断深入，为媒介批评提供了客观需要。新闻改革首先是新闻思想的变革，其次是改变陈旧的媒体规章制度，需要听取来自各方面的批评建议。在全面改革的新时期，媒介批评具有广阔的天地。

有的批评家就新时期党报党刊的任务提出建议：“党报应该侧重于哪些方面的任务，

---

① 《邓小平文选》，2版，第2卷，144～145页，北京，人民出版社，1994。

突出哪些方面的内容呢？我们认为，党报要围绕经济建设这一中心，加强宣传报道的思想性，着重从政策思想方面去启发、影响、指导人们，以其光辉的思想征服人心、赢得人心。”[①]“党的宣传工具应该也可以根据自己的特性作适当分工，尽量做到内容丰富，形式多样化。随着党的中心任务的变化，它除了仍应以某种形式指导工作外，还必须满足人民群众日益增长的获取物质、文化生活信息的需要。”[②]

还有的批评家指出，新时期“报纸读者构成发生了很大变化，由过去比较单一的干部读者发展成各行各业、各个层次的读者，尤其是读者的知识结构的变化，一大批具有科学文化知识的各类专业人员和青年学生成为各类报纸的读者。……他们一般都不满足于政治表态、政策号召、生产动员式的新闻报道，而要求新闻报道反映更加宽广的生活领域，反映不同的专业特点，真实地反映时代特征。”[③] 随着改革开放的深入，受众的作用凸显出来，各新闻媒介都增强了受众观念。媒介批评文章强调受众需要，分析受众的特点和构成，拓展了媒介批评的视野。

但媒介批评的进步并不一帆风顺，在出版、影视和新闻报道创新中，陈旧思维有时挥起大棒，压制新锐的精神产品的传播，而不是贯彻百家争鸣、开展批评与自我批评讨论不同意见，纠正不当倾向。例如，倡导农村包产到户和企业产权改革的新闻，被指“搞单干”、“鼓吹私有化”的罪名最初不让报道；反映改革开放和反腐斗争的书籍《现代化的陷阱》、《交锋》和《天怒》的出版受到无理干预；电影《天云山传奇》、《太阳和人》的公开放映一度遭到封杀。但思想解放的洪波势如破竹，种种媒介禁忌最终被冲得七零八落。

在市场经济大潮的席卷下，新闻界出现了“有偿新闻”和低俗化现象，传播伦理受到挑战。有的批评文章指出：“一些报刊为了追求卖点，大量刊登煽情、耸动的新闻，向色情暴力新闻方向靠拢，甚至不惜添油加醋，个别的还刊登某些完全是向壁虚构的东西。”“为了吸引听众，有些广播电台播放猥亵的和低级趣味的对话节目。”[④] 有的批评家撰文指出：“现在不少受众抱怨：我们的报纸、电视、广播没有特色，日趋雷同。新闻报道、栏目设置、版面安排大同小异。……哪一类新闻走俏，各种媒介都集中去抢这类新闻；哪一种栏目一炮打响，大家都一哄而上。”[⑤]

当21世纪走完第一个10年，压制媒介批评的现象正在减少，官方对媒介不当的批评遭到受众和媒体的抵制，但媒介的自由放任也在某些方面日益增长。就整体来看，新时期我国媒介批评还存在下列倾向值得研究和克服：第一，大量批评文章突出了“问题”，但千篇一律地就事论事，缺少深度的理论分析。第二，难以见到对媒介制度和机制有说服力的批评，多数媒介批评绕开根本问题。第三，由于缺少媒介批评理论的指导，媒介批评很少运用专有概念和原理，没有形成文学或哲学批评那样的学理气势。

---

① 李良荣：《新时期党委机关报怎么办好?》，载《新闻大学》，1985（9）。
② 裘正义：《实践的多元化与观念的变革——关于新闻事业现代化的一点思考》，载《新闻大学》，1986（13）。
③ 卢惠民：《改革报业结构是新闻改革的重要一环》，载《新闻大学》，1986（12）。
④ 孙旭培、殷莉：《社会主义市场经济与新闻职业道德》，载《新闻广场》，1999（5）。
⑤ 李良荣：《十五年来新闻改革的回顾与展望》，载《新闻大学》，1995年春季号。

本章概念与思考题

概念

经书批评 原始报纸 现代报纸 报案 暴力治媒 媒介批判 媒介大批判

思考题

1. 我国媒介批评经历了哪几个历史阶段？每个阶段的主要特征是什么？
2. 当前我国媒介批评的振兴有哪些条件？
3. 新世纪我国媒介批评有哪些进步，还需要向哪些方面发展？

第四章

西方媒介批评的产生与流派

C H A P T E R 4

就本书作者目前掌握的西方文献得出的结论是，西方媒介批评最早的例子是对手抄新闻信（newsletter）的评价。公元前51年，西塞罗被派往西里西亚就任地方总督，新闻信的抄录和传送者凯易路斯定期给他送来罗马的消息。西塞罗在一封信中说：“我所在的地方新闻传播的速度极慢。”并向凯易路斯抱怨说，他被来自罗马的太多没有价值的新闻所困扰。西塞罗写道：“信件的发明实际上是为了让远方的人了解他们需要了解或我们需要他们了解的东西。……然而，凯易路斯传递的新闻有过多无用的细节。”① 欧洲的新闻信一直延续到17世纪，对新闻信的评价很快过渡到对异见书籍的镇压，翻开了西方媒介批评史的重要一页。

第一节 英国从暴力治媒到媒体投诉

人类走出专制的愚弄，首先依赖于书籍的光辉，因此历代专制权力必然对呼唤真理的书籍产生嫉恨。英国亨利八世对查禁异端书籍竭尽全力，于1515年制定法案规定：除非“被指定的明智、谨慎的人阅读、讨论和审查过”，不得印刷和出版任何拉丁文或英文图书和作品。在这种高压下，英国《圣经》翻译家威廉·廷代尔公然抵制禁止翻译《圣经》，在德国出版了完整的《新约全书》，1530年又出版了《旧约全书》前五卷的英译本，还出版了支持新教教义的书籍。由于遭到教皇的仇视，廷代尔于1535年被以异端罪名逮

① Michell Stephens, *A History of the News: From the Drum to the Satellite*, Viking Pengwis, 1988, p.160.

捕入狱，处以绞刑，他的尸体被焚烧于火刑柱上。压制自由出版物和争取出版自由的斗争，搅起英国早期媒介批判的漩涡。

一、对出版物与报人的摧残

英国对印刷品的审查始于亨利八世（1509—1547 年在位）。伊丽莎白一世（1558—1603 年在位）时代又通过多部法律钳制书刊和戏剧，约束其不背离英国国教、不传播天主教思想和不批评王室。约翰·费尔德和汤玛士·维克斯于 1572 年在一封题为《致国会书》的信中论述压制宗教自由的不幸，毫不妥协地向思想专制提出抗议，认为“在议会时代，应是言论自由和写作自由的时代”。二人很快被投进监狱。休·辛格尔顿因 1579 年印刷抨击伊丽莎白一世的图书而被以煽动诽谤罪砍去右手。当时民间流行匿名小册子《致国会书》，约翰·斯特劳德、罗伯特·沃尔德格雷夫、约翰·霍金斯等人秘密印刷小册子批评女王组织文人与教徒反驳《致国会书》，三人及印刷商全部被捕，甚至有人被处以绞刑。清教徒约翰·斯塔布斯于 1579 年发表小册子反对伊丽莎白一世准备与身为天主教徒的法国安茹公爵结婚，伊丽莎白对公众干预国事感到愤怒，斯塔布斯和印刷商在威斯敏斯特受审并被定为“煽动性写作”罪，斯塔布斯被砍去右手。

1611 年，詹姆斯一世对宗教法官说：“朕授予你们三位全权去调查、搜查所有异端、鼓吹教会分立和诽谤的书籍、流言和文章，一切攻击国家的图书、小册子和肖像画……所有这类书的作者、设计者、印刷者、散发者及其介绍人、策划者和唆使者，一律没收，处理掉上述书籍及其印刷所……使其不能再得到非法利用。”[①] 以上例证表明，英国早期的媒介批评多表现为皇室对出版物的摧残，专制统治建立了严厉的出版管制。随着新闻事业的发展，新闻自由理念的树立，媒介批评才转化为知识界对新闻出版的批评。

17 世纪，很多英法新闻信在阿姆斯特丹发行，手抄新闻信逐步过渡到印刷的新闻书(newsbook)，阿姆斯特丹被称为“新闻集市”。1622 年，英国新闻书编辑托马斯·甘斯福德把不同消息连成一篇，没有标题，让读者摸不着头脑。1624 年，新闻书上刊载一封读者来信说：“甘斯福德是我们的消息贩子和公报制作人。甘氏没能成功地给他的消息找出相关联系，他常常为这个、那个割裂的段落作出道歉——‘内容破碎，再不会夹入接下去的叙说’。”[②] 对甘斯福德新闻书的这一评价，是目前我们知道的英国最早的新闻批评。

苏格兰医学博士、清教教士亚历山大·莱顿于 1628 年在荷兰出版了小册子《基督徒反主教之辩：向国会呼吁》。星法院指控他进行了“诽谤性的和恶意的中伤”，对他罚款一万英镑。他未经审判就被单独囚禁在一间没有屋顶、不生火的囚室中长达 100 多天。他被高等宗教事务委员会法院判处公开鞭笞，脸部刺上 SS（煽动性言论散布者）字样，被割去双耳，并判终身监禁。他被绑在木桩上，背部被抽打出 36 道条纹，在 11 月的霜雪中带枷示众，直到 1640 年革命爆发才获释。

1644 年，约翰·弥尔顿在《论出版自由》中批判查理一世的出版法令和书报检查制，是英国最著名的媒介批评事件。弥尔顿从思想和理论分析了新闻出版专制制度扼杀真理、

---

① 转引自展江：《冒死争取出版自由的清教徒》，载《看历史》，2010 (9)。

② Michell Stephens, *A History of the News: From the Drum to the Satellite*, Viking Pengwis, 1988, p. 45.

禁锢思想的危害，深刻揭示了“谁要是摧毁了一本书，谁就是谋杀了理性本身，就是当着上帝的面谋杀了上帝的化身”这一光辉思想，是欧洲对专制出版制度最尖锐的批判。但英国的新闻出版专制一直没有根本改变，后来又以特许制和津贴制继续压制自由报刊的出版。

当查理二世复辟，于1660年继承他死去的父亲的王位时，他只允许他授权的报纸——艾斯纯的《信差报》出版。1663年，艾斯纯同时作为新闻检查官抓获了一个正在印刷传单的印刷商。传单支持“异端邪说”，其中有“主持公道维护正义，不仅是法官，也是人民的责任”的主张。印刷商被判绞刑，在他断气之前砍断绳索，然后断肢、剖腹、砍头。①

直到17世纪末，英国批评皇权的报纸仍然遭到迫害。本杰明·哈里斯于1673年成为英国《国内新闻》的发行人。1679年他印刷了揭露英国皇室的小册子。皇室大臣借口小册子侮辱圣上，对其罚款500英镑，并戴枷示众。他因付不起500英镑不得不坐牢两年。1686年，粗暴的军警闯入他的居所，搜出他发行的《英国自由》一书。他机智地逃脱，最后携带儿子仓皇逃往北美，在波士顿城落脚。

18世纪英国小说家，新闻记者丹尼尔·笛福不信仰国教，拥护信仰新教的威廉三世。1702年笛福发表了小册子《消灭不同教派的捷径》，用反讽手法猛烈抨击托利党迫害不同教派，被逮捕。经过审判，笛福人狱六个月，并从1703年7月31日起戴枷示众三天。笛福在狱中针锋相对写了诗歌《枷刑颂》。他在戴枷游行中，高声朗诵《枷刑颂》，声讨皇室纵使反动文人和官吏诬陷他的小册子，他说：“政府豢养的恶狗，残害良善，闹得鬼哭神愁。”民众将其当做英雄，向他投来的不是石块而是鲜花，并为他的健康干杯。辉格党首领罗伯特·哈利非常欣赏笛福的才华，在他的干涉下笛福获得释放。

英国报刊批评的典型代表是威廉·科贝特，他把批评矛头对准统治阶级的御用报纸。后来他到了美国，在费城主编联邦派报纸《箭猪公报》，言辞激烈，有人干脆把他比作“箭猪”。1800年科贝特返回英国，1802年创办《政治纪事报》（*Political Register*，1802—1835年），鼓吹议会改革，提倡新闻自由，抨击印花税，不断揭露政府营私舞弊和收买报纸的行为，1810年被以诽谤罪判刑两年。科贝特认为，“贿赂报纸，是国家祸患的根源。假若报纸让自由而独立的人士主持，代替那些被雇用的奴才，将是国家的福祉”②。1816年11月他在《政治纪事报》上批判统治阶级的御用报纸道：“这些报纸，已经成了社会的浮渣。他们说，你没有钱，就是纳不起税的下层的乌合之众。这些傲慢无礼、专为金钱工作的人，只会整日在铜臭中打滚。”③

1830年8月的一天，科贝特在《政治纪事报》中发表文章，斥责商业报纸同统治阶级相互勾结、各自牟利的卑劣勾当。他向读者说：“我想证明给你们看的是，在这个世界，以新闻界的名义所从事的被奴役和卑鄙无耻的所作所为。……报业主雇用一些人写文章去取悦能给他更多钱的阶级。政府也在广告上投入了大笔资金，一年给某些报刊很多钱。贵族、僧侣、地方官员，甚至包括商人、工厂老板、大的商店主通通都来要求新闻界。因

① Michell Stephens，*A History of the News*：*From the Drum to the Satellite*，Viking Pengwis，1988，p. 45.

② 转引自陈力丹：《世界新闻传播史》，40页，上海，上海交通大学出版社，2007。

③ 转引自刘建明等：《西方媒介批评史》，162页，福州，福建人民出版社，2007。

为，没有他们的广告，就不能带来利益。”① 报纸受商业老板的支配，和依靠政治津贴生存一样，充当金钱的奴仆。

《政治纪事报》1816年11月8日曾经出版过廉价版，以劳工大众为对象，宣传议会改革，售价只有两便士，很受读者欢迎。科贝特的政敌嘲讽说，这种廉价版是“科贝特的两便士垃圾”。但是全国各地人们都在传阅这份报纸，科贝特也成了人所共知的平民领袖。② 马克思曾评论说，“威廉·科贝特当年是英国旧激进主义的最有才干的代表”③。《大不列颠百科全书》也称他是“最伟大的英国人民的新闻工作者”。

二、对现代商业报刊的抨击

19世纪二三十年代，英美的商业报刊逐步繁荣。**商业报刊**以盈利为目的，依赖广告生存，把新闻和其他内容当做商品，以追求盈利为最高原则和经营目标，报道与经营活动完全企业化和市场化。这样的报刊一旦迎合低俗读者的需要，降低品位，沉湎于娱乐化，谣言和煽情严重，彻底抛弃了社会责任和新闻伦理。这种现代报刊背离了现代文明和思想水准，引来社会各界的批评，这是现当代媒介批评产生和发展的重要动因。

英国作家狄更斯是记者出身，1842年6月访美回到英国，发表了长篇《游美札记》，1843年又发表小说《马丁·翟述伟》，生动幽默地对美国报界进行了辛辣的讽刺。在《游美札记》里，狄更斯批评新闻界把新闻当做娱乐，亵渎风气。“原来美国新闻这种娱乐，还并不是那种淡而无味、稀溜溜的东西，而是货真价实、非常地道的玩意儿；都是破口大骂、丑肆诋毁的；都是专揭人隐私的，像西班牙的‘跛魔鬼’④ 那样，能把人家的房顶都给揭起来；都不管你是好的是腥的、臊的，还是臭的，能给你拉皮条，作撮合，成其丑事的；都是最能造谣说谎的，连最贪吃的饕餮，都能叫它把胃撑破了；都是把所有的从事政治活动的人一律说成是出于最卑鄙无耻、最粗俗不堪的动机的……”⑤

狄更斯为新闻界造成的后果担忧，为读者缺少批判精神悲哀，他指出：“好报纸提高人民道德的影响，决敌不过坏报纸毒化人民道德的影响。”“如果任何私人道德可以不受这个新闻界的攻击而发生危害；如果人们相互的体面关系和荣誉，受不到它一点儿的干涉；如果任何人在那个自由的国家，都能有独立思想的自由，敢有独立的想法，敢有独立的说法，而不必对于这个完全愚昧无知、完全卑鄙无耻，因而使他十分痛恨厌恶的检查机构低心下首；如果那些强烈地感到这个新闻界不名誉，感到它给国家带来耻辱，而在他们中间表示极端反对它的人，敢当着大众把它踩在脚底下，把它碾成粉碎：如果那样的话，那我才能相信，这个新闻界的势力已经衰微了，人们的大丈夫气概已经恢复了。”⑥

1855年6月29日，英国下院通过废除印花税的前一天，《每日电讯报》在伦敦创刊。

---

① 转引自刘建明等：《西方媒介批评史》，163页，福州，福建人民出版社，2007。

② Harold，Herd，*The March of Journalism*：*The Story of the British Press from 1622 to the Present Day*，London，George Allen & Unwin LTD. 1952，pp. 107 - 116.

③ 《马克思恩格斯全集》，中文1版，第9卷，214页，北京，人民出版社，1961。

④ 跛魔鬼，法国小说家勒·萨日根据西班牙故事写成讽刺小说《跛魔鬼》，说有人偶入星相家之室，无意中把被拘在玻璃瓶子里的魔鬼放了出来。这个魔鬼为报答它的恩人，把人家的房顶都揭开，让他看屋内进行的勾当。

⑤ ［英］狄更斯：《游美札记》，129页，上海，上海文艺出版社，1963。

⑥ 同上书，129页。

每份售价两便士，没有打开销路，广告收入锐减。后来，《星期日泰晤士报》的业主约瑟夫·摩西·利维接管该报，确定大众化的办报方针，适应小市民口味，经常刊登桃色新闻，政界和知识界对它不屑一顾。1860 年马克思批评这家报纸说："伦敦所有厕所都通过一些隐蔽得很巧妙的管子把人体的脏物排到泰晤士河里。同样地，世界名城也通过一些鹅管笔把它的社会脏物都排到一个纸制的藏污纳垢的大中心——'每日电讯报'里。""勒维的粪车装运政治只不过是当做压车物而已"①。此时，马克思和恩格斯流亡在英国，这一批评十分尖锐深刻，可谓一针见血。

马克思和恩格斯在著作中提到《泰晤士报》约有 1 000 多次，经常批评它的政治立场，但也承认它在新闻界的地位。马克思揭露《泰晤士报》以舆论界的代表身份与政党合作，但它与执政党内阁不完全是依附关系，相当程度上是互相利用，利益钳制高于政治信仰。马克思写道："《泰晤士报》不过是一家'商业企业'，只要决算对它有利，它对决算是怎样作出的毫不介意。"②《泰晤士报》为了共同利益很快和政府大臣联合起来，成为垄断资产阶级政府的舆论代表。马克思揭露说："伦敦《泰晤士报》登上了英国国家报纸的地位，在其他国家面前成了所谓英国舆论的代表。如果说，在执掌国家对外政策方面，垄断权从贵族转给了寡头会议，又从寡头会议转给了一个人即英国外交大臣帕麦斯顿勋爵，那末，在为国家考虑和判断其对外政策并代表舆论方面，垄断权则从整个报界转给了一家报纸即《泰晤士报》。"③

大众化报纸介入政治，也会成为党派的喉舌。1930 年，《每日邮报》、《每日镜报》的老板罗瑟米尔热衷于政党论战，不停地向工党政府及以斯坦利·鲍德温为首的保守党发起攻击。鲍德温忍无可忍，批评道："这些报纸的老板所追求的是权力，不负任何责任的权力——这是自古以来的妓女所享有的特权。"④

英国狭小的市场空间导致报业高度紧张的竞争，为了争夺市场份额，各大报之间展开殊死搏杀。许多记者为了吸引读者眼球，不惜捕风捉影、弄虚作假，侵犯公民隐私。在英国一些调查机构评出的最不受信任的职业中，政客、二手车经销商和记者名列前茅。许多媒体对公众利益的攻击和侵犯登峰造极，直到今天都是如此。多年来，英国《太阳报》以窃听手段获取上自女王下至平民的隐私在报纸上曝光，受害者多达 4 000 余人，社会名流、政府官员及一些刑事案件受害者家属成为报刊猎奇的对象。在窃听丑闻中，受到指责的不仅仅是默多克新闻集团，英国政府及首相也受到牵连。2011 年《世界新闻报》窃听丑闻发生后，人们开始对媒体的力量产生了担忧。英国新闻业主要依靠行业自律，除了立法之外，政府没有其他办法介入传媒的管理。

三、报刊评议制度的形成

1945 年英国解除了战时新闻出版检查，全国性报纸减少、地方性报纸日益增多，政治性偏袒和商业因素压制了新闻报道的公正性，有些报纸老板立场摇摆，左右讨好，议会

---

① 《马克思恩格斯全集》，中文 1 版，第 14 卷，656、657 页，北京，人民出版社，1964。
② 《马克思恩格斯全集》，中文 1 版，第 30 卷，365 页，北京，人民出版社，1975。
③ 《马克思恩格斯全集》，中文 1 版，第 15 卷，336 页，北京，人民出版社，1963。
④ [英] 西蒙·詹金斯：《英国报业大亨内幕》，9 页，北京，新华出版社，1982。

内部对此展开了辩论。用下议院议员马歇尔·福特的话说，一些报纸的编辑几乎成了“傀儡、无能者和拍马者”。在全国记者联盟的推动下，英国成立了皇家新闻委员会，“推动报刊的意见自由表达和最大限度的确实可行的新闻准确性”。

1949 年，委员会提交报告，建议成立“报刊评议会”，“对那些不受欢迎的新闻工作者的品行用一切可能进行批评，并建立一个与最高职业道德标准相符合的道德守则”[①]。1953 年 7 月 1 日，英国报刊评议会成立，但它一直未能认真开展报刊批评。1962 年在曾任大法官的德弗林的领导下，新的评议会开始惩戒报刊的不良行为，对新闻媒介“表现出一种权威性的关怀”。评议会似乎更关注新闻自由，而不是新闻界的自律，公众认为它更像新闻界的斗士而非公众利益的护卫犬。1973 年第三届皇家新闻委员会呼吁：“我们强烈地感受到报刊评议会应该有对报界更大的权力……迫切地要求评议会立足于公众视角和可能的投诉。”这就是英国的**报刊评议会制度**。

1978 年年底，西蒙·詹金斯辞去《伦敦晚旗报》主编职务后，写了《英国报业大亨内幕》一书，披露了英国报界鲜为人知的秘密，对新闻界的内部情况进行了批评。他指出报界为了追逐商业利益而忽视真正的办报目的，“（现在的）的新报业主依靠报纸以外的大量资源，把报纸变成了一个严重依赖补助的行业——不是由政府补助（政府仅慷慨地免除了报纸的增值税），而是由其他商业单位补助。”詹金斯评述道：“最好的报纸往往是最差的商人办的。”[②] 仅 1985 年，《太阳报》一家就被报刊评议会审查了 15 次。

记者们更为热心揭开隐私的伤疤，渲染那些虚构的民间鬼怪传说，淫秽的东西泛滥成灾……这种小报化倾向引起舆论的极度愤怒。到了 1993 年，只有 10%的公众相信新闻记者通常值得信任，新闻记者在公众信任度的排名中最低，比警察还要差。2002 年，另一次报纸读者调查又得出一个毁灭性的答案：75%的英国人说他们“不愿再相信”印刷报纸，这个比例远远高于欧洲其他国家。[③] **小报**是低俗报纸的代名词，版幅小，便于携带和在车上阅读，主要是以追逐名人绯闻、编造惊人的趣闻吸引读者，多在街头叫卖发售。

媒介评议一般是道德层面的**行业批评**，作为媒介自律的一种形式，包括媒体内部和业界内部两种批评，多在报刊上发表批评文章，在专业会议上讨论媒介问题，当事人应作出必要的检讨。1997 年，《卫报》在英国首创“读者编辑”（readers editor）制度[④]，在编辑内部开展评报、议报活动。当时《卫报》主编鲁斯布里杰深感英国报纸的自我规范做得不够，必须加强报纸的责任意识。他要求《卫报》设立专门的读者版和读者编辑，负责回答读者提出的问题，成为该报评议活动的一部分。到 2001 年，该报 370 名记者中有 10 名记者因报道出现差错被读者投诉，收到总编辑的书面告诫。[⑤] 经过几年尝试，读者编辑的制度已为多家报纸效仿。**读者编辑**是站在读者立场上，反映读者意见的一名编辑，作为报社内部的批评者，力求保持客观、冷静的头脑。他们除了在报社领取薪金外，工作完全是独立的，在报纸上发表的稿件由他们自己签发，无须任何人审查。[⑥]

① 唐思：《英国报业投诉委员会历史沿革》，中国新闻研究中心，2009-09-22。
② ［英］西蒙·詹金斯：《英国报业大亨内幕》，6 页，北京，新华出版社，1982。
③ 参见［英］詹姆斯·卡瑞、珍·辛顿：《英国新闻史》，297 页，北京，清华大学出版社，2005。
④ 美国称 news ombudsman，可译为“新闻监察员”、“新闻评议人”，“新闻监察人”等。
⑤ 参见茅廉涛：《新闻投诉委员会及读者编辑——英国媒体行业自律行为一瞥》，载《新闻记者》，2001（4）。
⑥ 转引自王尔山：《看〈卫报〉独立监察员如何工作》，载《21 世纪经济报道》，2005-06-25。

四、学院派媒介批评的兴起

20世纪60年代，学院派媒介批评在英国兴起。所谓**学院派媒介批评**，是指任职于大学和学术机构的学者对媒介开展系统的理论批评，多以论著形式表达他们对媒介的分析。1962年，雷蒙德·威廉斯出版了被称为“民主现实主义的杰作”《传播》，提出对英国传播体制的改革设想，为言论自由、媒介的开放与内容真实创造条件。他认为，一个良好的社会有赖于事实和观点的自由畅通，仰仗于对意识和想象力的发展。任何对个人言论自由的限制，实际是对社会资源的限制。他将传播体制概括为四种模式——专制式、家长式、商业式、民主式。他指出，专制式的传播体制，就是简单地传达统治集团的各种指令。“蕴涵于这一方式的，就是把排斥其他观点以及各种有抵牾的观点当做一种政策。”①

威廉斯的电视研究专著《电视：科技与文化形式》，以1968—1972年发表在BBC《听众》周刊上的电视评论为素材，尖锐批评了形形色色的将科技从社会中分离出来的唯技术论。威廉斯坚持认为，应将文化现象置于社会实践的进程中进行研究，把媒介产生、应用与发展置于社会联系中进行透视。“新科技似乎是从一片独立领域里自己冒出来，然后创造了新社会或新的人类环境”，这种观点是错误的。②

20世纪70年代后期，伯明翰大学当代文化研究中心开始探讨亚文化，研究内容主要涉及电视、电影、广播、报刊、广告、畅销书、儿童漫画、流行歌曲，乃至室内装修、休闲方式等大众文化现象，尤其关注对电视的研究，陆续出版了斯图亚特·霍尔的《“意识形态”的再发现：媒介研究中被压抑者的回归》与《意识形态与传播理论》、雷蒙德·威廉斯的《文化与社会》、斯图亚特·霍尔的《文化、传媒与“意识形态”效果》等著作，对媒介展开意识形态批判。霍尔指出，在大众传媒社会，统治阶级的意识形态通过“语言的阶级斗争”演变成全社会的意识形态。在这个转变过程中，媒体无疑扮演着举足轻重的作用。他承认当代西方的传媒是独立自主的，无论从财政、人事或是技术上均独立于政治体制，但这不妨碍它经常不自觉地维护统治阶级的基本利益，它的独立自主只能是相对的。③

英国的媒介文化研究重新发现了大众文化中的意识形态，被霍尔形容为“受压制内容的回归”④。霍尔关注西方国家的大众传媒是如何生产“普遍赞同”或“一致舆论”，这种一致舆论原本就存在于社会之中，媒介只不过或多或少地将它传达出来。他写道：“现在考虑一下传媒的再现方式，在其日常的运作中，它是公开和独立的，它不会围着权力的指挥棒转，也不会有意识地使自己对世界的描述符合占统治地位的规定，但它必须是对之敏感的，而且只能在其中才能合法地生存下来，它必须在普遍的范围之内或‘大家都赞同’的一致舆论的框架内生存下来，使自己适应于这种一致的舆论，同时又试图形成这种一致

---

① ［英］尼克·史蒂文森：《认识媒介文化：社会理论与大众传播》，26页，北京，商务印书馆，2001。

② 参见［英］威廉士：《电视：科技与文化形式》，25页，台北，远流出版公司，1992。一些人名，台湾与祖国大陆的译法有所不同。本书后面还有几处。特此说明。

③ 参见肖小穗：《传媒批评：揭开公开中立的面纱》，67页，哈尔滨，黑龙江人民出版社，2002。

④ S. Hall, *The Rediscovery of "Ideology": The Return of the Repressed in Media Studies*, in M. Gurevitch, T. Bennett, J Curran and J. Wollacott (eds.), *Culture, Society and the Media*, London: Methuen, 1982, pp. 56-90.

的舆论。传媒成了生产'普遍赞同'的一个组成部分。"①

1976年，以约翰·埃尔德里奇为首的格拉斯哥大学社会学系的几位教授写出了《坏新闻》一书，此后陆续出版《更多的坏新闻》、《新闻：战争与和平》、《眼见为实》等批评著作，就电视新闻的偏见进行了一系列分析。《坏新闻》丛书着力揭露电视新闻报道的阶级偏见，指出新闻不是中立的和客观的，也不是公正和无偏见的，而是与某些特定阶级有密切的联系。莱斯特大学大众传播研究中心著名学者默多克与戈尔丁于1973年在《社会主义文摘》上发表了《呼唤大众传播的政治经济学》一文，被认为是欧洲传播政治经济学的宣言性与纲领性文件。默多克还认为，媒介的产品不是大众需求与大众文化的反映，媒介运作的方式是渗入（incorporation）而非强迫（imposition）的。媒介所有者把大众文化纳入媒介作品中，转变成娱乐品，提供给大家享受，这样既可以吸引大量观众，避免投资风险，又可以保持现状，维护媒介所有者的既得利益。②

传播政治经济学学者着重批评社会精英对传播控制权的再造。不少学者认为，在这一领域阶级权力是通过对体力劳动的瓦解和对媒体工作者的监控来实现的。由于传播政治经济学十分重视阶级分类，资源对阶级的意义格外受到强调。上层阶级拥有资源，因而拥有权力，大众没有传播工具，享用媒体的机会受到影响。③ 在1982年发表的《大企业与传播产业的控制》一文中，默多克通过对英国8家主要私营电视台的调查，对"所有权分散论"与"管理革命论"作了分析。他认为，所有权分散论的观点并不代表大众利益，媒体采用股份制，但事实上小股东在股东大会上并无发言权，真正控制媒体的还是少数拥有大宗股票的大股东。

英国学院派的媒介批评，一是对媒介制度的批判，揭露英国富有阶级对传媒的控制，指出穷人不可能有话语权；二是对英国媒介运行机制的批判，指出媒介通过文化浸染和自然消费的过程传播富有阶级的意识形态，不可能是客观公正的。他们的理论分析，揭示了当代英国媒体制度的经济根源，这种制度尽管不合理，但只能依赖自我演变的力量来消除。

五、报刊投诉活动的开展

从20世纪80年代末起，英国开始兴起媒体投诉。广大公众一旦遭到传媒伤害，就可向专门机构申诉，该机构在调查后确认媒体对受害者造成名誉、精神或经济损失，则按规定要求媒体公开道歉，赔偿损失。这种**媒体投诉**避免了法庭诉讼的复杂和周折，加强了对传媒的监管。1988年秋，鉴于英国报纸不断侵害公众权益，有议员向下院提出议案，要求制定法律保护隐私，1991年成立了英国报刊投诉委员会（The Press Complaints Commission，PCC），设立公众热线，接受公众的投诉和批评。

PCC制定《投诉人约章》指导公众进行投诉，全天候提供热线电话服务。投诉者不用支付长途电话费就可把批评电话打到PCC。对于非英语系的公众，PCC提供多种语言印

① [英]斯图亚特·霍尔：《文化　传媒　语言》，85、87页，台北，远流出版公司，1981。

② 参见黄新生：《媒介批评——理论与方法》，55页，台北，五南图书出版公司，2002。

③ 参见潘知常、林玮主编：《传媒批判理论》，160页，北京，新华出版社，2002。

制的材料，包括威尔士语、乌尔都语、汉语、孟加拉语、阿拉伯语、索马里语等，甚至还为苏格兰一个人数不多的族群盖尔人提供盖尔语。投诉者也可通过电子邮件进行投诉，2002年大约有500宗投诉是通过电子邮件进行的，为公众的媒介批评提供了广泛渠道。

PCC对接待和完成投诉工作的效率有严格的规定。公众在办公时间致电PCC查询，工作人员接听电话要保证在铃声响四次之内和投诉者通话。工作人员在接到投诉信的三个工作日内要发出收函通知，在平均40个工作日（2005年后改为32个工作日）内处理完一宗投诉。如果投诉比较复杂，花费时间较长，要向投诉人解释原因。一般不超过15个工作日要向投诉人通报调查工作的进展，处理投诉的平均时间为17天，进行裁决的投诉平均需要37天。

为鼓励公众主动、积极地对媒介提出批评，一切投诉都是免费的。有些民众选择通过律师提出投诉，对此PCC特别提醒，一旦律师介入投诉程序，不仅时间拖长，而且也可能付出诉讼费。PCC要求媒体对投诉的问题要进行更正、澄清或是刊登道歉声明、刊登信函、作出承诺等，以此解决同受众的摩擦。PCC每年举办两次公众开放日，参加活动的包括普通公民、新闻专业的学生、报纸编辑、当地的政治人物及相关专业人士，扩大了媒介批评的影响。为确保公众知道如何进行投诉，PCC还通过多种途径宣传，如广泛散发传单，每年向各查询中心、公共图书馆、警察局、医院等场所免费寄出宣传材料，设立投诉电话并公布投诉电话号码。

1996年，PCC收到的大部分投诉涉及欧洲足球冠军杯赛的报道，一些报道煽动公众情绪，对赛场混乱负有责任，PCC对这些媒体作出了处罚。1999年，《太阳报》花费40万美元获得爱德华王子未婚妻苏菲·里斯10年前的一张半裸照，在报上公之于众，引起王室和公众的强烈愤慨。白金汉宫发言人向PCC投诉。最后，《太阳报》公开道歉，并将负责此项报道的人革职。

PCC保持立场的独立性，是媒介批评至关重要的前提。正如2003年3月31日上任的PCC新主席克里斯多弗·梅耶爵士所说："PCC应该独立于国家、独立于各种利益团体，也包括独立于报业自己。如果被其中任何一方俘获，都将失败。"① 1996年PCC接手了约3 000件投诉，是PCC成立当年的两倍，不难看出公众对于PCC的信任。经过数年的发展，各报将PCC的要求逐渐写入自己的"行为规约"，PCC步入了正常发展的良性轨道。

伦敦霍尔本路20-23号，一幢名为HALTON的楼房三层，是今天PCC所在地。办公室里最醒目的是墙角摆着的一堆纸箱子，这是PCC历年处理的投诉卷宗。现在PCC有17位成员，7人是报社主编，另外10人跟新闻出版业没有任何关系。收到投诉后，PCC工作人员会作调查，调查过程对于投诉与被投诉的双方都是透明的，然后草拟意见发给17位委员来决定，并及时与双方沟通，让双方尽可能达成谅解。2011年默多克新闻集团的"窃听门"事件成为一起牵涉政界、警界的政治事件。PCC事前没有发挥任何作用，被舆论认为是"没有牙齿的老虎"。表面上它可以要求媒体更正和道歉，但媒体也可以不理睬，所以它对英国媒体的约束没有任何强制性。

---

① 唐亚明：《走进英国大报》，418页，广州，南方日报出版社，2004。

第二节　法国媒介批评的思潮

在中世纪，意大利那不勒斯当局在对一位被捕的教授的起诉中说："人类最可恶的三大敌人是：笔、墨水和纸。"教皇成了"惧书者"（bibliophobes）。当基督教成为很多国家的"国教"，开始打击异端，对书籍的焚毁在欧洲蔓延时，1309年巴黎焚烧了三大车犹太教典籍。[①] 启蒙思想家们高举民主、科学的大旗，通过学术论著、通俗读物、戏剧演出、诗歌、民歌小调、沙龙辩论和公开演讲，向社会各界广泛传播天赋人权、自由平等、主权在民的思想，到17世纪，法国成为人类现代思想的故乡。但法国人的著作仍遭到皇权的压制，不准出版和传播，一场反对出版专制的斗争开始在法国登场。

一、对专制制度与无聊报刊的批判

1723年路易十五颁布禁令："在得到盖有官方印玺的批准文书之前，任何出版商或任何人均不得在王国内任何地方出版或再版任何书籍。"这种出版制度和英国一样，压制人们探索真理，成为当时法国知识界批判的目标。法国启蒙思想家孟德斯鸠在1748年出版的《论法的精神》一书中，抨击了君主出版制度，谴责言论暴政，举起批判专制出版法的大旗。孟德斯鸠指出："言论并不构成犯罪行为，它仅仅停留在思想上，在大多数情况下，它本身并没有什么意思，而是通过说话的语气表达意思……有时候沉默不语比任何演讲表达的意思更为深刻。"[②] 因此，"无论什么地方制定这样一条法律，这里不但再没有自由，就连自由的影子也不会看见"[③]。

孟德斯鸠对当时报刊上兴起的讽刺性文章大加赞赏，说："在民主的国家中，讽刺性文章通常是为反对有权势的人而写的，这在民主国家里迎合了作为统治者的人民的怨恨情绪。"[④]"讽刺能使一般的怨恨转变为娱乐，使不满意的人得到安慰，减少嫉妒，增加人民对痛苦的承受能力。"[⑤]

1757年法国王室又规定，任何人写作或出版任何蓄意攻击宗教、侮辱王室权威或破坏王国秩序和安宁者都将受到死刑的处罚。1764年的禁令还禁止出版任何讨论国家财政问题的出版物。[⑥] 卢梭的《社会契约论》出版后，遭到上流社会的谴责，《爱弥儿》被焚毁，他受到被捕的威胁，不得不逃离法国。伏尔泰对烧毁卢梭的著作感到愤怒，在《共和思想》中指出："我们烧毁了这本书。烧毁它这个行为大概和写出它一样令人憎恶。有一些东西是狂热的政府有所不知的。倘若这本书是危险的，它需要被拒绝，烧毁一本有理性的书即是说，我们没有足够的才智反驳它。"[⑦]

伏尔泰在《论思想自由》一文中说："当人们去看戏时，每个人都自由地表达自己的

---

① 参见林贤治：《读〈欧洲书报检查制度的兴衰〉》，载《书屋》，2000（12）。
② ［法］孟德斯鸠：《论法的精神》（上），230页，西安，陕西人民出版社，2001。
③ 同上书，231页。
④ 同上书，232页。
⑤ 同上书，233页。
⑥ 参见项翔：《近代西欧印刷媒介研究：从古腾堡到启蒙运动》，146页，上海，华东师范大学出版社，2001。
⑦ 转引自莫罗阿：《福尔德传》，见《傅译传记五种》，695页，北京，三联书店，2010。

观点，社会秩序没有受到骚扰。但是如果某个蹩脚诗人的蛮横的保护人试图强迫所有有鉴赏力的人称赞他们觉得差劲的作品，那么就会听到一片嘘声，双方就会互相扔苹果，就像在伦敦曾发生过的那样。是这样思想上的暴君引起了世界上部分的不幸。我们在英国感到幸福，只是因为每个人都享有自由地说出心里话的权利。"[①] 伏尔泰痛恨顺从统治阶级的报刊，因为它们歌颂丑恶和无聊，没有任何表达正义思想的声音。他写道："从未被谗言污染，而且向来书写合乎规范。外国报纸没有能做到这一点的。伦敦的报纸，除了宫廷的报纸外，都写满了观念自由所允许的不正派之事。"不久后他宣称："报纸已成为社会的一种祸害和一种不可容忍的劫掠。"狄德罗在《百科全书》中也尖刻地指出："所有这些报刊，对于无知者犹如食粮；对于只愿谈论而不愿读书的人犹如锦囊；而对于劳动者，则犹如灾祸和令人生厌的东西，它们从来没有为有才华的人说过半句好话，也从来没有阻止过蹩脚的作家发表坏作品。"

剧作家博马舍在他的作品《费加罗的婚礼》中借主人公之口，以冷嘲热讽的笔触对报刊审查制度进行了抨击。他写道："只要我的写作不谈当局，不谈宗教，不谈政治，不谈道德，不谈当权人物，不谈有声望的团体，不谈歌剧院，不谈别的戏园子，不谈任何一个有点儿小地位的人，经过两三位检查员的审查，我可以自由付印一切作品。我因为利用这个可爱的自由，所以宣布，要出版一种定期刊物，我给这个刊物起的名字是《废报》。"[②] 这段对报业的评论虽然出自剧本，但也反映出报刊专制制度使办报人陷入窘境。

法国大革命后，罗伯斯庇尔领导的激进的雅各宾派掌握了政权，为在国民议会中清除异己，统一舆论，1793 年 9 月 17 日颁布了《惩治嫌疑犯条例》，规定"凡行为、关系、言论及著作表现为拥护专制政治、联邦制及敌视自由者……均被视为嫌疑犯"。他公开表示："对新闻实行严格的监督，毫不留情地制止新闻界乱说。"[③]

拿破仑上台后，背弃了宪法的有关承诺，于 1810 年成立出版管理署，恢复书报检查制，封杀对立的报纸。他认为，"四家有敌意的报纸比一千把刺刀更可怕"，"如果允许一家自由出版物的存在，我在位就不会超过 3 个月"[④]。他对警察总监富歇说："大革命时代已经结束，在法国只能存在唯一的党派，我决不容忍报纸说出或做出有损于国家利益的事情。"[⑤] 当时巴黎只批准 60 家印刷所开业，允许 4 家报纸出版，而这 4 家报纸成为拿破仑的喉舌。

1819 年在众议院的一次辩论中（当时法国议会每天至少辩论一次报刊的问题，几乎每次都是由于政府的镇压而引起），思想家班雅明·康士坦说："报纸应该是被压迫的人使旁人知道他们要求的一种公开手段，它应该保证被压迫的人，当他的意见和要求，在被禁止或被扼杀的情况下，能用普通的方法公开发表自己的意见和要求，并使这种意见和要求到达政府的耳朵里。"[⑥] 内政部长席美翕伯爵于 1821 年 7 月 4 日在下议院说："报纸实际上

---

① 《伏尔泰哲理美文集》，50～51 页，合肥，安徽文艺出版社，1997。

② ［法］阿尔贝、泰鲁：《世界新闻简史》，17 页，北京，中国新闻出版社，1985。

③ ［法］热拉尔·瓦尔特：《罗伯斯庇尔》，364 页，北京，商务印书馆，1983。

④ Goldstein，Robert Justin，*Political Censorship of the Arts and the Press in Nineteenth Century Europe*，Palgrave Macmillan，1989，p. 28.

⑤ 沈固朝：《欧洲书报检查制度的兴衰》，145 页，南京，南京大学出版社，1999。

⑥ ［法］杰克·凯塞尔：《一种自由的死亡——新闻的技术与政治》，21 页，中国人民大学新闻系内部译稿，张隆栋译，1960。

仅仅是一种垄断企业，几个文人就用这种垄断来僭取了在政治热情上做投机买卖的专利权。自由……这是给予十几个文人来每天宣扬政治主张。”内阁总理色立尼阿克于1830年在给国王的奏折里说：“定期刊物过去如此，今天仍然如此，本质上不过是骚扰和叛乱的一种工具而已。报纸掀起了一阵乌云，它蒙蔽了真理，并在某种程度上遮盖了政府与人民之间的光明。报刊就是想要征服主权，侵犯国家的权力。”①

法国著名政治思想家A.托克维尔在1835年出版的《论美国的民主》一书中写道：“在美国，既不向印刷业发放执照，又不要求报刊进行注册，更不知保证金为何物。……我真不明白，这样一个显而易见的真理，为什么还未在我们法国推广。”②

当1835年哈瓦斯通讯社在巴黎出现后，每天从各国寄来的稿件源源进入其编译室，哈瓦斯成为“世界新闻传播的总代理人”。1840年8月23日，大文豪巴尔扎克在他主编的《巴黎杂志》上撰文，称赞哈瓦斯是“控制法国报纸的巨头”。他写道：“一般人都认为巴黎有好多家报纸。但是说老实话，严格点儿说，全巴黎只有一家报纸，那就是曾在卢梭大街开过银行的哈瓦斯先生经营的‘哈瓦斯通讯社’编发的新闻稿。……现在的状况是，各家报纸已经不能根据自己的编辑方针来选择新闻以飨读者了……”③ 巴尔扎克批评了通讯社对新闻的垄断，显然是因为它消灭了读者对新闻的“选择”。

1849年7月执政的法国秩序党颁布了严禁报刊自由出版的法令，马克思写道：“人身、出版、言论、结社、集会、教育和信教等等的自由（1848年各种自由权的必然总汇），都穿上宪法制服而成为不可侵犯的了。这些自由中的每一种都被宣布为法国公民的**绝对**权利，然而总是加上一个附带条件，说明它只有在不受‘**他人同等权利和公共安全**’或‘法律’限制时才是无限制的，而这些法律正是要使各种个人自由彼此之间以及同公共安全协调起来。”④ 马克思深刻揭露了专制出版制度的本质，即打着出版自由的幌子压制出版自由。

二、对媒体低俗、色情的无奈

从17世纪至今，法国一些媒体始终充斥低俗之风，“为了能得到人情味的材料，不惜越过‘私人生活的墙壁’。尽管读者们谁都不愿意自己的私生活被揭露出来，但对于知道别人生活中的细节却很感兴趣，这就鼓励了报刊向这个方向发展。”⑤ 大量媒体竞相传播花边新闻，以挖掘名人的隐私为噱头，争夺受众的战争在媒体间连年不绝。

法国巴黎从1800年起开始实施一项禁止女性穿裤子的法律，规定女人必须穿女性化的裙子出门，任何巴黎女性想要穿裤子须向警察总局申请。1892年该法令稍微放宽，规定骑马的妇女允许穿裤子。1909年这条法律再次被修改：“女人在骑自行车或者手扶自行车把手的时候，也允许穿长裤外出。”公开挑战和维护这一法律的斗士们的相互攻击与讽

---

① ［法］杰克·凯塞尔：《一种自由的死亡——新闻的技术与政治》，22页，中国人民大学新闻系内部译稿，张隆栋译，1960。

② ［法］托克维尔：《论美国的民主》，上卷，203页，北京，商务印书馆，2009。

③ ［日］仓田保雄：《路透其人和路透社》，55页，北京，新华出版社，1980。

④ 《马克思恩格斯全集》，中文1版，第8卷，134页，北京，人民出版社，1961。

⑤ ［法］杰克·凯塞尔：《一种自由的死亡——新闻的技术与政治》，97页，中国人民大学新闻系内部译稿，张隆栋译，1960。

刺，每隔几年就成为媒体炒作的题材，反对和支持这一法律的媒体相互指责。在之后近150年里，敢于违令穿长裤的法国女人不多，人们熟知的女作家乔治·桑、画家罗莎·博纳尔、考古学家让娜·迪约拉夫瓦以及精神病医生马德莱娜·佩勒蒂耶是其中知名的几个女性。罗莎·博纳尔的申请遭到媒体的嘲笑，炒作她是“同性恋者”。而马德莱娜·佩勒蒂耶的男装化被媒体大加讥讽。作为女权斗士，她穿男式西服，头戴礼帽，还执一根手杖，终身以拒绝结婚反对性别区分，最终因多次帮助女性堕胎受到控告，被媒体炒作为精神病患者，1939年被送进精神病院，在禁闭中死去。1968年“五月风暴”前后，广大法国女性要求穿男裤去工作，激烈批评媒体维护陈腐的法律。直至现在，女人与长裤的“战争”在法国某些行业和媒体上还在继续。

法国的社会风气较为浪漫，许多民众对“性”少有反感，法国影视片通常百无禁忌，电视上常有全裸演出的画面，但批评界对此持有截然不同的意见。1974年的影片《艾曼妞》引发性解放的“狂飙”，法国政府鉴于《爱情华尔兹》和《艾曼妞》两部影片有近千万人观看，在商业上取得成功，取消了电影审查制。此后性和色情电影在法国公然大行其道，并受到法律允许。2000年一部以惊心动魄的强暴镜头开场的色情电影《搞我》，实在“黄”不忍睹，法国宪法委员会要求只能在少数戏院放映，但遭到片商的抵制，引起一场卫道与艺术创作自由之争。片商卡米兹说：“我会继续放映这部电影，因为国家委员会的决定有损创作自由，可能产生严重的后果，不仅对法国电影，对一般艺术皆然。”最后政府管理部门规定，放映这部电影的戏院最高可罚30万法郎（51 000美元）。法国女导演凯瑟琳·布雷雅指责国家委员会逾越其维护宪法的角色，她在由数十名电影人签署的请愿书上写道：“现在多了一个更高的机构管理电影检查，这个机构挥起色情电影和卫道的大纛。”①

由法国著名哲学家让·保罗·萨特在1973年创办的《解放报》是法国最大的左翼报纸，读者多为50岁以上的有知识的人。但自2005年开始，该报每天推出“性主题”专版作为“促销”手段，立即引起法国其他主流报章的效仿。《解放报》的部分忠实读者对“性主题”感到震惊，也有些读者认为，主流报纸在周末或假日轻松一下，出一些色情版面也无伤大雅。因为性和其他话题一样，没有必要遮遮掩掩。一位名为卡玛蒙的小姐说：“下至15岁的少年，上至50岁的先生，都在如饥似渴地看报”，“躺在沙滩上看这样的报纸，感觉好极了”，“性和其他话题一样，没有必要遮遮掩掩”。《解放报》“性主题”版面负责人马修·林登说：“人们觉得性令人着迷，所以我们不要当伪君子。要知道，许多人在十三岁就开始看色情电影了。”② 以“性”为主题，突出传播淫秽内容的媒体称为**淫媒**③，一些网络媒明显带有淫媒色彩，目前已成为各国媒介批评的对象。

法国借鉴美国和加拿大的经验，于1980年成立了对广播和电视公司实施控制的机构。这个权力机构于1989年被命名为视听高级委员会（CSA），任务是保障法国传媒有一个自由和独立的空间。它在1996年为青年人的收视设立了专门的标志，通过这些标记告知人们节目的内容，这样就可以建议未满12、16或18岁的青少年不要观看某些节目。

① 《强暴镜头开场：一色情暴力电影在法国引起轩然大波》，载《广州日报》，2000-07-08。
② 转引自江枫编：《法国报刊借色情促销》，载《东方早报》，2005-08-09。
③ “淫媒”原指娱乐圈中，以金钱、工作为诱饵介绍女性陪酒或包养性伴侣的中间人。

为防止媒体传播排外、辱骂、攻击或者损害别人尊严的语言，视听高级委员会努力使媒体成为一个真正的对话和交流的场所。

面对媒体的低俗化，政府不得不强调开展媒介批评，加强影视评论。受众通过写信、打电话指正媒介从业者的不道德行为，许多报刊开辟读者反馈专版或专栏，发表读者的意见。法国里昂地铁报《20分钟》倒数第二版“电视”便是电视批评专页，定期对电视节目、电视栏目、电视剧中的演员进行评论。一些报纸的批评栏目成为当地人熟知的品牌栏目，也成为受众在公交车、地铁、饭桌上的谈资。2004年8月31日该版的一篇《纪念〈名人农场〉》的评论文章，抨击了电视栏目《名人农场》一档节目带有“名人窥视癖”倾向，指出靠名人获取观众眼球不能维持收视率，反而会损坏电视台的权威与形象。

三、法国媒介批评的学术化

第二次世界大战后，法国加快了社会民主化的进程，出版自由与法律约束逐渐走向平衡，通过市场竞争、政府调控达成媒介的多元化发展。但在资本控制下，媒介多元化的空间受到无形挤压，法国媒介的学术批评异峰突起，出现了许多具有世界意义的媒介批评理论著作，对媒介与法律、媒介与政府、媒介与文化及媒介消费等问题进行了广泛研究。

罗兰·巴特是法国著名的作家、文艺批评家、符号学家，主要提出“媒介神话”和符号学理论。他在1957年的著作《神话集》和1964年出版的《符号学原理》中，分析了与媒体紧密相关的法国通俗文化。他指出，大众媒体已经成为时尚生活的包装者，有着一套使日常生活自然化的魔术，魔咒一念，人们就会视媒介产品所包含的种种意义为自然存在和当然存在的东西，不顾一切地疯狂追随。他批评道：“如果杂志告诉我们：印花衣服赢得了大赛，我们可以试着人为地替换一下，并且借助于文字体中的其他表述方式，比方说，我们可以认为从印花到单色的转换包含着从大赛到花园聚会的转变。”[①] 巴特的这番话是说，从物—符号到符号—物的转换，创造了一种真实物体的虚像，被消费者纳入日常的经济生活中。人们主要不是在消费有价值的物品，而是被符号征服了。

法国著名的哲学家、马克思主义学者阿尔都塞在1969年发表的《意识形态和意识形态国家机器》一文，对媒介的意识形态作用进行了新颖的分析，率先将意识形态带出政治暴力的阴影。他认为，意识形态是人与其生存条件想象关系的再现。[②] 他强调，“绝大部分的意识形态国家机器（在他们显然的弥散状态）是私人范畴的部分，教会、政党、工会、家庭、某些学校、多数报纸、文化冒险公司等，是私人性的”[③]。“媒体甚至安排着我们的日常生活作息表”，让我们习惯各种“早8点新闻”、“晚10点新闻直通车”或是“黄金强档电视剧场”。

阿尔都塞因此断定，“通信机器借助报纸、无线电和电视，每天用一定剂量向每一个‘公民’灌输国家主义、沙文主义、自由主义、道德准则等。”人们从小到大，对“许多这些形成对比的品德（一方面有谦虚、服从、柔顺，另一方面玩世不恭等）在家庭、教会、

---

① ［法］罗兰·巴特：《流行体系：符号学与服饰符码》，24页，上海，上海人民出版社，2000。

② Louis Althusser, “Ideology and Ideological State Apparatuses,” *Essays on Ideology*, London: Thetford Press Limited, 1971, pp. 1-60.

③ ［斯洛文尼亚］斯拉沃热·齐泽克等：《图绘意识形态》，146页，南京，南京大学出版社，2006。

军队、圣经、电影甚至足球场里传授。”[①] 在阿尔都塞看来，每一种意识形态国家机器都以它特定的方式完成资本主义生产关系的再生产，如政治意识形态使人通过公民选票或代议制的方式认同国家的统治。

从20世纪70年代起，福柯提倡微观权力分析，认为媒介成为权力话语体系的生产者，这一观点集中体现在其《规训与惩罚》等著作中。他说：“公众舆论的媒介，陷在权力机制中并以报刊、出版以及以后的电影和电视形式出现的物质性。”[②] 在他看来，大众媒体充满话语生产、积累和流通的强大机制。“如果没有某种话语的生产、积累、流通和功能发挥，那么这些权力关系自身就不能建立、巩固并得以贯彻。如果没有一个特定的真理话语的体系借助并给予这种联系进行运作，就不可能有权力的行使。我们受制于通过权力而进行的真理生产，而只有通过对真理的生产，我们才能行使权力。”[③]

雅克·德里达是当代著名的法国哲学家，解构主义思潮的先驱。他在《论文字学》一书中认为，当今时代“悬置于两个书写时代之间”，是“线性书写”和“书籍”都已经“穷途末路”的时代。[④]“交流形式目前所发生的巨变，一切形式实践以及档案和信息处理领域中出现的新结构，这一切都全面而系统降低了言说、语音文字及书籍的作用”[⑤]。电脑传播的崛起，使德里达看到一个新的传媒时代。他这样描述：“在将来的岁月里……可以设想，所要传递的将不再是书写，而是打上小孔的卡片、缩微胶卷或磁带……事实上这些伟大的技术一直就真正具有一种玄学家的天真。”[⑥] 电子媒介书写对主体具有去中心化的作用，主体权威也因此遭遇了时空身份的颠覆，非同一性主体越来越成为一种趋势。

让·鲍德里亚几乎推翻了法兰克福学派在第二次世界大战前批判大众文化的理论方法，从一个全新的视角分析资本主义文化消费的意识形态本质。他在《消费社会》、《拟像与仿真》与《交流的迷狂》等书中认为，消费社会并不是传统的物质生产占主导的时代，而是符号编码占据主导地位的时代。“作品不再植根于上帝，而是植根于系列作品自身。这时关键的任务就是保持符号的权威性。”[⑦] 即内容变成了一种符号编码的存在过程，比如作者的签名和记号成为至关重要的东西。他指出：“作为客体的电视是一种被符号化的社会身份的组成要素，提供了一种无深度的包容模式，塑造出可消费的‘现实’。”[⑧]

阿芒·马特拉是法国著名的传播学者，在他眼中，大众传媒是传播组织形式之一，正是大众传媒使人们逐渐改变了认识，传媒的思想成为社会发展的评判标准。1992年他出版了《世界传播与文化霸权》，1995年发表了《失衡的声音》，他认为“如果不加以警惕，观众一边倒的喝彩声将有可能导致某些民族和文化从属地位的合法化，如何在狭隘的沙文

---

① ［斯洛文尼亚］斯拉沃热·齐泽克等：《图绘意识形态》，151～152页，南京，南京大学出版社，2006。
② ［法］米歇尔·福柯：《权力的眼睛：福柯访谈录》，164～165页，上海，上海人民出版社，1997。
③ 转引自［美］马克·波斯特：《信息方式：后结构主义与社会语境》，120页，北京，商务印书馆，2000。
④ Jacques Derrida，*Of Grammatology*，trans. Gayatri Spivak，Baltimore：Johns Hopkins University Press，1998，pp. 86－87.
⑤ Jacques Derrida，*Positions*，trans. Alan Bass，Chicago：University of Chicago Press，1982，p. 13.
⑥ 转引自［美］马克·波斯特：《信息方式：后结构主义与社会语境》，172页，北京，商务印书馆，2000。
⑦ Jean Baudrillard，*Simulacra and Simulation*，tr. Sheila Faria Glaser，The University of Michigan Press，1994，p. 55.
⑧ 转引自刘建明等：《西方媒介批评史》，311页，福州，福建人民出版社，2007。

主义与捍卫文化权利之间找到一条途径，是值得深思的问题”①。这类学术化的媒介批评提升了人们对媒介认识的深度，也丰富了新闻学与传播学的理论。

第三节　美国从党报论战到新闻监察

美国建国初期的报刊冲突，在媒介批评史上留下惊心动魄的一幕，新闻史家常把它称为“黑暗时代”。政党报纸多为官方或政党机关报，政治立场鲜明，以宣传和捍卫各自的政治主张为使命。在它们的影响下，许多私人报纸也在一定程度上倾向于政府或某个政党，竭力攻击政治对立派及其报刊。早年美国这种极端化的媒介批评，成为政治斗争的手段，使报刊批评走向畸形，发展成激烈的报刊论战。

一、政党报刊的激烈论战

报刊论战是指持有不同主张的报纸就相关问题，以激烈的言辞攻击对立派的立场，通常发生在不同政党、不同派别或不同国家的报纸之间。美国独立战争胜利后，联邦党人和反联邦党人陆续创办自己的报纸，成为政党的代言人。其中最具代表性的是约翰·芬诺编辑的联邦党人的《合众国公报》和菲利普·弗雷诺编辑的反联邦——共和党人的《国民公报》。联邦党的报纸还有诺亚·韦伯斯特的《智慧女神报》、威廉·科贝特的《箭猪报与每日广告报》和本杰明·拉塞尔的《马萨诸塞哨兵报》等。共和党的报纸有本杰明·富兰克林·贝奇的《曙光女神报》。两派报纸分别由联邦党领袖亚历山大·汉密尔顿和杰斐逊幕后操纵，经常在报纸上互相谩骂，论战不断升级。

联邦党和共和党都把报刊看做影响公众舆论的主要机构，以各自的报纸为阵地展开激烈的斗争。联邦党报纸强烈抨击共和党及其领袖杰斐逊。杰斐逊的报纸《国民公报》则向汉密尔顿的财政政策发难，一连几个月《国民公报》登载了一系列抨击文章，主编弗雷诺指责华盛顿身为一国总统，往往很少了解国家的真实情况，以至成为联邦党的一块招牌。惊恐万状的联邦党人则连篇累牍地撰写社论进行反击，在《合众国公报》上发表一系列指控杰斐逊的文章，谴责杰斐逊使用国务院的公众资金雇用和收买弗雷诺的报纸，而这张报纸的唯一目的就是攻击现行政府。②

本杰明·富兰克林·贝奇的《曙光女神报》多次辱骂华盛顿堕落，是骗子，是“国家不幸的源泉”③。作为报复，联邦党人砸了《曙光女神报》的印刷所，殴打了贝奇。联邦党人科贝特在《箭猪报与每日广告报》上声称，他将不作公正不偏的陈述，挖苦《曙光女神报》主编本贝奇是个“穷凶极恶的家伙”，是个容貌丑陋的恶魔，《曙光女神报》“充满谎言”，“煽动叛乱”④。科贝特从来不受事实约束，在持续不断的辱骂对手方面超过了一切报

---

① ［法］阿芒·马特拉：《失衡的声音》，载《信使》，1995（5）。

② 参见司美丽：《汉密尔顿传》，226 页，北京，中国对外翻译出版公司，1999。

③ Frank Luther Mott, *American Journalism: A History of Newspapers in the United States Through 250 Years, 1690-1940*, London: Routledge/Thoemmes Press, 2000, p. 128.

④ ［美］迈克尔·埃默里、埃德温·埃默里：《美国新闻史：大众传播媒介解释史》，82 页，北京，新华出版社，2001。

纸和编辑。这种论战很快发展为街头殴斗，甚至激化为决斗。1804 年 7 月 11 日亚历山大·汉密尔顿和当时纽约州第二号政治人物共和党人艾伦·伯尔之间约定在威霍肯的山丘下决斗，结果汉密尔顿重伤而死。①

美国建国初期面临种种复杂的国内外形势，年轻的共和国需要对各种问题进行讨论，正如当时的《奈瓦克公报》所说：这个时代是需要决策的时代②，这就需要有一个交换意见的场所。刚刚经过革命洗礼的报刊服务于政治理念，重视政治分野，富有参政意识，对关系国家命运的许多问题发生了分歧，并分成两大阵营。在当时美国人的观念中，任何人不是站在我们这一边，就是我们的敌人，社会还没有形成"忠诚的异议"（loyal opposition）观念，出现报刊论战，发生在编辑之间的互相对骂、扭打甚至决斗也就不足为怪。

二、"扒粪者"的众矢之的

20 世纪初，以一批杂志记者、作家为主体的知识界在美国发起了一场揭露黑暗、唤醒社会良知、促进社会改革的黑幕揭发运动，对社会丑陋进行无情的鞭挞。美国总统西奥多·罗斯福称这些新闻记者和作家为"扒粪者"（muckrakes），他们的行动又称"扒粪运动"。"扒粪"的记者和作家撰写了大量揭露时弊的文章，对企业和政客进行广泛的抨击，把触角伸到美国生活的每个角落，指名道姓揭露社会丑恶。历史学家弗农·路易斯·帕林顿将黑幕揭发时代总结为"一个清扫旧蜘蛛网和破旧家具上久积尘土的洒扫门庭的轻快时期"③。

在运动初期，"扒粪者"以事实为根据的叙述，以及"积极的和大胆的调研技巧"，使黑幕揭发文章吸引了全国读者，在民众中影响很大。但"扒粪运动"到了中期，由于报道中出现煽情及不实之词，并愈演愈烈，招致此起彼伏的对扒粪者的指责，最严厉、影响最大的莫过于对记者菲利普斯的批评。

1906 年，菲利普斯发表了《参议院的叛国罪》一文，抨击纳尔逊·奥尔德里奇等 20 多位参议员是财团的代言人、人民的敌人，是小丑、没有骨气的阿谀者。这些过激的言论导致了罗斯福的批评。罗斯福在华盛顿特区的 Gridiron 报人俱乐部发表演讲说："那人手拿粪耙，两眼只知朝下看；他被赠与天国王冠以替换他的粪耙，但他既不抬眼望天也无视于王冠，却仍继续耙那地上的秽物。"④ 罗斯福指责黑幕揭发者过分暴露社会黑暗，却无视美好的一面，只能对社会造成损害。他斥责道："用如此粗俗和以偏概全的方式来攻击我们政治与工业生活中的重大而昭彰的弊端，以至于使那些正派的人也难逃谴责，这意味着公众良心的泯灭。"⑤ 罗斯福骂菲利普斯为"肮脏的、嘴臭的无赖"⑥。第二天，《纽约新闻报》发表了罗斯福的讲话，并配了一幅漫画，说明扒粪者的猖獗和胡闹。

---

① Frank Luther Mott, *American Journalism*, p. 175.

② Carol Sue Humphrey, *The Press of the Young Republic*, *1783 - 1833*, London: Greenwood Press, 1996, p. 43.

③ 转引自［美］林肯·斯蒂芬斯：《新闻与揭丑Ⅰ美国黑幕揭发报道经典作品集》，11 页，海口，海南出版社，2000。

④ Theodore Roosevelt, *The Man with the Muckrake*, from *Killing The Messenger* by Tom Golestein, New York, 1988, p. 57.

⑤ Theodore Roosevelt, *The Man with the Muckrake*, p. 59.

⑥ Robert Miraldi, *Muckraking and Objectivity*: *Journalism's Colliding Traditions*, Greenwood Press, 1990, p. 27.

罗斯福对菲利普斯的谴责引发了新闻界的批评高潮。《柯里尔》的编辑哈顾德对菲利普斯不实之词进行了苛刻的批驳。他说："这些文章使得改革成了令人厌恶的东西，使人们把建立在诚实和良心基础上的揭丑作品看做一种时尚追求，一种煽情和赚钱的象征……菲利普斯先生的文章是一种建立在被扭曲了的事实的基础上的尖叫。"[①] 1905 年 5 月 25 日，《柯里尔》杂志证实，斯蒂芬斯和塔贝尔一类的调查记者的"权威性下降了，既然讽刺在先，谁还会再去听事实呢"?

最保守的《批评家》杂志尖刻地指控热衷扒粪的报刊实施了一个巨大的阴谋，通过给无辜的人造成最大伤害来赚钱。后来，菲利普斯的同事也加入批评他的行列，认为他在选择事实时，以是否具有吸引力而不是以事实是否真实为标准。1911 年，菲利普斯因为写文章惹怒了一个疯狂的持枪者而在纽约大街上被枪杀。[②]

"扒粪者"中遭到的严厉批评仅次于菲利普斯的是厄普顿·辛克莱。当时很多批评家认为辛克莱的作品充斥着太多未经证实的指控，观点偏激，杜撰盈贯。艾伦在《大西洋月刊》上撰文说，辛克莱超乎寻常的揭露令人怀疑，让人无法相信。批评家门肯认为，辛克莱的著作为报界的腐败提供了一种"智力低下的、冒失的、愚蠢的"救治方法[③]。还有一位批评家认为辛克莱发表的偏激作品只是想削尖脑袋出名。

黑幕揭发者的主要载体是充满商业味的通俗杂志，出版商为了吸引读者，提高发行量，利用"扒粪者"赚钱。例如赫斯特在 1905 年引诱菲利普斯揭露参议员腐败，他的《世界主义者》杂志随即刊登言过其实的广告，说该杂志将会刊登本世纪大曝光。其他杂志在发表揭露黑幕文章时也都运用这样的技巧吸引广告，黑幕揭发者实际成为这些杂志赚钱的帮凶。

威尔·欧文于 1911 年写的 15 篇揭露美国报界滥用权力的内幕，指出报纸对不利于广告商的新闻不予刊登。1907 年，当一位名叫米尼·阿克斯的孕妇在一家曼哈顿百货商店买东西时，被错误地指控为偷窃商店物品。她悲愤至极，向法院起诉。诉讼案件在 1910 年被审理，成为当天最轰动的新闻。欧文对该城几家大报当天的新闻栏目进行查阅，发现所有的报纸都刊登了那家被起诉的商店的广告，却没有任何一家报纸对这起案件的审判以及阿克斯胜诉进行报道。[④] 威尔·欧文在其系列文章《报界的权利》中，谴责报界越来越被广告商和商业利益所左右，他说："尽管没有报纸是从商界办公室编辑出来的，但一些报纸已经出卖给了特殊利益集团。"[⑤]

扒粪运动酿成美国真正意义上的媒介批评。新闻学者戴雷在《二十世纪美国媒介批评的激进潮流：指明未来方向》一书中说，"扒粪运动比其他任何时代更明显具备媒介批评的特性"，他把抨击"扒粪者"的人称为新闻史上"第一代媒介批评家"[⑥]。随后在 20 世纪

① George Horace Lorimer, "Muckraking and Objectivity," *collier's*, 1907 (4).

② Robert Miraldi, *Muckraking and Objectivity*: *Journalism's Colliding Tradition*, Greenwood Press, 1990, p. 27.

③ Leon Harris, Upton Sinclair, : *An American Rebel*, New York: Crowell, 1975, p. 180.

④ Irin, "All the News That's Fit to Print," in *American Newspaper*, 24. From *Muckraking and Objectivity*.

⑤ Marion Tuttle Marzolf, *Civilizing Voices*: *American Press Criticism*, *1880 - 1950*, *Longman Group United Kingdom*, 1991, p. 58.

⑥ Patrick Jay Daley, *Radical Currents in Twentieth Century American Press Criticism*: *Notes for the Future*, Ph. D. diss., University of Lowa, 1983, Chap. 7.

二三十年代出现了诸如乔治·赛德斯、奥斯瓦德·加里森·维拉德、费迪南德·伦德伯格等大批媒介批评家，为美国媒介批评走向专业化奠定了基础。

三、对“报阀”垄断的声讨

“报阀”是美国资深记者罗斯坦在 1930 年对大报所有者的统称。在大众化报纸出现后，对报阀的批评就开始了，主要是对普利策、赫斯特的批评。1883 年，普利策的《纽约世界报》的风格与当时传统报纸全然不同，巧妙地结合政党报、便士报的风格，融新闻、企业、党性为一体，既保持了政党报刊的立场，又弘扬了新闻的独立性，用简单明了、通俗易懂的口语式英语，配以图片报道事件，被称为新式新闻。普利策的办报风格遭到了批评家们的反对，批评的焦点是普利策报纸追求闲言碎语和趣闻小事，降低广大读者的文化修养，破坏中产阶层遵循的道德规范，削弱公众的智力。

在当时所有的批评声中，最值得关注的是《民族》杂志的创始者、《纽约晚邮报》的主办人埃德温·劳伦斯·戈德金。他认为新式新闻很幼稚——是为少男少女而写的幼稚新闻，人们对煽情、犯罪和不道德新闻的兴趣，已经超过了对牧师和书籍的兴趣。戈德金警告说，形成阅读短小新闻习惯的人会丧失阅读书籍所需要的持续的注意力，这种能力如果不能在年轻时培养，以后便再也无法获得。纽约另一位新闻人斯皮德把 1893 年 4 月 17 日的几份报纸与 1881 年同一天的报纸进行比较，发现报道闲言碎语、丑闻和犯罪的新闻明显增多，而对科学、宗教、文学以及其他重大事件的报道则减少了。斯皮德得出结论说：“现在的报纸并不是平常人们认为的那样是每天历史的记录，每则新闻都充斥着煽情以至没有人能够从中获取真相。”①

赫斯特于 1895 年购买纽约《晨报》，改名为《纽约新闻报》，进军纽约报业，和普利策展开激烈的竞争，导致“黄色新闻”泛滥。“黄色新闻”引起批评家们的强烈谴责。一位纽约批评家甚至认为报纸已成为“公众和个人不道德生活的下水道”，渲染“罪恶、犯罪、灾难以及人类的弱点，煽情是它的主导原则”②。他警告说这股污水正在使公众道德下降，无人幸免。芝加哥大学社会学教授 W.I. 托马斯认为，“黄色新闻”的真正堕落之处在于它成了邪恶和犯罪的积极代言人。③ 1901 年以后，普利策厌倦了“黄色新闻”之争，逐渐取消了《纽约世界报》中的黄色内容，不断向高雅方向迈进。批评家的火力集中于赫斯特，美国媒介批评人奥斯瓦德·加里森·维拉德说：“赫斯特降低了新闻事业的水准，他出版了美国最坏的报纸。”④

1896 年当选为美国总统的麦金莱一直是赫斯特攻击的对象。1900 年，当麦金莱再一次竞选总统成功时，赫斯特的《纽约新闻报》不仅对他恶意攻击，甚至煽动刺杀总统。肯塔基州州长科贝尔被刺杀不久，《纽约新闻报》于 1901 年 2 月 4 日刊登了一首令人吃惊的四行诗：“枪弹穿过科贝尔的胸膛，寻遍整个西部不知它飞向何方；它很可能向这里飞来，

---

① Marion Tuttle Marzolf, *Civilizing Voices*：*American Press Criticism*，*1880－1950*，p. 58.

② Editorial，*Journalist* (1 May 1897)：from *Civilizing Voices*，p. 12.

③ Thomas，“Yellow,”496，*Civilizing Voices*，p. 39.

④ 转引自张隆栋、傅显明：《外国新闻事业史简编》，218 页，北京，中国人民大学出版社，1988。

击中麦金莱把他送进停尸房。"[1] 两个月后，《纽约新闻报》晚刊社论说："如果坏人和坏制度只有用杀人的手段才能去掉的话，那就必须杀戮。"[2] 9月麦金莱遇刺身亡，从凶手的口袋里搜出刊有攻击文章的《纽约新闻报》。

赫斯特教唆杀人引起社会公愤，《布鲁克林鹰报》写道："混乱的报刊要承担攻击麦金莱总统的部分责任，它们并不是要别人去杀害他，而是想出售更多的报纸。"[3] 人们痛斥赫斯特是一个谋杀者、无政府主义者和流氓，一时他的报纸不准在俱乐部、图书馆和阅览室陈列，读者纷纷起而抵制《纽约新闻报》。在公共场所悬挂着吊死他的模拟像，致使赫斯特不得不把报名改为《美国人报》。埃德温·劳伦斯·戈德金批评说："在任何一个基督教国家中，一家黄色报馆在气氛上大概是最像地狱的了，因为没有一个地方能比黄色报馆更适宜把一个青年训练成永远遭人唾骂的人。"[4]

从1900年到1930年美国报纸所有权集中的现象愈来愈严重，一些相互竞争的报纸停刊了，另外一些则和它们的对手合并了，导致大型报团相继成立，垄断的报刊造成对新闻自由的威胁。针对这种现象，媒介纷纷发表文章进行评说。新闻记者罗斯坦经过考察得出结论说，新闻界已变成一所非官方的"报阀院"，报纸上刊登的是具有报阀倾向的新闻，社论反映的是为报阀利益服务的观点，报刊的新闻自由受到了威胁。[5]

内政部长哈罗德·L·伊克斯（也是一位媒介批评家）和发行人弗兰克·甘纳特在NBC广播节目中进行公开辩论，论争的题目是："我们拥有自由的媒介吗?"伊克斯谴责实力强大的发行人及利益集团，包括广告商滥用报界自由的行径。甘纳特针锋相对说："报界是自由的，报界在历史上形成了免于政府控制和检查的自由，这使报界拥有报道政府，批评政府甚至包括新闻报道中有偏见的自由。"[6] 伊克斯指出，报纸是不能接受批评的脸皮薄的东西。1939年，伊克斯出版了《美国报阀院》一书，对报纸提出几项建议：减少广告，扩大读者来信和意见栏的版面，增加报纸改错的版面，给予持不同政见的人相同的版面空间，以此来保证报界的自由。[7] 批评报阀的著作《正在消失的日报》、《纸老虎》、《美国的60个家族》等先后出版。被称为"媒介批评之父"的乔治·塞德斯在1935年和1938年又出版了《新闻界的自由》和《报阀》两书，认为对报界自由的威胁更多的是来自商界的控制。

四、专业化媒介批评的发展

1942年亨利·卢斯的《时代》杂志出资20万美金，经过两年的筹划，于1944年成立了由芝加哥大学校长罗伯特·哈钦斯担任主席的委员会——哈钦斯委员会，又称报刊自由

---

① 转引自 Frank Luther Mott, *American Journalism*, New York: Routledge/Thoemmes Press, 2000, p. 531.

② 转引自张隆栋、傅显明：《外国新闻事业史简编》，224页，北京，中国人民大学出版社，1988。

③ 转引自［苏］佩特鲁林科：《垄断报刊：美国新闻业如何陷入"可信性危机"的恶性循环》，79页，北京，新华出版社，1981。

④ ［美］迈克尔·埃默里，埃德温·埃默里：《美国新闻史：大众传播媒介解释史》，235页，北京，新华出版社，2001。

⑤ Roston, *Washington*, 303, from *Civilizing Voices*, p. 143.

⑥ "Gannett Defends Press as Fair," *Editor and Publisher* (21 January 1939): 5, 29. from *Civilizing Voices*, p. 144.

⑦ Marion Tuttle Marzolf, *Civilizing Voices: American Press Criticism, 1880-1950*, p. 144.

委员会，邀请了12位著名学者担任委员，对美国新闻自由的现状进行调查研究。该委员会前后听取了58家报纸、杂志、广播电台及电影界人士的证词，收集了225人的意见，提出176份文件和分析资料，召开过17次全体会议，于1947年3月2日发表了第一期报告《一个自由而负责的新闻界》（A Free and Responsible Press），对美国新闻界滥用自由进行了批评。[①] 美国著名批评家马尔佐夫把哈钦斯委员会的批评视为专业化媒介批评的先驱。[②]

在《一个自由而负责的新闻界》报告中，委员会指出报刊自由正面临危机，报刊自由的危险来自商业主义而不是政府。委员会坚定地认为，报刊自由只有成为负责任的自由，要提高新闻从业人员的专业水准，政府要适当管理，公众对报业也要进行监督，编辑记者加强自律，报业才能健康的发展。美国著名学者韦尔伯·施拉姆指出："大众传播事业的业主有权来决定采取法律允许范围内的任何政策。他甚至可以决定一种政策，不惜将读者驱逐一尽。这可能找上麻烦，但只要他做得到，仍是他的特权。"[③] 委员会认为媒介所者有人应当向公众显示其自我控制的能力和责任感，而公众应当帮助媒介达到更高的水准。

20世纪60年代，美国报业自律机制的建立——报刊评议会制度、新闻监察人制度，直接源于哈钦斯委员会的建议。这些媒介监督机构使媒介批评定期化、职业化，为媒介批评的专业化打下制度性基础。美国第一家雇用新闻监察人（news ombudsman）的报纸是1967年路易斯维尔的《快递》，在《快递》和《华盛顿邮报》的首倡下，美国报界掀起了普及"新闻监察人"运动。**新闻监察人**又称新闻评议人，是美国报纸雇用的监督本报的编辑，随时检查报纸是否发表不当的文字，定期或不定期地在报纸上发表批评稿件或反映读者的意见，还可私下向报社转达读者的批评。新闻监察人大多为经验丰富的老新闻工作者担任，待遇优厚，年龄多在55岁左右。这些人对报纸工作了如指掌，有一定的新闻学知识，对报纸的评议构成当代美国媒介批评的重要方式。他们还成立了协会——"新闻监察员组织"（Organization of News Ombudsman），沟通新闻监察的情况。

有的新闻监察人被雇用一段时间，签订非续聘的任职合同，以局外人的身份批评报纸，确保媒介批评的独立性。有的则是作为读者代表长期被雇用，是报社中的一名员工，在公众和编辑部之间起仲裁作用。有的新闻监察人对编辑负责，有的对发行人负责，有的撰写专栏，发表读者的意见，而大多数则默默无闻地工作于幕后。

新闻监察人是新闻机构内部的良心，听取读者投诉是他们的主要工作。大部分报纸每天公布投诉电话号码和邮件地址。监察人还要为报纸每周刊出的专栏供稿，讨论读者投诉和其他一些涉及报纸质量的问题。有时则针对读者的批评为本报申辩，常就重大的新闻学问题，例如客观性、保护消息来源和隐私权等撰写文章。例如1999年12月10日，《洛杉矶时报》的副总编辑兼新闻监察人纳达·扎克诺针对当时轰动美国报界的《洛杉矶时报》的"体育中心丑闻"，批评发生在报社的事件是"一个潜在的腐败，而且会削弱读者的信赖"。著名媒介批评家本·巴格迪坎把媒体监察人看做"编辑部中最孤独的职业"。

---

① 参见［苏］佩特鲁林科：《垄断报刊：美国新闻业如何陷入"可信性危机"的恶性循环》，7页，北京，新华出版社，1981。

② Marion Tuttle Marzolf, *Civilizing Voices: American Press Criticism, 1880-1950*, p.174.

③ ［美］施兰姆：《大众传播的责任》，153～154页，台北：远流出版事业公司，1992。

第四节 西方媒介批评的流派

西方媒介批评流派是西方批判学派的一个分支，不能把它简单地同传播学混为一谈。美国传播学主要对媒介内容和传播方法进行实证分析，俗称经验学派；欧洲传播学则比较繁杂，创立了交往行为理论、话语理论、符号理论（含编码理论）、叙事理论和公共领域学说。西方媒介批评流派则主要有大众文化批评流派、传播政治经济学批评流派、意识形态批评流派、媒介技术批评流派和女性主义批评流派，同欧美传播学研究的对象和内容是不同的。尽管在传播学的一些论著中渗透着对媒介作品和媒介制度的批判，但如果把欧洲媒介批判理论称为欧洲批判传播学，则是把传播学和媒介批评混为一谈，不符合传播学的学科特征。西方五大媒介批评流派的内容表明，媒介批评是对媒介存在的问题进行否定分析，始终充满价值判断，而传播学研究则并非如此。

一、大众文化批评流派

法兰克福学派成员霍克海默和阿多诺亲身经历了西方大众文化的兴起，流行音乐和大众传媒成为他们批评的对象。他们于1947年在《启蒙辩证法》一书中首先提出**文化工业**的概念，认为流行音乐、电视、电影、收音机、书报杂志等大众媒介及其作品，已形成标准化模式，媒介大批量、规格化的生产导致文化产品粗俗、低劣、单调、缺乏个性，只是致力于大众的娱乐。

阿多诺在《文化工业再思考》一文中说："文化工业刻意地由上而下，凭借着一种意识形态将消费者收编进去；而这种意识形态就是让人以顺从代替主体意识，压根不允许脱离规范而存在；文化工业整个是违反启蒙原则的。文化工业是一种桎梏意识的手段，阻碍了个人的发展，使得个人无法以独立的态度，有意识地自己决断事务。"① 文化工业的意识形态具有隐蔽性、渗透性和欺骗性，大众在娱乐中浑然不觉自己受骗了，天真而固执地相信意识形态所宣扬的一切，遗忘了自身应该关心的问题和属于他们的权利。

法兰克福学派的巨匠霍克海默对资本主义制度控制下的大众文化的本质作了深刻的揭露，指出："官方广播中，公共生活所形成的少许自发性都被有才干的监听者、广播竞争者以及各种经过专家筛选后的官方节目所控制和吸收。那些很有天分的表演者在文化工业将他们表现出来之前，就已经自认是其中的一员了——否则，他们就不会渴望能适合这里。公众的态度，无论在表面上还是在实际上都有利于文化工业体系，它是这个体系的一部分，而并没有被排除在外。"② 受众完全被纳入大众文化的意识形态中，受到官方各种形式的控制，他们自己却津津乐道。

英国文化研究学派发端于20世纪50年代伯明翰大学，吸收了新马克思主义、精神分析、女权主义、人种论、结构主义和符号学的分析方法，形成了大众文化批评体系。20

---

① T. Adorno, *Culture Industry Reconsidered*, in J. Alexander & S. Seidman (eds.), *Culture and Society: Contemporary Debates*, Cambridge University Press, 1990, p. 280.

② T. Adorno, and Horkheimer, M., *Dialectic of Enlightment* (translated by Cumming, J.), Verso, London, 1979, pp. 120－124.

世纪50年代，霍格特、雷蒙德·威廉斯和汤普森等人开始关注工人阶级的生活，考察文化实践与权力的错综复杂的关系。1958年威廉斯在《文化与社会》一书中阐释了文化从根本上说是“一种生活方式”（a way of life）的概念①，毫不妥协地批判了英国的阶级社会以及维护阶级特权的精英文化，认为一个专制的传播体制，就是简单地传达统治集团的各种指令。“蕴涵于这一方式的，就是把排斥其他观点以及各种有抵牾的观点当做一种政策。”② 他指出英国大众文化、大众传媒产品的内容低劣，主要是以下社会问题造成的，这就是：对真正的通俗文化的轻视；人类文化成就被搞成少数人独占的文化传统；有些投机商乘虚而入，利用社会文化中的空白点，塞入低劣的文化和媒介产品。

威廉斯的《电视：科技与文化形式》一书对电视节目的类型作了区分：一种是以BBC为代表的大众服务类节目，还有一种是以肥皂剧为代表的美国商业节目。他认为英国的公众服务型的电视风格往往是说教式的，与国家的调控有关，而美国的商业电视并不像人们普遍认为的那样轻浮、无意义、缺乏理想，它拥有独特的信息形式和思想表达方法。他的电视观是建立在对现实的文化考察的基础上。

约翰·费斯克是西方后期文化研究的代表人物，是著名的美国大众文化的批评者，但他的观点完全不同于法兰克福学派其他人的文化批判。他从受众的主体地位和能动性，提出“生产性受众”的概念。他在与哈特利合著的《解读电视》一书中认为，“大众传播是一个复杂微妙的过程，就像两人对话一样，是一种协商、互动、交换的活动”③，通过“异常解码”，“受众不受任何强制而接受某种特别的论调”。每个受众都有阅读和理解文本的能力，意义和乐趣就在其运用文化能力的阅读中产生，被统治阶级的乐趣在于坚持自己的观点，或反抗，或独立，或与主流意识形态对话、协商。④ 根据这一见解，费斯克在《理解大众文化》和《解读大众文化》两书中指出：“大众文化是由大众而不是文化工业促成的”⑤，“大众文化是大众在文化工业的产品与日常生活的交界面上创造出来的。大众文化是大众创造的，而不是加在大众身上的；它产生于内部或者底层，而不是来自上方。”⑥

从以上列举的论断看，**大众文化批评**主要是对媒介流行文化和俗文化掩盖严肃的政治问题，扭转大众对自身生存状态的注意，持有强烈的批判态度。这类批评家认为，大众文化迎合了统治阶级的需要，通过复制不断向受众灌输娱乐与狂欢，是一种新型意识形态的欺骗与统治，也是媒介资本盈利的手段。

二、传播政治经济学批评流派

1937年，英国学者克林格德和莱格在考察本国电影产业的垄断趋势和好莱坞日渐增长的影响力后，写出了第一本论述媒体政治经济学著作《幕后的金钱》。到20世纪60年代，传播政治经济学逐步发展，英国的默多克和戈尔丁等学者从政治经济学角度对媒介提

① 参见赵斌：《雷蒙德·威廉斯的“文化与社会”》，载《外国文学》，1999（5）。
② ［英］尼克·史蒂文森：《认识媒介文化：社会理论与大众传播》，26页，北京，商务印书馆，2001。
③ ［美］费斯克、［澳］哈特利：《解读电视》，57页，台北，远流出版事业公司，1993。
④ 参见鲁哲：《意义的生产与流通——费斯克〈电视文化〉述评》，载《新闻与传播研究》，1998（4）。
⑤ ［美］约翰·费斯克：《理解大众文化》，29页，北京，中央编译出版社，2006。
⑥ 同上书，31页。

出许多批评。**传播政治经济学批评**是从生产、分配、流通、消费及政治控制领域剖析媒介及其传播行为的性质，揭露媒体传播的所谓自由、中立与公正立场的虚伪性，强调政治及经济力量对媒介的支配。按照文森特·莫斯可的说法，“传播政治经济学家即使在集中调查媒介的经济、政治以及其他的物质结构的情况下，仍致力于将媒介非中心化（decenter the media），非中心化也就意味着将传播系统视为社会经济、政治、社会以及文化基本过程中不可分割的一部分”①。

加拿大传播政治经济学学者达拉斯·斯密塞最早提出“受众商品论”，论证了媒体获得利润的秘密。1951 年，他在瓦萨学院消费者联盟研究所的一次会议上提出这一理论，此后他将这一理论称为“受众商品论”。他说：“媒介产业同时操纵节目与受众市场，可问题是在传播产业中很难界定主要商品的本质，以至人们不得不考虑标准经济学取向之外的替代性取向。”“受众为大众传播媒介的主要商品”。斯密塞认为，大众媒介公司生产受众，然后把他们移交给广告商，受众成了出售给广告商的商品。媒介在商业化运作中，必然忽略甚至损害受众的利益。这是因为，对广告商来说，具有强大购买力的高收入人群才是媒介最好的商品，弱势群体被边缘化。媒体上的广告通过宣传某些生活方式、价值观，刺激了受众的消费，对受众形成另一种制约。②

美国传播学者赫伯特·I·席勒在《大众传播与美利坚帝国》一书中披露了媒介与美国政府、军事工业构成联合体，共同控制美国社会的真相。他把美国电子传媒的商业化归结为工业经济的发展需要，指出：“工业经济依赖于媒体广告所拉动的消费力。为了维持现有利润并使其不断增加，美国的制造商不断地、迫切地要求逐年提高生产水平，这刺激了不断地把电子（或其他）传播媒介包装在商业化外壳下的行为。”③ 席勒于 1984 年又出版了《信息和危机经济》，指出信息和传播系统对跨国资本活动的重要意义，批评了信息技术中立的神话。

法兰克福学派认为，在现代发达资本主义社会中，国家权力对媒介的控制非但没有减弱，反而得到了进一步加强。霍克海默与阿多诺曾以斩钉截铁的语气说：“广播系统是一种私人的企业，但是它已经代表了整个国家权力……切斯特农场不过是国家的烟草供给地，而无线电广播则是国家的话筒。”④ 毫无疑问，诸如广播、电影等媒介是完全受国家权力控制的。它的功能即是在国家控制下发挥的功能，它的力量就是国家的力量。马尔库塞曾驳斥“信息和娱乐媒介论”：“人们真的能将作为信息和娱乐工具的大众媒介同作为操纵和灌输力量的大众媒介区别开来吗？”⑤

美国的诺姆·乔姆斯基是坚定的政府反对派，强烈抨击美国大型媒体是政府的帮凶。他认为，媒体在国家政治中的主要作用是控制民众思想，因为“在平民获得了政治权和公民权后，他们就会变得越来越难以用武力控制了。因此，就有必要控制他们的思想”⑥。乔

---

① ［加］文森特·莫斯可：《传播政治经济学》，77 页，北京，华夏出版社，2000。

② 参见上书，141～144 页。

③ Herbert I. Schiller: *Mass communications and American Empire*, Westview Press, Inc., 1992, p. 95.

④ ［联邦德国］霍克海默、阿多尔诺：《启蒙辩证法：哲学片断》，150 页，重庆，重庆出版社，1990。

⑤ ［美］马尔库赛：《单向度的人》，9 页，重庆，重庆出版社，1988。

⑥ ［美］诺姆·乔姆斯基：《反思肯尼迪王朝：肯尼迪、越南战争和美国的政治文化》，18 页，上海，上海译文出版社，2006。

姆斯基认为美国对言论自由的限制之少虽然非比寻常，但采用限制自由的方法之多也不同寻常，美国媒体对公众的思想控制或说“制造同意”的技巧大致有以下几种：（1）选择事实，故意忽视；（2）宣扬同政府合作，欺骗公众；（3）制造错觉，转移注意；（4）标签效应，制造恐惧。乔姆斯基指出：“媒体服务于国家和公司权力的利益，后两者息息相关，共同主导着媒体支持现行权威，限制争论和讨论。”[①]

英国的尼古拉斯·加汉姆强调在商品生产主导的社会里，传媒产品的交换价值是第一重要的，资本家投资于媒体主要是为了盈利，不是为公共服务。[②] 大众媒体首先是经济实体，通过媒介商品的生产与交换，既发挥生产剩余价值的作用，又发挥创造剩余价值的作用。加汉姆倡导公共服务的广播模式，用以充当公共领域的中介，提供讨论空间以维系和发展民主。他批评经济全球化与媒体全球市场造成的经济权力朝国外转移，使英国国内媒体的控制权被削弱，英国国内公共领域的维持和发展受到极大威胁。[③]

法国的媒介批评家皮埃尔·布尔迪厄在《关于电视》中揭露了法国媒介的政治审查。布尔迪厄强调，“电视是一种极少有独立自主性的交流工具，受到一系列的制约”[④]。政治干涉和政治控制主要通过新闻出版管理部门负责人起作用，但更可怕的政治审查却来源于自己。“人人都以一种自觉或不自觉的自我审查形式加以自我约束，根本不必费心提醒他们遵守规范”[⑤]。长期的国家政治意识灌输，对国家政策方向的把握，产生了新闻业的行规，培养了媒介从业人员的政治敏感。

传播政治经济学批评的对象是资本主义的媒介体系，反对资本势力和政府在经济与政治方面对媒体的控制，但忽略了对经济发展规律和市场力量的探讨。因此这种批评过于僵化，分析方法往往不够深入，很多论断忽视事实而流于空泛。传播政治经济学批评使人们注意到媒介与经济、政治制度的关系，认识到媒介垄断给媒介的公共性和传播自由造成的障碍与破坏。

三、意识形态批评流派

媒介的**意识形态批评**，是把媒介活动看做意识形态现象，从意识形态的性质和控制方式分析媒介，指出媒介意识形态的真实或虚假，透视其对实践的指导作用或欺骗愚弄作用。媒介的意识形态批评流派运用意识形态分析法，揭示媒介的本质。

对媒介意识形态进行深入分析的代表学者，是法兰克福学派的马尔库塞。1964年他出版了《单向度的人》一书，对资本主义意识形态进行猛烈抨击，指出科学和媒介已成为意识形态，具有明显的工具性和奴役性，发挥统治人和奴役人的功能。[⑥] 他断言，“大众传播工具、吃穿住日用品，具有非凡魅力的娱乐与信息工业输出，这些也同时带来了人为规定的态度、习俗以及多少舒适的方式使消费者与生产者结合并通过后者与整个社会结合起

---

① ［美］诺姆·乔姆斯基、戴维·巴萨米安：《宣传与公共意识》，65～69页，上海，上海译文出版社，2006。

② 参见潘知常、林玮主编：《传媒批判理论》，153页，北京，新华出版社，2002。

③ Garnham, N., *The Media and the Public Sphere*, in Golding, P. et al. (eds.), *Communicating Politics*, Leicester, Leicester University Press, 1986, pp. 45-53.

④ ［法］皮埃尔·布尔迪厄：《关于电视》，39页，沈阳，辽宁教育出版社，2000。

⑤ 同上书，11～12页。

⑥ 参见［美］马尔库塞：《单向度的人》，8页，重庆，重庆出版社，1988。

来的某些理智和激情反应。这些产品灌输、控制并促进一种虚假意识，这种意识不因自己虚假而受影响。而且，随着这些有益产品对更多社会阶层的个人变为可得之物，他们所携带的训诫就不再是宣传而是变成了一种生活方式。它是一种美好的生活方式——比从前的要美好得多，而且，作为一种美好的生活方式，它抗拒质变。一种单面思想与单面行为模式就这样诞生了"①。马尔库塞认为，建立在工艺合理基础上的当代意识形态是"单向度"的，使人安于现状，失去应有的理性和批判精神。

埃里希·弗洛姆强调："就这些合理化了的意识形态具有掩盖社会和政治活动的真正动机而言，这些意识形态又是谎言"②，消解了人们批判现实的人本精神，使社会变成没有超越维度的"单向度"的社会。阿多诺认为，资本主义意识形态的首要功能，在于对群众进行思想灌输和意识操纵，"这一直是由文化工业——电影院、剧场、画刊、无线电、电视、各种文学形式、畅销书和畅销唱片……加以实现的"③。媒介组织通过这种操纵和控制，维护了国家统治的合法性。

法国著名的哲学家、马克思主义学者阿尔都塞在1969年发表的《意识形态和意识形态国家机器》一文中指出，无处不在的意识形态国家机器不同于镇压型的国家机构（军队、监狱等），学校、教会、媒介、家庭都是具有塑造个体自我幻象的意识形态机器。"通信机器借助报纸、无线电和电视，每天用一定剂量向每一个'公民'灌输国家主义、沙文主义、自由主义、道德准则等。"④ 阿尔都塞因此断定，"任何一个阶级不同时对意识形态的国家机器并在其中行使其文化霸权，就不能长时间掌握国家权力"⑤。

英国的斯图亚特·霍尔则强调具体地、切实地观察和分析媒介的意识形态，看它是否真实，如何影响实际。他认为媒介是表意工具，在表意过程中建构社会现实，所以被说成"意识形态国家机器"（阿尔都塞语）。媒介研究不能离开意识形态批判，因为"意识形态已经不是某种既有社会结构或秩序的后续反映了，它伴随着建构社会结构和秩序的全过程，并在此过程中始终是有所作为的"⑥。对媒体作意识形态批评，首先要确认它对生活实际的说明是否真实，考察它如何作用于媒介和日常生活。

但长期以来，阿尔都塞等人对媒介的批评多关注媒介的内容及其所有权，忽视了媒介对社会的影响和民众对它的认识。他们大多习惯于从马克思的论断和媒介所有制出发，对媒介意识形态的生产及文本意义作出判断，往往无视社会发展的经济逻辑和人的逐利本性。

四、媒介技术批评流派

媒介技术批评是由早期的"技术决定论"发展而来的，认为新技术的应用是传媒和传授方式变化的决定性力量，以至引起人的行为或政治关系的变化；指出新兴媒介的优势或

① 参见［美］马尔库赛：《单向度的人》，9～10页，重庆，重庆出版社，1988。
② ［美］弗洛姆：《在幻想锁链的彼岸：我所理解的马克思和弗洛伊德》，139页，长沙，湖南人民出版社，1986。
③ ［联邦德国］霍克海默、阿多尔诺：《启蒙的辩证法：哲学片断》，119页，重庆，重庆出版社，1990。
④ ［斯洛文尼亚］斯拉沃热·齐泽克等：《图绘意识形态》，151页，南京，南京大学出版社，2006。
⑤ ［法］路易斯·阿尔都塞：《列宁与哲学》，167页，台北，远流出版事业公司，1990。
⑥ ［英］约翰·埃尔德里奇主编：《获取信息：新闻、真相和权力》，382页，北京，新华出版社，2004。

危害，为人类应对媒介生态的变化提出忠告。

媒介技术批评流派最早的代表人物是法兰克福学派的瓦尔特·本雅明。1936 他发表的《机械复制时代的艺术作品》、《讲故事的人》等论著，就音乐、影像复制技术的发展使现代艺术具有不同的特点、价值和接受方式作了初步分析，指出复制技术使人类体验到传统艺术所不能带来的体验，也使传统艺术的“神圣与美妙”渐渐衰竭并消失。本雅明认为，艺术作品的复制可以批量生产，人人都有可能接近艺术品，使更多的人有能力接触原本只能为极少数人准备的作品，促成了社会的平等。本雅明还指出，新闻报道对讲故事和小说构成冲击乃至破坏，因为新闻报道和小说一样，“都是讲故事艺术面对的陌生力量，但它更具威胁；而且它也给小说带来了危机”①。

“技术的进步直接关系到艺术的进步，技术促进艺术直接参与阶级斗争，成为政治斗争工具的各种手段、媒介、形式、技巧。”② 这一观点不仅认为技术改变文化与媒介形态，而且影响着社会各领域，甚至成为政治斗争的新手段。正如阿多诺所指出的：“本雅明褒扬‘机械复制’的积极潜力。他认为，‘机械复制’开启了从‘灵光文化’向‘民主文化’发展的进程。在‘民主文化’中，意义不再被看做独一无二的，而是可以质疑、可以使用和调动的。他的这一观点对文化理论和通俗文化产生了深刻的（常常不被承认的）影响”③。

加拿大媒介批评家哈罗德·伊尼斯认为，媒介技术对社会组织形式和文化模式有巨大的推动作用，甚而对帝国的形成与扩张有巨大影响。1940 年他在《鳕鱼业：国际经济史》中尖锐地指出，加拿大向美国这个“权力中心”大量出口纸浆和纸张，买回来的都是宣扬美国文化和观点的报刊，这造成美国对加拿大的文化渗透，也造成了加拿大在经济上、传播上对美国的依赖。

1951 年伊尼斯提出，媒介新载体的优点将导致新文明的产生和扩大。④ “基督教利用了一种新技术的长处，使用了一种新材料。抄《圣经》的羊皮纸取代了抄卷中的莎草纸。羊皮纸的《圣经》更加耐用、紧凑，且容易翻检。《福音书》和《祈祷文》既可以抄成单独的四卷羊皮纸，也可以合成一卷。翻检的方便加强了《圣经》的地位，也加强了法典的地位。有了羊皮纸的耐久和翻检的方便，就突出了《圣经》的厚重和权威。”⑤ 宗教的权力和地位的加强，同羊皮纸《圣经》的便于传播有关。

马歇尔·麦克卢汉是北美媒介技术批评学派的著名人物，对印刷、广播和电视技术的应用都有独到的评价。从 20 世纪 50 年代到 70 年代，电视在北美乃至全世界范围迅猛发展，他的《机器新娘》、《古登堡的银河系》等著作极大地推动了“技术决定论”的发展，对印刷媒介兴起所带来的后果提供了新的见解。⑥

麦克卢汉认为，印刷书籍将古代世界和中古世界熔为一炉，甚至将这两个世界混淆起来而创造出第三个世界，即现代世界。现代世界又同一种崭新的电子技术（即一种新的人

---

① ［德］瓦尔特·本雅明：《本雅明文选》，296 页，北京，中国社会科学出版社，1999。
② 陆扬、王毅：《大众文化与传媒》，59 页，上海，上海三联书店，2000。
③ ［英］约翰·斯道雷：《文化理论与通俗文化导论》，154 页，南京，南京大学出版社，2006。
④ 参见［加］伊尼斯：《传播的偏向》，85 页，北京，中国人民大学出版社，2003。
⑤ 同上书，10 页。
⑥ ［英］丹尼斯·麦奎尔：《大众传播理论》，126 页，台北，风云论坛出版社，2000。

的延伸）发生了撞击，电力技术急剧地改变着印刷文化，就像印刷术改变中世纪的手写文化一样。但他认为，如果一种文化给人们分配的是角色而不是各种工作，那么侏儒、驼背和儿童都能够开辟自己的天地，印刷媒介把人们塞入格格不入的可以重复的框框之中。在印刷术时代，缺少文化、每天都和社会与自然界接触最多的人实际上是不公平待遇的受害者。①

他提出“印刷机大声呼唤民族主义，收音机大声呼唤部落主义”②。“广播使人类非部落化的力量——它几乎在转瞬之间使个人主义逆转而为集体主义、法西斯主义的力量，并未引起人们的注意。”③ 他对电视的批评更多：“电视的效果，作为我们中枢神经系统最新近、最壮观的电力延伸而言，由于种种原因是难以把握的。既然它影响到我们的整个生活，包括个人、社会和政治的生活，所以企图用‘系统的’或视觉的方式来表现这样的影响，完全是不切合实际的。”④

1971年麦克卢汉断言，电子媒介能迅速决定人们的政治态度，因而极大地影响社会的政治进程。他指出：“如果在中东口头文化的国家里把‘热’广播媒介关闭一个月，那里的政治气候就会立即‘冷’下来。你不能咬牙切齿地痛恨电视。倘若用什么东西去取代电视，大众就会以‘热’态度表示厌恶。电视一代年轻人厌恶一切集中化的官僚主义组织，包括教育、政治或公共生活中的官僚主义组织。”⑤ 他指出：“在电速条件下，出现一个新情况：人人都无形无象，都是没有躯壳的一套神经系统。这些突然出现的难以说清楚的情况和身份的丧失，大概可以说明为何产生极端的暴力和洪水般的色情。”⑥ 1977年麦克卢汉强调：“诵读困难是看电视的直接后果，因为电视形象固有的性质防止眼球的转动。眼睛僵止不动，所以人被电视搞得昏昏沉沉。”⑦

麦克卢汉的观点隐晦、模糊，遭到许多批评。他解释说：“自己主要的任务是拓展思维，为事实寻找可能的解释，不死守任何一种理论———既不死守我自己的，也不死守别人的。”⑧ 麦克卢汉的观点有的别开生面，富有生机，揭示了传媒的隐蔽规律；有的则似是而非，陷于牵强附会的猜测。

20世纪后半期，计算机和数字技术把人们带入美国学者马克·波斯特界定的“第二媒介时代”，信息量激增使人类陷入信息选择的困境。美国的未来学家阿尔温·托夫勒在《未来的震荡》中指出：“过度选择的强化迫使我们无休止地进行自我检查、良心责备和内心反省。它使我们面临当前最普遍的疾病，即‘个性危机’。”⑨“有时选择不但不能使人摆脱束缚，反而使人感到事情更棘手、更昂贵，以至于走向反面，成为无法选择的选择。一

① ［加］赫伯特·马歇尔·麦克卢汉：《理解媒介：论人的延伸》，44页，北京，商务印书馆，2000。
② 同上书，82页。
③ 同上书，375页。
④ 同上书，389～390页。
⑤ ［加］梅蒂·莫利纳罗等编：《麦克卢汉书简》，503页，北京，中国人民大学出版社，2005。
⑥ 同上书，591页。
⑦ 同上书，615页。
⑧ ［加］埃里克·麦克卢汉等编：《麦克卢汉精粹》，358页，南京，南京大学出版社，2000。
⑨ ［美］托夫勒：《未来的震荡》，355页，成都，四川人民出版社，1985。

句话，有朝一日，选择将是超选择的选择，自由将成为太自由的不自由。”① 美国卡里·库珀教授批评道：“接受信息过量会令人变得孤独，有损心理健康。也会导致人际关系变差，使人老是坐着，缺少运动。”②

被称为“数字时代的麦克卢汉”的保罗·莱文森对“手机”传播作出“空间消失”的判断，指出瞬间与无处不在的交流社会随之而生。③ “无论我们多么努力保护我们不想被别人打扰的希望和权利，手机的势头和偏向总是在拓展主叫方的选择和权利。……无论我们如何千方百计保护自己，或早或晚，我们都会发现，我们是越来越容易被人家找到了。”④ 但这些对数字技术及新媒体的批评流于片面化和简单化，没有关注新的传播技术带来的社会进步，把人类需要克服，也能克服的陈旧方式用于接触新媒体看做永恒的累赘。

五、女性主义批评流派

女性主义（feminism）批评流派是西方媒介批评最具活力的一个流派，并给自身注入提升女权地位的远大目标。feminism 在中国有的译为女权主义，有的译为女性主义，在媒介批评领域译为女性主义更符合媒介批评的含义。在女性主义批评家看来，在媒介上，妇女作为一个群体受到压制，没有享受到与男性一样的权利，传媒的女性思想、形象和命运受到贬毁，满载性别意义的信息使女性成为男性的附属物。这是**女性主义批评**的主要目标和内容。

西蒙·德·波伏娃是法国“存在主义的女性主义”媒介批评家，她在 1949 年出版的《第二性》一书对妇女的生存和命运作了深刻的探讨。她认为，男性传播者在媒介中的主导地位决定了媒介过于渲染女性的传统角色，女性形象被类型化：(1) 生育的主体，把女性与母亲进行必然的联系；(2) 圣女或荡妇，极端化地将女性分为两极；(3) 被消费、娱乐、欣赏的美女。媒体上女性的这种倾向，虽然受到社会积习的影响，但也表现出媒介对女性的潜在成见。

1978 年出版的由美国学者塔奇曼编著的论文集《炉床与家庭：媒介中的女性形象》，是女性主义媒介批评史上的杰作，从媒介女性形象和作为媒介工作者的女性这两方面，剖析了传统的男权观念对女性的支配，认为媒体成为巩固和强化男权秩序的工具。1983 年戴安娜·米罕出版《夜晚的女性：黄金时间电视中的女性角色》一书，不仅研究各种系列的女性，从顽童、主妇、恶妇、坏女人、受害者、诱骗者到迷人的美女、高级妓女、女巫、女家长，而且展示了从 1950—1980 年之间电视上女性形象的变化，认为媒介“将女性置于次要的地位，把女性作为丧失了自我的形象置于这个世界，以依附于男性”⑤。

女性主义批评家认为，女性问题不是单纯的性别关系和男女权利平等问题，而是关

① ［美］托夫勒：《未来的震荡》，313 页，成都，四川人民出版社，1985。
② ［美］卡里·库珀：《与你无关的信息》，载美国《读者文摘》，2000 (9)。
③ 参见［美］保罗·莱文森：《手机：挡不住的呼唤》，译者前言 2 页，北京，中国人民大学出版社，2004。
④ 同上书，150、151 页。
⑤ 转引自［美］罗伯特·C·艾伦编：《重组话语频道》，254 页，北京，中国社会科学出版社，2000。

系整个人类曾以或应以什么方式审视男女的社会权利，揭示了人类生存的潜台词：男性的主宰限制了女性形象的正当传播；媒介语言中的性别歧视——媒介图像创制了性别的不平等和性别差异。大众媒介通常从男权文化中心角度对两性特征进行概括，即女性容易被定型为从属于男性的依附者、装饰品或性对象，而男性则通常是社会上具有创造力的行动者。

1981年美国学者莫德斯基在《接受的韵律：日间电视与女性的作品》一文中说："女性的流行文化在表达女性愉悦的同时，是在为父权制服务，并以此维持家庭的良性运转。"[①] 女性主义批评不仅反映了一种意识形态取向，也揭示出一个过去被忽略的重要社会问题：在父权观念统治的所有文明社会，女性和女权被歧视是维系家庭制度的要素，但这种要素是否如西方媒介所说的那样，仍需要进一步研究。

本章概念与思考题

概念

商业报刊　报刊评议会制度　小报　媒介评议　读者编辑　学院派媒介批评　媒体投诉　淫媒　报刊论战　新闻监察人　文化工业　大众文化批评　传播政治经济学批评　意识形态批评　媒介技术批评　女性主义批评

思考题

1. 英美法三国媒介批评的发展有哪些共性？
2. 大众文化批评的主要观点是什么？你如何看待大众文化的流行？
3. 论述西方各媒介批评流派的基本观点和意义。

---

① 转引自［美］罗伯特·C·艾伦编：《重组话语频道》，267页，北京，中国社会科学出版社，2000。

第五章

媒介批评者及价值取向

CHAPTER 5

媒介批评者是指由谁来批评媒介，又称媒介批评的主体，表明媒介批评是批评者的主体行为。媒介批评者的主体地位体现为批评者的角色、能力和作用，核心问题是他们的价值取向，即他们为何要批评媒介。阐述批评的主体，从自在范围认识媒介批评者的本质，探索批评者的个性，是媒介批评研究的起点。由主体的价值观与行为特点深入批评的过程，可以看到批评主体对媒介批评的规定性。

第一节　媒介批评者及其类型

媒介批评的主体是由多个批评者构成的，分布在社会各个层面，同媒体发生千丝万缕的联系。无论哪种批评人，都关注媒介行为和媒介作品，同媒介传播发生直接的关系，否则他们不会也无法对媒介进行批评。媒介批评者作为批评活动的社会角色，经常和社会中其他人交往，同时又是社会生活的积极参与者，这些特征决定了他们的分布极其广泛，是社会中思想活跃的群体。

一、普通受众批评者

普通受众批评者是媒介批评主体的大众部分。通过报刊、书籍或接收工具与场所获得媒介作品及内容的人，完全依据它们是否符合自己的思想与兴趣而提出批评见解。普通受众有两种，一是沉默受众，二是反馈受众。**沉默受众**每天收看、收听或阅读媒介作品，虽有某些意见，但不主动表达，而是默默地思考。**反馈受众**是普通受众中主动表达意见的人，对传播内容积极表达某种看法。他们的批评活动表现为公开议论，或给媒体写信、打电话，陈述自己的观点。反馈受众是主动干预生活的人，乐于思索社会问题，对国家和人民的命运倾注极大的热情。

普通受众批评者包括各种职业的人，大多不具有特殊的媒介背景，也缺乏媒介知识，批评带有朴素、自发的性质。所谓**媒介背景**，是指受众和某个媒介之间存在经济关系、工作关系或人际联系，这种背景会影响他们的批评态度，以至使他们采取特定的批评方法。普通批评者和媒介没有直接关系，不会被媒介左右，也不会照顾媒介的某种利益，完全从个人立场出发表达意见。由于普通受众批评者对新闻出版、传播学、影视与网络的知识了解甚少，批评很难带有系统性，但他们大多为社会底层的公众，对媒介现象提出的见解是受众众人真实的内心呼唤。

媒介作品让受众了解世界，通过叙事、艺术典型或观点影响受众，普通受众批评者的意见是对这类影响的直接反应。普通受众批评者的反响一旦形成声势，分布范围极其广阔，能够证明媒介传播的效果。一条新闻受到各地受众的批评，成为新闻影响的自然尺度；一部书籍遭到读者的谴责，标志书中的内容对读者构成了伤害；一则电视小品让观众恼怒，因为它揶揄了贫困者的寒酸；如此等等。**媒体伤害**经常发生在受众中，给受众的思想、尊严、心理或利益造成创伤或损害，直接表现为情感受挫，或对人格和名誉权发生侵害。普通受众批评者数量多少，与媒介传播效果的正负程度密切相关，批评者的广泛和情绪激昂，往往与媒介传播效果的低劣相一致。

普通受众批评者对媒体的批评虽然有很多不正确的意见，但如果媒体触犯他们的利益，民众便发出强烈的谴责，使之成为**众矢之媒**。这意味着媒体陷入广大受众的抨击，这些抨击对媒体形成围攻之势，包括言词攻击和行为攻击。有的电视台药品广告过多过滥，甚至有治疗性病的广告夹杂其间，引起观众的愤怒，他们向管理部门表达不满说："强烈呼吁，取缔垃圾电视台，还民众清晰的环境！电视台是性病垃圾台！应该彻底铲除！现在已使广大的青少年深受其害！民众忍受痛苦的煎熬！"这类强烈批评反映出受众对媒体的抗议。

有些团体或法人遭到媒体的批评，则以对抗行为攻击媒体。例如 2005 年 10 月 20 日，椒江交警大队认为《台州晚报》的一则监督报道《电动车上牌，乱收费吗?》给自己抹了黑，以"新闻失真"为由在大队长的指挥下在报社大发淫威。40 余名交警放下手中的工作，开着警车，拉着警笛，冲进台州市委机关报《台州日报》的大楼，殴打报社负责人。[1]这种对媒体的暴力干扰，虽属个别事件，但也先后在全国发生多起。

受众对媒体的批评有三种性质，一种是正确的批评，揭露、指正媒体传播的错误。尽管有时表达的意见十分尖锐，甚至带有抗议、抨击的气势，但基本观点是正确的。另一种是错误或误解性的批评，有时受众由于不了解媒体的社会责任和传播规则，对媒体作出错误的判断，提出荒谬的批评意见。第三种则是亵渎媒体的权利，攻击媒体的正当传播，甚至武力滋事。这种歇斯底里的行为出于狭隘、自私的目的，打击媒体的正义立场，实际是对媒介力量的一种恐惧。

---

① 参见朱国栋、郑黎等：《椒江交警围攻报社事件调查》，载《文摘周报》，2005-11-04。

二、各类媒介批评家

作为高层次批评者，媒介批评家具有专业的传媒知识，谙通其他相关学问，通过写文章、或发表谈话表达对媒介的批评意见。媒介批评家作为媒介批评的专职或兼职工作者，分布在各学术机构、传媒界和新闻出版管理部门，多属于媒介研究或媒介批评的学者。

能否够得上媒介批评家的称号，要从两个方面衡量。第一，他是否经常对媒介出现的问题发表评论，阐明自己的见解，有一定的社会影响；第二，他的批评文章是否受到社会和传媒的重视，见解是否公允、正确，是否受到专业人士和受众的一贯好评。媒介批评家分布在知识界和管理层，媒介运作是他们日常关注的问题，甚至成为了他们的工作任务之一。

媒介批评家又称媒介评论家，是媒介活动的监察者和医生，给媒体不断灌注健康的理念，像一群建筑物的探危者，及时对建筑物的倾斜、体裂、地基下陷发出警告。进入21世纪，我国还没有形成一支整齐的媒介批评家的队伍，大学新闻教育专家、作家和一批杂文作者成为媒介批评的骨干。他们的知识结构迥然不同，因此他们批评意见的质量有很大差别。而媒介批评家大都有媒介背景，熟悉媒介，对媒介的运作有一定的责任感。个别媒体出于维护声誉的考虑，邀请或出钱雇用批评家为其造势，发表赞扬它的评论文章，这类参与幕后活动的，我们不妨把他们称为**御用批评家**。

新闻媒体内部，诸如编辑、记者及其媒体自身的研究人员，也承担媒介批评的任务，主要对本媒体的传播进行研究，提出建设性意见。他们发表的评论文章有的提出正确的批评，有助于媒体改进工作；有的难以对要害问题秉笔直书，避重就轻，缺乏准确的分析，有悖于媒介批评家的职责。独立的媒介批评家同媒介没有任何人事联系，敢于见错就评，是真正富有责任感的专家。他们细致地观察媒体的动向和传播内容的得失，坦率地针砭媒体的谬误，经常发表有分量的批评文章。

成为一名独立的媒介批评家，关键在于思想独立，见解独立，善于深入分析媒介的弊端。这类弊端主要表现为：（1）媒体的传播内容不真实，以猎取奇闻为己任，热衷炒作，格调低下；（2）歪曲生活的本质与趋势，对社会发展作出错误的揭示，宣扬不正确的意识形态；（3）媒体运作体现唯利是图的立场，把经济收益看得比坚持真理更重要，宁可牺牲社会效益来换取经济效益；（4）媒体充当不正当的宣传工具，夸大其词、空话连篇，甚至制造假新闻来宣扬某种主张。独立的媒介批评家向这些媒体的劣根性挑战，以犀利的笔锋分析媒体的失误，引导传媒人认识媒介的使命和责任，他们的理性和决心受到公众的敬佩。

三、媒介监管者

这是特殊的媒介批评者，分布在政府机关、新闻出版管理部门及各类专业委员会。政府官员，司法人员，各级宣传领导机构——比如新闻出版署局、记者协会、人民团体及各政党组织在我国都肩负媒介监管的职责，承担媒介批评的任务。

在当代社会，从理论和司法意义上着眼，除国家或政党所属的新闻机构，其他媒体应成为独立的信息、知识与理论的传播者，作为社会运行的监督者，在不同程度上应受行业机构的监管。必须看到，媒介传播者不是万能的，更不是真理的全权代表和卫道士。传播者若发生歪曲真理、漠视或侵害公众利益的行为，又脱离行业监督，媒体的错误就会任意发展，越走越远。在这种情况下，监管媒介的强制手段应诉诸法律，对媒体的违法行为实施法律约束。行政机关不能直接处理非机关喉舌媒体的错误，特别是报道内容的错误，他们监管媒体的唯一途径是诉诸媒介批评，即向媒体提出意见，指出媒体存在的问题，建议其改进。如果媒体涉及泄密、诽谤这类违法行为，由受害者（政府、法人、公民）向法院起诉，通过司法程序解决。

政府行政官员从事媒介批评大体有三种渠道，一是通过会议对某一时期或某家媒体的传播内容和其他不良行为，提出批评意见，希望这些意见受到重视。二是通过新闻发布会或记者招待会，公开澄清某一媒体报道的错误，或严厉向其质问。三是若从属于政府、政党的机关喉舌媒体发生了错误，行政或政党负责人还可通过内部通知、谈话或文件进行批评。为避免扩散由批评造成的误解，对错误当事人的批评和处理往往不予公开。四是新闻出版管理部门创办内部刊物，通过内部文稿指出作品及媒介行为的优劣。新闻出版管理部门定期发放内部“动态”材料，刊载批评稿件，指出媒体的错误，对提高媒体的工作水平有重要意义。我国一些新闻出版管理部门的《内部通讯》、《内部动态》、《报道情况》就是内部媒介批评的特刊，经常发表观点鲜明、文字精粹的批评文章。例如：

报纸靠什么吸引读者

一位老新闻工作者来信反映，拿起4月份的一张南方某都市报，还以为是一份“现代嫖客指南”呢。第一版很“抢眼”的两篇文章，一则谈变性人，另一则题名曰《解剖都市黄色毒瘤》，旁边几个字提醒读者这是该报记者暗访的结果。还未读文，几个小标题就很“吸引人”：“卖淫比种地好”、“与暗娼‘谈生意’……作者除了在“面”上铺开写，还嫌不过瘾、不全面，再来一篇《暗娼个案》，从“点”上解剖；最后外加一篇《暗娼三大部落》犹如背景材料介绍，再看内文：地点、价格、手段、经过、暗娼的特征，简直是一份“现代嫖客真经”或曰“广东嫖客指南”！

看了内文，再看为此配发的编者按，说是“希望这个都市毒瘤引起有关部门的重视，迟早予以‘切除’”——也就是说，他们把这一丑恶现象予以曝光，是想帮助政府，出发点还是好的。但所谓帮助云云，是自欺欺人的（如真想帮助，可用内参形式），目的只是用一些低级口味的内容迎合读者、吸引读者。这位老新闻工作者认为，报纸上不应刊出这些格调低下的东西。

——《内部通讯》，1998（10）

这篇报刊批评出自一位老新闻工作者之手，是媒介批评家的杰作，由于分析尖锐、文字简洁，属于一篇高水平的评论文稿。媒体监管部门在内部刊物上登载这样的稿件，既是一种管理方法，又是一种管理艺术，有助于提醒媒体重视公众的呼声。

需要强调的是，媒介监管者也是媒介批评的对象，因为他们往往是媒介政策和传播方针的制定者，在相当程度上决定媒介运作的方向，在我国尤其如此。无论普通受众批评者还是媒介批评家的批评，大都由于媒介监管者的工作不到位、监管不严或管理不当，才致使媒介发生种种问题，对媒介的批评无疑也是对媒介监管者的批评。媒介监管者自身的工作总结和自我批评能增强媒体改革的动力，媒介制度自我变革的最佳途径是媒介监管者的批评与自我批评。

四、优秀作品的评选者

评选优秀作品或论著，是传媒界和新闻出版管理部门促进媒介发展的特殊工作，评选的目的在于遴选出优秀的精神产品，对传媒工作者加以激励，同时又是对传播内容的一种引导方式。在中国省市级媒介领域，评选优秀作品一般是由新闻出版管理部门主持的，全国记协、影协和新闻出版总署则负责组织全国性的媒介作品的评选工作，评选者主要由有经验的媒体负责人、记者和学者组成。

作品评选者具有各学科的知识和理论修养，有一定的媒介工作经验，才有高水平的精神产品的鉴赏力。掌握精神产品的写作规律，对作品传播的效果有深刻的感受，才能对作品的优劣具有敏锐的鉴别力。作品评选者在会议上讨论参评的作品，各种意见的互动会增进每个评选者的认识，一件好的作品往往是多位评选者形成共识的结果。但这必须有一个作品选拔的科学方式，使那些鲜为人知的精神产品成为评选的对象。

目前我国参评作品选拔的程序还不完善，各类媒介领域尚处在探索阶段。比如图书作者向国家图书馆文津图书奖组委会办公室或通过“国家图书馆文津图书奖”网站，推荐自己拥有著作权的图书，经国家图书馆文津图书奖组委会审定后，才能成为参评图书。然后，由评选机构把优秀图书的评选者集中到参评会上，参照图书使用的数据，根据图书选题、图书内容、印刷质量等因素，通过多种途径公布参评图书，广泛征求读者意见，确定是否将图书列入参评对象，然后由一些专家进行初评，再组织读者进行投票。将读者投票结果与初评意见汇总，产生入围图书，最后交专家评审委员会进行评审和投票。

在国外，评选优秀新闻或图书都是由行业委员会或研究机构组织的，新闻学和图书馆学专家是评选的主体。例如美国普利策新闻奖由哥伦比亚大学新闻研究生院主持评选。英美的图书评选者多数为图书管理员，由图书馆根据借阅率来评选图书。英国 2011 年年初很多图书馆做了“图书馆借出最多图书”的评选，在 2010 年英国图书馆借出的书中，三分之二是犯罪、惊悚和侦探题材的小说，包括史蒂芬·梅尔的《暮光之城》这部描写吸血鬼的小说。但这种评选方式根本不能评价优秀图书，而仅仅是对阅读率的确定。

优秀图书评选如果由出版社、读者、专家、图书馆共同推荐，再由专家委员会确定参评作品，优秀新闻评选由受众和媒体推荐，评选委员集中初评，确定参评新闻，可能拓宽优秀作品的选中率。多年来，我国新闻界评选好新闻通常在封闭环境下由若干学者、著名记者和媒体管理者进行，参评新闻是由各级媒体领导选送的，这就可能造成一些优秀作品被排斥在外。评选优秀作品是一次大规模的媒介批评活动，运用哪种程序合适，需要各方人士认真探索，但贯彻公开、公平、公正的原则，使民间的优秀作品不被埋没，才是最好的评定方式。

第二节　媒介批评者的主体性与个性

媒介批评者的个性，是指批评者的生活实践决定的独特倾向、思维方式和批评风格，表现为一定的价值追求和判断水平。不同媒介的批评者有不同的个性，同一类媒介的批评者的个性也会千差万别。个性问题同人的本质紧紧联系在一起，而人的本质是人性中一般的东西，个性则是特殊倾向，是个人的思想特征和特有的思维方式。没有个性，千人一面，个个雷同，媒介批评就会千篇一律，难有多方面的发现。个性不是别的，是那些使批评者成为个人因素的总和，即特有的素质、品格、气质、情感、知识、观念、风格乃至能力的综合物。总和不是随意的组合，而是完整统一的整体。在此意义上也可以说，媒介批评者的个性是个结构系统，系统内诸要素是有机联系的。

一、媒介批评者主体性的构成

个性是主体的自我意识与特有的能力，在实践中获得一定的独立地位。独立地位无非指思想的表达权及批评方式的自主性，以对社会应尽的责任主宰着批评，决定了**媒介批评者的主体性**。这种主体性表现为媒介批评者随时都可敞开心怀评价媒介，肯定自己对真理的认识，即使发生错误也不愿放弃批评的自由。媒介批评者是否享有发言权又决定了他们批评的自主权。正如马克思说：“个人在自己的某个方面把自身物化在物品中，他对物品的占有同时就表现为他的个性的一定的发展；拥有羊群这种财富使个人发展为牧人，拥有谷物这种财富使个人发展为农民，等等。”① 媒介批评者占有什么？占有和支配他的思想，他对媒介批评的占有使其成为媒介批评者。这样一来，他的主体性是由三个因素构成的：一是社会身份的决定力量——他在社会中的地位和角色，使其享有一定的权利和机会，而涉入社会公共事务的范围和深度不同决定了其对媒介的认识程度不同；二是对媒介的疏密感——媒介批评者和媒介的关系、对传播工具及信息了解多少的不同，决定了其关注媒介的程度不同；三是认知能力——他的文化知识决定了对媒介现象的把握、评价是否正确，认识是否深刻。这三种因素，构成媒介批评者主体性的内涵和呈现形式。

媒介批评者是自我意识和实践能力的主体，表现为认识的主体、道德的主体和价值的主体。主体的这三个属性，使媒介批评者具有人的自觉、自律与自立，从而对媒介能够产生有益的认识，而认识的方式是他人无法设计、无法代替的。实际上，他们的认识是自己亲身的感受，把自己看到和意识到的媒介现象纳入再思考的系统。媒介批评者把自己的生命活动变成意志和意识的对象，有时忽略与之直接融为一体的规定性。正是由于这个缘故，他们对媒介不仅以理性的形式去认识，而且有时把它们当做感性活动，当做一种实践去理解。

凡不是批评者主体感受的结果，就不是其认识和责任付出的结果，也就不是自然的结果。作为自然，不是主观的东西，而是媒介作用于主观要表达的一种评价。批评对象是不断消失又不断重生的社会客体，媒介批评者若不具备特殊的能动性，就无法认识媒介现象

① 《马克思恩格斯全集》，中文1版，第46卷上，171页，北京，人民出版社，1979。

和媒介规律。媒介批评者的主体性不是天生形成的，也不是作为社会公民必然会有的主动性和责任心，而是在实践中由于长期磨炼而通达事理、具有多种知识和悟性达成的判断力。

所有这些都有一条主线贯穿其中，那就是**媒介批评者的个性**，即媒介批评者对媒介的独立思考、判断与评价方式的特殊性。媒介批评者和主体在此意义上可以互换，表征的是同一个对象。有主体性的人是少数的，至少不是绝大多数。如果把媒介批评的理性、自我意识作为媒介批评者的本质，由于他们有独立的判断和见解，主体性才形成种种个性。这是人群中少数有一定能力的人。能力的发展与天赋的发挥，构成媒介批评者个性的前提，创造这个前提首先依赖于媒介批评者的主体性。

媒介批评者尽管职业、地位、经历不同，但都生活在一定生产和生活方式中，决定了他们的个性具有社会性，而绝不是单纯的个性。以一定方式从事批评活动的媒介批评者，发生一定的社会关系和政治关系，在任何情况下都根据经验来揭示媒介与社会的联系，而不是受任何神秘力量或纯粹思辨能力的支配。对媒介的种种看法，批评者总是在一定社会中产生的，既不存在非社会的个人，也不存在无个人的社会。媒介批评者的主体性同社会总是有千丝万缕的联系。

从承担者的意义来说，媒介批评者总是社会的主体，往往把自己看做社会的中心，许多错误的批评正是这样发生的。然而，问题在于个人不能总是社会的真正主体，当然也不是社会的中心，他们只是从社会的一个角度来观察和评价媒介。媒介批评者不仅受各种关系和自己能力的束缚，而且个人似乎成了某种关系或力量的人格化。有些媒介批评者看来获得了主体性的外观，但却被强大的思潮和传统力量所左右，成为被随意摆布的从属性的个体，媒介批评的见解通常难以超出世俗观念。

社会力量本来是由人们的相互作用产生的，但对媒介批评主体来说，这种力量经常作为一种异己的力量压制着他们。个人的行为往往“表现为不依赖于个人的、通过交往而形成的力量，从而个人的行为转化为社会关系，转化为某些力量，决定着和管制着个人，……在一定的、当然不以意志为转移的**生产方式**内，总有某些异己的、不仅不以分散的个人而且也不以他们的总和为转移的实际力量统治着人们”①。所以，冲破流行的意识形态或所谓主流意识的框子，对媒介问题提出不同于常人的洞见，在中外媒介批评界都是凤毛麟角的。比如，西欧媒介批判学派的多数观点，在不熟悉马克思、恩格斯全部著作的人看来，是多么令人感奋的理论创造啊！实际上他们的多数观点马克思、恩格斯在 160 多年前就提出或论述过，独创的东西并不多。

媒介批评者的个性表现出千差万别，正是由于社会力量作用于人时产生的作用和程度不同。正是这些不同，最终孕育了批评活动的特殊性，在一批穿有同样衣服、举着同样标语牌的媒介批评者中，会有杰出和平庸之分、正确和错误之分。人本来是社会人，是一定社会关系的主体，但如果夸大媒介批评者的共性，会得出如下结论：在特定的社会关系中，人成为千篇一律的符号，具有个性的媒介批评者就不见了，那么在批评舞台上扮演主角的不过是一些“人格化”的关系和力量，不过是一些符号而已！但实际并非如此，真正

① 《马克思恩格斯全集》，中文 1 版，第 3 卷，273～274 页，北京，人民出版社，1960。

的媒介批评者会主动抛弃这些符号，摆脱社会关系的力量，独立思考着媒介现象。

社会这个庞然大物决定了媒介批评者表达什么思想以及怎么表达。为了考虑个人得失，有些媒介批评者在不同角落，以不同方式向社会屈服，以牺牲个性甚至真理来接受社会关系的容纳。这样，媒介批评的主体性不仅不见了，而且往往会导致错误的判断。

媒介批评者的意志大多取决于其生存的需要，也取决于他们发展的实际能力。一旦人们的实际能力能够自由地从事各种活动，摆脱了屈从于生存需要并因此屈从于社会真理的铁律，就会从根本上改变批评者的从属性。无可置疑，处于互动中的个人总是有差异的，无数个人所形成的社会关系和社会力量，将是一个永远前进的历史过程。媒介批评以介入社会关系和社会力量为基础，大多数批评者体现出一定的共性，而媒介批评追求真理的个性的可贵之处，往往是指导媒介进步的思想动力。

二、媒介批评者个性的特质

媒介批评者个性的特质是自主的，或者说自主使真正的媒介批评行为得以发生，因为自主性在于创造，在于超越，在于自觉、自愿和自律。追求真善美，发展自己的能力与个性，实现与自然与社会的统一，是媒介批评者主体性的真正体现。从更广的意义上说，媒介批评者主体对现有社会性的超越，通过驾驭社会规律来认识媒介现象，才是个性化的特质。

人的意识与语言是社会活动的产物，媒介批评者把自己当做现有的、活生生的人来看待，因而也是当做自由的存在物来对待，由自己决定批评什么和怎样批评，才能体现出真正的个性。没有人能代替媒介批评者的批评，也不能指使他们如何批评，因为任何人都无法真正操纵他们的理解和思维。人的理解与思维固然来自社会性，但只能由他个人作出。背离自主的思维是存在的，被指使的媒介批评也时常出现，但已经没有思维个性了，也谈不上媒介批评的创见。

媒介批评者的观察和意识是多方面的，不仅有理性的还有感性的。理性追求以认识媒介现象的本质为目的，期望揭示媒介传播的最大价值，给人类提供理想的传播样式。感性是媒介动态丰富的总体，调动媒介批评者的视觉、听觉、嗅觉、思维和直观——媒介批评者的一切官能，通过思考批评对象，全面认识媒介现象的外部材料和内在性质。

媒介批评者的个性首先表现为对传媒现象的自觉认识，主动地了解媒介活动中引人深思的问题，抓取背离规律的现象加以分析。自然规律与社会规律越来越多地为人们所把握，人们对自然与社会有越来越充分的认识，媒介反映自然与社会的真相变得越加清楚明白，在一定意义上也可以说媒介传播的内容变得近乎透明。媒介批评者合理地安排自己的注意力，调整自己的认识方向，以至所有现实生活都被置于批评思想的合理审视下，媒介对批评主体来说才能变成明晰的对象。由于传媒对人类命运的影响如此之大，以至产生了某些难以预料的危害，一些媒介批评者发出了批评的呐喊。

另外，自愿是媒介批评主体个性的动力，是媒介批评者个人需要和社会需要驱使的结果。媒介批评者的自愿指媒介批评行为不应受外力强制，而是自己愿意这样做。有些客观规律已为人们所把握，人们有可能从事自己认定的批评。而媒介批评家的悟性使社会理性和道德律令成为操守，直接内化为主体意志。但并不是任何媒介批评者都能如此，只有尊重规律、顺从规律的人才能做到批评的自觉与自律。由于批评的自愿有自发倾向的先天不足，随时会发生错误，因此自愿的批评不应是兴趣使然。媒介批评也不能被强迫、被诱使，只能是一种个人自觉做的事情。无论客观规律还是道德法则都不是外在的强制物，人们不仅认识它们，而且自觉地实现它们，因此，媒介批评者应当合理地安排自己的注意力，主宰自己的思维。

最后，媒介批评者的个性表现为创造性，即批评主体的独特发现和评价冲出了旧的框子。创造与自由个性的一致，构成媒介批评个性的要素，是媒介批评产生价值的源泉。创造作为人的个性中最宝贵的东西，不可重复，不可替代，具有独特的发现。如果没有创造，总是墨守成规，因袭传统，穿老鞋、走老路，说老话、无新意，个性必然委靡，这样的媒介批评难以推动媒介传播的进步。当传统占据优势时，个人的创新往往被视为怪异，甚至被视为出风头。但遵循落后的传统无法正确地评价媒介现象，媒介也会失去进步的动力。媒介批评者以发展自己的能力为天职，就离不开创造。创造的能力有些是潜在的，潜藏于前辈人身上数十年，后来才被挖掘出来；有些是过去从未有过的，完全由媒介批评者个人来开拓。而创造力的发展必然带来媒介批评的最大价值，为媒介批评新流派的形成奠定基础。

媒介批评主体的优秀个性是全面、丰富的，是人生价值和理性观念的统一，它的鲜明特性则是既具体又完整的。但这样的媒介批评者并不多见，因为他们是扬弃了抽象的社会性的人，也是创造性充分发展的人。媒介批评者必须是自觉、自愿、自主、自律的人，是能够发现媒介遭受挫折的人。

三、媒介批评者的主客共在

媒介批评者认识或把握自我个性，是充满矛盾甚至悖论的活动。批评者首先要认识自我，才能作为认识的主体，二者的同一性缺少旁观的定位，难以转换角色并进行自我比较。自古至今，人们一再感叹认识自我的困难，正是因为自我认识缺少一面客观的镜子。

媒介批评者是由“我”构成的，习惯于从自我出发去体验、感受、描述媒介。相对于“我”而言，媒介是作为批评者的客体而被意识到。认识自我成为批评者观察媒介的出发点，成为媒介批评的第一面镜子。这种媒介**批评的故我之镜**，是媒介批评者个性的第一种实践形式。这样，媒介批评主体如何去客观地认识和把握媒介现象，至少存在着两个互相矛盾的认识角度。一是“我”内在地描述自我体验和感觉，往往被人们称为主观的方法或自主的律动；二是外在地反映媒介活动，记录各种传播行为及其后果，然后进行定性或定量分析，通常被人们称为客观的方法或媒介的律动。

从上述内向和外向两种角度、主观和客观两种方法中选择一种，各自只能走向一个方面，或者是个体的“我”，或者是媒介的客体。但媒介批评者只能是某个具体的人，都是有别于其他自我的“我”。一切媒介批评者受制于物质世界和精神世界的框架限制，意识到的并不完全属于“我”的客体，最终发现“我”和“非我”的某些差异，媒介批评的个性就可能进一步丰富和完善。这种媒介**批评的主客共在现象**，在批评中处处可以看到。没有这种主客共在，媒介批评就无法进行。“主客共在”实际是媒介批评者个性的第二种实践形式。这一形式经过多次实践使批评者意识到，“我”既属于自己而又超越自己，最终是属于社会和环境的个体，否则媒介批评者的直觉或创造，都会成为别人无法理解的东西。

媒介批评主体在批评对象之中，因为他生活在他批评的媒介现象中，而某种生活实践使他认识了这种现象，他的批评才有独特的结论。人与自然和社会的关系具有双向的特点，双方兼具对方的属性，一方又被对方所规定。由此孕育了媒介**批评的双重规定性**的实践形式，即媒介批评者的见解既来自于自我认识又来自于自然或社会法则，既受自己的约束又受对象的约束。媒介批评个性符合批评对象的实际情形，才是有价值的个性。这一切只有通过实践活动才能体现。

媒介批评的双重规定性，是媒介批评者个性的第三个实践形式，其本意是说，媒介批评者的个性化创造一定要符合媒介的实际，不能带有主观臆断的成分。但由于无数事物构成的世界具有生生不息的特点，媒介批评主体与客体的关系是动态的，不断相互作用。媒介批评的个性既要引人注目，又要符合媒体变动不居的实际，才能引起媒体的注意、并被媒体所接受。显然，媒介批评主体的解读活动不是从人们所说的、所想象的东西出发，也不是从自己追求的理念出发，而是由自身观察、体验和理解的媒介客体得出结论。符合现实生活的观察方法，以有生机的个性展开媒介批评要点，才可能描述对媒介的创造性的认识。

第三节 媒介批评者的意义追寻

媒介批评者对媒介现象的体验，在主体与对象之间建立了思想交流。媒介及其社会因素，经过批评者的破译被揭示出来。依据社会背景和常识，对媒介行为和意蕴大致不误的把握，需要批评者通过积极的思考，寻求它的理性。媒介作品的思想和情感通过陈述表达出来，显露出其作者的精神世界，媒介批评者评价作品要对其意义作出分析。这样，媒介批评最终需要一种**意义追寻**，即批评者要发现媒介意欲何为，媒介对受众产生了何种影响，对社会产生了何种利害。

一、媒介批评者的思想与心理反应

媒介批评者不是毫无主见的“木偶”，在批评之前就对媒介及相关问题有自己的立场，经过观察和思考形成思想定式。媒介反映的许多事物都是相似事实，即人物、时间、地点和具体内容不同的同一类事件。[①] 比如伊拉克战争是一切战争的相似性事实，媒介批评者对战争的固有观点，是对许多战争的直接或间接体验和理解形成的。作为一种媒介批评活动，媒介批评者对媒介客体的把握，是由其思想立场和心理反应规定的。

深入考察媒介批评者的思想在媒介批评中的作用，揭示媒介批评者对媒介客体的认识触点，是研究媒介批评者分析问题的切入点。媒介批评者的思想在批评之前就形成了牢固的认知定式，决定其后的见解和批评指向。他们按照某种认识去评价媒介，来自以往媒介

① 参见刘建明：《现代新闻理论》，162页，北京，民族出版社，1999。

现象的启示。当媒介批评者的思想和眼前的媒介客体相吻合，就容易发现媒介的某种意义，当二者分裂或对立时，他们的评价就会错位，或者百思不得其解，不得不重新探寻媒介蕴涵的意义。从媒介批评者思想的构成来看，他们主要运用下列四个因素追寻媒介的意义：

（1）媒介批评者对历史类似事物的认识，形成了某种先验的思想，考虑眼前的媒介现象是否是这些思想的体现。

（2）媒介批评者属于某个政治集团的成员或支持者，受这个政治集团政治主张的支配，用这个主张思考眼前的媒介现象。

（3）媒介批评者已形成的文化因素，如赞成某种生活方式和习俗，惯于用这种生活理念分析媒介行为导致的结果。

（4）媒介批评者长期形成了某种社会观及某种社会学说、伦理观或价值观，自然会用这些观念评价媒介的是非。

媒介批评者的思想不是这几种因素的机械总和，而是在批评中通过主体的组织、调节而整合成“完整的思想形成物”，建立起一种思想模型。当媒介现象包含的相似情境出现时，这种模型便作为“心向状态”制约媒介批评者展开思维，分析媒介信息蕴涵的意义。媒介**批评的心向**是每个批评者成熟的心理准备，依据以往的思想与批评方式透视媒介批评对象，表现为媒介批评的指向与心理定式。

媒介批评者思想的作用普遍存在，因为媒介批评活动是一种思考过程，由思考得出一种评价，必然依赖于某种观念的引导。除此之外，媒介批评者还受心理、情感的支配，影响其评价的尺度。媒介批评同时是接受刺激的过程，媒介的错误作为受众的外界刺激物，常在媒介批评者心里掀起波澜，出现媒介批评的刺激—反应现象。例如受众对电视台播出性病药品广告的愤怒，媒介批评家对某些低俗报刊的严厉谴责，某些人对媒介监管者强烈不满而大肆谩骂，等等，都怀有激昂的情绪，反映了媒介批评者的心理活动。无论媒介批评者自觉与否，他的思想与情绪是客观存在的，呈现出丰富的个体差异和鲜明个性。

媒介批评者的思想包含一种期待视野。基于对媒体美好意义的向往，把反思和期望综合成“理想结构”，来判断媒介现象的意义。这种期待视野一方面决定媒介批评者的渴求和冲动；另一方面，媒介批评者的思想情感也被激活，产生追寻媒介意义的动力。媒介批评者的思想有时表现得十分强烈，自觉或不自觉地产生一种心理冲动，以个人趣味和倾向为基准对媒介加以肯定或否定。当媒介意义与自己的期待一致时，可能会失去批评兴趣；当他们感觉作品的思想不符合自己期待的观念时，会决然意识到媒介批评的必要性，立即着手建构自己的评价目标，随之确立一种批评尺度。

媒介批评者对媒介的感应，不仅取决于媒介现象本身，而且取决于媒介批评者的思想同媒介是“同构”还是“差构”的关系。媒介批评者对媒介的整体印象，包括对作品的感受、对媒介传播方针和立场的审视，形成**媒介体验**。**媒介同构**表现为媒介批评者同媒介思想、立场的一致性，对媒介的传播内容基本认同，要批评的是次要内容和方法之类的缺陷。媒介同构不可能引起强烈的心理反应，最多提出一些修修补补的建议和指点。媒介批评者同媒介的政治信仰不同，在很多重要问题上立场对立，则会形成**媒介差构**的关系。这样，媒介批评者对媒介的多数行为都持反对意见，一旦媒介出现错误，其反应强烈，批评也就异常尖刻、激烈。

对媒介作品而言，媒介同构导致批评者对文本内容的认同，往往对其进行肯定的评价；媒介差构则使批评者与文本内容格格不入，对其进行否定性批判。媒介批评者对媒介及其作品是肯定还是否定，是由其对媒介思想同构或差构的感应造成的。批评者对媒介的感应，一般来自媒介对现实问题的态度，媒介的思想立场是他们感应的源泉。媒介同构与差构与其说是批评对象撼动了媒介批评者的心灵，不如说是媒介适应或悖逆媒介批评者思想的表现，从这个意义上说，任何“感应”都表现为思想倾向。

二、媒介批评者的价值取向

批评主体为什么对媒介现象展开批评？媒介批评者的最高追求是什么？这些都涉及媒介批评的价值问题。发现媒介给社会带来的效益或纠正它的错误，使其发扬成绩或减少消极后果，是**媒介批评的价值**。从媒介批评的崇高目的看，媒介批评者总是追求媒介给公众带来最大效益，只有正当评价媒介，才能使受众和媒介传播者认识到其对社会的利害。**媒介批评人的这种价值取向**，支配着他们实现媒介批评的目的。

媒介批评判断媒介的利害首先看它给人们提供的认识效益，主要包括给受众的工作、学习、生活等方面带来的知识和经验，是否使人们获得正确的认识。其次，看它是否对社会观、职业观和道德观念具有指导意义，引导人们树立良好的品德修养和实践能力，使人们获得情趣，享受自然美、艺术美和精神美，给受众产生操行效益。最后，看它是否给受众提供有用的信息，帮助受众了解环境和生活物品，满足受众的生存需求。

在度量媒介效益时，由于人们对需要及获取需要的方式不同，存在着善与恶、美与丑的区别，媒介批评者的价值判断应当是健康的、合理的和可能的，而不是恶的、丑的或虚幻的。因此，不能单一地以受众需要来衡量媒介效益，应从整个社会的需要和可能，即从政治的、经济的和文化的进步需要和实现的可能性来考察。这三种需要对社会的作用，表现为社会的受益价值，是部分受众需要所不能代替的。因此，用“受众中心论”来评价媒介，有时是片面和错误的。

综上所述，媒介批评者评价媒介必然有两种价值取向，即考虑媒介是否满足受众需要和社会需要，考察受众获益和社会进步两个方面。二者相辅相成，互相助益。媒介满足受众和社会的共同需要便产生圆满的价值，实现了媒介价值的最大化。但在政治分野的社会，媒介价值既具有普遍性又有特殊性，对不同政治势力而言，媒介价值不是完全相同的。比如，评价政治新闻和政治书籍的价值，不同媒介批评者因持有强烈的功利色彩，不会有统一的标准。如果从新闻的知悉价值着眼，又可能有一致的价值观，就是它让人们知晓了新的事件，“知晓价值”对任何人、任何集团都是共同的、普遍的。因此，新闻和书籍的知晓价值不依据哪个派别的立场为转移，而是依照它们对绝大多数人是否有认识上的需求而存在，以能否产生积极的沟通作用为效益标准。

媒介批评人对媒介价值的评价不应僵化不变，用一种框子乱套，因为媒介价值具有社会性，不仅由于主体需要被社会因素所决定，而且媒介价值都是客体对主体的意义。即使是经济价值、审美价值，也是对千变万化的社会和人而言的，会随着社会生活的发展而不断变化。在古代，人们就发现了石油，但并不知道如何利用它，因而它实际上对人并没有什么价值。随着近代工业的出现和发展，石油的价值才被人们所熟知和利用。同样地，媒介价值也会随时间和社会环境而变化，媒介批评者对媒介价值的判断要依赖于时空的更迭，不能固守陈规。

媒介批评贯穿辨别价值与价值评估的关系，价值评估成为媒介批评的着眼点，但要正确判断媒介价值，需要媒介批评者持有科学认识。科学是以客体的本质和规律为对象的，表现为媒介批评主体对媒介的正确把握。比如大多数受众对媒介的追求是要知悉它传播什么，只有少部分人同时在追求它们传播的内容意味着什么。评价媒介作品的价值要从这两方面判断，追寻媒介的全面意义，才能让人们对媒介的面目一览无余。

第四节　媒介批评者的动机

许多媒介批评者评价媒介并非要证明某种新闻现象是否有价值或价值大小，也并非要说明媒介对社会的利害。事实上，许多媒介批评并不涉及媒介价值问题，而是想表达媒介批评者的主观愿望，指出媒介行为背离了哪些原则，表现出极为复杂的批评动机。

一、捍卫真理的动机

绝大多数媒介批评者评价媒介，是为了证明媒介行为是否符合真理，以捍卫真理的热情分析它们的是非优劣。捍卫真理的动机和能否捍卫真理是不同的，前者是主体的愿望，后者是愿望的结果，二者的不一致是经常出现的。这里涉及的关键问题是，怎样确定媒介活动的真理性？媒介的真理要素包括哪些内容？

就媒介行为本身而言，不能轻率地说是不是真理，代表不代表真理。对媒介行为的是非作出判断，分析它们的传播方针、传播的作品及所有行为是否符合社会规律和公共利益，是坚持和维护真理的评价方向。媒介批评出于捍卫真理的动机，是由于媒介行为发生了下列背离真理的情形：（1）歪曲真相，作品以虚假的内容——艺术作品的生活虚假、新闻作品的事实虚假——欺骗受众，使受众获得片面或错误的印象。（2）媒介行为或作品给受众或社会带来伤害，同广大受众的利益发生冲突。（3）媒介的经营行为违背伦理规范，唯利是图的欲望昭然若揭，玷污受众的眼球和市场道德。例如：

娱乐化是中国新闻界的“三聚氰胺”

刘　畅

“娱乐化是中国新闻界的三聚氰胺”，这一论断出自传媒学者时统宇。据说，初闻这一说法的新闻界人士反应不一。有反思精神和人文情怀者，感到汗颜，检讨媒体自身存在的缺点和问题。一些感觉良好、不愿听意见者，先是骇然，进而辩解：娱乐化时代，板起面孔多让人反感，新闻就不能娱乐一回？

娱乐不是罪。新闻就是新闻，娱乐就是娱乐，二者承担的职能有很大不同。新闻是通过客观、真实、负责任的报道，最快时间、最快速度和尽可能全面地向社会公众报告事实和真相。而娱乐本身是以搞笑的形式，尽可能触动人们身上那根“笑的神经”，以此使广大受众产生愉快、欢乐的情绪。新闻走向娱乐化的倾向，是近年来，一些媒体经受不住收视率、阅读率、转载率、网络点击率等指标的诱惑，不再重视新闻传播基本原则，盲目追求轰动、影响力的结果。

以夸大编造事实、煽情、炒作为手段，最集中的表现是“不要准确，只要轰动”，只要能够吸引眼球，只有能够有互联网点击率，只要能够快速提高收视率，可以肆意扭曲事实，夸大实情，经常以耸人听闻的标题来吸引公众视线。而一些受众并不是专业的新闻采集者，在接受新闻时，并不了解哪些是真实的，哪些是记者夸大渲染的，哪些又是刻意编造的。在目前的媒体生态下，对于片面和失实的新闻，还缺少媒体和舆论自我纠正、相互纠正的机制。刻意夸大、编造或者刻意遮蔽一部分事实的新闻，不会受到任何追究和谴责；而被误导之后，舆论缺少理性的分析和认知，反而在一些被扭曲的细枝末节上缠绕。最终导致对事实真相的讨论，是“失之毫厘，谬以千里”。

…………

曾经有一家媒体的记者，在报道一个遭遇不幸的家庭并呼吁整个社会对其伸出援助之手时，刻意编造了一些吸引眼球和赚取眼泪的故事。结果，“爱心报道”见报之后，让不幸家庭平添困扰和痛苦，“献爱心”的媒体也因此被告上法庭。“爱心报道”的造假事件，令媒体人尴尬的同时，也让人反思：为什么在一些媒体和记者眼里，“你可以穷，但你不能穷得连故事都没有”。

——《中国青年报》，2009-06-11

上述批评指出，娱乐化是普遍的媒介现象，不仅违背新闻报道规律，而且妨害受众了解客观世界的真相，大有蒙人耳目之害。更有甚者，以平民的不幸与痛苦来娱乐，给受众造成严重的心理伤害。这种媒体伤害经常发生，以种种刺激性的有害内容，蔑视受众的尊严与权利，使受众成为媒介的牺牲品。媒介批评坚持真理，是坚持传播的客观法则和人民利益的统一，强调媒介行为对社会和人民利益的遵从。媒介批评丧失捍卫真理的动机，无视媒体不良行为的伤害后果，是对人民和社会不负责任的表现。

坚持真理不是纯粹的主观态度。真理是客观的，不因媒介批评者的主观描述和论证而成立，也不依赖于媒介批评者对媒介属性的认识正确与否。实践证明，媒介行为是否反映客观规律，是否符合人民利益，是通过一定事实表现出来的。媒介的任何属性归根结底都可以归结为一定的本质，表现为它同人们的利害关系，是同广大受众的利益直接联系的。如果人的利益和社会发展方向一致，就发生肯定的真理关系；如果人的利益有悖于社会发展方向，就发生背离真理的关系。真理属性的这一特点，要求媒介批评者评价媒介时要审视它的活动同人民的愿望与社会进步趋势的一致性。

媒介批评坚持真理，自然要遵循实践是检验真理的标准，把批评的内容置于对生活实践的考察。实践检验真理，是要检验主观与客观是否一致，做到这一点靠直观显然不行。

媒介批评者的认识是否符合客观实际，要考察广大受众对媒体的反映，联系媒介传播产生的实际效果，而不是以个人的体验为根据。在批评之前要作受众调查，了解民众对媒介的看法，以及他们又是如何根据自己的利益提出这些看法的。媒介批评者还要了解事实真相并作出估计，直率而公开地站到民众的立场上判断事件的利害，实事求是地评价媒介的传播效果。我们既不能将真理的属性与人民的要求割裂开来，又不能将个人的判断同这种要求混淆，从而取消验证媒介的实践考察。

二、自我辩护的动机

媒介作品揭露社会某个机构或个人，遭到揭露对象的反对，提出反批评，可能是正确的，也可能是错误的，但都是出于自我辩护的动机来反驳媒体。同样，有时媒体对外界的批评也加以反驳、澄清或拒绝批评，也是一种自我辩护。自我辩护的动机，在媒介批评中是一种常见的现象，在反馈监督性报道中出现得更多。

媒介批评者的自我辩护，包括两种对立的追求，不能一概否定或肯定。如果媒介披露的事实真实、准确，没有侵权行为，对事实的分析符合实际，揭露对象提出的反批评，属于顽愚的自我狡辩。在这种贬义的自我辩护中，媒介批评者不考虑媒介监督的正当性，仅仅因损害他人的利益和声誉而对媒介提出批评是不当的。媒介批评者以自我为中心分析媒介传播的得失，表现为蔑视真理的利己冲动，把批评视作对媒体的反击更是错误的。

在媒介处于从属政府的情况下，这种批评出现得较为频繁，具有内部或行政的性质，大都不以公开的文字形式进行。这种自我辩护难以拿出来让广大公众评判，只能通过内部渠道进行。媒介从属于社会某一系统，它的一切传播活动都按这一系统指定的轨道运行，真实性和“真理性”是以这一轨道的约束力为限度的。但是，真实和真理的唯一限度是真实和真理本身，这种自我辩护不是由于媒介监督违背了真实和真理，而是因为媒介脱离了轨道。当这种轨道与公众的追求和希望背道而驰时，自我辩护的批评只好在系统内部悄悄地进行，这种错误的自我辩护难以达到目的。

这并不是说在媒体从属的社会，社会系统对媒体设定的轨道都是错误的。如果媒体遵循的轨道符合公共利益和公共秩序，媒体的错误传播则会大大减少，媒介批评的自我辩护也会很少出现。在这种情况下，批评大都是为了坚持和维护媒介真理，自我辩护被客观性挤出了批评动机。就这一点而言，媒介批评者的动机又可分为主观动机和客观动机，客观动机维护的是媒介客观法则，主观动机维护的是批评者自身的利益与声誉。

在媒体相对独立的社会，是否就不存在自我辩护的批评动机呢？也不尽然。首先应当指出，任何国家的媒体都不可能脱离一定的社会系统而绝对独立，独立或从属都是相对的。在媒介相对独立的社会，媒体仍站在一定政治立场上，一旦背离真理和真实，为自我辩护而开展的批评也会出现。下面是 2000 年 2 月 14 日英国《独立报》刊登的一篇新闻批评——《美国如何吞下以色列谎言这颗苦果》的片断[①]，说明西方媒体的独立性并不等于

① 原文较长，引文作了适当删减。

完全中立，媒介批评的自我辩护也时常出现。不过，在透明度很高的社会，这种自我辩护大都是公开地通过传媒表达批评和反批评。

美国如何吞下以色列谎言这颗苦果

［英］罗伯特·菲斯克

在针对南黎巴嫩真主党游击队的军事行动中，以色列正节节失利，但在外部世界，以色列赢得了有关这场冲突的宣传战的胜利。

尽管以色列在游击队打死六名占领军士兵之后轰炸了黎巴嫩的三个发电站，但西方报纸和电视台几乎千篇一律地把黎巴嫩最近发生的暴力事件描绘成以色列为其边界另一边的公民而发动的一场战争。实际上，没有任何以色列公民遭到袭击，更不用说受到伤害了。所有死亡的以色列士兵都牺牲在黎巴嫩的占领区内。

驻中东地区的一些记者说，以色列外交官发起了一场给他们报纸主编写信的运动——尤其是给美国报纸主编写信——试图把目前的这场战争说成是针对“恐怖主义”的，同时他们只字不提以色列人的伤亡发生在黎巴嫩而不是在以色列一事。以色列官方发言人摩西·福格尔在英国广播公司发表讲话时试图为以色列袭击黎巴嫩发电站一事——此举显然违反了1996年4月达成的停火协议——进行辩护，理由是“真主党恐怖主义分子袭击了我们的士兵和平民”。

…………

在对南黎巴嫩的暴力事件的所有报道中，没有媒体提到以色列在占领区内保留着一支1 000人的军队和臭名昭著的基亚姆监狱。正如大赦国际和其他人权组织所抗议的那样，在这所监狱里，男女囚犯经常被电击。

似乎只有以色列境内的那些记者敢于道出南黎巴嫩事件的真相。最勇敢的莫过于小说家戴维·克罗斯曼。他在《新消息报》上撰文说，以色列应该“从前沿阵地上撤走，让士兵回国”重建部署在边境这一边。“我们应该学会忍辱负重，放弃无谓的自豪，不要再拿我们更多年轻士兵的生命在我们痛苦狂妄的烈火上浇油。我们已经失败，可以大声说出来，不会有人因此而丧生……”

假如你非要一试的话，你恐怕是找不到一名敢于这么说的美国记者的。

——英国《独立报》，2000-02-14

不管在哪种类型的社会，也不管自我辩护的媒介批评以何种形式出现，大都是由国家官员、地方官员和某个政党或组织的负责人进行的。他们出于维护某种利益，批评媒介歪曲了事实，代表了一种机构的意志。可以说，披露重大事件的报道大都涉及国家或政治集团，这种媒介批评自然来自这类社会组织。它们把自己的正确性强调到突出的地位，企图向人们表明，对它们不利的媒介内容都错了。

自我辩护的媒介批评也可能是正义的，但它必须符合事实真相，维护的是国家、某个组织或当事人的合法权益。反之，不顾事实，仅仅以某一集团的政治理念和私利诉诸狭隘的批评，则是错误的自我辩护。这种批评同媒介的本性始终对立，是媒介正义立场刺激的结果，最终会导致广大受众的鄙视。

三、提供媒介鉴赏的动机

媒介作品作为社会生活的写照，多有一定的美学意义，文学和艺术作品富有鉴赏价值，新闻作品虽然通常被视为浅白的文字，但有的也有美学感染力，优秀新闻作品也是寓意丰富的艺术品。对文学、艺术及新闻作品进行思想和艺术分析，帮助受众理解作品的主题和艺术价值，获得思想陶冶和美学享受，称作**作品鉴赏**。作品鉴赏是以分析具体作品的写作技巧和功力为目标，是媒介批评的重要领域。为了提高作者安排情节（事实）和巧用辞章的能力，批评家对作品产生鉴赏的动机，以期把作品的形式和风格完美地揭示出来，提供给受众玩味和学习。例如：

让子弹飞，姜氏幽默很潮很亲民

戎　戎

要论今年贺岁档最引人瞩目的电影，非《让子弹飞》莫属。虽然前有《赵氏孤儿》的步步紧逼，后有《非诚勿扰 2》的突围夹击，但《让子弹飞》仍然有理由在今年的贺岁片票房大战中取得佳绩。

这部由姜文执导，姜文、周润发、葛优三大影帝联袂主演的商业大片，从头至尾充满了爷们儿的阳刚大气，各种爆笑情节贯穿始终，黑色幽默的搞笑手法被姜文运用得淋漓尽致而又恰到好处。

《让子弹飞》的故事基本可概括为：葛优买官要上任，土匪姜文把他劫，摇身一变成县长，智斗恶霸周润发。就是这样一个极其简单易懂的故事，姜文在影片中着力编排下了几乎所有可能的商业元素，剧情一环扣一环，幽默小包袱一个接一个，节奏快，笑点多，让人看罢之后不由得大呼痛快。虽然这是姜文首次执导商业片，但无处不在的姜氏特色和姜氏幽默，渗透在了影片的每一个情节、每一句台词之中。

…………

《让子弹飞》一片，是姜文将商业性与艺术性进行融合的大胆尝试。颇有“自知之明”的姜文，对自己做导演曾用一句话概括，“我导戏基本是赔钱”。而《让子弹飞》也许可以让姜文从此“飞”起来！

——戎戎博文，2010－12－15

媒介鉴赏是媒介批评家对媒介作品产生的审美意识，通过揭示形式和内容的关系，引导受众认识媒介作品的美学价值，它同作品鉴赏是个别与一般、具体与整体的关系。媒介鉴赏要对作品事象间的种种联系加以揭示，其作用包括以下三个方面：

（1）让受众获得对媒介作品的具体感受和体验，引起思想情感上的强烈反应。

（2）让受众领会媒介作品的形式如何体现思想内容，把握作品的倾向和作者的写作风格。

（3）分析受众获知媒介作品内容的顺畅和精神上的愉悦，剖析美感效果产生的原因与价值。

媒介鉴赏是一种艺术分析，多出自媒介批评家和传媒人之手，一般受众只有从鉴赏文章中才能对作品获得更深刻的美感。媒介鉴赏使人们学会欣赏作品，必须向人们传达形象感受、审美判断和品读玩味，达到这三个鉴赏层次，媒介批评家才算把自己的鉴赏能力转化为受众的鉴赏品位。

作品的感受性是鉴赏的最基本层次，指在作品内容的吸引下，人们不知不觉地进入作品意境，鲜明的生活画面和人物形象再现在受众的头脑中，唤起强烈的思想和情绪，从而把握作品丰富多彩的感性世界。伴随对作品事象的直接感知，鉴赏者也有理性活动：他们追索作品中的事件为什么能发生，从中能获得什么样的思想启迪。

媒介鉴赏从根本上说是一种创造性思维活动，与写作一样，不是简单地再现和把握事实，而是充满理性认识和抽象思维，判断作品中事实的真相及其再现的艺术手法。在鉴赏过程中，自始至终不能脱离对事实细节的感受和对形象的情感评价，需要较多的想象和推断。许多时候，理论和观念是作为一种心理储备参与鉴赏的，感性化作为接受的起点，由形象思维起主要作用。

媒介鉴赏第二个层次的审美判断，都以社会生活为基础，把作品的艺术形式转变为媒介批评家头脑中的审美意象，总是以欣赏的眼光把作品内容再造为头脑中的形象，然后将它与现实生活比较，酿成一种陶醉的情感。**审美意象**（aesthetic image）是感受作品优美的形式时，“重新建造出来的感性形象”，是“一刹那间表现出来的理性与感情的集合体”①。好的媒介作品能够引起受众的美感不是来自媒介批评，而是来自作品本身，但批评能够启发不会鉴赏的受众获得审美的方法。

在第三个层次中，鉴赏者的全部感受和感受的每个环节都可能发展为体验玩味，沉浸在自己所喜爱的作品中的环境、人物行为和心理活动，流连忘返于各种美好的意境，思索着作品所蕴涵的生活真理，甚至获得令人振奋的力量。对媒介作品的美学价值作出科学判断，总是带有情感评价，审美认识转化为思想成为一种自然的过程，把这些思想写出来，概括出美感的理性意识，便成为鉴赏作品的最高点。

媒介鉴赏的三个层次实际是鉴赏过程的三个步骤，一层深一层地进入欣赏境界，使受众产生知、好、乐三种心理活动。不是任何媒介批评家接触作品时都能产生启发他人的鉴赏动机，激起鉴赏动机的好作品是很少的，因为大量作品写得很平淡，没有太多的可鉴赏性。即使十分优秀的作品也可能由于某一方面的缺欠，没有引起他们评价的欲望，对其形象感受、审美判断和体验玩味三个层次的精神活动成为过眼烟云。若作品本身感情矫揉造作，不可能激发媒介批评家的情感。大量平铺直叙的作品，特别是新闻，不可能在他们那里产生审美判断，甚至连事象的感受都很淡薄。媒介批评家产生鉴赏批评动机的作品是很少的，把那些平淡的作品硬塞给他们请其作一番审美评价，确实是一件使其为难的事情。

---

① 鲍昌等主编：《文学艺术新术语词典》，136 页，天津，百花文艺出版社，1987。

本章概念与思考题

概念

沉默受众　反馈受众　媒介背景　众矢之媒　御用批评家　媒介批评者的个性　媒介批评者的主体性　媒介批评的故我之镜　媒介批评的主客共在　媒介批评的双重规定性　意义追寻　批评的心向　媒介体验　媒介同构　媒介差构　媒介批评的价值　媒介批评者的价值取向　作品鉴赏　媒介鉴赏　作品的感受性　审美意象

思考题

1. 媒介批评者有几种类型？各有什么特点？
2. 媒介批评者主体性的含义是什么？它是由哪些因素构成的？
3. 媒介批评者个性的实践形式是什么？
4. 媒介批评者需要对媒介哪些价值作出评估？怎样对媒介进行价值判断？
5. 媒介批评者应有什么价值取向？
6. 媒介批评者的动机有哪几种？

第六章 媒介批评的类型与方式

CHAPTER 6

正确认识媒介批评，首先应搞清楚是什么人以什么方式在批评媒介，知道了这个问题，大体可以知道媒介批评的类型和目的。**媒介批评类型**是指对媒体作出评价的不同主体和方式所形成的类别，由特定批评者和批评手段形成谱系。媒介批评者要考虑媒介批评要达到什么目的，采取什么样的手段。依此划分，主要有管理批评、法治批评、专业批评、学术批评和评奖批评等五类。不同媒介批评者各自的批评方式不同，大体可归纳为口头方式和文字方式，文字方式又表现为各种文本形式。普通受众的批评由于大多是只言片语的议论，少有固定的章法，在本书中不作为一种批评类型来研究。

第一节　媒介的管理批评

媒介的管理批评是指政府、行业和媒介的掌控者对媒介的优劣及存在的问题发表批评意见，多在会议上对媒介行为或作品发表批评意见，有时也用文字材料下达批评结论。这种批评不是指一般公众或媒介批评家对媒介现象的评论，而是管理人士为促进媒介的运作或发展而指出媒介的错误。管理批评经常运用文件、通告或通知在内部下达给媒体，指正媒体的不良传播。

一、管理批评的目的及不同方式

对大众传播媒介特别是新闻媒介的批评，同文学及其他领域的批评有显著的区别。媒介监管者经常发表大量批评意见，指出媒介存在的问题，要求媒介改正“错误”，并提出改进措施。西方国家媒介的管理批评尽管较少，但对政府媒体（比如美国之音）或政党媒体（例如英国保守党的《每日简报》）的报道进行管制，也时有发生。在集权制国家，媒介作为意识形态部门，受政府或政党的直接管辖，管理批评是媒介监管者监督、指导媒介的常态。在历史上，法西斯或独裁国家对媒介对抗政府的行为，在严厉批评的同时还采取镇压措施，封闭报馆，抓捕记者，常采取暴力手段。

不同国家对媒介的管理方式和程度不同，但没有一个国家对新闻出版和影视工作放任自流，这同文学批评、理论批评是不同的。政府对文学创作的干预无论在哪个国家都是罕见的，对新闻媒介的批评与干预却经常发生。一些媒介批评研究者没有注意媒介批评这一特殊类型，往往把对媒介的管理、监督排除在媒介批评之外。

政府对媒介的管理批评，主要目的是约束媒体特别是新闻媒体服从政府的意志，借助大众传播推动内外政策的贯彻执行，维系社会意识形态的统治地位。没有政府对媒介的正当管理，不仅媒介间会发生恶性竞争，破坏媒介的良性生态，而且有的媒介不顾传播内容的危害，肆意传播低俗淫秽作品。缺少政府必要的管理，大量捏造事实、歪曲生活真相、侵犯公民权利的传播行为也会经常发生。特别是在集权制和极权制国家，媒介的管理批评之所以大量发生，因为政府害怕媒介攻击专制权力，导致集权或极权政府的垮台。政府对媒介的这种管理批评，是维护集权或极权统治的一种手段，具有反动性质。

媒介的管理批评的任务通常包括两方面，一是肯定媒介行为和好的媒介作品，以至使用奖励的办法鼓励媒体。二是否定政府认为是错误的传播行为，制止媒介违背政府的意志反映生活。这种管理批评不一定都是正确的。正确的管理批评旨在纠正媒介的虚假报道和淫秽低俗内容，要求媒介健康地引导社会舆论，促进社会的和谐发展。

例如，2010 年 10 月 28 日新闻出版总署对《甘肃日报》、《都市消费晨报》、《新疆日报》、《重庆时报》、《华西都市报》、《商务周刊》等 6 家报刊刊载严重虚假失实报道发出通报批评。2010 年 7 月 7 日，《甘肃日报》刊发报道称，“西安已被确定为国家第五个直辖市”，这一杜撰引起社会各界广泛关注，影响了我国资本市场的正常秩序。2010 年 7 月 1 日，《都市消费晨报》刊发报道，称“喀什房价突破 4 000 元/平方米”。7 月 20 日，《新疆日报》刊发文章称，“喀什的房子一天一个价，两个多月，房价就快翻倍了”。经查，两报的报道与事实严重不符，扰乱了房地产市场，造成了不良影响。2010 年 3 月 30 日，《重庆时报》刊发报道称，“作协本次会议的接待规格相当高，包括五星级酒店的总统套房、2 000多元一桌的宴席等”。同日，《华西都市报》对该文以《住总统套房坐奥迪，作协开会有点高调》为题进行摘登。经查，记者在采访中未深入了解情况、未向有关部门和人员核实信息，导致报道严重失实。

以上错误报道，都受到新闻出版管理部门的正当批评。《重庆时报》向中国作协和与会作家郑重道歉，并对相关责任人分别作出解聘、免职、停职检查、严重警告等处理，责成总编辑作出深刻检查。《华西都市报》向中国作协发出致歉函，责成相关责任人作出书面检查，并予以通报批评和罚款。

从 1949 年至今，中国内地的各类媒介一直在中国共产党的领导下，成为国家宣传教育的工具，要求新闻媒介的重要报道和中共中央在政治上保持一致，各级党委的宣传部督查同级或下级媒体的新闻活动，发现不符合党的思想和领导人意见的报道都给予批评，问题严重的还要给予处分。对那些影响全局的言论、消息和文章，党委和行政部门的主要负责人及时提出批评或指导意见，形成中国媒介管理批评的制度。

在美国及其他西方国家，政府对媒体的管理批评也时而发生，但从表面上看不到任何控制的方式。在新闻出版自由的口号下，西方国家对媒介的管理批评往往是隐蔽、温和与巧妙的，常被称为“协调”或“警告”，直到非常必要时才可能实施。根据美国学者赫伯特·I·席勒的研究，协调新闻控制已在私营机构和政府中成为制度。第一个手法是“先行警告”——“我们得知你在准备一个有关核航空母舰之类主题的节目或特写报道。我们相信你会去五角大楼和某某核对一下，以便获得你需要的一切事实……”负责人把这样的指令转给负责新闻和特写的副董事长，他再转给执行主持人，执行主持人又交给主持人，旋即就把这件事抛到脑后去了……

第二个手法是“最后一分钟电报”。首先给媒体总负责人，电报可能来自一个内阁部长，它警告说“播放带倾向性的报道是极其危险的”。这最后一分钟电报的目的是吓倒他们，从而取消这一节目……美国全国广播协会预料 1970 年秋会出现动乱，就在“一次前所未有的呼吁”中，劝告会员在报道反种族隔离运动和大学骚动时“要特别小心”。这样一来，对华盛顿与旧金山的大规模反战游行和集会，各电视网都没有进行实况或特别报道。①

英国政府也时有对媒体的管理批评。2004 年 2 月 8 日英国政府在三家周末发行的报纸上刊登招聘英国广播公司（BBC）理事会主席的广告。早些时候发表的赫顿调查报告对 BBC 进行了严厉批评，BBC 前理事会主席戴维斯和前总裁戴克相继为此辞职。英国文化大臣乔维尔表示，这个职位不适合一个政治背景太过丰富的人物，但也不排除选择一位同政治有关联的人担任该职。赫顿调查报告指出，在 BBC《今日节目》中记者吉利根有关政府有意为伊拉克武器文件添油加醋的报道是没有事实根据的。赫顿调查报告同时指责 BBC 没能调查吉利根的报道是否正确和公正。②

2011 年 7 月 4 日，英国新闻集团旗下的《世界新闻报》被曝光曾窃听某被杀少女的电话录音，激起英国大众对新闻集团的愤怒，英国政府对该报展开调查。时年 80 岁的默多克不得不出席英国议会听证会，并接受关于窃听事件的质询。一同出席听证会的还有他的儿子、新闻集团副首席运营长詹姆斯·默多克以及新闻集团旗下英国报业公司前 CEO 丽贝卡·布鲁克斯。7 月 8 日，在英国伦敦唐宁街 10 号，英国首相卡梅伦在记者发布会上表示，将就《世界新闻报》窃听丑闻一事成立调查组彻查，并对曾聘用卷入窃听丑闻的该报原高级编辑安迪·库尔森作为新闻主管承担全部责任。随后，作为通俗小报的《世界新闻报》因一系列窃听丑闻停刊。

这里之所以引用美英政府对媒体干预的几则事例，是为了澄清某些学者一再宣扬西方政府从不监管媒体的误解。实际上，现今各国政府始终没有放松对媒体的管理批评，这类管理批评时严时松，批评方式也五花八门。为了引导媒介的传播，新闻出版管理部门经常

---

① 参见［美］赫伯特·I·席勒：《从市场法则到直接政治控制》，载《国际新闻界》，1984（2）。

② 《英国政府在报纸上刊登广告公开招聘 BBC 理事会主席》，载《解放军报》，2004-02-09。

召集相关会议，研究媒介出现的问题，下达书面指令或发表谈话，提出批评意见或禁止传播的事项。在不同国家，对媒介的这种管理批评有强制性和非强制性两种，对媒体的指令定期或不定期地下达，已经形成制度。一旦发生社会危机，国家对媒介活动的管理批评就可能收紧，不过不同国家采取的措施不一样，有的以行政手段制止媒介的"越轨"，有的用劝说的方式引导媒介，有的则诉诸议会听证或法律控告违规的媒体。

新闻出版管理部门不干预媒介的日常工作，给予媒介宽松的传播环境，是政府实施正确批评的前提。当媒介行为侵害了公共道德、社会稳定和国家切身利益时，新闻出版管理部门才对其进行批评，甚至视侵害的后果给予严厉的处罚。对维护和促进人类进步或社会正义的新闻报道、书籍出版和影视剧则给予表彰。在我国，这类表彰由党委宣传部、政府或受政府直接领导的民间团体进行；在西方，这类表彰通常由民间组织或机构实施的，例如普利策奖、奥斯卡金像奖、法国戛纳电影节金棕榈奖等，都是研究机构、专业协会或学会经过严格的评选对优秀作品授予荣誉。

二、管理批评的内容及报道方式

在通常情况下，政府部门对媒介的批评主要着眼于国家的媒介政策和媒介传播的社会效果，指出媒介作品在何种程度上危害了国家或国民的利益。对媒介行为造成的恶果，进行内容分析，大体包括以下几点。

（1）批评媒体有损国家主权和社会秩序。媒体发表分裂国家、损害民族利益的消息、言论和其他作品，抵制报道或宣传反侵略战争；在披露有辱国家尊严和国际声望的事件、报道叛国和间谍事件时，没有作出正面评论，使受众误解似乎这类行为不应受到谴责；鼓吹民族、种族或宗教仇恨和冲突，煽动违背人民意愿的暴力行为，破坏公共安全和秩序。以上这类媒介传播内容——包括传媒人的言行及媒介作品都可能受到政府的批评或处罚。

（2）批评媒体泄露国家机密。新闻出版界对国家重大问题、军事工业、商业机密和科技发明的报道，面临公开与泄密的考验，媒体有义务保护国家机密。凡是在媒介作品中泄露国家机密的，在受到新闻出版管理部门的干预和法庭认定后，要受到法律惩处。对新闻报道材料把关的国家部门要提高警觉，严防泄密。凡行政主管部门没有主动提供情况的国家重大事务，新闻记者要报道，应当征求该部门的意见；越是详细、真实、具体的事例，越要征得国家有关部门同意，最好让其审查稿件后再报道，否则就有泄密的可能。媒介传播的职业特点，决定了它较之一般行业更有可能接触甚至掌握国家机密，具有利用传媒人的身份窃取、泄露国家机密的犯罪条件。官员对泄密内容的认定要有事实求是的分析，根据我国《刑法》第一百八十六条、《全国人民代表大会常务委员会关于惩治泄露国家秘密犯罪的补充规定》和《中华人民共和国保守国家秘密法》的规定，制止或惩办媒体故意或过失泄露国家机密的行为。

官员对媒体泄露国家机密的管理批评，主要指出媒体违反保密法和有关保密制度的行为，提高其国家安全和保密意识。处理泄密的传媒责任人只是一种善后措施，在批评中分析泄密的原因和性质，防止再次发生此类的媒介犯罪，是更为重要的批评目的。

（3）批评披露国家事务的虚假材料。无论报刊还是纪实性书籍和影视片，对国家事务的报道包括政治运作、外交事务、与他国的军事冲突、行政领导、社会管理、国家经济和社会发展状况及统计数字及各级政府领导人的活动，发布不实材料，或弄虚作假、无中生有、“制造”新闻，或拔高夸大、添油加醋、虚张声势，都会造成恶劣影响，甚至严重损害国家形象，造成国际关系紧张。新闻出版管理部门经过核实和分析后，给予媒体严肃批评，涉及法律问题的，要诉诸司法程序。

报纸、广播电视在使用领导人提供的材料或引用领导人的讲话时，要忠于原意，不能歪曲、篡改，更不能曲解其观点。对政府官员不愿公开发表的谈话和内部报告，不涉及公共利益的，强行发表造成恶果的，新闻出版管理部门有权予以批评并追查媒体的责任。在没有得到当事人同意的情况下，媒体不能擅自刊载署名某官员的文字；对故意透露官员不涉及公共利益的内部谈话而造成恶果的，新闻出版管理部门给予批评，视其后果给予处分都是正常的管理工作。

(4) 批评和制止违规出版或传播行为。在我国，报纸、书刊不允许公民自行印制和发行，一切出版物都有严格的出版规定；同样，开办电台和电视台都要经政府相关部门的批准才能播出节目。任何公开出版物和公开放映的影视片要经过新闻出版管理部门的批准，才是合法的。新闻出版物未经新闻出版管理部门批准，擅自出版或改变出版日期、出版次数，也属违规出版。对以上这些违规的媒介传播行为进行批评、制止和处罚，是管理批评的重要任务。下面这篇短文，为我们提供了这类批评的新闻文本样式。

“山寨”报社非法经营广告业务，勉县表示将立即查处

一份4开8版几乎全是广告的“勉县都市生活”报在一个不足10平方米的“编辑部”里创刊发行。勉县工商部门昨日表示，该“报社”涉嫌非法经营广告业务，他们将进行严肃查处。

“编辑部”面积不足10平方米

10月8日上午，记者接到群众电话反映后，赶到勉县进行采访。在勉县县城莱园街某外语学校院内二楼东侧的一间图书室门口记者看到，墙上挂着一块“勉县都市生活编辑部”的牌子。图书室屋子被一分为二，前半间是图书室，几名学生正在里面翻阅图书，后半间标着“编辑部”字样的房门紧锁。

记者以投放广告为名拨通了“编辑部”的电话，随后一名自称叫唐君慧的女工作人员赶来打开了“编辑部”的房门，只见办公室不足10平方米，里面摆放着3张桌子、2台电脑和1台打印机，墙上贴着广告刊例价格表。

唐君慧告诉记者，“报社主编”就是这家外语学校的校长罗伟，他们的4名“记者”都是某勉县贴吧的管理员和小吧主。唐君慧说，“报纸”10月1日刚刚创刊，每周出版一期，为4开彩色8版，每期发行量2万份，主要向勉县各企事业单位、宾馆、学校、乡镇以及居民社区和个体工商户免费投放，第一期已经定稿并送往西安印刷，很快就将进行投放。

记者在“编辑部”见到了这份名为“勉县都市生活”的“报纸”，上面显示的主办单位为“勉县青年志愿者协会”、“勉县贴吧管理团队”，但没有正规报纸应有的刊号或工商部门审批的广告批号。记者看到，“勉县都市生活”第8版“创刊发行恭贺单位名单”有30余家单位，记者联系了几家单位，但他们均称不知道勉县有这张报纸，此前也没有任何人与他们联系过。

工作人员称“手续齐全”

记者以刊登广告谈价格为由，要求与“报社主编”罗伟见面。唐君慧称罗伟正在另一所分校上课，暂时不能回来。当记者准备离开时，一位自称是报社主任的中年男子走进来，他称自己可以代表罗伟对记者准备刊登的广告价格进行优惠。对于“报纸”是否有刊号一事，该男子说：“虽然我暂时拿不出来（手续），但我们报社的手续都是齐全的，如果你们想了解，可以到勉县有关部门去调查。”

工商局表示将严处

记者了解到，该“报纸”没有经营报社所必备的刊号。昨天下午，记者来到勉县工商局采访。该局商标广告股股长郭虎告诉记者，根据国家工商总局颁布的《印刷品广告管理办法》，经营广告业务必须到工商部门进行登记并申办营业执照。这家所谓的“报社”从没有来勉县工商局进行过登记注册，已涉嫌违法。郭股长表示，他们将立即对此事进行调查，并予以严肃查处。勉县文体局一位负责人在接受记者的电话采访时也表示，近几年来，他们从未审批过任何杂志、刊物的出版发行。

《西安晚报》，2010－10－09

以上例文实际是新闻出版管理部门运用新闻报道方式，对违规媒体进行管理批评。违规媒体的当事人既可能是媒体及其从业人员，也可能是社会上其他单位和人员。即使是合法媒体，也不能随意变更主管单位、主办单位、名称、定价和授权传播的内容。正式报纸临时增版、增期应按新闻出版管理机构的规定，履行一定的报批手续后才可印制，其内容应与报纸的宗旨、编辑方针一致。毫无疑问，对违规媒体的批评，要依据国家主管部门的规定和有关法律进行。

以新闻报道方式对媒介进行管理批评，往往是对重大媒介事件的批评，目的在于推动媒体认识错误，引起媒介的广泛注意。**媒介事件**是指媒介在传播和经营活动中发生的举措不当、矛盾纠葛或某种冲突，引起社会的强烈反响，包括媒体和社会公共关系部门共同策划的假事件和媒体自身发生的不良事件。媒体事件遭到社会非议，引起新闻出版管理部门的批评，主要有以下五种情况：

一是传播内容失实或错误，引起社会混乱或当事人的不满或愤慨，造成严重的社会影响，例如媒体的虚假新闻导致公众对媒体或记者的攻击。

二是记者、编辑或主持人在传播活动中有异常表现，引起强烈的社会反响，例如曾发生的电视台的“哈欠门”、误播画面事件。

三是记者在采访或其他社会活动中表现出恶劣的职业道德，引起社会的谴责，例如记者在采访中收受巨额封口费。

四是媒体追求私利而践踏新闻专业主义精神，受到社会各界或其他媒体的抨击，例如报纸出卖版面宣传假药，受到社会谴责。

五是媒体的改组、合并、破产等经营上的重大变动，引起社会的强烈反响。

以报道方式进行管理批评要有新闻要素，在批评中介绍完整的事件。不能再现具体事件，新闻就失去了依托，管理批评者的评论便无的放矢。管理批评者在报道中阐述自己的观点，发表议论，对事件的性质和后果作出评述，是报道式批评的主旨。在媒介批评的新闻中，批评者有时不是以个人身份出现，而是借助记者的报道评价事件，能够产生更大的影响。

三、主管部门的新闻阅评方式

这是中国媒体管理批评的特有方式，体现为政府引导媒介的一种“柔”性措施。2010年3月中宣部新闻局在《新闻阅评》第123期中写道：“虎年开局，《楚天都市报》举全报之力，在全国率先报道了湖北省孙水林、孙东林这对‘信义兄弟’的感人事迹，在全社会引起强烈反响。”中宣部报刊阅评员认为，《楚天都市报》连续大规模地报道孙水林、孙东林的事迹，成千上万的读者、观众、网友盛赞“信义兄弟”是道德楷模，称其足以“感动中国”。“信义兄弟”的先进事迹和崇高精神，体现了时代的主流，弘扬了社会主义核心价值观。报道的成功，反映了《楚天都市报》高度的政治敏感和新闻敏感，彰显了都市报在加强正面报道、倡导良好社会风尚等方面的舆论引导作用。①

以上新闻批评事例，是自1998年以来我国各级宣传部管理新闻媒体的一种重要方式，称为**新闻阅评**。即由新闻出版管理部门邀请学者、退休记者或宣传工作负责人对新闻报道的优劣作出评价，写出短小的评论文字，肯定优良的传播效果或指出出现的问题，并下达到各新闻媒体。新闻阅评曾被国内的新闻出版主管部门视作管理和调控媒介行为的手段之一，是现阶段中国式的新闻追惩制度。

国外对我国的新闻阅评制度有许多批评的声音，大多涉及对新闻体制的质疑，一些境外报纸杂志、网络媒体攻击我国的宣传体制，将新闻阅评员称为“阅报部队”，指其封杀舆论，“对传媒严密监视，禁止新闻自由”。

实际上，中国各级宣传部门的新闻阅评小组大都按照鲁迅“灌溉佳花，剪除杂草”的原则开展工作，注意发掘优秀媒介作品，发扬优良传播机制。至于剪除杂草，必须有根有据，以事实为批评的靶子。有家报纸发布读书排行榜，把胡兰成的《今生今世》排在第二位，吹捧此书“大有顶天立地、世界都要起六种震动的意思”。胡兰成是汪伪南京政府的宣传部次长。抗战胜利后，他匿居温州，旋又逃至台湾。他被台湾民众发现后，如过街老鼠，人人喊打，不得不出逃日本。这么一个民族败类怎么可以在中国文坛上招摇过市，领军夺魁？针对此排行榜的阅评，绝不是“封杀舆论”。

新闻阅评在其他国家也是一种常见的媒介批评方式。在美国有多种新闻职业道德监督机构，美国新闻评议会（1973年成立）是由美国新闻界和社会各界代表组成的民间组织，经常召开会议评议新闻媒体及其活动，对出现职业道德问题的媒体施加压力，充当媒介和受众之间的“调停人”。它经常受理受众的投诉并督促新闻媒介自律，以期改进工作，维护新闻职业道德的尊严。美国新闻评议会由于缺乏资金和人员，加上得不到媒体支持与合作，勉强支撑了11年后，于1984年夭折。1946年7月，日本新闻协会成立，以评议媒体、维护新闻业的共同利益和职业道德；1947年比利时建立新闻纪律评议会；1948年荷兰建立新闻荣誉法庭；1950年10月南非特设新闻调查委员会；1956年德国建立报业评议

① 参见张勤耘主编：《决战2010》，24页，《楚天都市报》编辑部2011年1月内部学习材料。

会；1959年意大利成立报业荣誉法庭；1965—1966年印度、菲律宾先后成立报业评议会。这些评议会都要评阅相关的报刊与电视报道，一般只受理违反职业道德的稿件，不受理违法案件。

瑞典的新闻出版督察专员是一种将国家体制中的督察专员制度引入新闻出版的管理领域的独特模式，督察专员由新闻出版管理部门设立和任命，一般由资深记者担任，任期三年，可连任三期。督察专员不仅阅评书报上的文字，而且任何人如认为报刊上的内容违反新闻出版职业道德守则，都可免费向专员提出投诉，投诉应在报刊出版后的三个月内提出。除受理投诉外，专员还负责解答公众就新闻职业道德问题提出的疑问，调解媒体与公民个人之间的纠纷。

美国有些报刊的督察员享有更多的权力，在报纸或网站上开设专栏，无须经过总编或发行人同意，直接发表阅评文章以回应读者。例如《华盛顿邮报》的新闻督察员查尔斯·西布所写的报刊阅评报告说：

> 6月25日
>
> ● 昨天在使费尔法克斯市石油储藏所蒙受100万美元损失的那场火灾的报道中，提到了石油储藏所既往火灾次数的数字。由于全美石油协会提供了错误的信息，我们做了错误的报道……错误的产生是由于全美石油协会的发言人搞错了统计场所。
>
> ● 昨天，“众议院的岁入委员会通过了一部能源法案，即私人飞机汽油税增税法案的试行法案”存在报道错误。事实上，委员会暂时否决了政府的这个提案，预定在下周进行有关该项法案的最终表决时再作考虑。
>
> ● 昨天曾报道众议院决定削减对受共产主义控制的国家的援助。其中，把乌干达加入对象国名单是错误的，伊迪·阿明领导的乌干达不是共产主义控制的国家。①

国外的这些新闻阅评是西方新闻专业主义理念具体实践的产物，成为西方媒介自律的重要方式。这些自律与他律组织有的是在新闻业内部依照自愿原则进行的，有的是政府组织或支持的半官方机构，有的则是政府官员直接出面。这些非官方的媒介阅评组织，大都软弱无力，被称为“没有牙齿的老虎”。中国的中宣部和各省、区、市宣传部的新闻阅评小组，采取专职和兼职新闻阅评员相结合的方式，监督的媒体主要是各级党报。

我国的新闻阅评者大多是新闻界的人，所写的阅评报告多有精彩之笔，但也有一部分文字是直觉型的，缺乏具体论证和分析，个别的还有上纲上线的批判倾向。比如，《新闻知识》2000年第2期刊登的题为《从“违反纪律”到获新闻大奖》的文章写道：一则关于九江决口的消息，在见报的当天上午，该报社就受到有关领导“违反新闻纪律”的严厉批评。后来，这条消息被评为1998年抗洪抢险报道一等奖、1998年中国新闻奖特别奖。但在最初，阅评人认为，在抗洪中，国家“防总”规定了严格的宣传纪律，未经批准，各新

① ［日］立花隆：《立花隆文选》，149页，北京，世界知识出版社，2002。

闻单位一律不得刊播江河决口的消息，上述稿件是在中央决定允许报道之前抢发的。[①]

“新闻纪律”很让新闻媒体头疼，导致媒体如履薄冰，不敢放手报道突发事件。目前我国的新闻阅评还不能完全做到遵循新闻规律，依法办事，有些批评带有随意性和主观性。其中一个重要原因是，许多新闻阅评小组的成员已经脱离工作岗位很长时间，对当前的社会生活和党与政府的执政理念的认识有一定偏离，对数字媒体时代大众传播的全新图景不甚了了，导致阅评结论落后于时代。在信息科技发达的21世纪，新闻阅评还需要引入信息化管理手段，建立档案，重视各部门合作，富有人性化与和谐社会的现代观念。

新闻阅评工作的正确开展，有利于媒体把握正确的舆论导向，增强媒体新闻宣传的自觉性，提高舆论引导水平；也有利于总结、交流新闻工作经验和教训，增强新闻媒体的使命感；同时又有利于传达受众的心声，提高新闻机构与人民群众的密切联系，促进新闻工作动机与效果的统一。为实现上述目标，新闻阅评人遵循新闻规律，把有利于公共利益的报道效果放在第一位，是最重要的原则。

第二节 媒介的法治批评

媒介的法治批评是经常出现的媒介批评类型，在法治国家，这类批评一旦涉及公众人物，就受到媒体的加倍重视，常被详细地报道出来。媒介言论如果对国家和公民构成侵权，被诉诸法律，通过法律诉讼解决纠纷。在法庭上，原告与被告的对质、律师的辩护和法官的认定都是对媒介是否侵权、侵权轻重的评价，法庭辩论与宣判作为媒介的法理批评方式，称作**媒介抗辩**。

一、法治批评的目的与方式

媒介的法治批评，是指对被认为造成侵权后果的媒介进行法律诉讼，批评双方——控告者和辩护者以法律为准绳分析媒介如何侵害或没有侵害公民权利。媒介的法治批评的目的十分简单，就是确定媒介是否侵权，侵权到什么程度，以维护公民或媒体的正当权益。虽然案情不同，不同媒介纠纷具有不同的辩论情况，但在法庭上面对面的抗辩，总带有不可调和的对立。这种批评是尖锐的、对抗的维权行为，批评双方围绕媒介内容是否侵权展开针锋相对的舌战。

为了说明法治批评的一般过程和特征，这里引证2011年3月至5月北京市东城区法院受理的马诺起诉的四起名誉权、肖像权纠纷案。这四起案件的被告分别是爱人杂志社、温州日报社、北京禄永圣科技发展有限公司、武汉伊心美信息技术有限公司。

原告马诺诉称，她系享有一定知名度的平面模特，因在江苏卫视《非诚勿扰》中大胆、犀利的言论而迅速在网上蹿红。马诺认为《爱人》等媒体刊登文章侵犯了她的合法权益。如温州日报社下辖的《温州晚报》上刊登的《史上最刻薄拜金女马诺》一文，使用了马诺的照片为文章配图，并且称马诺为“史上最刻薄拜金女”、“毒舌不止”、“捞金不停”、“是为了成名”等。而2010年12月出版的《爱人》杂志第44页刊登的《走了味儿的真

① 参见汤李梁主编：《把握舆论导向700例》，412页，北京，人民日报出版社，2001。

诚》等，配用了马诺的照片，极易让读者误认为马诺的真诚是“走了味儿的”。马诺认为，这与事实严重不符，自己的合法权益受到侵害，故将上述媒体诉至法院，要求分别判令被告赔礼道歉并赔偿数额不等的各种损失。2011 年 3 月 2 日马诺又起诉“好车网”擅用其照片，官司双方相互对质，庭审现场如下（本书引用有删减）：

[**审判长**]：下面开始法庭调查，原告陈述诉讼请求、事实及理由。

[**原告**]：诉讼请求：(1) 被告在《北京青年报》及“好车网”上向原告公开赔礼道歉，致歉内容包含本案案号、侵权图片名称、侵权图片及使用位置，致歉版面面积不小于6.0～9.0cm（名片大小）；(2) 被告向原告赔偿经济损失人民币 60 000 元、精神损失费 30 000 元、证据保全费 1 000 元、交通费、通信费、司法专邮费等合理开支 560 元，以上共计人民币 91 560 元；(3) 被告承担本案诉讼费。事实及理由：原告系国内著名平面模特，2010 年 10 月 10 日原告接到朋友电话，被告知重庆奇忠科技发展有限公司在其下辖网站“好车网”的“厦门好车网”页面里“精彩专题”一栏的“新闻频道”首页中，发布一篇名为《富二代相亲遇上史上最刻薄的拜金女》的文章，擅自使用了原告的照片，并将文章中的关键字作为宝马、奔驰、现代车系的广告宣传链接。原告认为，其作为国内著名平面模特，其肖像本身已经有了商业价值。被告未经允许擅自使用其照片严重影响了原告的商业代言人形象，侵犯了其肖像权、名誉权。

[**审判长**]：被告答辩。

[**被告**]：我们认为，文章是属于新闻报道性质，采用原告照片是合理使用，文字链接是数据库的方式，是为方便读者的使用，不是商业广告。原告作为公众人士，被告以新闻报道的形式，使用其照片不会征求其同意，被告没有营利的模式，也没有进行广告宣传的收入，因此，被告没有侵犯原告的肖像权。被告网站的文章的观点来源于其他媒体，是被告的网站编辑人员所进行的复制。原告是公众人物，正是利用文章中的内容进行炒作。文章中的内容是事实，不存在捏造事实，也不存在对原告的人格有侮辱、诽谤，只是对原告的批评。原告应注意其言行，注意对社会的影响。被告是行使新闻舆论的监督权。我方经营网站，虽然是营利者，但并不一定是侵权。“刻薄、拜金”对原告的社会影响，应当从社会整体影响来看，对原告的人格的影响很小。原告作为公众人物，其言行应当更为注意。被告没有捏造事实，对原告进行侮辱、诽谤。

[**原告**]：名誉侵权问题，被告给原告定性，应当进行举证；“刻薄”、“拜金”、“史上最”，都是贬义，给原告造成了精神痛苦，丧失了很多合作机会，构成名誉侵权。

[**审判长**]：双方当事人分歧较大，庭上不再进行调解。宣布休庭，当事人看笔录无误签字。

…………

这桩由新闻报道引起的名誉纠纷案，作为被告的 4 家媒体（报刊和网站）依据其他媒体的有关报道，导致以讹传讹。作为大众传播媒介，报道新闻既要做到及时、准确、客观、公正，同时也要避免出现侮辱人格的文字。

媒体侵权官司屡有发生，一些法律专家提出，由公民、法人或其他机构向媒体提供消息来源的，媒体应对该消息的真伪和可靠程度进一步审查核实；如果不加审查核实即作为新闻予以披露，造成报道侵权，应承担法律责任。但在某些情况下，消息来源具有足够的权威性，则不必进一步审查核实，如各级国家机关供新闻单位发表的材料，是不必核实的。

从法院对本案的庭审看，原告提出的索赔要求，后来由于被告提出案件管辖权问题一直没有最后宣判。从上述法庭诉讼的内容，特别是当事人双方对报道的批评和分析，不仅体现了媒介的法治批评观念，而且申述了媒体侵权或不承认侵权的各自理由。这一判例表明，媒介的法治批评大致有以下几个特点和要求。

（一）媒介官司的产生

当媒体发生侵权行为，受害者自觉地用法律保护自己，向法院提出控告，对名誉、品德、声望、信誉受到损害提出上诉，导致一场媒介官司的发生。有时，某个公民诬陷媒体犯有诽谤罪或其版权和发表权受到侵害，媒体可向法院起诉。显然媒体官司有两种情况，一是媒体充当被告，二是媒体充当原告。不管哪种情形，在进入诉讼前，原告起诉必须指明谁是被告，谁侵害了他的权益，无被告起诉，法院也就无从进行庭审。其次，原告必须指出媒体内容有害或无害的证据，法院和被告根据起诉的合理要求与举证，确定是否侵权，侵权的后果达到何种程度。法院对媒体内容经过调查分析，若起诉没有事实根据，则不属侵权案件。反之，则根据原告提供的案情与证据，作出法庭诉讼的决定。

（二）媒介法治批评的缘由

媒介的法治批评大体有四种情形：媒体揭露的事实准确，被批评的单位和个人不能正确对待而引起的纠纷；媒体传播内容失实或有意杜撰事实引起的纠纷；损坏他人名誉、诽谤他人或不经本人同意使用他人肖像谋取利益引起的纠纷；媒体作品侵犯他人的版权、著作权引起的纠纷。产生媒介法治批评的原因大体有三种：媒介强化监督功能，揭露性报道无疑要触犯一些人的利益；公民的法律意识不断增强，意识到自己的名誉和人格不可侵犯，对损坏名誉和人格的媒介作品纷纷用法律来维护自己的权益；有些报道事实准确，但不合法，公布后损坏了他人的名誉，当事人也要打官司。

不管以上哪种情况，诉讼双方都要就媒介的内容是否违法和侵权，展开激烈的争辩，评价媒体是否违法的事实和根据，构成对媒介的批评和反批评。这类批评不能脱离媒介传播内容任意指责对方的诉求。

（三）媒介官司的程序

媒介官司有一套程序，一般来说，包括以下四个环节：首先，原告对媒介是否侵权做好定性，对司法纠纷进行自我鉴定，判断媒介内容是否违反法律，要核对相关的法律条文。第二，聘请法律顾问或律师，依据事实写好诉讼文书，说明当事人的基本情况、诉讼请求和案由。在起诉状或答辩书中应说明证据来源，行文要忠于事实，防止虚构。第三，在法庭上向原告或被告展示证据，向证人、鉴定人和勘验人发问，经法庭许可，即可对被告或原告提出质问或抗辩。在法庭申诉或辩论中，要充分阐述自己对媒介内容的见解和论据，以维护自己的权益。辩论要集中在是否违法的问题上，不得无理狡辩。第四，认真听取法庭判决，服从法官判决。有些案件，如由于多方面的原因造成判决不公，可向上级法院提出申诉。

（四）媒介官司的解决

一旦出现媒介官司，最好让官司解决在萌芽状态。对方找上门来，要热情接待，实事求是地对媒介内容进行解释。如果传播内容确实侵权，就诚恳地检讨错误，赔礼道歉，主动赔偿损失，取得对方的谅解，争取对方不起诉，通过协商解决媒介侵权问题。

二、法治批评的内容与法理分析

在法治化程度较高的国家，一切违法现象都要通过司法解决，国家或其他组织无权强制干预。在中国，涉及国家安全和泄密内容的法治批评，法庭的评议和判决属于国家行为，司法审理一般是不公开的，此书不将此类媒介批评列为法治批评类型。进入21世纪，中国的媒介法治批评主要有以下几种。

（一）对诽谤内容的分析

书籍、影视和新闻报道歪曲事实或使用侮辱的言辞，进行人身攻击，丑化人格，构成对公民名誉权的侵害，叫**媒介诽谤**。在法庭上，被告与原告就诽谤是否成立，据理分析，展开论辩。如果媒介作品确实对某人使用错误的事实或侮辱性的措辞，即使公民的人格、名誉没有造成被损害的后果，也应认定构成侵权。侵权行为一旦造成公民人格、名誉受损的后果，应认定媒体严重侵权。名誉是社会对公民的品德、才能、思想和行为的综合评价，是公民人格权的重要内容，不容他人侵犯。

在法庭上，对媒介是否诽谤，要依据法律来分析认定。我国《刑法》明确规定，国家保护公民的人身权利、民主权利和其他权利，不受任何人、任何机关侵害。《中华人民共和国刑法》第二百四十六条规定："以暴力或其他方法公然侮辱他人或者捏造事实诽谤他人，情节严重的，处三年以下有期徒刑、拘役、管制或者剥夺政治权利。前款罪，告诉的才处理，但是严重危害社会秩序和国家利益的除外。"根据《刑法》规定，**侮辱罪**是指用暴力或其他方法，公然贬低他人人格、破坏他人名誉的情节严重的行为，并在众人或第三者听到或看到的情况下公然实施。**诽谤罪**是指故意捏造并散布虚构的事实，损害他人人格、破坏他人名誉的行为。侮辱、诽谤行为必须针对特定的人，可能指名道姓，也可能暗示，但足以使受众可知或推知；在主观上必须是故意的，具有明确贬低他人人格、破坏他人名誉的动机。不是出于侮辱、诽谤他人目的，由于疏忽大意或道听途说、偏听偏信，或以讹传讹等造成过失伤害，不足定为侮辱罪或诽谤罪。如果媒介作品构成对某人的侮辱或诽谤，就可能对簿公堂，对侵权的情节、证据加以评析、驳证，展开一场唇枪舌剑的论战。

（二）对侵犯隐私权的分析

分析媒介是否触及隐私，需要准确把握隐私的含义。我国宪法和民法通则均没有设立"隐私权"概念，更谈不上对"隐私权"的法律界定和解释。但我国《刑法》中蕴涵了对公民隐私的保护，《刑法》第二百四十五条中的"非法搜查"罪、"非法侵入他人住宅"罪和第二百五十二条中的"侵犯公民通信自由权利"罪，都属于隐私范围。2010年7月实施的《中华人民共和国侵权责任法》第二条第2款对"民事权益"下的定义包含了隐私权，最高人民法院颁布的《民事案件案由规定》中，把"隐私权纠纷"列为专门的一项民事案由。

关于"隐私"，我国《民法通则》和《最高人民法院关于审理名誉权案件若干问题的解释》中虽有涉及，但把它归于名誉权处理，并没有具体定性，目前仅有学理解释。**隐私权**是指公民享有的私人生活安宁与私人信息依法受到保护，不被他人非法侵扰、知悉、搜集、利用和公开的一种人格权。对公民个人生活中不愿披露的秘密，只要不涉及公共利益，都属隐私范围，包括公民的人身、个人生活、住宅、财产等诸多方面。一般来说，凡属个人私事、情爱与家庭内幕都称为隐私，未经当事人许可媒体不得披露，任何人不得干预。

在法庭抗辩媒介是否侵害他人隐私权时，诉讼双方应明确侵害隐私的侵扰和非法公开两种形式。侵扰是指未经他人许可或法律特许侵入他人隐私领域，以令人厌恶的方式干扰当事人的生活，如窥视他人起居，未经许可拍照，打骚扰电话等。非法公开是指对已知的当事人的隐私，未经本人同意媒体公开传播，包括口头、文字、录音、录像、拍照等形式。个人隐匿生理缺陷，包括生理变态及各种生理畸形，也受法律保护。记者追求奇闻效果，未经本人同意，执意报道生理缺陷，是侵犯隐私权行为。如果媒体把法庭依法不公开审理或根据被害人要求不公开外泄的案情，如被强奸、通奸和一些婚姻纠纷作详尽的披露，也是对被害人隐私的侵犯。

媒体宣扬他人的隐私，是否构成侵害名誉权，要看被侵害人的名誉是否受到损害。有些人愿意让媒体披露自己的隐私，甚至高酬向报刊出售自己的隐私，就不构成对隐私权的侵害。对这类出卖隐私权的分析，不应依据法律批评媒体侵害隐私权，而应剖析名人出卖隐私、引起媒体大肆炒作的弊端。媒介对这类现象形形色色的评说，渲染了影星、歌星在版面、荧屏上拍卖私生活的气氛。出售与宣扬隐私，是一种不良的媒介交易，名人得到隐私销售费，媒体获取"趣闻"而增加了阅读与视听率，双方都在交易中获得好处。

(三) 对淫秽色情内容的分析

媒体传播淫秽色情内容，违反法规，也成为法治批评的对象。对媒体的淫秽色情作品进行分析，应遵循严格的界定和法律规定。宣扬色情的作品不一定受到法律惩处，而淫秽出版物是违法的，对淫秽内容的批评属于媒介的法治批评的对象。淫秽色情的定义是一个众说纷纭的命题，最有名的定义是美国社会科学家伯哈德和克鲁豪森在他们的论文《色情与法律》中作出的。他们认为，色情的主要后果是引起性欲的反应。他们列举的色情的主要特征是，突出人物的性生理现象，宣扬性虐待及被禁止的形式。

媒介作品中多处以暴露性器官或性动作为主要内容，达到刺激情欲的目的，可认定为**淫秽作品**，宣扬这类内容的出版物就是淫秽出版物。严格把握相关法律规定，识别和分析淫秽作品的性质和危害，是对这一媒介现象开展正确批评的前提。大多数人对淫秽、色情持反对态度，因为媒体过多的性刺激描写和女性裸体的展示，会危害青少年的身心健康。

判断某件作品是否属于淫秽作品，应注意作品的类别及其传播危害。新闻媒体、书籍、绘画、影视作品和照片采取不恰当的形式突出性行为，其目的是对大众产生性引诱，具备淫秽作品的基本特征。如果毫无限制地向未成年人提供这类作品，注定会把一些腼腆羞涩的少年孵化为"淫棍"，造成的危害是无法估计的。淫秽同色情总是紧密联系在一起，但色情并不等于淫秽。作品的**色情描写**是指对美男、美女进行过度渲染，有一定的性接触，例如狂吻、上床情景和性爱挑逗，但没有性行为的暴露。媒介作品中色情描写太多或露骨，也会产生性引诱的效果，对青少年也是有害的。

判断某件作品是否属于淫秽色情作品，是极其严格、审慎的法治批评，不仅涉及某些作者的合法权益，也涉及严格的法律界定。媒介批评者无权根据自己的偏好随意认定，鉴别这个问题的重要依据是相关法规条款，主要有：《国务院关于严禁淫秽物品的规定》（1985）、《关于重申严禁淫秽出版物的规定》（1988）、《国家新闻出版署关于认定淫秽及色情出版物的暂行规定》（1989）、《关于认定淫秽与色情声讯的暂行规定》（2005），《中华人民共和国刑法（修正）》（1997）中的第三百六十三和三百六十四条。

近年来，互联网对淫秽色情作品的泛滥起到推波助澜的作用，特别是大量夹杂色情内容的非法网站防不胜防，国外的淫秽图片也经常传入国内。传统形式的淫秽色情作品一般通过出版渠道传播，包括书籍、报纸、杂志、图书、画册、挂历、音像制品及其他宣传品。而现代网络技术不仅产生了传播淫秽信息的新方式，还产生了很多新形式。一些淫秽影视作品越过审查通过网站大量地复制传播，受众容易获取这类作品，对广大青少年毒害愈甚。因此，互联网与手机传播的淫秽信息和图片成为法治批评的重要对象，对网上淫秽表演和网上招嫖尤应经常提出警示，引起网络管理部门和青少年家长对虚拟空间的淫秽色情内容注意防范。

对淫秽作品的法庭辩论，除依据法律规定外，还须确认淫秽作品的传播后果。其中，对淫秽出版物的定性要准确把握。根据相关司法解释，**淫秽出版物**是指在整体上宣扬淫乐行为，挑动人们的性欲，足以导致普通人腐化堕落，而又没有艺术价值或科学价值的出版物。诸如淫亵性地描写性行为及其心理感受；公然宣扬色情淫荡形象；淫亵性地描述或者传授性技巧；具体描写乱伦、强奸或者其他性犯罪的手段、过程或者细节，足以诱发犯罪的；具体描写少年儿童的性行为；描写同性恋或其他性变态行为，或者具体描写与性变态有关的暴力、虐待、侮辱行为。对淫秽作品的批评，离开这些严格的法律界定，不仅没有什么积极意义，还可能压制媒介作品对性爱的正当描写和肯定。

（四）对抄袭剽窃行为的认定

媒介的法治批评的另一个内容，是揭露抄袭、剽窃他人作品，包括书籍、报刊、影视作品和绘画等，情节严重的要依法处理。在媒体上出现抄袭剽窃作品，造成对精神产品著作权的侵害。根据《中华人民共和国著作权法》规定，剽窃、抄袭他人作品属于侵权行为，承担“停止侵害、消除影响、赔礼道歉、赔偿损失等民事责任”。

认定媒介作品对著作权是否构成侵害，要严格依据著作权的某些内涵来分析。**抄袭**包括部分或全部照抄他人的作品，未经亲自踏访、搜集素材、构思和全面的写作，将其作为自己的作品发表。对受版权保护的作品，因抄袭侵犯作者的精神权利和经济权利，抄袭者必须赔偿原作者由此而蒙受的一切损失。

法治批评应严格区分抄袭与引用，不能把二者混为一谈。引用是指在自己作品中适量引用他人已经发表的作品的内容或观点，但应注明出处及资料来源。为介绍、评论某一作品或者说明某一问题，在作品中适当引用他人的作品，不经著作权人许可但指明来源，不属于侵权。按照一般惯例，引用一部散文作品，一般不应超过整部作品的 1/10；引用诗词作品，一般不应超过整首诗词的 1/10；对于理论文章，引用量则可稍多一些。

对他人的作品表面改动一些词句，但主要内容未变，又未公开声明改编原作，应视为**剽窃**，又称为变相抄袭。剽窃不仅限于形式相似，主要指被改编的内容没有加入新的创造性劳动。但对某个作品披露的事实，任何作者可以作为论证某个问题的例子加以引用，即使全篇完整引用，只要注明出处，均不构成抄袭和剽窃。

对新闻作品的侵权进行批评，需考虑新闻作品转载的特殊情况。在报纸、期刊、广播电视节目或新闻纪录影片中，为报道新闻可以不经作者本人同意引用已经发表的作品；报纸、期刊、广播电台和电视台可以不经其他报纸、期刊、广播电台和电视台及作者的同意，重新发表它们已经发表的新闻、社论和评论员文章，但要注明新闻稿件的来源，同时要支付稿酬。报纸、期刊、广播电台和电视台未经本人许可，不可公开发表公民或官员内部会议上的讲话，如果发表应视为非法。上述结论，目前在法律上有的还没有明确规定，只是本书的一些学术见解。

第三节 专业性媒介批评

专业性媒介批评是指新闻、出版、广电工作者与研究人员从提高业务水准出发，对媒介活动及其作品进行评价，批评内容与文本形式着重从专业规范角度分析批评对象。专业性媒介批评除在研讨会上进行，大量以多种文体评述媒介活动的得失，发表在相关报刊上。即便是学术研讨，也大都写成文字作为发言底稿。从总体上看，专业性媒介批评多为短篇论述，对背离专业理念和规则的媒介现象进行评价。

一、短论的批评方式

对媒体或作品，新闻出版界或学界以短论的方式予以批评或评价，是专业批评的主要方式，多属于传媒界的自律、自我监督和经验总结。这种批评主要来自媒体与媒介研究者。单独一个媒体的自律多为会议形式。多家媒体的共同自律，召开的公开会议规模稍大，有时则采取笔谈的形式在报刊上集中讨论某个问题。发表多篇论文论证媒介的是非，对提高传播质量与媒介管理有重要作用。例如：

好看的节目，也不能突破底线

胡智锋

孝道是一个既传统又现实的命题。我个人认为应该有更多的节目像《天下父母》这样宣传和倡导中国传统文化美德。

遭到人们诟病的电视节目“泛娱乐化”的原因，是一些娱乐节目在运行中，出现了一些负面的效应，如嘉宾言论出格，有悖社会伦理，富二代炫富，社会舆论已有很多抨击。好看的节目，也不能突破底线，如社会的基本价值观、新闻节目真实性的原则。对于电视节目娱乐化，要把好关，守住底线，要将主流价值自然灌注其中，在娱乐大众的同时引导大众的情趣提升。

从电视内容上说，新闻信息传播和娱乐平分天下。因此娱乐对于电视而言不可或缺，娱乐节目也在一定程度上满足了广大观众日益增长的精神文化需求，但我们不能为娱乐而娱乐，而应该努力提高娱乐节目的质量。为何一些娱乐节目收视率高？它们在内容上与观众的实际生活诉求密切相关，在呈现方式上，给予观众一种平等轻松互动的环境，观众通过那个节目平台，往往解决了很多困惑和问题甚至实际困难。像央视《星光大道》，上海东方卫视《中国达人秀》等给了普通观众以成就舞台明星梦想的机会，利于和谐社会的建设，值得倡导总结。

——《光明日报》，2010-06-02

此篇短论出自著名电视评论家、传播学学者胡智锋的手笔，从电视娱乐节目的积极作用，分析了电视节目娱乐化的低俗倾向。文章虽短，但具有学术论文的某些特点，即提出媒介传播存在的某个问题，着重在理论层面进行阐述，语言与风格严谨、严肃。这种短论不同于学术论文，因为它不解释概念，不引经据典，篇幅短小，仅为一两千字。

有时用评论的方式对媒介活动、媒介作品进行批评，也属于短论的批评方式。评论中事实和议论浑然一体，既有短篇论文的特点，也有显著的新闻性，因为它涉及刚刚发生的某些事实，但又有别于报道的批评方式。例如：

电影洋快餐和问题食品

泊明·泊来品

好莱坞动画喜剧《功夫熊猫2》在中国上映了，和第一部上映时一样，艺术家赵半狄选择了抵制，而更多的影迷则选择了进电影院观看。赵半狄这一次是花了真金白银在几家报纸上刊登广告，公开声明自己不去看，号召其他人也不要去看。刊登广告之后，赵半狄还专门给全国院线经理写了一封信。在信中，赵半狄痛陈“《功夫熊猫2》是一部挪用中国元素，以热爱中国文化的名义戏弄中国人的电影”，是用来骗中国人钱的洋快餐。

很多人批评有熊猫艺术家之称的赵半狄的行为是个人炒作，理由是他自己也使用熊猫的形象，整天头上戴个熊猫造型的帽子，还在国外举办过熊猫服装秀。为什么他自己使用熊猫形象就可以，美国人使用熊猫形象拍电影他就要抵制呢？在赵半狄和中国观众之间看似存在意见分歧，其实原因不过是两方关注的焦点不同。赵半狄关注的可能是美国洋快餐文化对中国青少年的侵蚀，而中国观众关注的则是高票价之下看电影的性价比。观众之所以选择美国电影，更多是因为大多数中国电影的质量根本不配那近百元一张的票价。于是观众选择更具性价比，更能给自己带来愉悦感的美国大片，摒弃连故事都无法说得顺畅的很多国产片。

赵半狄对《功夫熊猫2》的评价是完全符合好莱坞电影本质的，不仅是《功夫熊猫》，很多好莱坞大片都是洋快餐，都是为了商业利益而来到世界各地的电影市场。美国电影文化的强势入侵已对世界各地的电影造成严重冲击，很多国家都对本土电影采取了贸易保护措施，以减轻好莱坞电影的冲击，但这种“幼稚保护”的期限不可能太长，如果本土电影一直幼稚下去，迟早难逃被美国大片吞噬的命运。原因很简单，如果以最近闹得人心惶惶的中国食品问题为例则更容易理解，美国电影是洋快餐，但胜在安全；中国人自己的电影看似食材精细，却不乏有问题食品。你说在这种情况下，国人是选择洋快餐还是问题食品呢？

谁都知道功夫和熊猫是中国特有的元素，这好比是我们有很好的食材，但我们现在不仅没有好厨师能把这好食材烹出美味佳肴，反而不断浪费好食材，做出一盘盘问题食物。所以，赵半狄呼吁抵制洋快餐文化的努力暂时不可能成功，《功夫熊猫2》的票房很可能因为他的抵制而有所增加。这是中国元素的胜利，却是国产电影的悲哀！

——《新闻晨报》，2011-05-30

这篇评论对美国电影和中国电影的差异与观众的欣赏倾向作了深刻分析，批评了中国多数电影幼稚、低劣，不善于讲故事，因而上座率低。从这则评论中看到，专业性媒介批评具有以下特征：

其一，批评的形式虽不是报道，却反映了当前媒介的某种动态。批评的内容针对的是现实事件——艺术家赵半狄刊登广告，痛陈和抵制美国电影《功夫熊猫2》，然后发表自己的观点，批评本土电影的落后与不成功，评价及分析很有现实意义。

其二，运用评论的语言、评论的风格，借助事实说明一个道理。说理的内容紧紧围绕事实加以论述，贴近实际，有的放矢。

其三，批评的方式大都带有释疑解惑的目的，批评的内容多为媒介人士争论不休或难以解决的问题，涉及某些专业规范。

在上例中，对中国电影如何赢得观众喜爱这一课题，作者进行了简洁的分析，说明中国元素被不同的艺术家所处理，则有天壤之别。运用评论方式进行媒介批评，针对的是媒介活动中的新现象、新问题，引述事实和说理并重，重点在于说理，使批评更具说服力。

二、杂感的批评方式

大量专业性媒介批评是用杂文写的，尖锐、泼辣、生动、活泼，对媒介现象作出深刻、明快的评价。杂感的批评方式，针对听到、看到的媒介现象抓其一点，有感而发，往往一事一议，颇有新意。杂感的心得是以杂文表达的，又可称为杂文讽喻的方式。

杂文主题简要，内容集中，语言活泼，写作有一定难度。专业媒介批评家、新闻研究者以及成熟的编辑记者多使用这种文体评点新闻和各种媒体作品。由于杂文短小精悍，笔锋犀利，对不良媒介现象的批评尤其能发挥以小见大的作用。例如：

美国人为何跟中国皮蛋较劲？

石述思

2008年，因妖魔化中国，CNN在中国创造了一个网络流行语：做人不能太CNN。三年后，当中国流行语演变成“做人不能太郭美美”时，CNN难耐寂寞，又开始生事，这回矛头对准了深受中国人民喜爱的食品——皮蛋。

近日，在CNN评选的全球十大恶心食品中，皮蛋列为第一，原因是味道吓人，外形怪异，像是魔鬼生的蛋。与之做伴的亚洲食品还有韩国的狗肉和柬埔寨的一种食用蜘蛛。

污蔑我们的人民不可忍，污蔑人民爱吃的皮蛋照样不可忍。7月4日——美国国庆日，我国最大的蛋品加工企业——湖北神丹健康食品有限公司，以董事长及3 000名员工的名义正式发函抗议，要求CNN道歉。《抗议信》本着毛主席对敌斗争确立的有理有利有节的原则，对挑衅的美国传媒进行了皮蛋启蒙——该食品由鲜鸭蛋腌制而成，是中国人民的伟大发明，至今已有数百年的历史，在中国及世界各地有二十亿消费者，深受人们喜爱。中国的传统医学认为，皮蛋性凉、味辛，有解热、去肠火、治牙疼、去痘等食疗功效。皮蛋瘦肉粥还是肯德基的畅销产品。

平心而论，真正应当选十大恶心食品的是美国人发明的肯德基和麦当劳——高热高油高脂，是各国肥胖症患者的最爱，俗称垃圾食品。CNN之所以视而不见，不仅因为他们很爱国，更由于他们的国家是世界强国，只能对外输出自己的文化——包括餐饮文化，别人的只要自己不喜欢、不认识就是垃圾、恶心。皮蛋就是又一出悲剧。CNN的问题不在于事先没对皮蛋进行深入研究，而是其根本懒得了解。

这是美国人价值观凌驾世界的傲慢，是西方中心论在皮蛋身上附体。但也说明随着中国经济的快速崛起，中国制造遍布全球，尤其是GDP超越日本直追美国，而与之匹配的国家软实力还相对滞后。

若干年前，曾有一部叫《刮痧》的影片讲述了中美之间文化尖锐的误读和冲突，今天皮蛋风波又呼啸而至，着实让人感慨万千。

首先，国内频发的食品安全事件已震惊世界。覆巢之下，安有完卵——你可以理解成“安全的皮蛋”——无疑为这种误读进一步提供丰沃的土壤。令人失望的是，国内先富人群到国外挥金如土，也没有做出太多提升中国整体形象的事情，倒更像一群穷得只剩下钱和知识的人去效忠另一种文明。

尊严从来都不是被赐予的，而是争取来的。无论人，还是皮蛋。除了谴责CNN，更值得做的事还有很多。

——《广州日报》，2011-07-06

杂文善于表现各种情感，锋芒婉转快当，入木三分。如果仅仅认为它是一种战斗文体，那是片面的。杂文既能痛下针砭、鞭挞假丑，又幽默含蓄、明白畅扬，在诙谐的情调中表达对媒介现象的评价。杂文常从实入手，以实论虚，以一个人、一桩事、一句话、一个典故、一则笑话或一段历史作为发挥议论的依据，通过对照、联想、借喻、类比生发开去，揭示隐藏在媒介现象后面的意义。

杂文还要求描绘形象，通过形象议论媒介的专业道理，无论介绍知识或讲述趣闻，最终目的是要阐发媒介的某种专业规范。杂文评人议事要有形象性，通过具体事物的描绘，把“理”寓于形象之中，使读者容易得出结论。这和一般评论又有显著的区别。评论要求语言严谨、平实，不宜尖刻激越，杂文除了要求语言尖刻激越外，还要对批评对象进行神似勾勒、冷嘲热讽，写出活泼的气氛。

杂感的批评方式适于揭露媒体的缺陷，这些缺陷不是重大的要害问题，因而可以轻描淡写，也可画龙点睛，点到为止，但这并不意味它不能触及重大问题、作用微不足道。杂感式批评作为对媒介现象的若干断想，是由于媒介的零星动态引起批评者的灵感或警觉，在媒介问题的刺激下，媒介批评者领悟到问题和媒体整体的联系，选取某个片断，剖析其内在意义。这一过程展示了媒介批评者的深刻见解，提出发人深省的话题，体现出凌厉的批评锋芒。

媒介批评者对媒体病态的点滴发现，对媒介活动的一丝畅想，对传媒人行为的深有所感，都可通过杂文来阐发。它虽然不能揭示系统的理论，却能森罗万象，激浊扬清，以无数短小的文字堆起一座媒介批评的大山。当多位媒介批评者的思想精华凝聚在简洁的篇章里，犀利地剖析媒介倾向，揭示出的媒介理念也能闪烁熠熠的光彩。

第四节　学术性媒介批评

对媒介现象着重学术评价，通过系统的理论阐释揭示媒介的价值，称作**学术性媒介批评**，又称媒介的**学理批评**。这种是对媒介行为、媒介制度和机制进行的理论评价，以论文或著作形式表达系统的见解，有别于专业批评的点评方式。学术性媒介批评主要针对重要的、宏观的媒介问题提出系统的观点，具有较重的学术分量。

一、学术性媒介批评的理论性

学术性媒介批评的论著是学术研究的结晶，不是一般的专业见解和体会，因此它不局限于某个媒介现象的狭小领域。凡学术性媒介批评论著都对媒介问题的科学规律进行揭示，有材料的罗列、事实的描述，更有系统的理论演绎，具有理论体系。媒介批评者运用丰富的材料，引述他人的见解，分析媒介的重要问题，通过逻辑推理论证他们的发现。篇幅较长，突出理论判断，是学术性媒介批评的主要特点。

“理论”本是“道理”与“论证”的总称，用来表达对知识或思想的系统阐释，对媒介实践的理性进行系统的揭示，显露出推理的细腻过程。论证的形大声宏，使“理”与“论”相得益彰，加大了媒介批评的深度与厚度。

对媒介问题的理论评价，不仅投注于理论阐释，同时集纳多个学科的知识与观点，对媒介进行多维透视，全方位地显现媒介的价值。批评的推理过程，穿越时空经纬，游神万古，挖掘思想的旨归，不得不引用相关学科的知识与原理。在批评文本中，作者纵横捭阖，旁征博引，使论著呈现恢弘的学术气势。

有知识不等于有学术，不能把知识作为衡量学术水准的依据，但任何缺少知识的学术性媒介批评，势必产生学术空洞。在学术性媒介批评领域，真正的论著要有丰富的知识，有了知识也就有了理论的前提。批评重视理论分析，打开人们认识媒介底蕴的大门，通过知识的推动才能步步深入。理论是一个较难界定的概念，它同“学术”同宗，从字面上看，学是指学问、治学，术则是指艺术、方法。简单释义，学术可以理解为治学的艺术或方法，其实体就是借助理论体系表达学问。当然，这里的学问是指媒介批评的学问。

有人干脆把学术看做理论性和科学性的实践与经验的总结，表现为对知识与规律的阐释，归纳和建构完整的理论体系。总括而言，学术性媒介批评就是探索媒介问题的本质和规律而提出一系列思想，将其演化为若干观点，并加以论证。由此看来，学术性媒介批评不能停留在观察和感受层面，而要对观察到的材料进行探索，衍生出深刻、系统的理论观点。一本学术性媒介批评著作要完成这个理论工程，一篇论文也能实现这个理论目标，关键是要阐述知识，提出理论观点，有系统的推理与演绎过程。例如（此处引用作了删减）：

我国内地电视娱乐节目解析

李瑞植　邱秀桐

电视娱乐节目的内涵和外延一直不是特别清晰。电视本身就有娱乐的功能，从这个角度出发，任何节目都可以称为娱乐节目，Discovery就宣称它播出的纪录片能为观众提供前所未有的视听娱乐。我们认为，电视娱乐节目是综艺节目发展的新形式，通常人们所指的电视娱乐节目是单纯以娱乐性、消遣性和趣味性为突出特点的节目，就其形式而言，又可以有综艺晚会型、杂志型、谈话型、游戏型等形式。

电视娱乐节目不是在电视一产生就有了的，长期以来为人们所熟悉的只有电视文艺节目，而电视文艺节目的概念要比娱乐节目的外延要广得多。在中国内地，很早就有电视文艺节目，如相声、评书等在电视台播出，从节目的功能定位来说，它与现在的电视娱乐节目大部分是相同的。内地还有一个时期是用电视综艺节目的概念来代替电视娱乐节目的，例如较早时期开始播出的《正大综艺》、《综艺大观》在人们的印象中就是综艺节目而非娱乐节目，现在来看，当年的综艺节目似乎是教育功能居多而娱乐功能不足，但不管怎样，中国内地的电视娱乐节目在电视行业发展的初级阶段跌跌撞撞地起步了。

…………

《玫瑰之约》的开播，特别是在湖南卫视上星之后在全国落地播出，使我国内地电视行业产生了极大的震动，它突破了中国电视领域里许多认识禁区，使电视人在更深刻的角度上思考着电视娱乐节目的变革。在《玫瑰之约》之前，中国的电视娱乐节目只有一种风格，那就是以中央电视台为蓝本的所谓“学院派”风格，它的主要特点是，重视整体的设计和构思而不是细节的设计，力图体现的是一种“大气”；重视节目对观众的影响力，不太重视收视率（春节晚会的高收视率是历史造成的）；重视内容，不太重视节目的包装。中央电视台具有无可比拟的资源优势，包括人才、资金和政策优势，所以可以制作大量的娱乐节目，而地方电视台既想学中央电视台却又没有实力，只能办少量的、与中央电视台风格相近的娱乐节目。伴随着《玫瑰之约》的开播，始终没有出现的娱乐节目大潮的繁荣景象终于出现了。内地各电视台在短时间里办了20多个与《玫瑰之约》同类的娱乐节目，包括海南电视台《男女当婚》、陕西电视台《好男好女》、重庆电视台《缘分天空》、福建有线电视台《真情相约》、上海东方电视台《相约星期六》等，所有这些节目在当地都曾经风风火火了好一阵子。《玫瑰之约》的成功还带动了《快乐大本营》和其他大型综艺晚会性质的娱乐节目的发展。

…………

但是《玫瑰之约》的成功又对中国的电视娱乐节目的发展造成了相当程度上的损

害，那就是助长了一种抄袭风。在整体制作水平低下的时候，学习内地以外地区制作节目的方式方法是有利于提高本地电视台的制作水平的，但问题是学习变成了抄袭，引进变成了克隆。《玫瑰之约》、《相约星期六》抄袭台湾地区《非常男女》，中央台《城市之间》使用的是法国《城市之间》的创意和名字，《欢乐总动员》则是《快乐大本营》的北京版。而且，从《玫瑰之约》开始，中国的电视人不再那么害怕自己的创意被指为抄袭了，于是就有了《玫瑰之约》的20多个兄弟姊妹和以后的"快乐旋风"。有的节目的创意纯粹从港台电视节目克隆，大到节目的定位、风格、内容，小到字幕的版式、音乐音响、背景，全部都照搬；有的节目甚至没有创意、可行性研究、观众调查这些电视节目开办应该具有的过程，而只是从屏幕上把被克隆的节目当做自身的营养来源，把与原节目的相似程度看成自身节目是否成功的指标。电视节目千篇一律，几个桌子一搭，放上几个话筒，就可以做相亲节目了；找几个说知名又不太知名的明星，做一些弱智游戏就可以说是综艺晚会节目了。除了主持人不一样（有时也一样）、节目名称不一样，节目的内容、结构基本一样，近亲繁殖的后果是同质化严重，娱乐节目的内容形式缺乏创新。

…………

很多娱乐节目存在庸俗化的倾向，有些节目单纯模仿港台娱乐节目的做法，而不管内地观众的欣赏习惯。比如有的主持人在节目中肆意取笑评说嘉宾的长相或观众说话的声调；有的主持人则会不经意中说一些脏话或错别字，造成新的屏幕污染；有的节目制作人员在游戏节目中利用偷拍的手段侵犯个人隐私。试探挑战道德的行为屡出不鲜，而娱乐新闻公开的流言蜚语更是司空见惯，有偏激的论者就因此认为中国的媒体是流言蜚语学校。

不光是有大批观众反感娱乐节目的庸俗化倾向，业内许多有识之士也对这种倾向进行了严厉的批评。四川电视台经济频道的杨滨在《南方电视学刊》发表文章《评电视文艺娱乐节目的庸俗化倾向》，文章开头对电视娱乐节目的庸俗化倾向进行精彩的描述："纵观当今的电视荧屏，目前的所谓'电视文艺娱乐节目'，已经是艺术之树上的一个病枝，享乐的麻醉剂，刺激收视以谋取金钱的商品。它们垄断着荧屏，逐斥着真正的艺术，它们以娱乐来以偏概全地冒充艺术在历史与现实中的多元化功能与性质。当代的文化艺术已被商业文化搅得混乱一团，'电视文艺娱乐节目'仅是推波助澜者而已。"作者很担心："在'电视文艺'的落井下石推波助澜之下，丰满鲜活的艺术传统正在枯萎，尸骸标本式的华丽'艺术'将成为我们后代子孙的精神食粮。嚼着这类尸骸长大的我们的孩子，将不再有能力梦见蝴蝶的活体；在他们光怪陆离的梦境中，将充斥着钉在精致木框里的彩蝶标本。孩子们将因此失去很多宝贵的人性特质——如灵性、爱的能力、价值判断能力、想象能力，等等。倘如此，我们罪莫可赎。"

——《新闻前哨》，2004（6）

这篇论文对电视娱乐节目的评价注重学术分析，开篇就对电视娱乐节目的界定进行辨析，提出何为"电视娱乐节目"这个概念。接着作者对多个电视娱乐节目的优劣和传播效果作出评价，从电视娱乐节目的定位、风格、特征和理论导向论证电视娱乐节目的得失与应有的价值。得出的结论发人深省，语言具有强悍的逻辑；通篇有明显的推理过程，使多个论断成为学术成果。

学术性媒介批评从本质上讲，是动态、发展和不断深化的，是媒介批评家观察分析、思考归纳、提升理性认识的结果。由于媒介活动的千变万化，客观世界的发展日益丰富，学术性媒介批评的内容也将不断提出新问题，产生新形式。学术是广泛、自由的探索行为，作为媒介批评家创造成果的独思，渗透着认识的勇气和研究兴趣。它需要媒介批评家独立思考，由外在现象深入探索媒介的本质，以推理和结论把这种认识阐发出来。批评者对媒介现象长期观察、认识和分析，经过成熟的思考后产生若干学术见地，最终在论著中形成媒介批评的思想链。

二、学术性批评的成果与价值

学术性媒介批评的实体是展示理论，集结若干观点说明媒介的深层属性，它的成果是以论文与著作的形式呈现的。批评家通过由表层到深层探索，达到一定的理性，最后才形成理论的成果。媒介批评者在论述中一般不过多地描述媒介行为或媒介事件，而是注重思想与知识的揭示。任何一种媒介批评都有思想，但学术性批评的思想是丰富、多维的，形成观点的演绎体系，有些是实践的总结，说明实践显露出来的道理，有些是判断性的假说，预言实践的可能性。这两种理论都是对媒介批评思想链的展示。

学术性批评成果往往提供综合的理论价值，把其他学科的理论用于媒介分析，推动新闻学或传播学的发展。媒介批评的理论如果单一化、简单化，通常呈现出管理、法治和专业批评的特征。而学术性媒介批评的理论是丰富的、综合的，通常运用哲学及各种社会科学甚至自然科学知识，形成众多学术思想交汇的力量，使批评的理论范围更为宽广。媒介批评的知识与理论的综合性，有效地促进了媒介批评的深入，为媒介批评建立起深厚的理论根基。

学术性媒介批评往往展示批评者的预见性，提出预见性的观点，说明媒介传播的某种趋势，这是这种批评的重要学术价值。在学术性媒介批评论著中应有许多假想，对媒介的未知现象作出判断，提出超前的学术观点。对复杂现象的趋向作出预测，以科学理论为指导，预言媒介行为导致的后果，对媒介实践具有鲜明的指导性。这意味着，指出某种尚未出现但不久后能够出现的某种媒介现象，是理论建树承担的重要任务。学术性批评针对现实的媒介现象，往往提出一些新的思想，揭示媒介可能“会怎么样”，对媒介的成长具有重要的意义。科学一般是人们确认的知识形态，而媒介的学理批评则将开辟传媒人的正确认识，指明媒介发展的正确道路，使所有传媒人共同拥有批评的思想成果。

当然这不是说任何一篇学术性媒介批评文章都有这种作用，而是指真正有价值的学术性批评成果。思想创造是极其困难的事，需要勤奋者的不断观察，不断参与学术交流，才能互相享有对方的思想成果。正如萧伯纳所说，倘若你有一个苹果，我有一个苹果，我们彼此交换后，每人还是有一个苹果；而你有一种思想，我有一种思想，我们彼此交换后，每人都有两种思想。学术性媒介批评给传媒人提供正确的思想，增加传媒人对媒介的新认识，不断修正媒介传播的错失，让大家手里都有“两个”或“三个”苹果。

学术性媒介批评不应单纯地坐而论道，更不是对传播学术的空谈，它的直接价值在于分析现实的媒介事实，让传媒人警醒。这同纯学术研究是有区别的，学术研究是不断积累的过程，是探索原理、论证原理的过程，而学术性媒介批评则是针对媒介存在的问题，阐述如何对其评价的理论，浸润着学术特色和风格。批评者继承前人和他人的成果，提出坚实的个人观点，既尊重又不囿于前人的学术见解，才能有独到的批评见地。一种思想、观点或情感可以有多种方式表达，有的体现出评价观念的创新，可能成为新闻与传播学研究的镜鉴。而主观或随意性的评价，不尊重学术规律，则不会有任何价值和实践意义。

学术性媒介批评都应独立思考，不盲从他人的观点。凡不作具体分析就以他人观点作为标准，根本不遵循实践要求来评价媒介，不可能作出认真、科学的分析。有些学术性批评论著难以卒读，无见识，无文采，也谈不上有什么学术价值。对媒介的学理批评，应从学术角度进行价值判断，遵循学理的探索性，否则就会失去创新的锐气。将学术性因素引入对媒介的评价，需要遵守学术评价原则，否则难有理论建树。

三、学术性批评的步骤与方式

在开展学术性媒介批评之前，首先需要权衡批评对象是否普遍存在，是否成为传媒的重大问题，在多大气势上作出理论评价才更适度，这是学术性媒介批评的第一步。如果只是个别或偶然的媒介现象，不需要用广阔的理论视野来分析，也不必运用综合的学科知识来透视，就无须开展学术性媒介批评。如果该媒介现象具有普遍性，影响面广阔，应从社会背景、制度原因、媒介理念等多方面进行缕析。面对媒介现象，不用多学科知识和理论阐释媒介行为，就无法得出正确和深刻的结论，这时只有采用学术性媒介批评才能奏效。

其次，在选定学术性媒介批评的课题后，对批评的材料进行整理，分列批评要点，梳理出明确的思路。然后，对批评见解中碰到的概念加以界定，特别应揭示新概念的内涵。这些工作，都是对批评内容进行学术分析的必要环节。

在确定概念内涵和论述观点时，思维不能脱离批评的靶子，陷入一般学术范畴而跃出媒介批评的理念。学术性媒介批评论著不是一般的新闻学、传播学论著，而是以批评为目的的论著，在行文中要突出对什么进行批评，批评对象有哪些值得肯定的地方，或存在什么问题，这两方面涉及哪些学术问题，对其应如何认识，这些问题都要一一论述清楚。此类内容，都是针对媒介现象的评价，不是对媒介知识或规律的一般阐释。

完成上述工作后，媒介批评者开始写作批评论著，面对研究对象和占有的材料，确定文章的篇幅和风格，采用一定的研究方法系统地表达批评的观点。在写作中，他们依据自己的认识，按照媒介知识和规律论述批评对象的优劣，在介绍批评客体、阐述媒介问题的背景、提出自己的见解、论证自己的观点等几个环节中，把涉及的概念、原理、论断纳入一个分析过程。不同的媒介批评者由于采用的研究方法不同，解释同样的媒介现象可能会有各异的判断和根据，但都要立足多方面的材料，采纳多维分析的方法，才能得出正确的结论。

第五节 优秀媒介作品的评选

评选优秀媒介作品，是评选者评价作品，从而确定哪些作品属于优秀类型的批评。这种评比性的媒介批评，设置多种奖项奖励优秀作品的作者，激励他们写出或制作出更好的精神产品。各个国家都设有各种新闻出版奖、影视片奖，在同类作品的竞争中开创精神生产的新道路，是解放精神生产力的一项重要措施。参加评定的媒介作品，受到评委们种种挑剔与评价，依据精心设计的批评规则与程序，最后以投票的方式确定优秀作品及等级。这类媒介批评在许多媒体内部也定期开展，成为编辑部提高作品质量的重要措施。

严格说来，媒介的编辑们每天在数十份或数百份来稿中遴选出可以传播的作品，也是评价媒介作品的过程。遴选伴随编辑们的分析和确认，经过每个环节的严格把关，全部传播活动才能有步骤地进行。编辑们掌握媒介批评的知识与标准，了解进入传播渠道的稿件应具备的素质，是正确遴选作品的前提。

一、确定评选作品的考评项

在全国媒介作品的评选中，除关于重大事件的作品和论著常获奖外，拿大奖的大都是国内著名媒体和新闻、史料和文化资源较多的省市。就新闻作品而论，经济欠发达、发展缓慢的地区的媒体，获新闻大奖有很大难度。更重要的是，一条新闻、一部图书能不能获奖，能否受到评选者的首肯，不在于相关内容发生的地域或媒体的地位，而在于作品本身的质量和影响力。**新闻质量**是指新闻事实的准确性、表现力的完美和影响力的总和；**图书质量**是指著作内容的丰富和对读者的深远影响；**影视片的质量**则是指内容重大、情节感人和表演拍摄技巧高超而完美的结合。

评选优秀作品的标准是依据作品的质量和社会效果概括出来的，这一切又取决于评选者的智慧和鉴别力。作品的社会反响、内容的思想性和表现技巧是评选者评价作品的主要标准。对作品各主要素质进行考察和估价，构成了评选媒介作品的重力点，称作**评选作品的考评项**。评选作品的考评项与着眼点主要有以下三条。

（一）权衡作品的社会影响

评选作品是否优秀，主要是评定作品内容是否被社会绝大多数人所肯定，并产生重大影响。作品发表或出版后引起强烈的社会反响，大多数受众认为表达的思想正确，受到教育和感染，就是一部好的作品。不管是新闻、小说、历史著作或影视片，引起社会震动越大越是好作品。所以，社会效果是一切优秀媒介作品的首要考评项。

优秀作品的标准不仅在于思想内容的正确和重大，而且在于它产生的社会震撼。好作品引起强烈的社会反响，其主题必然是重大和正确的。所谓正确、重大不是媒体的自我感受，而是由受众来确定的；确切地说，是由社会反响来判断其内容是否有益于社会，是否被受众所重视。不同政治派别和政治倾向的人由于利益不同、政治观念不同，对同一个作品的好坏判断的标准不同，对其社会价值的认识也大不相同，受到欢迎的程度也不一样。比如，新闻价值不依据哪个派别的私利为转移，而是依照新闻是否满足了绝大多数人的认知需求而存在，以及能否引导受众正确认识该事件。

对于社会绝大多数公众而言，重要或有益的作品，总是由多数接受者做出广泛的评价。评选者的评估，应是广大受众的价值判断，应当贴近受众或与受众的标准相一致，才能评选出优秀作品。

（二）权衡作品主题的深刻性与开拓性

无论是评点作品主题，还是肯定作品的影响力，都应强调思想的深刻性和完美性。特别要考察作品主题的创新与开拓性，说明其对受众产生的感染及感染的程度。

例如，全国第九届“宣传人民代表大会制度好新闻”评奖，为送评的100多篇消息作品设置了三个一等奖。消息组的评委们权衡再三，决定把新华社记者写的题为《同级工作机构如何纠正同级政府错误行为——全国人大常委会部分组成人员提出疑问》的作品，作为一等奖向全体评委推荐。在评议时，多数评委认为，这则消息是记者在人大常委会会议报道方面进行的创新尝试，值得赞赏和肯定。消息866个字，比较简短，文字也较为流畅，记者从习以为常的“两会”报道中，发现常委会审议法律草案中的不同声音和个人见解，反映国家立法开始发扬民主、走群众路线作出的努力。这篇新闻折射出最高国家权力机关的民主作风。尽管有的评委对这篇作品提出了一些不同看法，认为它与一等奖还有距离，但投票结果只有一票反对、两票弃权，最终还是将其评为一等奖，反映了大多数评委的判断和意愿。

这篇消息反映时代的变动，挖掘社会的深刻变化，以典型的事实表现重大的主题，为社会发展开拓新的道路。捕捉这类主题的社会事件，以新颖的形式再现出来，不仅能引导读者正确认识社会的新趋势，而且也能影响社会发展的进程。作品的这种开拓性，表明主题触及时代的前沿，自然赢得受众的关注。受众不仅对新鲜和具有震撼性的事实感兴趣，对新鲜的思想、新鲜的见解、新鲜的思路，对事实背后蕴涵的新东西也更为关注。换句话讲，新颖的主题，能够在思想上给人以新的启迪，往往具有更强的启示性。评选作品要注重它们能否指引受众认识现实的动向，让受众知道社会的真相和自己的利益，或揭穿某些谎言，告诉人们今天生活什么样，明天又会怎样。

（三）权衡作品形式是否新颖、生动

在形式上求新、创新，是作品表达主题的重要手段。探索新的形式，写出富有新意的作品，应当受到评选者的重视。确立创新意识，对一切作者都有极为重要的意义，因为优秀作品必须具有新颖、生动的形式，在风格上具有非凡的创造性。作品形式是作者再现内容的方式、风格和特色，在语言、结构上呈现出超乎寻常的感染力，使作品发生撞击受众心灵的效应。形式就像不同牌子的名酒，由于原料和工艺不同会散发出不同的醇香。一个作者多年累积的采写经验，在内容与形式的统一中表现出风格和特色，他的作品就具有了个性，也有了区别于其他作者的独特标志。在一定程度上，优秀作品更重于形式的创造性和感染力。

在作品中，准确的语言和新鲜的思想背后，充满艰辛的探索和文字表达。作者在思维上不加自限，视野开放才可能挖掘出信息中的丰富内涵，让受众感到新意。在形式上刻意求新，匠心独运，追求与众不同的风格，才是优秀作品的突出标志。

作品的完美形式是作者成熟的表现，也同作者的胸襟与气质相融汇。一个优秀作品应当是庄重、严肃、活泼和感人的，以得心应手的技巧表现特定的内容，给受众留下深刻的印象。或在急风险浪中峭拔地再现生活，或激情地歌颂光明和进步，或以大义凛然、威武不屈的气概描述抗争……优秀作品的这些突出特征都以一定的形式令人激动不已。对形式进行细腻分析，确定形式与内容的互动关系，是评选优秀作品的重要着眼点。

二、评选作品的科学方式

评选优秀媒介作品，人们往往习惯于运用定性的方法，请若干专家或知名作者（记者、编导或作家）分析作品的内容，多数人赞成的作品就被评为一等奖或二三等奖。评选者既缺乏可靠的传播效果材料，又没有能够说明作品质量的数据，往往以自己的观点论是非。对参评作品即使进行考察，依据的也是参评媒体提供的“典型反响”的例子。但任何一篇低价值的作品，都可拥有产生“反响”的少量受众。典型性无法避免诡辩，有时恰恰能为诡辩提供证据。更何况，有的媒体弄虚作假，提供的是假材料。

媒介作品的内容不仅有正确与错误、新与旧之分，也有真与假、生动与平淡之别，不能仅仅依据作品中的内容论优劣。特别是新闻作品更为复杂。新闻和真理不是一回事，它只是反映一桩事件或对其作出的解释，记述最坏的事件可能是一条最好的新闻。评选优秀新闻作品实际是评定新闻作品的社会影响，看它抓住了多少受众。一篇新闻作品的内容再好，若它的受众寥若晨星，在社会空间处于半传播状态，这种“好”不过是“四大皆空”。

无论一个评选者对作品的分析提出多么高的评价，也仅仅是他个人的认定。在评选会上，评选者们对参评作品的价值作出判断，选中最“理想”的佳作，不应单由评选者对作品内容的认识确定下来。脱离对广大接受者的权衡，不从作品的社会效果出发，就无法真正认识媒介作品的价值。任何媒介作品的价值都是一种关系范畴，从剖析作品与受众反响的关系入手，从满足受众需要的程度去考察，才能确定一篇作品的价值。这样，人们会发现，多数受众和整个社会的评价，是确定作品价值大小的尺度。从这个意义上说，受众对作品的反响，是对作品价值最可靠的检验，并通过外化形式表现出来。

受阅作品的外化形式是指踊跃受阅某项作品的受众人数和他们反馈意见的指数，二者的数据可称为**作品的传播值**。就一条新闻而言，它发生和传播的条件没有变，它的价值就不会改变，新闻通过各种渠道被广泛受阅，是受众满足感的外化。广大受众主动受阅它，标志着它满足了广大受众的需要，产生了圆满的价值效益，实现了新闻的最大传播值。所以，对作品优劣的评价只有在其完成传播过程后才能作出最后判断，这时，作品价值已转化为作品的传播值。

作品传播值的确定，不由某个人或少数人的主观认识为基准，而是通过受众调查获得的。精确地把握作品传播值，取决于精确地掌握受众的反馈。对参评作品的传播值作出统计，受众的数量多，受众赞誉的指数越高，表明作品的传播范围越广，社会影响也越大。作品传播值可以通过两种途径获取：一是参评作品的单位提供受众调查的指数和作品受到好评文章的篇数。若对媒体提供的这种数据的真伪不好确认，就采取第二种方法，即在评选时组织一个由少量专家、作者及各种职业的受众构成的（例如 30 位）模拟受众群，选读或视听全部参评作品，然后让模拟受众群对作品的感受项打分，即可得出作品对受众发生影响的数据。

作品的感受项是作品对受众产生思想影响和触及其情感的若干项目，包括得到新认识、发生情感震撼和产生新观念三个指数。对模拟受众群对作品的感受指数进行统计，传播值最大的作品，就是某一类最好的作品。运用作品传播值评估作品的方式，能够克服定性评价的弊端，维护评选的公正性。进行这项工作可能过于烦琐，但真正科学的东西，需要认真的态度、精确的统计和严密的程序才能把握。

本章概念与思考题

概念

媒介批评方式　媒介的管理批评　新闻阅评　媒介抗辩　媒介的法治批评　媒介诽谤　隐私权　淫秽作品　色情描写　淫秽出版物　抄袭　剽窃　专业性媒介批评　媒介的学理批评　评选作品的考评项　受阅作品的外化形式　作品传播值　作品的感受项

思考题

1. 对媒介的管理批评要注意什么问题?
2. 对中外报刊阅评的方式进行比较。
3. 媒介的法治批评的一般要求是什么?
4. 专业性媒介批评有哪些方式? 都有什么特点?
5. 简述学术性媒介批评的特点与步骤。
6. 评选优秀作品如何防止发生不公正现象?

第七章

媒介批评的规范与标准

C H A P T E R 7

大凡批评，都遵循一定的准则，依据一定的标准，否则就难以判断优劣是非。按照规范与标准解读媒介现象，以某种尺度评价媒介行为，是媒介批评的重要研究范畴。媒介批评作为批评者的主体行为，可能从主观想象出发，也可能遵循客观标准，对媒介作出肯定或否定。保障媒介批评足以发现真理，需要遵循客观性标准，只有以科学范式对媒介现象作出判断，才能达到批评的规范化。

第一节　不同精神产品批评的特点

认识媒介批评的规范，需要分清媒介批评与其他精神产品批评的差别，确立媒介批评的正确准则。要达到正确的批评，就离不开正确的批评规范和标准。其他精神产品批评主要包括理论批评、文艺批评和历史批评，媒介批评同这三种批评具有不同的对象、方法和文体，对它们的批评规范分别来自各自的传播特点和社会作用。

一、批评内容与形式的差异

对媒介制度、媒介活动、媒介文化和媒介消费作出分析，评论媒介作品反映生活的真实度、反映方式及社会效果，对媒介从业人员的专业水平和道德追求作出评价，是媒介批评的主要对象。媒介批评者剖析媒体传播行为时，不能超越传播内容本身，即使放到社会宏观层面，批评的视野也应瞄准具体作品，说明传播行为对受众的利害。批评内容的事件性与客观性，使媒介批评表现为“事论”的目标。**批评的事论**是指批评者围绕媒体的传播行为或作品反映的事件，对其是否符合事实和某种社会观念进行分析，并对其意义作出评价，其中包括评价媒体传播的动机和社会效果的事实。

理论批评则不然。理论批评是对命题、论断、假设等观点表述的评价，评价的整体是一种“论理”。理论批评的范围十分广泛，凡对自然科学和社会科学的论著作出的评价，都可称作**理论批评**。从内容上划分，科学批评、哲学批评、社会学批评、法学批评、经济学批评及政治学批评等，都可划归为理论批评一类。理论批评的对象是学术研究成果，即使涉及现实中的某些事实也仍是侧重于对理论观点的分析，而不侧重于对现实事件的认识。

理论成果和媒介批评都是主体对现实反映的结晶，但理论更趋于主观认识系统，更带有主观能动性。媒介批评涉及记者、编辑或广播电视编导反映现实事件的活动，主要依附于对客观事实的判断，主观性是有限的。媒介批评在一定程度上针对的是媒体对事件的反映取向，分析事实是媒介批评的主要内容，即使对媒介制度优劣的批评，也要提出制度运作的一些事实，才能得出切实的批评观点。理论批评主要评价理论研究者建构理论体系的能力和达到的程度，揭示理论观点是否反映了客观规律。

文艺批评包括文学批评、美术批评和音乐批评，目标是探寻作品的真善美和艺术魅力，评价其艺术性和思想性的互动关系。艺术魅力的本质是美感效应，是文艺批评的主要对象，批评的目的在于引导受众正确理解作品所蕴涵的思想指向。为此，文艺批评的重点在于认识作品的艺术形象，评价作家的艺术创造力。文艺批评对作家与艺术家虚构的生活美和艺术美作出肯定；但媒介批评考察的是媒介反映生活的真实程度和意义，很少涉及作品的生活美和艺术美，更多指向媒介为什么要发表这样的作品，评价作品传播的效果及对社会的影响。

这里不能不指出，我们通常把影视批评归为媒介批评，但对影视艺术片，比如对电影故事片、电视剧和电视文艺等内容与艺术形式的批评，应当划归为文艺批评，即人们通常所说的电影批评、电视批评、音乐批评等。媒介批评所涵盖的影视批评，是指对影视传播的发展、影视传播制度、影视管理以及影视作品的社会和经济效益的批评，特别是关于影视新闻与纪实类作品的评价，为了把它同电影批评、电视批评区别开来，我们把它称作**影视媒介批评**（可简称影视批评）。但在目前，学界还没有把这两个不同概念清晰地区别开来，有时把电影批评、电视批评同影视媒介批评混为一谈。

对新闻、书籍和影视传播形式作出评价，也涉及新闻、书籍和影视作品的语言和其他表现形式的美学问题。但这种审美评价是对作品真实表现力的解读，而不是对虚构形象进行分析，评价的主要是媒介作品再现社会事件的真实感、生动性和传播效果。媒介批评者领悟这种自然美，要把握分寸，如果对现实生活有更多的超越，就滑向文艺批评的浪漫主义的追求。

历史批评是对历史作品的评价，由史学批评家评论史学论著再现历史事件的真实程度和治史态度。历史批评的对象和媒介批评的对象有重合之处，都涉及作品的真实性和意义构建，但媒介批评主要针对的是现实事件，在时间上具有即时性。历史批评面对的是历史事件，在时空判断上允许某些假设和推断。因为历史在很大程度是后人对前人实况的某些推测，很难达到媒介批评的可证实性，因此，历史批评允许推测性评价。当然，这种推测要有史料根据，不能凭空杜撰。历史批评的推测只要合乎情理就可以作为一家之言发表出来，而媒介批评一般不容许推测，不能以个人的推测代替现实，每个评断都应有事实根据，因为事实就在眼前，是可证实的。

二、批评的思维范式差异

任何批评都贯穿逻辑思维，用一定的逻辑范式思考和评价批评对象，不是用科学、有效的逻辑，就是用谬误、杂乱的逻辑。媒介批评、理论批评、文艺批评和历史批评在思考逻辑上有明显的不同，四者遵循不同的推理方式，具有不同的思维范式。概言之，媒介批评是事实确证的批评，理论批评是理性印证的批评，文艺批评（包括文学批评、电影和电视故事片批评、音乐批评、美术批评）则是形象解读的批评，而历史批评属于史实佐证的范式。所谓**事实确证**，是说媒介批评围绕客观事实评价媒介现象，表达媒介批评者对媒介优劣是非的判断。

比如，新闻批评面对新闻作品的事实，无论肯定或否定某一报道，都以事实来论证新闻报道的优劣。再比如评价一部电视纪实片，需要对片中列举的事实及选择、使用事实的效果，进行系统的评价，批评的中心内容是对事实的确证。新闻事实作为评价的对象，是现实生活中的事实，媒介批评旨在证实客观事实的真相和蕴涵的意义如何被记者所理解和反映，记者的理解和反映在新闻中往往看不出来，成为新闻背后的事实，可称作**媒介的隐蔽事实**。这三种不同事实的证实与被论证，形成了**事实的叠加式推理**，演绎出媒介批评者对新闻意义和媒介立场的阐释。叠加是多种事实的契合与相加，使批评文章呈现出事实的堆积，揭示报道者的意图及其效果。例如：

百余人“异口同声”？

小 辛

1月24日，《人民政协报》刊登一则图片新闻，表扬四川省广安市广安区公路运输管理所干部职工见义勇为，护送一对落难的夫妇回家乡的事迹。报道的内容很好，可惜有一处败笔，那就是报道中的一句话：“百余名村民异口同声地说：‘你们真不愧是党和人民培养的好干部！’”

百余人能“异口同声”吗？在某种情况下可能会出现，比如，在观看文艺演出时，精彩之处，“百余人”或更多人异口同声叫“好”，但是，在很多情况下是不可能发生的。一句长达16个字而且还是“鉴定式”的“官话”，如果不是事先布置并多次训练，而且现场有人统一指挥，是不可能“异口同声”的。笔者猜测，这“异口同声”有可能是写稿的人替村民们“说”出来的。

希望那些喜欢当稿件中人物的“代言人”，替人“说话”的写稿者，好好改一改这点坏习惯。深入现场，深入生活，注意倾听采访对象的言语，把更多原汁原味的群众语言写进作品，让稿件既真实，又有可读性。

——《中华新闻报》，2000-02-21

上述短文批评了这条图片新闻中"异口同声"的虚构，用生活中"不可能异口同声"、不会出现观看文艺演出时的"百余人叫'好'"的事实，论证了新闻事实的虚假性，揭示了某些记者充当群众代言人的荒唐可笑。短文没有阐述更多的道理，只是用简单的、多侧面的推理，叠加了几个相关事实来揭穿记者的"这点坏习惯"。绝大多数媒介批评都以事实来论证事实，以事实叠加的逻辑分析事实的是非，构成事实堆积的有力判断，展示出事实的内在逻辑力量。

理论批评的逻辑范式是对观点的印证，论证命题或结论的有效性、正确性或合理性，属于经验科学逻辑，可简称科学逻辑。[①] 运用科学逻辑对理论论著进行批评，说明探索的模式和手段是否正确，是这种批评的主要形式和目的。就整体而言，理论批评运用的是"全科学"的逻辑方法，即使用假设、演绎和归纳推理，证明理论观点的必然性。它同媒介批评的最大区别有两点：一是，前者运用概念、公理进行抽象和分离，对理论成果进行合理的判断，发现或肯定研究成果中的观点及其体系；二是，理论批评也运用事实，但它只是作为例子被加以引用，这类事实可能是现实的或历史的，是被用来证明批评者观点的合理性。由于理论批评是为了演绎某种必然性，批评的整个过程要围绕"理"与"论"深入展开，这同媒介批评的"事实叠加"有很大差异。它虽然同媒介的学术性批评有共同之处，但后者的落脚点仍然是媒介存在的事实，比如媒介制度问题、媒介政策问题、媒介消费问题、记者的价值观问题的具体表现等等。

文艺批评的逻辑范式既多种多样又奇幻活泼，很难把它总结为某种固定、通用的模式，因为不同文艺作品有各自不同的艺术形象和情节形态。文学艺术提供隐约淡远的审美愉悦，是时代感召力的折光，总是包含某种"象征"和"意蕴"。批评者面对一部作品，首先抓住形象和情节中的矛盾纠葛，说明它的艺术真实和感染力，论证作品及作家的创作技巧（或对此加以否定）。运用艺术形象链的个性及社会艺术观，说明批评者的评价，是一切文艺批评的共性。"形象推论"作为文艺批评的主要逻辑范式，是文艺批评家们的主要思维方式。所谓**形象推论**，是以艺术形象论证社会生活的真相和发展趋势，揭示艺术家对生活的判断。

文艺批评的逻辑方法与媒介批评的逻辑方法之间的形象推论与事实推论的差别，让人们看到一个艺术化的世界和一个实在的世界。事实推论与形象推论的界限容易被模糊、被混淆，但平实地阐明事件和华丽的艺术分析，显示出两种不同的思维方式。

历史批评的逻辑方法则是**实证推定**，与媒介批评具有不同的证实体系。媒介批评运用现实的客观事实证明媒介事件，而历史批评则用史实证明历史事件及结论。史实包括考古发现的实物和真实的史料，借此分析、评价史著的真伪正误，使史实推定成为历史批评的主要逻辑方法。史实和事实是不同的，史实是历史沉积的实况或记录，往往被看做物化的历史。媒介事实通常是现实事件，随社会的演变而消失，最终转化为史实。正因为如此，新闻被称作历史的记录，经过若干时间后它成为历史，成为后人写作历史论著有价值的史料。刚发生的事件是今天的新闻，也是明天的历史，这一时空转换构成媒介批评与历史批评的逻辑差异，使重要的新闻在未来成为鲜活的历史。

---

① 参见张巨青主编：《科学逻辑》，2页，长春，吉林人民出版社，1984。

三、批评的文体差异

以上几种批评的差别还表现在文体与表达方式上。从文本上看，媒介批评、文艺批评、理论批评和历史批评有不同的框架、风格和容量，表现出不同的文本风貌。媒介批评和文艺批评的文字更活泼，体裁多种多样，其他批评的文体则趋于严谨而一统。

媒介批评的容量可大可小，除少量媒介批评专著以外，大都是千字或几千字的短文，超过万字的学术性媒介批评论文并不多见。对于复杂的媒介现象的批评，文体的容量也会扩大，出现几千字以上的评论也是正常的。文字多少不是媒介批评在文体上的主要特征，因为对媒体的评论可以出版书籍，容量可达几十万字。但在多数情况下，千字左右的批评文章较为常见。

翻阅中国近些年的媒介批评文章，多以杂感见长。正如前述，杂感是对媒介传播出现的问题发表随想，文章短小，一事或几事一议，推理简洁，颇有感悟苍生的凌厉。杂感表现出批评者的思想活跃，见解精辟，往往突出一两个观点，论证畅达有力。例如：

娱乐化、琐事化，台湾新闻怎么了？

金　新（台湾）

台湾新闻行业的娱乐化、琐事化倾向引发民众的不满。最近，一位年逾 70 岁、看了一辈子电视新闻的老奶奶表示，台湾某些电视台的主要新闻时段被狗新闻、猫新闻、离婚状自拍新闻、小孩吵架新闻所占据，不仅如此，回放率还特高，马英九、蔡英文想要抢新闻时段，还要看狗猫的脸色呢。

随着网络世界的开启，网络成了年轻族群掌握新闻的主要管道，这些族群具有主动性强、社群力量大、抢热潮、好恶流动性快速、政经时事冷漠等特性，他们关注的到底是新闻，还是娱乐，是非常值得探讨的议题。

服务这群网民，台湾网络新闻媒体已经找到窍门，但不表示台湾电视新闻也该跟风，若电视新闻搞不清楚自己的定位与社会责任，无法辨识何谓新闻，而主动自废武功，被网友牵着鼻子走，做短线操作，新闻人的专业与素养就不见了；若电视新闻毫不节制，继续溺水沉沦，何不把在线的主播通通赶下台，请张菲、胡瓜、猪哥亮、张小燕等综艺大哥、大姐来主持，不更有娱乐效果！

狗新闻、猫新闻、离婚状自拍新闻、小孩吵架新闻、艺人素颜照新闻等，为什么能引起电视新闻的“跟播”风？理由很简单，新闻素材取得容易，网络一抓就有，记者不用出门，就有新闻从天上掉下来，省事又省成本，不管电视机前面的观众爱不爱看，只要能哗网友取宠，点阅率高，转载率高，交出漂亮数据，就代表新闻是有价值的，何乐而不为！

若照此发展下去，马英九只要仿照《倚天屠龙记》的情节，自拍帮周美青画眉的影片，电视新闻肯定头条播出；蔡英文只要模仿《哈利·波特》的剧情，自拍骑着扫把飞天的画面，电视新闻也肯定头条播出。

正如那位老奶奶所说，若马英九、蔡英文想要抢新闻时段，都要看狗猫的脸色，处境简直“连狗猫都不如”，如此，台湾电视新闻已经彻底溺水沉沦了。

——《人民日报·海外版》，2011-06-03

这篇对台湾电视新闻的批评，题目很小，内容集中于一件事，却有一定深度，读后令人深省。特别是电视记者的不采访、不到民间、不倾听、不独立拍摄，而大量转录网上的鸡毛蒜皮新闻，让人产生许多思考。文中没有长篇推理，篇幅虽小，却用狗猫新闻的荒诞说明电视记者责任心的丧失，鞭挞有力，令人回味。

理论批评、文艺批评和历史批评大都为严整的学术论文，以严密的理论架构对批评的论点进行论证，系统地展示学术观点。抽象演绎的严整，学术思想的展示，在文字上集结诸多的专业概念，呈现出深刻的理性意识。理论批评、文艺批评和历史批评的思维离不开高度抽象，它们的文风不是感性的而是理性的。抽象思维是理论与学术思想的脊梁，没有抽象就没有推理，概念也难以形成。从抽象中揭示事物的特征和性质，使某种学术观念得以确立。而媒介批评一般不用众多的概念，感性地论事，通俗化的表述，使读者获得明晰的印象。

理论批评、文艺批评和历史批评的容量较大，千字左右的文章较少，多则一两万字，通常在五千至八千字。由于这类批评具有系统的推理，需要交代背景和前人已有的研究结论，往往涉及经济、政治和文化领域，文章的长度自然要超过媒介批评。批评容量的差别，反映了不同批评涉足领域的宽窄是不同的，也体现出不同批评家思考问题的广度有很大差别。

第二节　媒介批评的规范及范式

媒介批评的规范是指在同一个国家或历史时期人们形成了共同的批评准则，依据一定法则来展开媒介批评活动，形成通行的媒介批评范式。在逻辑学中，范式是显示某种重要属性的表达方式①，媒介批评规范则是解读媒介的范式，形成媒介批评家公认的批评规则与惯例。不按这些范式从事媒介批评，会发生谬误或产生有害的后果，贯彻严格的规范是健康开展媒介批评的可靠保证。这种规范绝不是媒介批评的羁绊，而是媒介批评应有的起码要求和规定性。

一、时空通观的规范

评价媒介，不能孤立地就媒介行为本身作出结论。任何媒介现象都发生在社会中，作为一定时空中相关变动的环节，总是同社会或自然界联系在一起。对某一条新闻或某个记者言行的批评，只有放在一定时空范围内，和其他相关因素联系起来，才能找到内在的原因，得出正确的结论。评价一本图书，只有把该书的内容和作者身世纳入社会背景中，才能准确地分析书籍的社会价值。把媒介批评的对象纳入广阔的社会背景，从多种现象的联系中寻求对作品、媒体与传播者言行的全面解读，构成了媒介批评的**时空通观的规范**。

① 参见冯契主编：《哲学大辞典》，946页，上海，上海辞书出版社，2001。

这一规范要求媒介批评者克服单向和线性思维，环视媒介置身的现实和历史环境，深入探索媒介现象的“网结”效应。从表面看，媒介批评的对象可能是孤立的事实，但实际上它和社会诸多问题形成一张密集的“网”，扯动网的一角，整个网都会牵动起来，任何媒介现象都是这个大网的一个结。如果不从整个“网结”进行全局分析，就难以找到它的问题和根源。一些媒介批评者忽视媒介现象的“网结”，仅仅局限于现象本身的动向，找不到媒介问题的复杂原因。

有些媒介批评家的单向和线性思维使其看不到事物的多因性，不善于从大的时空范围分析媒介问题的多种可能性。这样，批评文章不仅十分单薄，而且注定是肤浅的。忽视媒介现象的多因性，只抓住一些孤立的事实，容易导致批评结论的片面和错误。

在21世纪初期，有相当数量的文章批评了媒介的娱乐化、低俗化倾向，揭露媒体工作者职业道德的滑坡。这类批评引起受众的警觉，对媒体炒作明星绯闻、渲染色情暴力、注重感官刺激有一定的警惕，不断发出谴责的声音。但媒体低俗化不仅没有减少，而且一度大有泛滥之势。媒介批评难以有效地制止媒体低俗化，在于没有把这个问题同社会环境和政策环境联系起来，对媒体低俗化缺乏全面阐释。在公费办报、订报的历史时期为什么没有出现媒体低俗化现象？媒体低俗化是否和新闻媒体被推向市场、媒体经费来源出现危机有关？对此，媒介批评家们却缄默不语。媒体的销售传播和媒体成本的提高，加上传播内容受到政治与思想限制较多，无法以其他严肃的社会问题的内容来吸引受众，只能打娱乐牌。媒体娱乐化只要不触及意识形态问题，尽管荒唐低俗，往往有相当高的自由度，媒体只能用“半黄不黄”的灰色内容来吸引眼球，提高可读率和收视率。

所有批评媒体低俗化的文章都不去面对这类相关问题作出严肃回答，而低俗倾向则不断改换门庭和手法出现在媒体上。媒介批评回避和媒介活动相关的政策和机制问题，就无法正确解读许多媒介现象。只有突破媒介现象本身的界域，把它置于更大的时空中发掘深层原因，才能正确地评价媒介。遵循时空通观的规范，把媒介批评的视野放大，在多种社会联系中寻找事物的根源，才能对媒介现象作出合理的解释。

二、整体照应的规范

媒介批评遵照整体照应的规范，是避免片面性，防止误读媒体的另一个重要准则。一篇新闻是一个整体的一部分，一家媒体的日常运作或某位记者的日常言行都构成整体的一个细节，应从整体角度来观察、分析它们。评价媒体、记者、编辑及其作品，必须考虑批评的对象在整体中处于何种地位和分量，是整体的过错还是其中某个部分的错误。

从整体分析媒介现象，考虑各个部分相互照应的关系，作出全面评价，是媒介批评必须遵循的规范。**整体照应**是把媒介行为的局部问题，放在全局的视角下进行评价，对媒体作出全面解读。片面和一孔之见，割裂批评对象的整体联系，歪曲批评对象的真相，是一些媒介批评者常犯的错误。有些媒介批评家抓住一点不及其余，以只言片语否定或肯定媒介的整体，是一种不良的批评嗜好。还没搞清媒介的真正“疵点”，或仅仅看到某些表面的不当之处，就认为批评对象坏得不可收拾，是一种断章取义。忽视分析对象的整体倾向，只在某个细小问题上做文章，陷入以偏概全的挑剔，是一种陋习。如此等等。违背整体照应的规范进行媒介批评，不可能对媒介现象作出正确的评价。下面例子是对影视剧的一则批评，不仅照应了整体，而且对造成影视剧“原创力疲软，追求奇观效应”的各方面原因一一作了剖析，给人们的启示是深刻的。

优化影视生态环境

赵葆华

在庆祝建党90周年的日子里，电影电视界推出了一批兼具思想性和艺术性的献礼作品，观众反响好，业界评价也颇高，不仅成为电影人和电视人的骄傲与荣光，也是整个影视市场的重要收获。然而，重大节庆并不常有，举全社会之力、调动各级行政之手精心组织献礼作品，毕竟是非常规的文化现象。所以，尽管不时有优秀的大片热剧问世，挑着影视产业的大梁，但考量处于常态的影视业的话，情况却并不乐观。问题不仅仅呈现于作品表象，更多的是沉在下面，渗透在影视生产的各个环节之中。

影视创作过分地倚重娱乐力量，崇尚娱乐精神，以为民找乐、助民狂欢为艺术理想和上佳境界。电视栏目专注于呈现歌舞升平，忙于万民选秀，热衷于荧屏相亲，醉心于表现市井情怀和世俗欲望。而电影创作则谍战、热恋、穿越、翻拍成风，原创力疲软，追求奇观效应，艺术操守难以维持。崇高的艺术理想被边缘化了，于是才会躲避神圣，调侃庄严，消解责任，走向粗鄙。恩格斯痛斥过的“小市民鄙俗的习气”又在影视创作中伴随着滚滚红尘堂而皇之地弥漫开来了。

大作热剧的研讨会常常开成了喜笑颜开的庆功会，总结的多，批评的少，碰撞、对立、论争更是难得。传统报刊的影视批评虽然由滞后变超前了，但是这超前更多的是在发挥宣传、造势、助推的功能，也是一派宣传册和表扬簿的模样。面对影视产业不良作品的不良倾向，影视批评经常缺席失语，缺少引领力量和匡正力量，也未能发挥舆论监督的作用。网络上的草根批评固然热闹，但是直陈弊端的真话少，而且有时“逆耳忠言”难逃网络上的暴力围攻。

电影市场急功近利，抓大放小，热衷于接纳大投入、大明星、大宣传的所谓大片作品，而对有诚意、有锐气、有上佳艺术品质的中小成本影片，要么拒之门外，要么让它“一日游”。一切皆以票房为宗，这让今天的电影市场变成了大片和热片的市场，多样化的艺术种类和艺术风格在电影院里难觅其踪，谈何姹紫嫣红？而电视市场更是轮番重映热播剧，竞相仿效品牌栏目，致使各个频道重复度高，品种单一，创新能力匮乏。而片面追求收视率，恶性争夺收视群，更加催生跟风与克隆。

对于影视生产，一些管理部门都是管理有余，扶助不足，常常集中在对作品报批立项的管理和完成片的审查管理，而对影视创作的源头——剧本创作和引进，普遍表现为艺术扶助功能的欠缺。作品品格之高下皆源于剧本，在剧本阶段卡住恶俗低下的“癌细胞”，不让它成活蔓延，这才是事半功倍的源头管理。不能把压力推到最后一道关口，相反，最重要的是认真守住剧本这第一道关口，优胜劣汰，去粗取精，给予好的作品制度支持、艺术扶持和资本支撑。

影视业是个联系密切的生态链，一荣俱荣，一损俱损。当下，似乎市场首当其冲，市场的短视、浮躁和低俗备受责难，创作上出问题也从市场找原因，认为一切源于市场。其实市场是作品培育的，什么样的作品培育什么样的市场，什么样的影视风尚引领什么样的影视市场。另一方面，作品创作又受理论引领，受批评匡正，批评乏力，创作自然失衡。积极有益的影视批评的出现，既需要批评者的勇气和学识，更需要批评环境的民主与文明。

优化影视生态环境，需要从影视生态链的各个环节入手，综合治理。归根结底，作为文化生产的参与者，影视产业需要有自觉的文化担当和责任意识，优化自身生态链的各个环节，也合理化环节与环节之间的有机关系。只有这样，才能维护整个影视生态链的平衡，促进影视生态环境的健康，为中国影视文化的大发展大繁荣提供科学的理念引导、创新的机制支持和有力的产业推动。

——《人民日报》，2011-09-06

这篇《优化影视生态环境》的批评全面、具体，从影视剧创作目的不单纯、缺乏影视匡正的力量，到追求市场功利和管理的偏失，层层分析了影视剧“癌细胞”长期蔓延的根本原因。批评者把影视创作、影视生产、影视剧市场营销和影视管理作为整体来观察和研究，得出“影视业是个联系密切的生态链，一荣俱荣，一损俱损”这一结论。

批评的整体照应的规范，要求批评者驾驭完整的材料，全面观察媒介现象，把某种媒介现象作为整体的一部分来看待。这种规范要求批评者不能忽视全部和部分的联系与作用，更不能把主要倾向视作次要倾向。分析媒介行为时，会面对若干细小的事实与过程，如果个别小事出了问题，而整个事件又大体是正常的，应对媒介的整体倾向给予基本肯定，针对错误的部分给予批评。同样，评价媒介作品需要剖析文本中各个部分，特别是内容与形式的关系，弄清要批评的是什么问题，从各个部分的关系中解读批评对象的主要倾向，确定批评的重点。

整体照应不仅是批评一切媒介现象的准则，也是评价一切精神产品的准则，要防止割裂事物的联系，避免用以偏概全的手法来认定事物的属性。任何批评对象都是一个整体，部分与整体的关系蕴涵着种种复杂的意义。整体的好坏可能决定部分的素质，但部分的优劣可能不改变整体的基本属性，各个部分也可能相互平衡或抵消各自的缺陷。总体而言，批评对象的整体取决于各个部分质量的总和，各个部分又受到整体的牵制，媒介批评坚持整体照应的规范才能保证批评的正确性。

三、效果实证的规范

肯定或否定一家媒体或其作品，不能由媒体批评者主观认定，因为主观对客观的判断难以摆脱幼稚的想象或武断的推测，这是媒介批评常出现的错误。媒介行为，特别是传播活动，主要表现为干预生活，它们对社会有何影响，是推动社会前进还是阻止社会进步，最终都由社会效果来证明。媒介批评对媒介行为的否定，尤应以社会效果来证实，依据媒体的社会反响作出统论。这是媒介批评的第三个重要规范。

以传播效果来论证媒介批评者的观点，构成媒介批评的**效果实证**规范。当批评指向媒体的社会反响时，社会效果成为评价对象，需要列举大量事实，最好是带有统计数据的事实。媒介批评者如果缺少事实根据，很难对媒体的社会效果作出评论。社会效果属于客观范畴，对主观认识发挥实证的作用，凡实证都来自具体事实，具有不可摧毁的公信力。当媒介批评者对媒体及其作品的效果作出判断时，引用真实的事实，限制批评者主观认识的随意发挥，须经过一番认真的社会调查。这样，评论文章便具有确凿无疑的可信性。

遵循社会效果实证的规范，为评价媒介提出确凿的证据，不仅能使媒介批评的结论有说服力，而且也令各方无法推翻批评者的论断。因为媒介批评者得出的结论不是主观推断，而是传播效果本身的证实。把社会调查作为批评的必要步骤，搜集足够翔实的受众反响材料，印证媒体的影响力就更具说服力。尊重客观事实，用事实证明效果，是评价媒介现象最有效的思维范式。批评者的精心调查是效果实证的前提，严肃、认真的评价来自对社会生活的考察，通过思维整合最终才会写出完美的批评文章。

第三节 媒介批评的标准

有人强调媒介批评"没有标准"，也不需要标准，说："媒介批评作为一门人文学科，使用的主要是人文学科的思辨方法，因而是不可能确立标准的。"有人以西方媒介批判者"没有为批评设定标准"为根据，断言："人文科学本质上是反标准的，因此所谓的批评标准，要么是错误的（不符合人文认知论），要么是无效的（大而无当、空疏）。"[①] 这种无标准论不仅违背常识，而且是在提倡"公说公有理婆说婆有理"的无所谓是非优劣的批评戏谑。

一、媒介批评是否有标准

人文学科批评是否有标准，我们不能不首先从高中生应具备的起码知识谈起。高中历史教材在谈到"西方人文主义思想的起源"时写道："普罗泰戈拉提出'人是万物的尺度，是存在的事物存在的尺度，也是不存在的事物不存在的尺度'。判断是非善恶的标准，只能是个人的感觉和利害，把社会或国家理解为个人的集合，强调个人选择。"[②] 这里把"以人为尺度"、"个人的感觉和利害"作为人文思想判断是非善恶的标准，和我们今天所说的"以人为本"是同一个意思。

人文科学的实质是人文精神，批评媒介坚守人文精神，要看是否维护、追求和尊重人的利益、权利与自由。没有这一标准，就谈不上人文批评，批评者也不可能作出正确的判断。正如北大教授尹保云先生说："在一个具有现代人文底蕴的社会或个人，不会沉湎于怀旧或想象未来之中，而是在现实世界中寻找标准、榜样和目标。这一精神与现代社会的自由竞争特点一致，也是自由竞争的产物。"[③] 他认为人文精神是有标准的，尽管他对标准的简要阐述仍有待商榷。

人文科学和社会科学的主要评价标准是相同的，苏州大学教授周可真写道："社会科学与人文科学有其不同于自然科学的特性，故其评价标准也有别于自然科学的评价标准，即是以社会效益作为其最高标准的。"[④] 他进一步指出，"由此引导人文科学和社会科学密

---

① 董天策主编：《中外媒介批评》，13～14页，广州，暨南大学出版社，2010。
② 《普通高中历史课程标准》（实验版·世界古代史），第五节，北京，人民教育出版社，2003。
③ 尹保云：《人文底蕴与学术创新的关系》，载《学术界》，2008（1）。
④ 周可真：《人文社会科学评价中的逻辑标准与事实标准》，载《科学时报》，2009-04-17。

切联系社会实际生活，努力反映和揭示社会生活规律，积极追求实在的社会效益，以发挥其推动社会进步的独特作用。”这也是我国今天多数人赞成的媒介批评的标准，恐怕没有人把“危害社会”作为媒介批评的标准，如果有，那是不可思议的。

有人强调“西方理论批评界是很少提‘批评标准’的，认为这与人文学科的多元化旨趣是违背的，比如艾伦就说过‘毕竟有关电视的研究是没有严格或有效的标准的’”①。且不说这里用“电视研究”偷换“电视批评”，企图脱身而退、自圆其说，就绝大多数西方媒介批评者的观点而言，媒介批评有标准的主张是无法否认的。引用艾伦的论断，则是以偏概全的另类。

欧洲批判学派哈贝马斯曾说：“‘理想的言谈情境’是作为一种规范性的批评标准而存在的，而对于这一情境的‘无限接近’是可能的。”② 美国的媒介批评家罗伯特·W·麦克切斯尼在自己的著作中写道：“下面，我将陈述自己关于美国媒介系统的批评标准。当你试图通过评价媒介的实质性效果来理解媒介意义时，孤立地将一个变量作为决定性因素，通常是很难作出准确的评价的。”③ 英国媒介批评家尼古拉斯·加汉姆一直呼吁建立媒介批评的标准，他指出：“我们需要认真考虑标准的可能性，而不是对个人体验或意识形态权力立场的暂时有效的表达。”④ 否认西方媒介批评的标准说，只能是一叶障目，闭门杜撰。

认为“人文学科在本质上是反标准的”，是对人文学科的本质一无所知。在最能代表人文学科的文学批评中，很少有研究者否定批评标准问题。美国文学批评史家雷内·韦勒克在《哲学与战后美国文学批评》一文中写道：“批评就是识别、判断，因此就要使用并且涉及标准、原则、概念，从而也蕴涵着一种理论和美学，归根结底包含一种哲学、一种世界观。”⑤ 恩格斯在1847年提出了“美学和历史的观点”，1859年在写给拉萨尔的评《济金根》一信中又提出了“美学观点和历史观点”，并明确地把它界定为文学批评的“最高标准”。“文学批评标准客观存在，理由有三：必要性；可能性；中外文学批评标准存在的客观事实。但是文学批评标准没有普遍性，它有着种种破坏普遍的异质因素：历史推移性、民族性、主体多元性。而诸如美学的历史的观点、真善美的标准都因过于抽象，只能作为方法论原则起指导性作用。为此，我们必须建立起一个系统的开放的文学批评。”⑥

凡评价事物都有标准，也都需要标准，尽管确定正确的标准不同的人往往各执一词，很费周折。实际上，有人否定“新闻实务批评”、新闻文本的意向批评和我国定量分析不断增加的事实，依据的正是西方意识形态批评标准；认为除了意识形态和权力批评之外，不存在其他媒介批评。从不同视阈分析，媒介批评的标准不止一个，不同批评者、不同国家、甚至对不同媒体都有不同的标准。例如，评价电视用收视率标准，评价报刊用发行量标准，评价媒体的权威性用重大报道的影响力标准，评价媒介作品用思想性与艺术性标

---

① 刘自雄：《为媒介批评正名》，见董天策主编，《中外媒介批评》，14页，广州，暨南大学出版社，2010。

② 转引自黄湘：《从哈贝马斯和卢曼的分歧看欧盟立宪危机》，载《博览群书》，2005（8）。

③ [美] 罗伯特·W·麦克切斯尼：《富媒体 穷民主：不确定时代的传播政治》，38页，北京，新华出版社，2004。

④ [英] 尼古拉斯·加汉姆：《解放·传媒·现代性——关于传媒和社会理论的讨论》，255页，北京，新华出版社，2005。

⑤ 转引自李彬、王君超主编：《媒介二十五讲》，129页，北京，清华大学出版社，2004。

⑥ 陈翠平：《文学批评标准的客观性和普遍性》，载《广西师范学院学报》，2000（3）。

准，评价媒介制度用能否促进媒体的繁荣与健康发展为标准，如此等等。但不管哪种标准，只有维护真善美、反对假丑恶，有利于社会进步，才是有益、正确的标准。媒介批评无标准和标准无效论，实际是对媒介运作的价值大小和影响优劣视而不见。

二、媒介批评标准的确立和运用

媒介批评要有标准就像射击要有靶子一样，是媒介批评者的评价目标与尺度，也是批评动机的直接体现。对事物进行批评，首先要确定一定的是非或优劣标准，否则批评就失去了方向。媒介批评者以崇高的目光权衡媒体的是非，是十分重要的，但这会遇到一个突出的问题，即不同的媒介批评者有不同的标准，也可能主张用不同的**标准种类**。例如，评价电视节目既可用收视率标准，也可用内容定性（判断内容是非好坏）标准，这些衡量媒介优劣的不同标准类型，只能因批评对象不同而确定、选择和使用。

再比如，每条新闻报道的都是不同事件，在内容上难以类比，很难确定一个统一的标准去比较它们的优劣。媒介批评者的感受是主观的，你认为好的，他不一定认为好。新闻作品因事实而异，无法从作品本身概括出固定的标准，更难以用一把万能的尺子去评价所有的媒介作品，否则就可能扼杀媒介的个性和丰富性。这就产生了不同的标准样式，但只有用适用于同类媒介现象的尺度作为标准，批评才有可行性。

这种具有适用性的批评标准，都以一定的社会观和受动①原则为依据，对媒介的评价——肯定什么，否定什么，乃至肯定作品的哪些方面，否定哪些方面，都应以受众的感受效果为标准的。批评标准同批评者的人文观念、审美趣味、审美理想密切相关，抛弃了人文追求的所谓没有任何标准的批评家，是根本不存在的。实际上，世界上存在许多媒介批评标准，不是所有的标准都是正确的、有益的。多数批评标准恰恰是有缺陷的，甚至是不完善的。所以，确立一个完美、适用的统一标准，制约批评活动中的种种不良倾向，是进行媒介批评的首要原则。

媒介批评标准能够衡量媒介的品格，揭示媒介活动对社会的积极作用，而不仅仅是衡量作品的内容和报道技巧的优劣。即使衡量作品思想意义与艺术性的标准，也涉及媒介行为的各个方面。评析媒介事实选择得是否恰当，主题是否明确、深刻，细节是否同实际生活相吻合，对结构安排、语言运用及其他技巧，都要根据标准全面的加以检验。媒介传播方式是随社会生活的发展而发展的，因时代和传播技术的变化而变化，因此，媒介批评标准具有社会的客观性，而不是主观的、抽象的和绝对不变的。在一定历史时期，媒介批评标准要体现该社会阶段的理想和价值观，符合人类对客观世界的认识习惯和鉴赏心理。这样，在不同国家可能有不同的标准，在不同历史时期也可能有各自的特殊标准，但它们也会有许多共同点。

当一种标准确定下来并被人们普遍接受，媒介批评才能得出正确的结论，并被社会和媒体所接受。恰当的批评标准有助于人们正确认识媒介活动，使传媒人树立正确的传播意识，引导媒体提高传播水平。显然，确立正确的媒介批评标准，是加强传播意识、提高传媒人传播能力的重要前提。

---

① 受动：受众被震撼、影响、感动。

媒介批评标准是对媒介活动经验的概括，因而必然是原则性的，带有普遍规律性。就一般情况而言，对媒介现象的评价应是具体的，确定和运用的批评标准，也应当是原则性与具体性的统一。譬如，评价媒介的立场标准，显然不能硬套在作品上，对记者言行的批评标准，也不适用于对媒介的管理批评；即使同为媒介作品，各种类别、各种体裁也还有各自的具体标准。评价书籍和评价影视片的标准绝不会一样。如果一定要把各种标准统一，不仅难以做到，而且也没有必要。注意媒介批评标准的原则性与具体性的联系和区别，不把复杂的问题简单化，也不把简单的问题复杂化，才能加深对媒介现象多样化的认识，使不同类型的媒介批评努力寻求不同的批评标准。

三、媒介作品批评的两个标准

媒介批评包括许多具体标准，例如，法律标准、是非标准、伦理标准、社会效果标准（收视率、覆盖率、受众满意度）等，这些分析媒介现象的标准，有相互重合的内容，但又各自适用一定的批评对象。比如对媒介制度或媒介影响力的评价，只能选择其中一两个标准来分析。大量媒介批评涉及的是媒介作品，上述标准也适用于对它们的分析，比如某篇作品是否有违法的内容，是否背离社会伦理，是否宣扬谬误（是非），传播效果如何等等，都可用上述的某个标准加以衡量。

如果从作者写作意图和表达方式来评价媒介作品的好坏，确定和运用意向标准和再现标准，有助于传媒人提高反映生活的能力，这两个标准具有普遍的评价意义。正如文学批评的思想标准和艺术标准一样，不能将其与政治标准、真实标准、浪漫主义标准、语言标准等具体标准混为一谈。分析媒介的是非优劣依据更宽泛的标准，即把某些具体标准统合为更广域的标准，称为**聚类标准**，包括意向标准和再现标准，实际是指关于作者意图的标准和表现力标准。在媒介作品中作者持有什么立场和情感，他们按照什么样的“是非标准、伦理标准、真善美标准或法律标准”来选择、处理和传播事实，反映了他们的某种意向（意图）。因此，评价作品的意向标准具有高屋建瓴的批评意义。同样，媒介作品的真实标准、材料选择标准、结构标准和语言标准等，又可统合为再现标准。

（一）媒介作品批评的意向标准

W. K. 温姆萨特和门罗·C·比厄斯利在《意图谬误》一文中谈到文艺批评时指出，“作者的意向同文学批评家无关，因为含义和价值只存在于已完成的、自在的、公开的文学作品之内”①。这两位学者认为：“就衡量一部文学作品成果与否来说，作者的构思与意图既不是个适用的标准，也不是个理想的标准。而且在我们看来，这是一条深刻触及到历来各不同的批评观念之间某些分歧中的要害问题的原则……文学批评中，凡棘手的问题，鲜有不是因批评家的研究在其中受到作者‘意图’的限制而产生的。”② W. K. 温姆萨特和门罗·C·比厄斯利是研究文学批评的，从他们的论述看，某些文学批评家也是赞成意向标准的，他们二人则不赞成。如果把文学批评的“意向”概念引进到媒介批评中，恰恰是适用和重要的，因为对媒体作品与作者的意图、目的作出合理的解释和评价，恰恰能看出

---

① 转引自林骧华主编：《西方文学批评术语辞典》，458页，上海，上海社会科学院出版社，1989。
② 转引自赵毅衡编选：《“新批评”文集》，209页，北京，中国社会科学出版社，1988。

媒体或作者的动机和追求，应成为媒介作品批评的首要标准。

抽象的意向标准是不存在的，要通过是非标准、伦理标准、真善美标准反映出来。媒介作品不单是把某些事实告诉受众，还要借助某个事件说明社会真相，常以隐晦的手法表达媒体对这一事件的态度，实现自己的传播意图。媒介批评对媒介作品的评价，要以作者的意图是否正当，想如何影响受众，把受众引向何处为评价尺度，称为**意向标准**。

评价媒介作品的意向标准包含以下几方面的内容：

第一，媒体是否真实地反映了社会生活的具体事实，真实地揭示了事件发生和变动的原因，真实地描写环境、人物形象和心理，真实地揭示某一具体事件的走向以及它和全局的关系，即作者是否抱有把社会真相告诉受众的意图。媒介作品在这些方面反映得真实、全面，说明作者的意图是正确、健康的，想把社会真相告诉受众。否则，只能说明作者的意图是阴暗、诡秘的，企图蒙蔽受众的眼睛，达到欺骗受众的目的；或是作者没有深入生活，采访当事人草率，没有挖掘到真正的事实，显露出责任感淡漠的意向。

第二，评价媒介作品还要考察作品是否对社会有益，即作品内容是否有益于社会的进步和历史发展。优秀的媒介作品抨击人类社会中一切丑恶、腐朽、僵化的东西，肯定人类社会中美好、正义、充满活力的东西，净化人的灵魂，美化人的心灵，升华人的思想境界，推动人走向完善。这样的作品无疑蕴涵作者对社会和受众良好的意向。在一般意义上，有益于人类文明的媒介作品，都应该给予肯定的评价，特别是要肯定作者的善意。否则，就应指出它的谬误，揭露其荒诞、丑恶、歪曲真理和毒害受众的阴险意图。当然，有些作品没有恶意，但也没有什么效益，这样的作品不值得置评，不会成为媒介批评的对象。受到批评的都是最好或最坏的媒介作品，因为这种两极化的作品才能引起社会的震动。

第三，媒介作品的真实和教益也涉及是非理念，是非问题主要指那些有关公正和多数人利益的事实与意图，在生活中容易引起人们的注目。媒介作品以是为是、以非为非，或将二者颠倒过来，都能表明作者的意图。一个国家要维持自己的管理，就必须首先按照一定的是非标准处理各种问题；一定时代的人以此来鉴别人们的言论和行动，都可在媒介作品中得到强烈的感受。判断媒介言论和活动的是非，能洞察作者和媒体的意图是否正确，也显露出作品或明或隐的是非倾向。按照意向标准鉴别作品的是非，判断它对人民有利还是有害，是每个正直的媒介批评家首先注重的。是非标准所涉及的范围，远远超出媒介与传播领域，不等于也不能取代批评的意向标准，但依据意向标准评价作品可以概括出媒介或媒介作品的立场和倾向，让人认识其中包含的是非。

（二）媒介作品批评的再现标准

对作品的表现形式进行分析，评价作者再现事实的完美程度，包括事实选择、材料剪裁、框架搭建是否真实完整，是否突出事实的主要倾向，能否以逼真、准确的材料说明作品的意图，语言表述是否准确、生动，称作**再现标准**。媒介作品的表现形式指的是各种再现手段、再现方法及其综合运用，使作品的思想内容达到完美的程度。如何再现事实也表现为媒体和作者的动机和指向，即用什么手法才能实现自己的传播意图。再现标准包括以下三方面内容：

第一，选择事实的准确程度。该选择的事实是否都选择了，有没有出现遗漏或避重就轻的现象。选择事实越全面、恰当，越能体现出事物的基本倾向，作品内容的真实性也越经得住推敲；选择关键性事实越突出，作品的个性也越鲜明，反映社会的本质就越充分，感染力也愈强，效果也愈大。个性化是再现事实的重要技巧，使其与其他作品区别开来。强化个性应当是媒介作品技巧的根本要点，作为媒介批评再现标准的要素，也是分析作品时不可忽视的重要尺度。

第二，再现形式表现思想内容的完美程度。众所周知，作品形式对于作品意向具有重要意义，脱离了形式的意向，无法构成作品的主题，没有形式，作品就不复存在。另外，再现形式的优劣直接影响作品内容的表达。媒介批评把再现生活的技巧作为评价标准，主要是从结构、语言、表述精巧等方面，认定其是否凸显了事实的个性，引起受众的注意和兴趣。

媒介批评重视作品内容和形式的统一，分析形式和意向是否谐调地统一起来，是说明作品能否生动、深刻地反映社会生活的有力根据。在形式上尽可能地陈述得当、适度和完善，适合内容的需要，才能达到内容和形式的统一，既满足人们对现实生活的认识，又满足人们的审美需求。因此，媒体满足人们对思想内容的要求，同时要采取尽可能完美的形式。这是媒介作品具有技巧性的重要标志，也是再现标准的根本要求。

第三，寻求再现技巧的独创性。技巧是一种创造，它忌讳雷同，要求有新意。独创性是精神劳动的重要特点，是作者走向成熟的标志，表现为对事实的剪裁、对生活亮点或症结的捕捉要有独到之处，并用精悍的表述把意向宣泄得滴水不漏。作者表现事实的独到之处，给媒介作品增添深刻的意义，给受众带来思想启迪和艺术享受。因此，媒介作品是否有独创性，是衡量作者驾驭内容能力的重要标志。

从逻辑角度说，对媒介判断的准确、推断合理，是第一要义；从语义学角度说，表意明确，合乎分寸，不产生歧义，才能正确展现客体事实。这是再现标准的重要内容。媒介批评者了解实际生活，熟悉各类媒介作品的语言表达规则，才能把握和运用准确、生动的语言分析作品。在批评媒介时，批评者要注意词意的差别，认识作者如何运用词语，探讨作品是否使用富于表现力的词句。媒介作品的表达，使受众获得真实、深刻和清晰的印象，是达到语言标准的基本要求。词语的客观色彩，显露出媒体的客观态度，给受众以愉悦。批评者判断作者对受众的态度，必须舍弃自己的出发点，站在客观立场才会有公允的评价。语言的客观性同内容的客观性一样，始终是媒介批评不可缺少的基本尺度。

三、把握两个标准的统合关系

在媒介批评中，还要坚持意向标准和再现标准的统合原则，权衡意向标准和再现标准之间的有机联系。传媒人的意向一般不是通过事实直白表露的，而是借助再现的技巧，隐晦地把自己的观点表达出来。媒介批评者如要正确地评价他们的意图，必须揭示作品的再现形式如何有效地、巧妙地为作者的观点服务。

媒介批评者把对思想内容的评判和对再现形式的评判结合起来，分析作品的思想性和机智性，不能简单地用意向标准或再现标准分别衡量，而要把两个标准有机地统合起来作出评价。对事实处理的巧妙性进行分析，既重视对作品思想内容的评价，也重视对作品形式的探讨，是媒介作品批评的基本方法。

对媒介活动的思想评价是十分重要的。许多媒介批评常常从媒体的思想倾向入手，研究其社会意义，探究其在社会生活中的作用。把意向标准放在第一位，把再现标准放在第二位，无疑也是适用的，只不过这时的再现已成为媒体的行为方式。如果把媒体行为的机智性视为从属地位，就难以发现媒体掩盖的真正意图。批评媒介缺乏事实的说服力，无论揭示的倾向多么鲜明，都是不会赢得受众的，也是没有力量的。这如同作品的意向鲜明，但表达得很隐晦，用事实去精巧地印证，才会产生良好的传播效果一样。

媒介意图不是政治口号的表达，更不等同于政治宣言，媒介作品也不都是美学意义上的艺术品。媒介活动及其作品主要是把客观世界的真相告诉受众，多数受众的理解力又很有限，如何把真相披露得更真切、更深刻，需要最好的传播方式和再现形式。在一定意义上，揭示媒体的意向缺乏对再现形式的分析，就难以发现媒体的言外之意。对于一些重要的媒介作品而言，传播的主要目的是揭示事实倾向，再现形式只是思想倾向的包装，或者它就是作品产生影响力的重要因素。所以，对媒介的评价既要重视对思想内容的分析，又要重视对其再现形式的分析。

媒介批评者对媒介及媒介作品的评价，不可忽略的以上两个标准，依存于批评的整个过程，即依存于媒介批评者的天才陈述中。单纯注重分析媒体及其作品的语言特点和叙事细节，就会忽视思想价值，把媒体的意图排斥在评价之外。把再现标准同意向标准对立起来，无视二者之间的联系，也是媒介批评需要防止的倾向。

本章概念与思考题

概　念

批评的事论　理论批评　影视批评　历史批评　事实确证　媒介的隐蔽事实　事实的叠加推理　形象推论　实证推定　媒介批评的规范　时空通观的规范　整体照应的规范　效果实证的规范　标准种类　聚类标准　意向标准　再现标准

思考题

1. 媒介批评和理论批评、文艺批评、历史批评有哪些差异？
2. 媒介批评文体的特点是什么？
3. 媒介批评有哪些规范？怎样理解这些规范？
4. 阐述媒介批评的具体标准和聚类标准，说明二者的关系。
5. 怎样理解意向标准和再现标准？

媒介批评的方法

第八章 CHAPTER 8

媒介批评的方法是指媒介批评者评价媒介的具体手段，并以一套言语系统表达出来。媒介批评方法与其他学科的批评方法基本相同，因为这些方法具有普遍性。总的看，媒介批评主要有思辨方法、实证方法与量化方法，三者有时相互渗透，交互使用。思辨方法运用话语分析、内容分析、叙事分析和比较分析来评价媒介，包括结构主义分析和系统分析。西方的编码分析、符号分析仅有比喻的意义，难以构成推理体系，本书不将其作为主要的媒介批评方法来研究。

第一节　媒介批评的理论思维

媒介批评的基础性手段是思维方式，由思维结构和思考理念构成，对判断媒介的价值与是非具有开拓意义。作为认识途径与评价尺度，媒介批评的方法最终是通过各种表达手段发挥作用的，它既不完全依赖于思维方式，也不能强调具体方法的操作性和多样性而排斥思维方式的作用。

一、媒介批评的思维方式

所谓媒介批评的**思维方式**，是指媒介批评者分析媒介时怎样思维，用什么理念思维，依据什么道理来思考媒介，然后才能表达批评内容。这种思维方式和媒介批评的**理论思维**是同一的概念，因为它要从一定理论出发，受一定理论法则的支配。从方法论角度把思维的理论指导称为思维方式，是从思维工具的角度出发的，实际是把思维依据的理论称为思维方式，二者的同一性正是思维活动的基本属性。唯物主义、辩证法、历史唯物主义、历史主义、人本主义、人文主义、精神分析等，都是媒介批评正确的思维方式，离开这些思考问题的理论，就无法进行媒介批评。下面简要地介绍这些思维方式。

第一，**唯物辩证法思维方式**。作为媒介批评的思辨方法，唯物辩证法**思维**主要包括唯物主义、辩证法和历史唯物主义理论，用其观察媒介、认识媒介现象，是媒介批评的基本思维方式。哲学向媒介批评渗透，赋予媒介批评者理性视野和参照准则，成为媒介批评的思辨原则。对媒介批评者来说，唯物辩证观念还左右着评价媒介其他方法的选择和运用，在分析媒介时，一方面遵循存在决定意识的理念，另一方面将它作为逻辑支点。唯物辩证法哲学从诞生那天起，就成为一切科学研究的思维方法。媒介的思辨批评离不开这一哲学原理，思辨分析在一定意义上是以唯物辩证格式进行的，诸如尊重媒介的客观实际，经济与物质决定精神产品并反作用于物质与经济，以运动、变化和多样性的观点思考媒介的种种问题，都属于唯物辩证思维方式。

以哲学理论思考媒介，不能忽视唯物史观的指导作用。**唯物史观**是与唯心主义相对立的历史观，是“科学的社会学”，即把社会视为人类具有共同利益与平等的社会，全部人类历史的第一个前提是有生命的个人的存在。评价媒介应对从事实际活动的人进行考察，媒介的社会存在首先依赖于物质生产与生活，科学技术与经济不仅是社会的基础，也是媒介发展的首要条件；人的物质实践伴随精神活动，一切精神产品都是经济活动的产物，是人们利益关系的直接或间接的反映。物质世界是不依赖人们意识而存在的客观实在，而意识是这一客观实在的反映。媒介上一切人的角色、地位和态度，都可从这一原理中最终得到解释。用这些基本理论来思考和评价媒介，才能正确说明媒介的本质与发展趋势。

第二，**历史主义思维方式**。媒介批评离不开考察媒介现象的历史，**历史主义**成为批评者思考问题的出发点之一，形成相应的批评思维方法。人们在批评媒介时，试图把历史说成是某种必然的过程，尊重历史实际、历史人物和历史事件，将其作为一定历史条件的产物来分析，并着眼于媒介的历史条件和历史变化。在历史主义者看来，历史学的研究，甚至整个人文科学研究都应该用和自然科学研究完全不同的方法，应更多地强调个体性和历史性。每个时代的媒介现象都有其自身的历史，不能强行把它们划入统一的规则；任何媒介制度和媒介行为，也都不能用外部标准来评判，只能依据它自身的历史发展来衡量，由历史看现在和推测未来，是一种必然的过程。

第三，**人本主义思维方式**。人本主义重视人的价值和尊严，把人看做万物的尺度，以人性、人的有限性和人的利益为主旨来看待媒介问题。人们通常认为，当代人本主义即是“主体哲学”（philosophy of the subject），由于哲学家对“主体”的理解不一致，“人本主义”是多义的。但不管如何理解人本主义，当人们批评媒介时首先想到媒介对人的态度，是否肯定人的价值、尊严和自身利益，就是一种人本主义的思维方法。

第四，**人文主义思维方式**。这是一种基于仁慈的哲学理念，倡导四海之内皆大爱，以对人的博爱为基本价值观。人的兴趣、思想自由、人与人之间的容忍与和谐相处等等，都是人文主义的应有之义。显然，它是与政治分野、党派与国家纷争相对立的，从根本上否定阶级斗争，否定一切政治立场和政治冲突的正当性，肯定人的本性和个性追求的高尚性。

以人文主义评价媒介或媒介作品，并不都是适用的，因为无论在历史上还是在今天，总有些媒介控制在政治集团手里，宣传政治和政治斗争，为反对对立阶级或派别服务。人文主义者注重展示人的心灵和理性，但在不同利益、民族和政治冲突中，如何界定理性，往往各持己见。面对残暴的统治者，人民的整体意志有时充满斗争激情，有些媒介不能不介入对这种激情的忠实反映。有人主张媒介批评只能运用人文主义方法而排斥历史唯物主义方法，显然不懂媒介的政治性这一属性。在很大程度上，人文主义并不是媒介批评的主要思维方法而是文学艺术批评的主要思维方法。

第五，**精神分析思维方式**。人往往受情感，即以痛苦、耻辱、迷惑、恐惧等心理支配行为，许多举动甚至起始于潜意识。用这种精神现象分析媒介作品中人物的行为，揭示人类行为的真实动机，让人理解心灵运作的状态和动力。在媒介批评中运用精神分析思考媒介人物和作品，解释当事人的情感矛盾，分析逃避、压抑、欲望、抑制等心理现象如何扭曲或伪装内心追求，是探索作者或作品人物精神状态的重要思维方式。

弗洛伊德与荣格的精神分析理论，主要是研究精神病症状、病因和医生的心理引导。将这种理论全盘照抄到媒介批评中，阐释大众媒介的内容及受众反应，会陷入牵强附会的理论泥潭。本书所指的精神分析，不同于弗洛伊德和荣格的精神分析，主要指以人的情感、心理骚动剖析媒介作品中的人物。

第六，**符号学思维方式**。这是西方媒介批评的一种方法，是指所有的传播媒介——报刊、电视、书册、绘画、交通信号及其他种种信息，都可分割成一个个意义单位，以各自的特征传播文本意向，最小的意义单位就是**符号**（sign）。许多符号组合起来成为一个表意系统，构成了“文本”（text）。

这种方法包括建构符号、符码和编码（符号的组合规则），形成纵聚和横聚结构，对文本进行历时性和共时性分析。符号提供了描述工具，用于多种批评方法中（精神分析、文化研究、话语分析、神话分析以及叙事分析）。据说，媒介批评家观察媒介文本和理解文本中的符号，能够发现意义，通过分析符号评价媒介。这种**符号批评方法**不从文本作者的意图或受众的接受动力而是从文本的符号和符码，建构媒介的倾向与意义，即使能够对媒介文本作出说明，也是一种“弯弯绕”的分析。因为连这一学说的提出者都无法解释一篇新闻记者是怎么编码的，读者又是怎么解码的，以及如何用符号去分析一部电视剧。没有一位记者用编码写作新闻稿，没有一位作者用符号创作影视剧本。本书认为，这种思维方式除有比喻和象征意义外，多有故弄玄虚的哲学色彩，无法用它准确地阐释媒介。

以上前五种思维方式，形成了媒介批评的理论导向，每一种思维手段又可细分为媒介批评的**方法因子**，即对批评对象展开思维的理论元素，以某个概念和基本因素来演绎系统的批评意见。媒介批评的方法因子包含在具体分析方法之中。

二、媒介批评方法中因子的运用

运用某种单一的理论思维，媒介的本质与规定性都有被“分割”的可能。从社会科学延伸出来的各种思维方式严格说来都不是把握媒介现象的唯一理论方法，只有把多种思维方式引进媒介批评中，或突出其中一种最适用的方法，才能全面、立体地说明媒介活动的价值与倾向。在媒介批评者的观念下，使用某种单一思维方法容易把批评对象引入“死角”，势必具有天然的局限性。

为了克服某种批评方法的局限，一方面要重视五个层面的纵向联系，另一方面要做到各种方法互补，力求揭示媒介整体系统的是非优劣。强调各方法间的互补性，不是要取消各种方法的区别和独立性，也不是简单地、机械地并列使用各种方法，或用一种方法来“收编”其他方法，而是根据批评对象的特点选择最好的一种方法，同时吸取其他方法的精华——方法因子来分析媒介。

批评方法在批评中表现出很强的能动性，通过方法因子的运用来分析媒介，是最有效、最细致的评价方式。这里既有逻辑结构，又有理论分析；既有方法精华的正确组合，又有符合评价对象的思维方式。缺少效力的批评方法，要么缺乏逻辑，要么方法因子因追求离奇而显得梦幻，比如 A. A. 伯格提出的社会学分析方法的疏离（alienation）、怪异（anomic）、偏激（deviance）等[①]，令人不知这是一种什么分析手段，如何成为分析媒介的方法因子。

因子分析（factor analysis）原是一种多变量的分析技术，被用于心理学、社会学、经济学、人口学、地质学、生理学，甚至化学和物理学。所谓媒介批评的**因子分析**，是把某种思维方式和评价方法（结构主义方法、系统方法、实证方法和定量与定性方法）中最有价值的认识元素用于媒介分析，揭示媒介变动的根源，尤其在量化统计中最能显现出效用。因子是评价方法的最小因素，是把批评对象简化为若干要点来分析，在量化分析中给定一组变量或观测数据，通过几个变量的维数来解释整个问题。采用因子分析的方法将众多的变量减少为几个因子，再现媒介系统各因素之间的联系。

因子分析与系统、整体分析有根本区别，系统与整体分析要从媒介对象的全部情况着眼，而因子分析则是抓住全部情况的某一个或几个关键因素揭示媒介的整体情况。有时将变量中某一个或一组环节凸显出来，选取其中某个要点构造一个简单的模型，能将批评对象的变量转化为因子的线性组合。所有媒介批评对象都含有潜在的因子，在表面上它们是观察不到的，例如受众对媒体的满意度、对某家报纸的忠诚度这类受众认识，并不直接显露出来，媒介批评者必须从受众某个意向或维度上进行问卷调查，拟出几种态度概念，通过对这些因子数据的统计分析才能对受众的认识作出正确的评价。

显然，因子分析有助于把媒介问题“简单化”，是一种由微观到宏观、由部分到全体的批评方法。基于抽取因子来解释批评对象，可以找到媒介存在的真正问题，发现媒介传播的新规律。但是，因子分析也有明显的缺点，一是大多数因子分析把整体问题缩小，可能掩盖媒体的整体倾向，需要批评者加强综合分析。二是因子分析容易割裂批评对象同媒介的外域联系，把媒介批评的目光限制在批评对象本身，压制媒介批评者的思维发散。这需要媒介批评者主动冲出因子的局限性，联系与媒介相关的多种因素和相关知识来分析媒介。三是因子分析容易背离辩证思维，把评价内容仅集中于一点，限制对多种因素相互联系的关注。所以，运用因子分析时不能忽略辩证法的运用。

在媒介的量化批评中，因子分析引用任何数据都会得到某种结论，但因子并非总是有

① 参见黄新生：《媒介批评——理论与方法》，189～190页，台北，台湾五南图书出版公司，2002。

意义的，辩证思维则把因子分析作为一定条件下的批评方法。用更小的变量或概念揭示更大的变量和媒介问题，是因子分析方法的本质，目的在于简化和以小见大地解释问题。本书提出的因子分析方法，渗透在下面几种具体方法中，同上述那些思维方式密切渗透，才能促成对媒介现象的有效评价。下面将系统介绍几种常用的批评方法及因子分析的使用。

第二节 媒介批评的结构主义方法

“结构主义”原为瑞士哲学家皮亚杰研究认识发生论的一本书的名称，语言学家索绪尔、乔姆斯基的结构主义语言学和帕森斯的社会学结构功能主义，都把结构主义归结为整体性、转换性和自身调整性，认为结构主义是一种方法而不是学说，可与其他方法并用。它的因子就是结构拆解和整合。

媒介活动的整体结构，有自身的规律和特征，带有结构主义本性。依据皮亚杰的观点，人的认识过程是一个内在结构的连续组织与再组织的过程①；以这种结构观分析媒介，开展媒介批评，有助于把握媒体的内在秘密。媒介作品作为人化的“第三自然”，蕴涵和投射着作者的品格，对于作者这个主体和事实这个客体而言，作品成为人造的自然，这个第三自然中处处都有作者的影子。越是深入地剖析它的内因，就越能清楚地从作品的结构中发现作者的意图。

一、媒介结构的拆解

依据结构主义理论，任何媒介传播都是一种社会体制，包含内部关系的自我结构。②**媒介批评的结构主义方法**，是指分析媒介现象，要在一定环境中论证与其他事物的联系、互动或对立关系，既要把它拆解为要素来透视，又要把这些要素看做整体来认识。

以新闻批评为例，新闻作品不是社会进程的直接投影，而是媒体反映的结果。记者及媒体的社会地位，与政府与受众的关系，以及媒体从属于何种集团，使新闻批评成为一种结构性系统。新闻作品被受众感受的深浅、接受的程度，取决于它的内容、体裁、语言等内在结构。就新闻作品的结构而言，当它转化为一定模式时，必然褪去了个别表征而获得某种普遍特征，成为新闻写作积淀下来的一般规范。这也是一个可拆解的系统，包括结构要素、一般规则和记者的能力等。

新闻与事实之间的联系，存在相对的时空间隔，也表现出一定的结构性。许多同类的新闻不断发生、不断被报道，表现为同时代人的生活过程。这种过程使新闻衍生不息，人类的一切生存要求和思想特征都在新闻中反映出来，形成新闻与社会生活的特定结构。结构是相对稳定的组织方式或结合形式，诸多要素组成整体，保持相对稳定的联结关系。一篇新闻作品的一定组织方式是一个整体，是把一个要素和其他要素联结起来的形式，认识新闻是不能脱离这个结构的。

结构和要素不可分离，只有在结构中某个部分才成为要素，要素的独立性仅仅为了认

---

① 参见冯契主编：《哲学大辞典》，1287页，上海，上海辞书出版社，2001。
② 参见林骧华主编：《西方文学批评术语辞典》，173页，上海，上海社会科学出版社，1989。

识结构的需要时才会被分离出来。实际上，结构是媒体活动的程序性、连续性和各个部分的作用，它对媒介批评是有决定性意义的。要判别一个媒介现象，必须确定它的内部结构，寻求诸因素间的联系，通过拆解结构，对各要素分别进行分析，确定各要素和整体的关系。这就需要搞清下列原理：（1）与各要素的不确定性比较，媒介现象的整体结构一般是稳定的；（2）媒介结构是有序的，各要素间的相互联系是有规则的，并受这种联系的支配，因果律、条件律、时间律都可能发挥支配作用；（3）媒介结构实际是各种因素联结或组合起来的，分析一切媒介活动都可以按照其连接、组合方式来认识它们。媒介批评从结构分析入手，拆解媒介现象，分别作出评价，不仅能认识其组合方式，而且最终也会认识整体。例如：

为大众，还是为小众

陈家兴

“散发着泥土的芬芳”，“透射出生活的热力”，近日来，蓬勃开展的“走基层、转作风、改文风”活动推出大批来自基层的新闻报道，得到受众的喜爱，引发社会的共鸣。这从一个侧面告诉我们，新闻作品也好，文艺创作也罢，都有一个“为什么人”的问题。具体来说就是为大众还是为小众的问题。这看似体现出不同的志趣、理念，实则反映出不同的价值和立场。

应当肯定，让老百姓的基本权益得到保护，让每一个细小的声音都得到倾听，这是我们社会所应倡导的基本价值理念。但从根本上、总体上说，精神文化产品主要应为人民大众服务。尤其是那些大众媒体、主流舆论的主要文化产品，都应把群众诉求和愿望作为社会主流价值的源泉与导向，坚持从大众中来，到大众中去，关切大众的利益，反映大众的精神追求。只有这样，才能站稳人民大众的立场。如果把笔墨和焦点都集中在小众甚至明星大腕身上，热衷宣扬个别成功人士不可复制的传奇，渲染独特个体不具普遍性的奇情怪想，沉迷“小众旨趣”的自我玩赏，就会脱离伟大时代，远离沸腾生活。这样的新闻报道和文艺作品，必然失去广大受众，被老百姓所疏离甚至唾弃。

——《人民日报·今日谈》，2011－09－14

这篇新闻批评从受众结构——包括大众和小众两部分，来分析“走转改”报道的宗旨和社会意义，引申出大众媒介和小众媒介的媒介结构、大众诉求和小众旨趣的两个要素。这种拆解是一种因子分析，其中的“大众媒介”和“小众媒介”、“大众诉求”和“小众旨趣”，都是分解出来的因子。但从结构主义分析方法看，这篇媒介批评暴露出了片面性，即小众媒介也应该有生存空间，媒介考虑健康、正当的“小众旨趣”也是一种不可忽视的使命，而这篇批评文章断然否定了这一点。这种片面观点，是由于缺乏对媒介系统的全面认识，媒介批评者把媒介“为人民服务”这一规范过度僵化、狭隘化了。

这一例证说明，媒介传播的规范一经建立并臻于完善，媒介宗旨与传播目标的确立，都以最理想的模式建立精巧的平衡来维系它们的构成。以结构主义方法分析媒介，是要限制媒介批评者对媒介的随意认识——拆解媒介结构不应静止、僵化和片面，各要素和倾向的明确性并不是它的最后状态，以辩证思想评价媒介各部分和各要素的意义，以及它们的相互联系，才能得出对整体的全面、深刻的认识。媒介传播的客观事实的生命力十分活跃，这种活力既来自于媒体的作用，又产生于媒介整体结构的稳定性。拆解媒体整体结构的分析，决不能只偏重于一个因子而忽略或否定另外的因子，而应遵循多种因素相互依存、相互平衡的自然之道。

事实重于思想，但思想却深化着事实；整体大于部分之和，而部分则显露出整体的隐蔽之处，这些都是媒介结构关系创造的“剩余价值”。对结构主义的媒介批评来说，其任务不仅仅是“拆析”整体的要素，还应把握结构的整体效能，进行要素整合。一篇媒介作品不是要素与系统、构成与意义随意进出的灵魂容器，相反，“意义在于结构”，“哪里有意义，哪里就有结构”，“没有结构就没有任何意义”[①]。媒介批评的结构主义方法正是重视媒介结构中蕴涵的意义，并从结构联系中挖掘意义。

二、对内外结构的透视

揭示媒介现象的内在联系，需要分析它的各个部分之间的关系，特别是从它的外部结构——各种社会关系，来透视媒介系统的本质。比如评价媒介作品，需要分析作品的外部结构对内部结构的作用，在这方面，西方文学的结构主义批评方法是有借鉴意义的。

美国的艾伯拉姆斯把作品视为由世界、作者、作品和读者四个部分组成，并把这种外部结构的相互关系图解为图 8—1 所示的状况[②]：

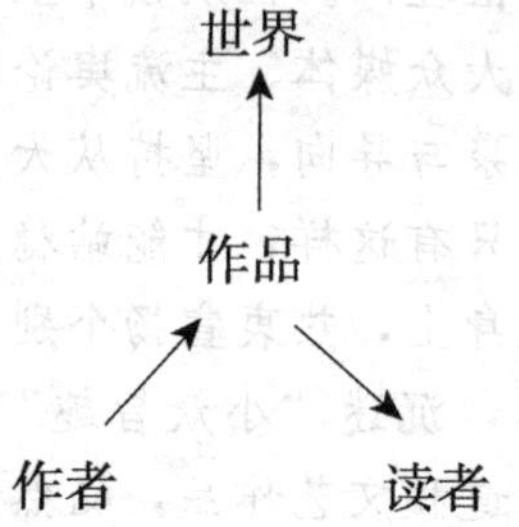

图 8—1　作品外部结构关系

对作品的内部结构，亚里士多德曾提出六因素说，即情节、性格、思想、语言、歌曲、形象，其重要性依次递减。波兰的罗曼·英格尔登把作品的内部结构分为“词语—声音”、“意群”、“系统方向”、“客体体现”四个依序推进的层次。[③] 由此推导出媒介批评的结构主义方法，应包括平面分列式和层次推进式两种方法。

平面分列式批评，是指对作品构成要素作平行分析，指出每个要素的真伪、价值及特性，说明其背后的意义。具体而言，用主题、人物、情节、语言等具体要素来说明内容与形式，但由于很少透视诸要素的相互联系，显得缺乏统一性。这种平行分析容易使人陷于单一思维，把作品看成各要素的独立组合，势必戕害对作品浑然一体的理解。为了克服平

① 夏基松：《当代西方哲学》，334 页，哈尔滨，黑龙江人民出版社，1983。

② 参见［美］艾伯拉姆斯：《批评理论的趋向》，载《文艺理论研究》，1986 (6)。又可参见《叙事作品结构分析导论》，见《外国文学报道》，1984 (4)。

③ 参见［美］雷纳·威莱克：《西方四大批评家》，30 页，上海，复旦大学出版社，1983。

面分列式批评的缺陷，应该以“整体论”的“结构”和“意义”来透视作品，着眼于作品整体的有机联系。作品的整体意义不是通过人物、情节或哪句语言单独地表现出来的，而是这些要素之和，拆构的目的是为了从这些要素的个性联系来认识作品的整体。

层次推进式批评，则是把作品各要素划分成不同层次序列，揭示外部和内部要素的递进关系，逐渐由外部至内部推进对批评对象整体的认识。层次推进式批评，划分出从外部到内部延伸的五个因素：作品作用于受众——叙述方式——情节形象——材料组合——主题意义，囊括整合作品结构的全部内容。但层次推进作为直线运动的系列程序和因果链，缺少横向的开放性，因此，结构主义批评有必要选择全方位的立体视角。

新闻作品的结构同文学作品的结构也有相似之处，比如一篇新闻作品涉及对世界的反映，记者观察的世界、作品的“第三自然”及受众的认识，构成了新闻的外部结构，即社会要素的构成。新闻作品的内部要素契合成内部结构，但它受外部结构的牵制。媒介作品的内外结构及其相互联系形成场域，评价作品从外部结构到对内部结构的作用作出透视，形成**作品的整合批评**。

比如，新闻是记者根据一定规则选择出的事实让受众收阅和感知。从这两点可以延伸出新闻的两条线，一条是内容的语言线，另一条是记者的情意线，新闻恰好处于这两条线的垂直点上，指向四个基本要素——客观事件、事象呈现、表达方式和社会功能，构成**“新闻场”**。场的合力规定着新闻的全部内容与影响，也规定了分析新闻的四个基本视角——新闻素材是什么样的、作者如何加工、作者用什么语言表达、作者的意向是否转化为新闻的功能以及转化为何种功能。用这种结构理论分析新闻时，可以按照新闻场的标示图，揭示新闻的意义受制于它的外部结构。请看图 8—2：

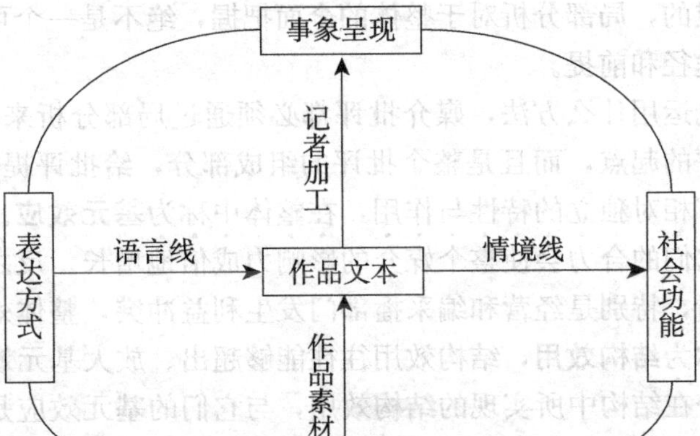

图 8—2 新闻场

作品的语言线构成文本的外在链条，作者的情意线则促成作品的功能，因为它体现出作者的意向和动机。两条线展开的四端表现为作品的内外结构紧密连接成一体，“客观事件”与“社会功能”构成作品外部结构的要素，“事象呈现”与“表达方式”成为作品的内部结构要素。实际上，作品与社会有着惊人的同构性，其四端都和外部世界发生交互作用。其中，客观事件来自社会，和社会生活方式与制度相联系；表达方式受传播对象和传播体制的限制，决定作者的采写意图、如何加工、表达何种情意、受众能否接受以及如何接受等。显然，评价作品的内容包括分析客观世界、采写活动、文本的内容与形式和受众接受情况，批评者需要对作品的内外结构进行全面透视。这就是说，批评一篇作品或其他媒介行为，不仅要分析媒介本身，而且要通过对内外结构的考察，认识作品的各种联系和属性。

结构主义批评绝不是形式批评，更不是形式主义的批评，而是把每一类型的结构要素及相互作用剖析得异常彻底。由于作品源于作者的表达方式及意图，分析作者认识世界的方法就更为重要，需要把作者的传播动机和时代背景作为重要的分析对象。时代背景与媒体制度，对于媒体来说也是外部结构，但只有从作品内在结构中去考察，才能准确认识作者与媒体的意图是否受到时代背景与媒体制度的支配。作品中的语言以一种特殊表达系统，显示作者处于何种地位、具有何种世界观，表明作品究竟能告诉人们什么。媒介批评是要把媒介行为的意义展示出来，从结构到功能再到意义的转化，揭示媒体的社会宗旨和传播效用。这又把媒介的功能，搬回到它的外部结构，回到了外部世界。

三、基元效应与结构效用分析

媒介的每个要素都是媒介整体的一部分：编辑部是媒介的一个部门，经营管理办公室是另一个部门，某位作者是整个媒介的一分子，某篇作品是媒介整体倾向的一面镜子，一篇新闻是整个版面的局部，如此等等。任何媒介现象在媒介批评中都可分为不同的局部，越是复杂的媒介现象越适应也越需要采用局部拆析。各局部间的相互关系及其对整体的构成作用，不仅构成静态的组合、吸引和链接的稳定秩序，而且是彼此分立、牵扯甚至掣肘的关系。其中每一局部的变化都会影响别的局部，进而导致整体的变动。媒介的整体倾向是在局部组合中形成的，局部分析对于整体的全面把握，绝不是一个可有可无的环节，而是媒介批评的必经途径和前提。

这就是说，无论运用什么方法，媒介批评都必须通过局部分析来认识它的整体价值。局部分析不仅是批评的起点，而且是整个批评的组成部分，给批评提供把握整体的依据。媒介现象各局部具有相对独立的特性与作用，在整体中称为**基元效应**。如果一个媒介的各部门协调地运作，它们的合力会使整个媒介的影响力成倍地增长。反之，如果各部门矛盾重重，相互冲突不断，特别是经营和编采播部门发生利益冲突，整体效应就会败落。各局部形成的结构功能称为**结构效用**，结构效用往往能够超出、放大基元效应。

媒介各局部成分在结构中所实现的结构效用，与它们的基元效应是不同的。媒介的整体结构，赋予个别部分以更新的意味，是一切媒介结构特有的性质。媒介批评从局部分析整体的意义，才能认识整个媒介或媒介系统的功能，同时也才能更真切地认识每个单一局部的特殊含义。正像索绪尔在《普通语言学教程》中所论述的语言结构一样，“语言是一个相互依存的词语体系，在这个体系中，每一词语的确切意义都仅仅是与其他词语相互储存的结果”①。通过分析局部把握媒介的整体倾向，不仅要把局部意义简单地相加，而且要探索每个局部的意义是什么，它们在整体中的地位如何，强化了整体的哪些特征。

媒介批评的结构主义方法在把握局部与整体的关系时，明显存在着相互冲突：整体意

① 转引自夏基松：《当代西方哲学》，334页，哈尔滨，黑龙江人民出版社，1983。

义要从局部意义的组合中来理解，而把握局部意义又是以对整体的理解为前提的，这就可能导致某些悖论。[①] 要想摆脱这个逻辑循环的干扰，媒介批评者只能对局部与整体的相互关系进行多次反刍性研究，在每一次"反刍"中拂去二者冲突的对峙因素，在最大限度内化解这个怪圈。值得警惕的是，有相当多的媒介批评家分析媒介作品时，仅凭借个人印象对内容作出粗浅的理解，然后确定假设的结论，力求一种完满的"自圆其说"。这是和结构主义批评方法背道而驰的，由于缺少对基元效应的分析，必然难以发现从拆构达到整合的叠加效用。

第三节 媒介批评的系统方法

系统思想形成于19世纪黑格尔的理论。黑格尔认为世界是一个过程，受对立面的矛盾所控制，即使对立的事物也难以分离。系统论作为一门科学，是由美籍奥地利生物学家贝塔朗菲创立的一种用逻辑和数学方法考察研究对象的理论，是关于"整体性"的一般科学。它的主要目的是把对象作为一个有机整体进行研究，试图确立适用于系统的一般原则。贝塔朗菲认为，"系统是相互关联并组成一个整体的一组事物"[②]。把系统论方法引进媒介批评，是指在批评媒介现象时，不能孤立地分析任何一个事实，不能脱离它依存的那个系统。这种**媒介批评的系统方法**，从一定角度看，同结构主义方法正好相反，但实际上它们只是分析的切入点不同。

一、媒介批评系统方法的特征

系统论的基本概念有序列、同构、协调、复合、动态性等，这些概念又构成方法因子，用以透视媒介某个部分在系统中的情形。运用它们的主要批评规则有以下三点：

第一，任何事物都具有相互依存性，分析问题要把对象的各部分联系起来加以考察。第二，在媒介系统中，一个部分发生变化，另一个部分也会发生变化，这些相关部分相互影响的程度是不等的。第三，对任何一个对象的批评都必须从它的部分相互联系及历史发展等方面进行综合考察，看它如何嵌入一个系统中，在系统中发挥怎样的作用。

如果说媒介批评的结构主义方法是分解，那么系统方法就是从单一到综合，分析媒介各部分在系统中的相互联系与补充。由此，可概括出媒介批评的系统方法的以下四个特征：

（1）重视媒介的整体性。整体性意味着，一方面任何一部分都没有独立的意义，即没有脱离整体的单独意义，它们都以一定的序列排列在系统中，虽有主次之分，但没有割裂的分离性；另一方面，部分对外作出反应或发生作用时，各部分都以整体出现，相互协调，而不以某一部分为单位。

（2）强调媒介各部分的统一性。这种统一性取决于要素的同构，又与其多样性互为补充，有着一与多的联系。看待媒介各种因素，重要的是关注它们的相同因素，而不是突出它们的差别和不同。

---

① 参见［苏］B.H. 萨多夫斯基：《一般系统论原理：逻辑—方法论分析》，256页，北京，人民出版社，1984。
② ［美］斯蒂文·小约翰：《传播理论》，74页，北京，中国社会科学出版社，1999。

（3）依据媒介的复合性来看待媒介。其中若干要素是可分的，凡可分的东西一定是复合的。任何系统都是复合体。

（4）强调媒介现象是以系统的确定性出现在受众面前，因而不同媒介或媒介现象有明显的区别。这是由于媒介系统是相对稳定的，在一定条件下它的各要素有机结合在一起，不容易被彻底拆解。媒介系统的确定性结构，显露出的特征和性质是稳定的，媒介批评者抓住它们的特定状态正是它们自身性质的显露。

系统方法认为，在媒介批评中绝不能把任何部分视为整体，也不能把个别现象认定为整体现象，自始至终要把媒介作为一个固定的实体来看待。下面的批评文章违背了系统论的方法，导致了批评错位。

记者挨打也应反躬自省

王宏波

记者挨打事件时常见诸报端。不错，记者被打的主要责任在于被报道监督的个人或单位，人们往往把批评的矛头指向他们。然而，记者频繁挨打有没有自身的原因呢？我看有三点：

第一，社会转型使新闻界的神圣光环不再耀眼。在过去相当长的时期内，我国新闻单位实际上是党政机关的一个组成部分。“新闻事业官天下”，新闻从业人员则如“新闻官”，被人们称为“无冕之王”。但是随着改革开放的深入和社会主义市场经济体制的建立，新闻界的情况已发生明显的变化。新闻机构由事实上等同于党政权力机关的地位变为一般的法人单位；新闻记者也由拥有特权的“新闻官”成为普通的新闻从业者。因此，环绕着新闻界的神圣的光环也黯然失色，记者不再被人敬畏仰视。

第二，新闻侵权行为损害了新闻界的声誉。新闻侵权是指新闻媒体和新闻工作者利用新闻传播工具对公民、法人或其他组织造成不法侵害行为。新闻侵权的形式有侵害名誉权、隐私权、姓名权、肖像权等。

导致新闻侵权的原因很多，首先，有些新闻机构和记者的观念陈旧。至今还守着老皇历，“钦差大臣”意识尚存，自视权威，妄加评说，不尊重公民或法人的声誉，常在新闻报道中表现出侵权行为。其次，法律意识不强。有些记者不知道自己的权利和义务的法律界限，往往在新闻采访和新闻作品中越过雷池，侵犯他人的利益。另外，许多从业人员素质不高。不论如何，新闻侵权总是产生于媒体和记者的故意或过失的错误行为。在新闻侵权案诉讼中，媒体和记者常常以败诉而告终。一方面损害了新闻界的声誉，另一方面许多记者挨打也正缘于新闻侵权后遭到被侵害者的报复。

第三，新闻界的失范行为败坏了其形象。新闻界有一些做法是违背职业道德的。搞“钱稿交易”的“有偿新闻”、假新闻屡见不鲜；片面地迎合低级趣味；为探隐私不择手段等等。这些做法极大地败坏了媒体和记者的形象，激起了公众的蔑视。

上面三点也许是记者频频挨打主观的、深层次的原因。在社会各界提请保护记者合法权益的呼声之中，新闻界也要反躬自省。作为人类灵魂工程师的新闻工作者，若己身不正，正人难矣！

——《中华新闻报》，2000-05-24

这篇批评所列举的记者作风、思想上的问题是存在的，但不是新闻界这一系统的整体倾向，作者以个别现象代替了系统的整体。作者没有拿出实例说明那些“差记者”、“坏记者”挨打，在现实中，挨打的恰恰是那些富有正义感、敢于揭露丑行的记者。部分不能代表整体，个别记者风气不正，不能见记者就打。这篇批评显然提出了一种错误观念——由于个别记者职业道德沦丧，记者挨打就不能怨天尤人。还有一篇《老子打的就是记者》，所持的观点正和上篇相反。这篇批评说：“出此狂言的人真是无法无天，难道他与记者不共戴天？原来《重庆晨报》一摄影记者要曝这自称老子的城管不文明执法的光，老子当然不干，率众城管将记者打成脑震荡（初步诊断）。”而在此前两个月内，据《中国新闻出版报》的消息，先后有重庆、山西、湖北等地多名记者、通讯员在采访时被殴打或被砍伤。记者的舆论监督的权利是人民赋予的，行使它是记者的职责。但舆论监督，往往说好话容易：大家高高兴兴，都成了谦谦君子。提出批评建议，礼貌者会说对不起无可奉告，拒绝接受你的采访；不客气的骂骂咧咧，甚至动手动脚动家伙，使记者尤其是经常采写批评报道的记者人身安全得不到保障。在新闻法出台之前，应尽快制定新闻监督法。传媒对殴打记者的行为，要合力声讨，形成人人喊打的氛围。只有这样才能更好地促进舆论监督，促进新闻事业发挥制衡社会丑恶的作用，否则人人都成了摸不得的老虎屁股。

最后作者说：“我们的记者更要加强自律，奋发图强，努力工作，用无可辩驳的事实证明我们的确是一支‘政治强、业务精、纪律严、作风正’的党的新闻队伍，人民群众完全可以信赖的新闻队伍。”①

这篇媒介批评对“打记者”现象进行综合分析，在党风不正、记者缺乏法律保障的大系统中指出“打记者”的根本原因。媒介的一个部分是另一个高一级部分的一个子系统，构成大系统中上下从属系列，媒介批评要从系统中上下序列的地位与作用，探寻问题究竟出在哪个环节（子系统）。系统各部分孤立的特征不能反映系统的整体特征，但它在一定程度上给整个系统带来影响。系统批评方法突破了拆构方法的局限，要求人们不应把有机整体分解成死的许多部分，然后机械地相加，而是如实地把对象作为有机的整体考察，从整体与部分相互依存、相互结合、相互制约的关系中揭示媒介现象的特征和性质。

从系统的动态性分析媒介现象，确定媒介问题产生的原因，突破了以往媒介批评的静态化和简单化的局限。对媒介的多因素和复杂的系统问题视而不见，硬把问题简化或分解为单一因素，不可能得出正确的结论。媒介系统中的问题无论是技术的还是社会的，发展越来越复杂，寻求系统的整体运动规律，媒介批评才能产生实效。

社会中各种系统具有繁杂的种类和类型，既有大系统，也有层层叠叠的子系统。根据这个道理，一个批评对象无论是大系统还是子系统，都有复杂和简单的问题。在一定条件下，一个有限的系统一方面与其各部分存在联系，另一方面又与其他系统发生外部关系。这些关系向内可以延伸、向外可以扩展，构成系统、子系统和部分三者之间互相转化的更大的整体。但不论如何转化，大系统都包含子系统，子系统也都包含着部分。在媒介批评中应用这一道理可以判断媒介存在的问题可能来自于社会的大系统，也可能来自于媒介的子系统，要考虑各种不同系统对媒介的作用。

① 孙友仁：《老子打的就是记者》，载《中国新闻出版报》，1999-11-09。

系统都是有序的，在分析媒介现象各种联系时，重要的是把握它的秩序性。把批评对象按一定规则划分不同类项，分别对其进行分析。类项之间有密切联系，又有不同的排列级次，表明它们在系统中所处的地位。分析各子系统按一定目标协同地推进，达到不同层级，分别指出它们的特征和性质。运用这一理论可以全面认识媒介现象的发展变化，揭示媒体或整个传媒界的困境所在，切实提出克服这种困境的出路。

二、媒介批评系统方法的环节

根据媒介活动波及的范围，媒介行为可划分出社会活动系统、媒体的组织系统、媒介的传播系统和作品的社会功能系统。解剖媒介传播系统的内在序列，还可分为若干更小的子系统：社会事件系统、记者的反映系统、作品的写作系统、受众的收受系统……对一个层层相连的媒介系统进行分析，能够揭示媒介的全部特性和本质。

媒介批评的系统方法的第一个环节是把任何媒介现象作为子系统观察，缕析它们同大系统之间的联系。媒介行为的特性形成于社会活动之中，如果把媒介看成一个由诸多部分合力促成的综合系统，主要包括三个方面，即社会输送蕴涵意义的信息，这是知觉的获取、信息流进入媒体的子系统，但信息还没有改变它的原型。显然，作品素材的客观性是一种自然属性，来自传媒人的观察和搜集。就是在这一步，观察者与搜集者稍有主观意图，信息流就有背离事件原生态的可能。不管媒介从事什么社会行为，都是为了获取社会信息，扩大传播内容的社会源头。

第二个环节是评价信息，主要是进入媒介的加工系统。这个子系统呈现为主体对事实的选择和提炼，实质上是思想的移入和媒体意志的外化。媒介批评者判断作者的意向输入给作品时是否使信息变形，对媒介系统的信息制作意图进行分析。在这一环节，批评者不应完全否认作者的意向，而是要在分析中确认这种意向是否符合事件真相，是否是对真理的归纳和提炼。

把媒介现象放到系统中分析，可从历史的角度考察媒介整体的演变，也可从传播制度和传播方针透视媒介问题的症候。传播方针是有序的、强制性的指南，在系统之内随时发生正负作用，批评者吸收各种反馈意见来认识它，容易看清媒介的真正制约因素。由于媒介受环境特别是社会意识形态的影响，不断刺激内部各因素发生变化，势必影响它的传播行为。媒介批评看不到以上这些系统对媒介的作用，就无法评价媒介的状态和倾向。

第三个环节是，批评者把目光转向受众，分析受众如何对待媒体或其作品，是主动接受还是被迫或拒绝接受，他们的反响是什么。最后把对各子系统的分析纳入一篇批评文章，形成对一个大系统的连串分析，就能深刻、正确地评价某个媒介问题是如何产生的，究竟是一种什么性质的问题。下面选择了一篇批评教辅书籍长期泛滥的文章，批评者沿着“出版—销售—使用”系统，逐层分析了这一媒介现象的本质。

莫让教辅成“教腐”

袁新文

教辅泛滥成灾，几成过街老鼠，学生不堪其苦，家长无可奈何。虽然有关部门三令五申，要求治理教辅乱象，然而收效甚微，依然乱得离谱。近日，新闻出版总署出台新举措，拟从出版环节把住质量关。人们在充满期待之余仍不免疑虑重重：把住了制作环节，能否把住使用环节？管住了出版社，能否管住学校？

人们总是把教辅的“多、乱、差”归罪于现行教育体制。的确，目前的教辅绝大多数是为考试和分数服务的。没有应试教育大行其道，就不可能有这么大的市场需求；没有肥肉一般的利润，也就不可能有这么多出版商趋之若鹜。因此，只要应试教育不改变，教辅乱象就很难根治。

但是，这决不意味着，可以拿教育现状作借口，对教辅乱象纵容姑息，无所作为。推进教育教学改革、改变应试教育生态，非一朝一夕之功，不可能一蹴而就。在这样的前提下，难道我们对教辅乱象就束手无策、一筹莫展吗？

当然不是！只要对教辅乱象分析研究就会发现，在整个教辅利益链条上，学校和教师也是不可忽视的环节，在利益的驱动下，他们其实也是教辅乱象的重要“推手”。

即使是在政府部门种种“禁令”之下，仍有一些学校和老师把教辅当做摇钱树，通过不同手段“捞一把”。有的学校和老师直接向学生推销教辅，从中拿好处、收回扣。陕西省蓝田县蓝关镇的一所学校，六年级老师让学生买教辅资料，并收取回扣，引起家长强烈不满，群众竟呼吁学校“饶了学生”。有的学校和老师低买高卖，强迫学生买教辅书。在湖南省郴州市的一些中学，学生课桌上有30多本书，不是教学课本，不是必需的教材，不是学生自愿购买，而是国家教育部门明令禁止、学校老师强制让学生购买的教学辅导材料。也有的学校和老师让学生到指定地点购买教辅，招致家长们质疑。郑州市的一所双语学校，老师发短信建议到指定市场给孩子购买指定教辅，该市场卖该种教辅的只有一家商户。学校、教师为学生统一推荐教辅的现象，在郑州市中小学校比比皆是……

与这些明目张胆向教辅“淘金”的行为相比，一些地方的学校和教研机构的做法要“斯文”得多。在一些教育发达地区，一些学校和老师不屑于用出版社正式出版的教辅，于是他们就自己动手，亲自编写各科的“辅导资料”、“同步练习”、“延伸训练”、“模拟试题”等等，以散页的形式发给学生。这些变相的教辅有的由本校“名师”编写，有的则是区县教研机构统一组织编写、印刷，由学校统一征订，质量比书店里鱼龙混杂的教辅有保障，内容与本校、本地教学更贴近，学生谁敢不买？谁敢不订？因此，即使书店里一本教辅不卖，这种变相的教辅仍然风行。

正像各种培训班、补习班一样，强劲的市场需求，必然搅动利益漩涡，对学校和老师形成很大的诱惑。如果不能坚守教育的底线，不能坚守教师的职业道德，教育者很容易受到利益驱使，为各种教育乱象推波助澜。

针对教育现实，治理教辅乱象，不仅需要着眼长远，改变应试教育现实，净化学生书包，减轻学生负担；同时，也需要立足当下，把住教辅的使用环节，从机制上斩断利益链条，还教育一片净土。莫让教辅成“教腐”，别把书包变钱包。被称作“人类灵魂工程师”的教育工作者是否当以此自省呢？

——《人民日报》，2011-09-01

上文逐一剖析各子系统——出版社、家长、教师、学校、图书市场和教育制度中存在的问题，最后得出“机制酿成教腐”这个更大系统的病根。媒介批评的系统方法的三个环节，并不是全部用于一切批评，其中每个环节的子系统分析，都可独立完成一次批评。只不过，在每个子系统的批评中，要向下一个级次排列更小的子系统进行逐级分析，剖视一个相对大系统的是非。

第四节　媒介批评的实证方法

所谓**实证方法**是指选择具体的社会单位，考察经验事实的详情，通过科学归纳总结出一定的结论。**媒介批评的实证方法**又称**个案批评方法**，是选定某个媒体进行剖析，指出媒介的弊端或成就，评价某个问题的性质和发展趋势，并提出解决这一问题的途径。媒介批评的实证方法侧重于对一家媒体或一次活动的整体诊断，分析媒介的顽症或肯定媒介的成就。

一、实证分析与个案批评

实证分析作为一种研究方法产生于培根的经验哲学和牛顿、伽利略的自然科学研究。法国哲学家孔多塞、圣西门、孔德和美国的杜威都倡导将实证分析引入对社会现象的研究，采用程序化、操作化和定量方法，使社会现象的研究精细化和准确化。孔德曾著有《实证哲学教程》一书，倡导实证主义研究的科学途径。实证主义研究回答“它怎么样？它是什么？它怎么办？”一系列问题，“它”是指社会中某个具体对象，例如一所学校、一家企业、一个社区、一家媒体等。分析的问题都是具体的、客观的、摸得着、看得见的对象，从根本上摒除了研究对象的乌龙化。

实证方法侧重研究某个实体如何运行，分析它的运行过程，推导出后果向什么方向发展，在确定的一定因果关系下，描述和说明观察到的事实，对可能出现的情况作出预测。客观事实是实证分析的对象和前提，实证这个概念本身包含着丰富的事实，是紧紧依据事实的分析。这种方法对事实进行全方位的剖析，依据一定的价值判断和社会目标得出结论，认定事实的性质和发展方向。

将这种研究方式用于媒介批评，是把一个媒体或媒介的某个问题视为调查对象，对其进行全面考察，介绍考察的详细情况与数据，然后逐一评价，最终得出结论。媒介的实证分析，主要是为了发现媒介存在的问题，并对这些问题进行价值判断，指出这些问题的现状如何，是什么性质，造成什么结果，如何改变现状，采取什么措施改变现状，效果怎样等，当然也包括某个媒体出台什么措施，实施某项改革取得了什么成就。通过系统调查进行评价。例如：

整合省市两级报业资源　推动区域报业发展

辽宁报业传媒集团

近年来，辽宁报业传媒集团在辽宁省委宣传部的领导下，继 2008 年成功与铁岭日报社实施战略合作后，2009 年，又成功与辽宁中部城市群其他六家地市报社陆续开展战略合作。

自2008年3月21日，辽报集团与铁岭日报社实施战略合作以来，铁岭日报社在报纸内容、运营效率和效益上都得到了明显改善，发行、广告呈现出快速增长的喜人局面。《铁岭日报》与《辽沈晚报·铁岭版》的舆论引导能力和市场影响力显著增强。合作前《铁岭晚报》没有零售，而整合为《辽沈晚报·铁岭版》后，零售量大幅提升。报纸以丰富多彩的内容和强烈的感染力、亲和力，迅速赢得铁岭市城乡读者的认可，发行量比《辽沈晚报》与《铁岭晚报》两份报纸整合前的总量增长了20%以上。战略合作后，铁岭日报社不再为报业市场的起落而担心，辽报集团承诺的广告收入每月都足额、按时打入铁岭日报社的账户，保证铁岭方面拥有稳定的收入来源。实行战略合作后，辽报集团也盘活了自身资源，实现了在中心城市以外地市级城市的稳定发展，铁岭地区的运营成本平均下降了30%左右。同时还有机会通过自身在当地广告市场的成功运作，获得分享铁岭报业市场快速成长的机会。《铁岭日报》和《辽沈晚报·铁岭版》的成功运营是省市两级报业通过整合资源，实现合作共赢、协同发展的一个成功范例。

2009年年初辽宁省委宣传部提出，应在认真总结铁岭模式成功经验的基础上，在辽宁中部城市群范围内进一步深化省市两级报业的资源整合工作，尽快构建辽宁中部城市群省市两级报业资源共享、优势互补的一体化发展新格局。按照辽宁省委宣传部的整体部署，辽报集团与辽宁中部地区的鞍山日报社、抚顺日报社、本溪日报社、辽阳日报社、阜新日报社和营口日报社，在省委宣传部的统一领导下和相关市委的积极支持下，拉开了省市两级报业战略合作的大幕。(原文太长，本书有删减)

——《中国记者》，2010 (3)

这篇例文对辽宁报业传媒集团整合报业的改革个案作了实证分析，得出的评价是——“省市两级报业通过整合资源，实现合作共赢、协同发展”，“辽报集团也盘活了自身资源，实现了在中心城市以外地市级城市的稳定发展”。用实证方法批评媒介现象，一般是描述性的，描述媒介现象是什么、怎么样、有什么结果；评价媒介的某一特定行为、事件或做法产生了何种效果，其他媒介可以用之作为行动的范例。运用实证方法，要准确地选择个案，作出正确的判断与分析。这样，可以把这个个案视作一个模型，凡与其具有相似条件的媒介，都可用这种方法去评价，根据评价的结论进行同样的媒介运作，推广个案的经验。

二、个案批评方法的特征与准则

运用个案实证方法评价媒体现象不是为了推崇实证研究而排斥其他批评方法，而是对某个媒体的评价只能使用这种方法。哈佛大学经济学教授曼昆在《经济学原理》中认为，关于世界的表述有两种类型：第一种是实证的，是描述性的，描述世界是什么；第二种是规范的，揭示世界应该是什么，学者已经从科学家变成了决策者。[①] 实际上规范分析遵循

① 参见［美］曼昆：《经济学原理》，28页，北京，北京大学出版社、三联书店，1999。

“应该是”的思维准则，以及与这些准则相适应的逻辑，本章提出的思维方式即理论思维都具有规范性准则的性质。某个媒体的某一特定行为、事件或经验，与现有的媒介理论和客观规律是否一致，如果一致，由个案分析推导的结果就是可信的。因此个案分析也应当经得起正确的理论和历史检验，把经验性评价置于科学基础之上。这是个案批评方法的主要特征和首先要遵循的原则。

实证方法重视研究中的第一手资料，对个案进行实地调查获取直接材料后，才能谈得上实证分析。这个特征和准则要求批评者经过亲身调查或亲历媒介的详情，掌握媒介的具体情况，积累全面而深入的个案材料，形成对媒介问题的真实把握。没有广泛而深入的个案调查，不可能对媒介状况有真实的了解，也就不会有正确的判断。在个案调查基础上获取和组织媒介材料，才能对媒介现象进行分析和评价，最后提出解决问题的相关对策。

价值偏好是个案批评发生谬误的关键，突破价值预设的障碍，是实证分析方法的重要准则。媒介批评不是为了发现什么普遍规律和经验，其目的在于对媒介的经验或错失给予评价，指正媒介存在的问题。实证方法期望借助个案研究推导出具有普遍性的结论，从丰富的实感达到理论构建，进入媒介理论研究范畴，已超出媒介批评的范围。所以，媒介个案批评容易犯以偏概全的错误，误判个案经验的全局效应。批评者经过个案调查后，应防止依据理论预设或价值偏好剪裁面对的经验事实，否则会作出错误的个案批评。有的批评者作个案调查不是努力发现具体事实，对事实作出评价，而是以事先的结论去寻找个案，剪裁和分析个案事实。这种个案调查获取的事实不是客观事实，而是经过过滤的事实，调查结果往往与真实情况有出入。先有观点再找证据的做法，是一种价值偏好的表现，基于这一前提的价值判断，只能是“随我之意”的判断，很难对媒体作出正确的评价。个案调查一定要遵循“先寻求证据，再得出结论”的原则，体现个案批评的实证性，而不是追求预先的观念被证实。

个案批评往往夹杂数理分析，借鉴数理分析的若干准则。对较为复杂的媒介问题进行个案批评，除了进行精细的实地调查，还要运用数理分析。媒介现象之间存在着复杂的相互作用，数学计量可以对有关因素作出精确的认定，消除对媒介认识的模糊性。但数理分析对数据质量要求较高，数据来源、录入和操作错误都会导致错误的分析结果。这就要求媒介批评者在搜集数据和录入数据时，保持高度警觉，避免草率从事、操作失误。

在批评中完成必要的数据搜集工作后，要检验这些数据同媒介行为的关系，看其是否是媒介活动必然产生的结果，在数理分析上是否有误差。运用数据说明媒介现象，确认了数据与媒介行为之间的必然关系，才能用这些数据说明媒介的性质或状态。比如，改革开放以来我国报刊的数量增长了 20 多倍，报刊的经济效益比改革开放初期增长了 300 多倍，因此某家市报的经济收入每年有 2.5 亿，比改革开放初期增长了 400 倍。如果有人从中得出这家市报的增长导致了全国报刊经济效益的增长的结论，评价这家市报经营效益对全国报刊产生了巨大推动作用，就是一种伪逻辑、伪实证分析。这种媒介批评把两个没有因果联系的对象之间建立起逻辑传导关系，很容易得出荒谬的结论。

个案调查获取对媒体问题的感性认识，使批评者对个案的详情有透彻的了解，数理分析则把详情的某些关键之处加以精确化，以便把握媒介行为或状态的确切程度，提高批评者分析问题的说服力。但个案批评不宜偏重于数量分析，因为媒介现象及变化的原因是多方面的，有的根本同数量无关，单纯用变量之间的关系加以解释是不科学的。引用一定的统计数据只是为了增强揭示某种状态的说服力，而不是为了宣示媒介的统计报表。既然媒介批评的核心是价值判断，就应把媒介的历史、制度和其他社会因素作为分析的方法因子，数理分析只能作为佐证评价结论的一种精准性因子。

个案批评中的调查和分析应遵循全面的准则，尽管这个“全面”具有不同范围，针对的可能是不同对象。不同人对同一个媒介个案的实证分析可能有很大差异，对相同的实证结果作出的解释也会截然相反，这表明，媒介的个案批评没有绝对的客观性，基于实证材料的解释不一定都是合理的。造成这种情况的原因，一方面是由于批评者对媒介现象的分析可能只是依据一定的角度，没有揭示各因素之间的整体联系。另一方面是由于媒介批评者选择的调查对象或许只局限于他最关注的问题。比如有人调查某通讯社的广告收入而忽视其他经济来源，有人调查报刊销售收入而不去了解广告效益，有人只重视它的投资收益，其他经济活动一律不计。这三位批评者如果要对这家通讯社的经营个案作出评价，就都有片面性。实证分析将观察和评价的对象只集中于一个方面，随意挑选个案中某个单一情况进行调查剖析，对整体问题的评价就违反了“全面性”的准则。

三、个案批评的静态与动态分析

媒介批评者分析个案，评价它的某个问题，还需要确定这个问题是不是正在发生变化，评价结论在多长时间内适合它的基本状态。这就涉及对个案的观察和认识的静态分析与动态分析两种类型。这二者的区别是，静态分析不考虑时间和空间变化，认为媒介现象始终是这样的；动态分析则考虑媒体行为的时间因素和空间性，说明从前或今后媒体要发生哪些变化。

静态分析指出媒体各要素的均衡状态，媒体内外部的因素是稳定的，评价的是媒体相对静止的问题，可以无忧无虑地得出结论，因为媒体在一定时间内不会发生变化。媒介批评者指出非时间概念中的媒体是非，分析的问题是没有明显变动的事物，不使用更多的限制词。媒体各因素的均衡显示，媒体虽然可能同时受到来自几个不同方向的外力作用，但它的秩序有条不紊，其优劣或矛盾是在平和的境遇中出现的，媒介的问题同对立的、变动着的力量处于一种和谐境界。这种均衡使媒体保持顺利运作的方向，即使有外力的作用使它离开原来的均衡状态，也会有其内部因素的协调而恢复到均衡秩序。这类个案批评很少或根本不涉及生态冲突问题，看不到某些明显的缺陷，是在相关条件不变的情况下分析和评价某一媒介的状况。例如：

2012 环球春晚之“品质至上　创新制胜”

据北京电视台环球春晚节目组透露，北京电视台原创春晚品牌第三届 2012BTV 环球春晚以“天下一家”的四海包容构想，汇聚世界艺术精粹、传播中华民族文明。

以“创新制胜”自律的环球春晚在节目编排中重创意、重品质。让同样的大腕明星表现出不一样的“环球春晚”品质、让节目呈现“环球春晚”特质是最大的原创特色。开场歌舞是迈克学摇滚、卓尔斯·乔纳森和尚雯婕、台湾小胖及其他外籍演员共同演绎的中文原创歌曲《我爱你》，以“拉起手就是兄弟姐妹不分我和你”的爱心和胸怀表达首都北京、龙年中国拥抱世界、和谐友谊的温情和暖意。节目反串也是特色之一，中方明星演绎欧美经典，如三度登上环球春晚的尚雯婕演绎英文歌曲《奇妙的生活》、台湾小胖翻唱席琳·迪翁的《我心依旧》、沙宝亮演唱《猫之回忆》、费翔翻新迈克尔·杰克逊《不能停止爱你》；而日本Exile主唱佐藤笃志则首度用中文开唱天后王菲的老歌《我愿意》。

用大气磅礴的歌舞叙说中国故事和北京情怀，用实景式的电影化、戏剧化场景打造云龙风虎的晚会品质是环球春晚的另一亮点。在《美丽北京》的乐曲中，百名模特演绎《富春山居图》的服装创意，把水墨丹青和时尚流行巧妙结合，以中国传统文化魅力和北京的现代前卫气质共同传递“美丽北京欢迎你”的热情。克罗地亚钢琴王子马克西姆·姆尔维察在百人中国交响乐团附属少年及女子合唱团的纯人声优美童声中演奏了古典与狂想曲相交融的《出埃及记》和《野蜂飞舞》，震撼人心。

环球春晚的独特品质还体现在对综合艺术形态电影元素的应用。节目特别编排了《电影传奇》章节，由陈楚生、沙溢、严宽、小胖等再现了观众耳熟能详的外国电影经典老歌，包括《卡萨布兰卡》、《沙溢》、《教父》、《我心依旧》等，既用“陌生的熟悉感”重温具有过去时代特征的电影音乐，又在熟悉的曲调中欣赏富有创新气息的现代编排。著名的加拿大现代摇滚乐队巴拉奇和舞蹈团、功夫团和特技队等一起借助水立方的碧池清波，情景演出了热辣浓郁的《加勒比海盗》，以科技和艺术的组合上演了奇特的“天水一色”的景观大戏。（本书引用时有删减）

——《北京BTV在线》，2012-01-18

在这篇北京电视台环球晚会的个案批评中，没有任何动态事实，仅仅围绕这台节目的主要篇目作出分析，赞扬这台晚会的“大气磅礴的歌舞，环球春晚的独特品质”。通篇对个案作了静态的实证分析，整台节目都处于静态的均衡中，没有任何“动向”。可见个案批评的**静态分析**（static analysis）是指分析媒介现象的相对静态以及有关因素和变量达到的均衡状态，完全抽掉了时间因素和具体变动的过程，这是静止、孤立地评价媒体个案的方法。

对媒体个案的**动态分析**（dynamic analysis）则是在引入时间因素的基础上说明个案的变化，突出说明在某一时点上媒体的变动及其影响，这种变动对整个媒体的均衡状态也在发生作用。动态分析对媒体前后的变动进行比较，强调某个时间前后的媒介状态，评价它现在或从前怎么样，今后怎么样。对个案的变动及其起点与终点进行实证分析研究，可能涉及变动过程本身的情况，指出媒体各因素在变动中的相互影响和彼此关系，最终作出有说服力的评价。请读另一篇分析“北京电视台2012环球春晚”的评价文章：

北京电视台2012环球大直播的“超越与创新”

2012各大卫视跨年晚会尘埃落定。比之过去甚嚣尘上的历届晚会开播之前的炒作和噱头攻势，此次各大卫视更注重求真务实，以实力和付出来征服观众。不同于以跨年演唱会的形式血拼吸睛的常规做法，北京电视台推出的迎接光辉的《2012 BTV

新年环球大直播》采用演播室嘉宾访谈和环球互动的跨时空表现手段，以“青春中国，祝福世界”为口号，以跨越五大洲六个国家的深度报道“拥抱全球华人”，用欢乐精神传递文化交流、四海一家的价值理念，成为所有卫视跨年直播中历时最长、最具国际特色、最富中国风范的新年大直播。

北京电视台的大直播以立足高远、视点全球、胸怀世界、普天同庆的大跨越上演了文明交融、家国情怀的环球欢乐盛典。整台直播的寓意是北京和世界人民、全球华人一起度过一元复始、万象更新的跨年时分，精神共生、价值共识的普世理念贯穿始终，在以下三个方面都作了极为抢眼的尝试。

首先是面向世界的五大洲跨年海量直播报道。对高端文化为代表的维也纳新年音乐会、伦敦西区剧院、百老汇的歌剧演出、被称为“世界十字路口”的纽约时代广场、伦敦奥运场馆、世界最大规模的迎新活动悉尼焰火，以及很具东方神韵的东京寺院祈福和热带风情的开普敦狂欢节等，大直播在12个小时内都作了轮番深度报道，反复交替呈现，网罗天下的精彩新年盛会、狂欢迎新和新年习俗。

其次是面向全球炎黄子孙的温情祝福，在跨越龙年的特殊年份里展现了有海水的地方就有华人的世界画卷。大直播带来了津巴布韦、尼日利亚中国医疗队对祖国人民的问候和家人的祝福；现场报道组与在英国、美国、日本等地的留学生共贺新年；最特别的是与观众分享了在奥地利的大熊猫龙徽和阳阳的生活近况，以及在遥远的南非布隆方丹老虎谷接受野化训练的华南虎的真实生存状态，并带来了它们新添了三只后代的喜讯；等等。用温馨的爱心倾情奉献了全球华人身在他乡、倍思祖国和亲人的家国情怀。

再次是面向北京的首善呈现。大直播抢先十几个小时播出了跨年时分将在纽约时代广场首播的北京宣传片；全程直播了以“天时、地利、人和”为主题的天坛3D灯光秀来展示北京首次倒计时迎新；而体现“超越和创新”的北京分会场三场多米诺直播——中国电影博物馆的电影海报多米诺、刘杨挑战吉尼斯个人多米诺世界纪录、三里屯香槟多米诺分别从文化、青年和世界的角度，用不同的多米诺形式和同一个超越主题，多元展现了北京城市发展中的文化策略、青年策略和世界策略，是具有浓郁北京风味的精神年夜大餐。

说到跨年晚会，快乐与祝福是主旋律，京派北京电视台以立足首都、文化强国、八方同贺的环球视野进行了十二小时五大洲七地六线的穿越纵横，从北京到五湖四海，从经典到时尚流行，绘制了一幅世界风云际会、天下艺术大观的文化长卷，在依然以娱乐、歌唱为跨年主基调的“百团大战”中脱颖而出，独树了一面中国文化搭台、国际艺术唱戏的旗帜，彰显了北京电视台一贯以首善媒体追求大美品质的立台理念。为了作别即将过去的一年，展望新的一年，跨年大战不光应该在热闹喜庆的气氛中给观众带来欢乐，还应该用理性总结、权威分析开启大家对未来的期待。只有以乐观高尚的精神境界、温暖人心的情感力量引领观众超越自我、憧憬希望的晚会才能为各大卫视赢得持久的知名度和美誉度。

北京电视台的环球大直播在这一点也同样做得很好。总导演沈澜说：“用积极正面的情绪和关注世界的大爱打造了这台晚会是我们最骄傲的地方。我们尽一切可能在整合世界各地资源、视觉元素应用、演播室创新呈现、细节环节推敲等方面做出努力，就是为了在新年时刻与观众一起传递祝福。”大直播的访谈嘉宾盛中国说：“大直播向全世界推介美好的音乐，是在做一件净化心灵的大事。作为一个音乐人，我能感受到改革开放三十年来中国国际地位的不断提升，通过大直播，相信有朝一日中国的新年音乐会也能走向世界。”文化学者张颐武说：“2012是中国未来发展的关键之年，在具有高度象征意义的龙年来临之际，大直播把全世界的各种文化融合在北京文化的版图中，体现了北京城市的包容和活力。”（引用有删减）

——搜狐娱乐频道，2012-01-05

读完这篇个案批评，随着文章的动态分析读者颇有心潮起伏之感，文中陈述的震撼与感染，让人对北京电视台这台节目的惊叹难以平息。同前一篇个案批评比较，这篇文章不仅描述了空间不断变换——从北京到世界各地，而且切入多个时间点的事实，评价了北京电视台大直播这台环球春晚节目的高质量、全视角、暖人心和高度象征意义。这一效果，完全来自动态分析传达出来的精美、深刻和激情。

第五节　媒介批评的定量、定性方法

近些年国内兴起媒介批评定量分析的热潮，一些学者热衷于用定量方法评价媒介。定量可广义地理解为对媒介活动进行统计分解、排列与阐释，力求做到精确化和数量化。用量化证实媒介的变化和某种状态，揭示量变达到质变的趋势，这是媒介批评进行定量分析的主要目的。与此相反，定性分析则是针对媒介现象的特性、本质和趋势，引申出对其属性和功能的理论判断。在历史上，某一媒介现象一旦被定了性，定量分析的必要性往往被否定，至多只是用来印证定性结论。如果媒介批评者的观念和理论露出破绽，批评的结论与媒介现状发生冲突，定性结论也就不攻自破。

一、量化批评的统计分析

媒介批评如果要说明现实的某种倾向，对普遍事实作出新的认定，最好采用定量分析。**定量分析**是指通过真实的一组或多组数据证明批评的结论，用量化确证媒介的某种趋向。社会问题与文学艺术的数量化问题，不是在现代自然科学冲击下才提出来的，古希腊毕达哥拉斯就企图在美学上以“代数来检查和谐”，亚里士多德也表示过“美的主要形式‘秩序、匀称与明确’，这些唯有数理诸学优于为之作证”[①]。现代媒介批评的定量分析，取决于数理分析方法的奏效程度，早被美国媒介批评家大量使用。自21世纪初定量分析也被我国一些媒介批评家所重视，就连普通的媒体工作者也开始使用这种方法观察媒介。例如：

---

① 北京大学哲学系美学教研室编著：《西方美学家论美和美感》，41页，北京，商务印书馆，1980。

中国人阅读率持续"回暖"，传统方式遭冲击

杨永恒

"现在工作生活节奏紧张，个人阅读时间碎片化了，我的阅读几乎填满了每天的生活。早上蹲马桶，看手机报；挤地铁读点儿小说；上午到单位首先看报纸杂志和网络新闻；下午空闲时看书；晚上陪孩子读童书。"一位北京白领在网上这样描述他一天的阅读生活。

"第八次全国国民阅读调查"结果最近发布，引起了社会广泛关注。调查结果显示，虽然新型阅读严重冲击了传统读书方式，但传统阅读空间依然很大，传统纸质媒介阅读率稳健增长。

升了还是降了?

"从1999年开始到2007年之前，我们所做的全国国民阅读调查是每两年一次，2007年之后改为每年一次。截至2010年，全国国民阅读调查共成功执行8次调查。"中国新闻出版研究院院长郝振省说，"从历年全国国民阅读调查核心指标数据来看，1999年到2005年之间平均图书阅读率是下降的，2005年到现在国民阅读率呈上升态势。"

第八次全国国民阅读调查从2010年9月开始全面启动，共执行样本城市51个，覆盖了我国29个省区市。本次调查采集有效样本19 418个。

调查显示，2010年中国18～70周岁国民对阅读作用的认知程度较高，国民综合阅读率达77.1%，比2009年的72.0%增加了5.1个百分点。

2010年中国18～70周岁国民对书报刊等传统纸质媒介的阅读率呈现出稳健增长的态势。其中，图书阅读率为52.3%，比2009年的50.1%增加了2.2个百分点；报纸阅读率为66.8%，比2009年的58.3%增加了8.5个百分点。

数字化阅读增幅最大

"中国近年来网络经济呈现强劲增长的势头，网民人数迅速增加，手机用户增长很快。不管使用何种新的媒介，只要阅读的是传统图书的内容，我们在调查中都认为是传统阅读。"郝振省在接受本报记者采访时说。

2010年中国18～70周岁国民数字化阅读方式的接触率为32.8%，比2009年的24.6%增加了8.2个百分点，增幅为33.3%。对数字化阅读方式的进一步分析发现，中国18～70周岁国民中，23.0%的国民进行过手机阅读，比2009年的14.9%增加了8.1个百分点；3.9%的国民在电子阅读器上阅读，比2009年的1.3%增加了2.6个百分点；18.1%的国民通过网络在线阅读，比2009年的16.7%增加了1.4个百分点。各类数字化阅读方式中，电子阅读器的接触率增长幅度达到了200%，增幅最大。

数据分析发现，2010年中国18～70周岁国民人均阅读电子书0.73本，按本次调查可推及18～70周岁国民8.40亿计算，2010年中国18～70周岁国民共阅读过电子书6.13亿本。

从"降低"到"增加"

郝振省介绍说，全国国民阅读调查是为了解全国国民阅读倾向发展趋势与文化消费现状而进行的一项连续性、大规模的基础性国家工程。

2007年之前的国民阅读调查显示，图书阅读率有过4次下降。“近年来，从学习型社会、学习型组织的建设，到农家书屋、社区书屋、工会书屋、科技书屋的建设，还有世界阅读日、城市读书月以及图书博览会，政府通过大力倡导阅读，让国民图书阅读率止跌回升，实属不易。”郝振省感慨地说。

中国广播电视出版社社长梁刚建认为：“尽管网络阅读、电子书等新媒体的崛起，正在改变人们的阅读方式，但是，图书阅读仍是目前最重要的获取知识的方式。”

——《人民日报》，2011-05-30

在上述分析中，作者引述了众多数字，说明我国公众接触纸质媒介的比例低于新媒体的结论，是令人信服的。这篇批评从定量分析过渡到定性结论，遵循的规则基本是正确的。在新闻传播学专业刊物上出现的大量“×国报刊怎样报道中国”、“×报如何报道××事件”、“×国媒体最新动向”等评论文章，大都列举有说服力的数据，然后对新闻活动的倾向作出定性。从定性到定量、从数据描述到分析推理，体现了媒介批评的科学化和精确化，是批评者把握对象本质的有效方法。

大量媒介现象都会涉及数据，甚至由数字表现出某些特征和性质，批评这类现象就无法回避数据。如果不对某一媒介现象计量，把那些极为重要的数字搜集、罗列出来，就无法说明媒介的走向，这时就应当运用定量分析方法。例如，2010年10月21日，《荆周刊》发放问卷500份，实际回收问卷446份，调查的结果显示，49.3%的人获取信息的渠道是电视，其次为网络、手机等新兴媒体，占到34.75%，21.52%的人通过报纸杂志获取信息，14.8%的人通过广播获取信息，仅7.62%的人通过户外媒体获取信息。这次调查的组织者在调查报告中对媒体作出如下评价：

随着新兴媒体的发展，电视、报纸等传统媒体受到冲击，但它并没有取代电视的地位。新兴媒体的发展虽然对广播造成冲击，但广播接收方便，听众广泛的优势仍然存在。调查问卷显示，28.7%的人偶尔接触广播，15.47%的人几乎每天都要听广播，14.35%的人约一个月听一次广播，10.31%的人约一个星期听一次广播，仅24.89%的人不接触广播媒体。可见广播的覆盖率仍然很大。

电视作为传统媒体中的一员，不但要与报纸、广播等媒体进行竞争，还面临着互联网等新兴媒体的挑战和压力。但此次调查结果显示65.7%的人选择每天都看电视，12.11%的人约一个星期看一次电视，10.76%的人偶尔看电视，4.93%的人约一个星期看一次电视，仅仅有4.26%的人不看电视。人们习惯每天看电视，电视以其贴近性、亲切性、生命力赢得了老百姓的喜爱。

由于受到网络等新兴媒体的冲击，报纸媒体行业发展艰难，当人们的食物和居住的基本需求得到满足后，他们开始渴求高质量的媒体内容。而新传播渠道如此迅速地扩张，将使高质量的媒体内容在今后几年内变得更为稀缺，市场对其需求也将更为迫切。过去，报纸曾多次被人判过“死刑”，但尽管如此，报纸所提供的原创内容仍然成为目前首发新闻的第一大来源。不论是今天还是明天，报纸的报道方式和内容依然对读者与社会具有重要的意义。“内容为王”的魅力并未在报纸的精神中消退。据调查，28.7%的人几乎每天都看报纸，而25.56%的人约一个星期看一次报纸，偶尔看报的人占到25.56%，10.31%的人一个星期看一次报纸，仅10.76%的人不看报纸。报纸可以随处购买，随身携带，想看就买，看完就扔，对阅读时间和地点几无限制。而电脑，它离不开电，没有电，什么也玩不转。还要有网络，对不能上网的人来说，无异于断了翅膀的鸟。报纸还具有分享性，可传阅。一份报纸的读者通常不会只有购买者一个人。朋友、家人，甚至坐公车的路人，都可能成为报纸的第二、第三个读者。

媒介批评的量化方法要坚持严格的标准，调查与统计要符合实际，数字不能有一丝杜撰。量化准确是这类批评的生死攸关的问题，依赖于对数据化的精确统计。每个特征可用一个因子概念代表，通过调查搜集数据，然后统计出指数项加以比较。比如，调查网民对网络实名制可拟定出“赞成”、“反对”和“有条件赞成”等态度因子，对发放问卷获取的数据，作出精确的统计，媒介批评者根据统计的结果分析各种态度的比例。运用量化方法评价媒介现象，适用于那些和数量直接相关的传播活动，要防止为量化而量化的形式主义。就一般情况而言，媒体传播的信息密集程度、受众的反馈行为与受众分布、媒体对重大事件的态度、媒体的市场份额和收支金额，都能伴随量化而被揭示出来。媒介批评者对这些情况的分析，只有引用确凿的数据，才能批评到问题的症结上。

定量分析是检验媒介活动的手段，至于它完成的是什么，根本没有意义。而其根本意义则在于，从秩序规则中抽出定量模式，揭示媒介现象的性质，把“文字从意义中解放出来”①。定量是批评的起点，不是思维的终点，它只是为批评家思考定性提供准确的证据。定量分析本身不仅包括对媒介意味的表达，而且在相当程度上是对批评对象的一种机械规定，推进定性分析的实现。定量分析与定性分析，是媒介批评的两块不可分离的基石。

但是，媒介批评的定量分析应避免单纯追求数据化，为数据而数据。有些媒介问题蕴涵的道理很简单，通过思辨分析就能揭示出它的本质，没有必要罗列大量数据来剖析。某些媒介批评家堆积近百个数据，左察右证，最后得出的道理却十分简单，不过是一种常识。这种定量分析陷入烦琐哲学，罗列数据成为无益之举，所以，定量分析只适于说明量变正在或已经导致质变的某些媒介现象。

二、思辨批评的定性分析

不管定量分析的适用范围如何，凡使用定量分析的媒介批评都离不开定性分析，实际上定量分析是为定性分析服务的。有些媒介批评文章则完全使用定性批评方法，即通过思辨的演绎，确定批评对象的属性和倾向，表明媒介批评者的评价，称为**思辨批评**。

思辨是定性分析的过程与手段，沿着定性判断通过推理认定媒介的倾向。所谓**定性分析**，是指运用某个原理和逻辑推理，揭示媒介的属性，得出符合媒介本质的结论。大量媒介批评文章不是通过定量分析来揭示要旨，而是完全以定性分析来评断它的特征和价值，这是符合批评对象的实际的。着眼于批评对象的性质、意义，并对其肯定或否定，对媒介的属性、特征和趋势作出科学假设，都是定性分析的主要任务。有效地运用这一方法，不

---

① 周英雄、郑树森同编：《结构主义的理论与实践》，123页，台北，黎明文化事业公司，1980。

仅要有扎实的理论功底，而且要有丰富的实践经验，否则定性的过程和结论可能变成纯主观的东西。某些媒介批评家不顾对象的实际，一味寻借大道理阐述、论证自己的评价，正是一种定性的主观行为。

对思辨分析的理解与运用，目前仍有不科学的认识。例如，有的学者提出，思辨分析是“操作概念而不是操作事实，让事实符合自己的概念而不是从事实中发现概念。思辨研究则事实已确认，直接对所研究的现象进行概括：建立概念，发展一系列命题，进行逻辑推演，直至揭示理论性结论”①。思辨分析操作概念，并不意味不顾经验事实，事实被用来作为思想建立的基础，是不可缺少的。思辨研究比量化研究的抽象程度高，但却完全立足于经验事实之上、运用抽象意念推导真理，而不是纯抽象的、空洞思想的演绎，尽管思辨过程可能没有罗列具体事实。

概念是思辨分析的基本元素，也是思辨研究的起点。基本概念、使用这些概念的判断和基本原理或定律，构成定性分析的基本方法因子。每一个科学领域都创立和发展了概念群，即一系列专门术语。由于许多思想不能用日常用语准确和有效地表达，思辨分析便利用科学概念，作为表达的工具和概括的手段。科学命题是由概念组成的，并能推断出原理或定律，成为基本规律和基本关系的反映物。依靠相应的逻辑，概念被发展为命题，依此推演出批评的观点，最后针对批评对象的本质而得出结论。

媒介批评的思辨方法实际是对媒介现象作出科学解释，把所观察到的某个事物归属于普遍定律下的现象，以普遍定律对其作出分析，演绎出解释对象的倾向与本质。解释的理论通常是多元的，比如说，人们看到一篇新闻歪曲了事实，这个现象可以用采访不实——缺乏责任感的理论来解释，也可就有意欺骗受众——缺乏职业道德的理论来揭示，从多组解释演绎出不同的结论。那么，究竟哪种解释正确呢？或者说应当接受或拒斥哪个根据呢？这就是理论的证实或证伪问题，显然只有拿出可靠的事实来确证，才有说服力。所以，在思辨批评的定性分析中，依据事实和强有力的推理，是提高定性可信度的重要因子。例如：

新闻主持人的角色错乱

扬 立

现在的广播电视圈，特别是地方广播电视台，主持人角色错位甚至错乱现象不少：没有新闻主持技巧的客串新闻主持人；财经知识贫乏的担当财经主持；不懂足球的煞有介事地“神侃”西甲、英超……凡此种种，不胜枚举。

新闻板块类节目融时政、经济、民生、社会等各种新闻资讯于一炉。囿于一地的地方台，因受信息来源窄、队伍力量弱等制约，不能像中央、省级媒体那样创办专业化新闻台，进行新闻资源的整合、分类传播，烹饪“新闻大杂烩”既是无奈也是明智的选择。然而，“新闻大杂烩”如何烹调，由谁来掌勺，大有讲究。一些地方台的新闻节目，主持人播不像播，说不像说，美其名曰“播说结合”。须知，播与说是不同的主持形态，语态不同，节奏不同，给人的感觉也是不一样的。由于认识上的误区，

① 卜卫：《传播学思辨研究论》，载《国际新闻界》，1996（5）。

有人认为播新闻是过去式，说新闻是现在式，新闻应回归大众，以生活的语言来说身边的新闻。但他们忽略甚至回避了一个根本性的问题，并非所有的新闻都能说着播。如经济新闻严密、抽象，时政新闻严谨、严肃，必须严肃认真、字正腔圆、不徐不疾地播报，以体现此类新闻的权威性、客观性。若播说结合或者以说新闻的形式来表现，则难免给人拿腔拿调、矫揉造作甚至空虚无力之感。

近些年，评论类节目受到了广播电视的空前重视，评论类节目在许多地方台落地生根，网络上大量的优秀评论，有独到见解的观点被二次传播。

这是一个好现象。在民主意识浓郁、价值多元化的今天，传播观点的重要性甚至超过了传播新闻。问题是，现在的新闻主持人能否担当评论员的角色，能否评得深、评得透、评到位，引导社会舆论。常听到一些主持人评述新闻事件或社会现象时，或照本宣科，与主播的角色混为一谈，或浮光掠影，蜻蜓点水，肤浅空泛；或天花乱坠，神侃胡说，不知所云；更有甚者，为了追求轰动效应，剑走偏锋，奇谈怪论，全然不顾大众媒体的公众形象，让人心惊肉跳。

一些地方台为了“抓眼”、“抓耳”，开始演新闻。演新闻大体以民生、社会新闻为主。曾看某台的一档演新闻节目，两个主持人在节目中扮演事件当事人，煞有介事地演绎着事件的经过，尽管他们演得很投入、很卖力，但仍不禁让人哑然失笑。演新闻是一种探索尝试，事先要有所交代，否则就与江湖杂耍无异。

一些地方台的主持人，大都是一些阅历不深的年轻人，“内存”较小，除了从网络上收集观点，照本宣科外，鲜有自己的见解。各种形态的新闻主持人各有特点，各有侧重，既有相似之处，又迥乎不同，只有准确地认识岗位特性和每个人的长短所在，因人办节目，才能办出精品名品。

——人民网，2011－09－09

在上述批评中，批评者作出“主持人阅历不深、‘内存’较小、鲜有自己见解”的定性，是通过罗列事实和推理得出这一结论的，由此提出主持人如何提高能力的一些理论问题。这是思辨分析的一个典型例子。

批评者如果运用一种理论对事实作出有效的解释，那么它本身必须是普遍的定律（或原理）。在批评之前，批评者首先要对自己运用的理论作出检验，看它是否具有必然性，是否与观察和实践的事实相一致。凡称得上普遍定律，必须在相关范围内确有效用，一个普遍定理涉及的批评对象是无数的，批评者无法对普遍定律涉及的无数具体事例都一一验证，能做到的只是对部分具体事例加以检验。这种验证方式属于“类推”论证，用以确定批评对象的性质。

在批评中证实一种现象的必然性，叫做**批评的确证**。批评者演绎出被解释事实的“定性”，从中归纳出被确证的结论如果依据的是普遍定律，就不可能谬误。媒介批评有时需要证明某种媒介现象不符合某种理论，批评者一定要反思自己使用的理论在现实中受到多少事实的支持，批评的媒介现象占有多大概率，防止把偶然的东西说成必然的东西，把个别现象误认为普遍现象。

“类推”论证这种因子的使用，仅仅表示前提与结论之间的逻辑关系，即前提给予结论支持的强度，这对克服简单化的批评是颇为有益的。特别要注意的是，不能从理论推导出事实，但从事实推导出理论则是可能的，这就需要从思辨到定性的分析。为了进行有效的类推论证，有许多实际知识与经验需要批评者掌握，而不只是从理论到事实的演绎关系。一个观察到的媒介现象不只适应于一种理论，而且要从实践中，从对象的生机中归纳出新的理论，这样，媒介批评才能推动媒介理论的发展。

本章概念与思考题

概念

媒介批评的方法　媒介批评的思维方式　媒介批评的理论思维　唯物史观　历史主义　人本主义　人文主义　精神分析　符号　符号批评方法　媒介批评的方法因子　因子分析　媒介批评的结构主义方法　平面分列式批评　层次推进式批评　作品的整合批评　新闻场　基元效应　结构效用　媒介批评的系统方法　实证分析　媒介批评的个案批评方法　静态分析　动态分析　定量分析　定性分析　思辨批评　类推论证　批评的确证

思考题

1. 媒介批评有哪些理论思维？
2. 媒介批评的理论思维与思维方式的关系是怎样的？
3. 媒介批评的方法因子的含义是什么？
4. 如何运用各种媒介批评方法？
5. 运用结构主义方法、系统方法和定量分析方法要注意什么？
6. 媒介批评的实证分析方法有哪些特征和准则？
7. 媒介批评者在定性分析中如何进行思辨活动？

第九章 媒介批评的文本阐释

CHAPTER 9

媒介批评者的语言篇章，称作**媒介批评文本**，包括文字文本和口头文本。媒介批评的观点是通过文本展示的，批评者掌握文本理论，不仅有助于理解媒介文本内容，也有助于准确地表达对媒介的评价。媒介批评构建评价文本，把批评的方法应用于文本建构，是媒介批评的最后环节。

第一节 媒介文本及意义的构成

媒体的宣言、声明、报道计划、通知、动态性记载、规章、协议和其他作品等文字或口头讲话，都是文本，通过它们可以初步了解媒介的性质、立场和品格。从狭义上看，这是典型的**媒介文本**。实际上，媒介文本往往与媒介表意和媒介行为融合在一起，构成宽泛意义上的媒介文本。对这些文本加以评价，需要解释学的知识，对文本寻求释义的标准和方法，才能进入对文本的解读。

一、媒介文本及其意义

西方解释学认为，“**文本**就是由书写而固定下来的语言”[①]，包括口头演讲，通常被看做言语的作品。但由于它是一个构造起来的整体，已经不能还原为句子，所以不再是语言的简单组合。作为语言的有机整体，文本可以超出文本语境，表现出更广泛、更重要、更奇特的意义。媒介文本及它说的内容，可能已不是作者要说

① 张汝伦：《意义的探究：当代西方释义学》，248页，沈阳，辽宁人民出版社，1986。

的东西，因为语言和图像可能延伸出作者想不到或不想说的境况。认识文本形式以及文本内容与结构，是解读作品、把握批评对象的切入点。

媒介文本对于受众来说，是一个思想载体，构成不同于现实的拟态世界，通过对文本的分析和解说，人们才能达到对媒介及作品的理解。媒介文本首先是由所指称的事实构成的，即它在说什么，说了哪些事实和思想。媒介文本所指称的事物，可能是生活的直接宣示，也可能是悬置的意义，受众不付诸联想就意识不到它的存在。媒介有指称悬置的现象，这只适用于某种类型的叙事，把自己所指的事物和思想悬置于文本之外。

下面这条新闻，可以帮助我们认识新闻文本构成的这一特点。

“花 12 万，就是让你淘汰我”　私企老板经营观念惊人

哈尔滨消息　“我们花 12 万元请总经理助理，不是请你来帮我，而是让你来淘汰我的!”17 日下午，在和平金属公司招聘现场，一位来自哈市某国企大厂、拥有硕士学位的厂长，被只有小学文化的私企老板抛出的这一观点深深触动。17 日下午，一位“曾管理过 5 000 余人国企大厂的厂长”来到“和平金属”，应聘标出年薪 12 万元总经理助理一职。在对“企业的效益是给谁带来的”和“总经理助理是做什么的”两个问题的回答上，这位厂长的含糊其辞不能令私企老板满意。这位私企老板当即提出：“企业的效益就是你自己的！这是我们私企老板与你们国企领导在观念上的本质区别！我请总经理助理，就是要他来淘汰像我这样知识水平不能适应市场经济发展的经营管理者。”应聘的国企厂长表示，私企老板的这些“激进”观点让他始料不及。

另一位国企办公室主任在应聘中表示：“老总让我做啥我都能做好，保证每件事都不出错!”对此，私企老板则当场“点评”：不出错，就意味着不开拓！对此，国企厂长感慨道：“我们和私企的确存在观念差距。来这儿应聘，对我来说是上了生动的一堂课!”

——《北京日报》，2000－04－20

上面的新闻文本展示的事实及思想，令人深思，而悬置的意义更为丰富，这就是：国企厂长为什么没有私企老板那样的观念？私企老板主动找能人淘汰自己，某些国企老板却占着位置不干事，不想让能人代替自己，二者的差别是如何产生的？新闻中的这一思想和记者的意图也许不同，但文本却潜藏着这一意义。**文本的意义悬置**，不能脱离文本的语言、图像和内容，但它在作品中事实之外，由作品暗示出某种更为重要的思想。如果批评者在联想中不纵身一跃，就触摸不到高悬于作品之上的这种思想，我们又称它为**文本的内在意义。**

媒介文本是个事实复合体，若干事实的联结和相互作用，表明文本的外在和内在意义，一切媒介文本都是外在和内在意义的统一。媒介**文本的外在意义**是指，受众凭感官就可以观察到，内在意义则不以直接的话语揭示，只能从文本的外部结构去领悟。要认识媒介现象的本质，必须把握媒介文本的形式，判断内容的深层意义。媒介批评不能只揭示媒介文本的外在意义，不看其内在意义，外在意义是文本直接告诉受众的思想，而内在意义则是受众借助悟性把握的文本潜在思想。

媒介文本都有主体色彩，不单表现为发表什么内容，而且蕴涵传媒人的释义安排。例如运用传播技术加工事实，体现传播者对事物的判断与评价，成为文本中的有机部分。如果想贬低一个人物或事物，电视新闻拉远镜头的距离，不给或少给特写，在画面中将其搁置在边远的角落，表明电视文本被技术所涵化，做了特殊的释义处理。媒介文本如果涉及政治内容，都包含着意识形态，或明或暗地表达媒体的思想。媒介文本的意识品质，借助传播技术发挥隐蔽作用，越来越产生不可思议的奇效。

每一个文本都是一个语言体系，构成完整的思想样式，表现出媒介的特定倾向。文本的语义信息，其实就是语言自身所包含的意义。字、词、句或成语典故，以及某些语段、修辞手法等，都成为语义的诠释手段。不同语体对不同文本的意义是不同的，对不同时代作品的意义也不相同。离开对语体的把握，几乎不可能读懂媒介文本。

文本中的意义是作者和批评者联想出来的，通过文本“意指”的客体，展现客观事实的价值与作用。意义既不是物质实体，也不是抽象的精神的东西，而是作者和批评者的认识作用于文本的产物。它一旦形成便超越文本内容，成为媒介及作品本质的一种彰显，因此媒介批评者不能忽视媒介文本的意义。

从媒介文本意义的表现方式看，可分为深层的暗示和表层的阐释。表层的阐释是作者直接论述的结果，批评者常常停留在这个层次而不去探求文本的深层暗示，滞留于肤浅的批评。文本意义的深层暗示，有时是作者巧妙设计的结果，有时连作者都未意识到。对文本意义的两个层次，批评者只有综合把握，才能发现文本的全部意义。从这个角度说，任何文本都存在一种内层的思维结构，即作品潜在的思维状态，批评家力求揭示其内在的思维，只能通过深入分析来把握文本悬置的意义。

二、批评者对文本的解读

媒介批评实际是从解读媒介文本开始的。对文本中的事实与观点作出自己的理解，追问它们的意义，是文本批评的唯一目的。解读是寻求理解的活动，不仅表现为把握文本的方法，也是批评者评价文本的前提。基于这种认识，解读文本就是“主体与客体”的对话和交流。

有人认为，解读“首先是一种感觉活动，人们通过视觉器官认识了语言符号，这些语言符号反映到大脑中转化为概念，许多概念又组合成较大的单位，成为完整的思想，然后发展成为更复杂的思维活动，联想、评价、想象等”①。这就是说，解读的本质有三：一是解读需要“结合头脑中储存的思想材料”；二是解读是一种复杂的、动态的思维活动，对文本语义进行筛选和提取；三是解读的最后一步是对文本的评价，得出解读的观点。

还有人认为，“解读活动和人的其他活动一样，具有复杂的心理因素，在解读活动中不但可以获取语义内蕴的信息，而且直接影响人的情感，影响人的个性和品格的形成”②。解读本身一般会受到文本语义的引导，按照文本思路去思考，可能会丧失独立见解。如果这样的话，媒介批评者就完全被动了，成为批评对象的俘虏，受制于文本的框架和意义。

① ［奥］夏特·巴姆尔格：《奥地利阅读教育》，见《审美教育学》，100页，青岛，中国海洋大学出版社，1992。
② 曹明海：《文学解读导论》，21页，北京，人民文学出版社，1997。

批评者一旦没有发现文本内在意义的能力，倘若文本确实有内在意义的话，就不可能真正履行批评的职责。

解读中的“理解与解释”是一种连贯的精神活动，从文本外部世界理解其“内在的东西”，把对体验对象的感悟融注到文本中去。批评者在对文本的理解和解释中，扩展自己的认识范围，获得没有被别人发现的意义，是难得的批评创造。按照西方著名文艺理论家乔治·布莱的说法，解读就是理解和探寻作品的“我思”，“应是一个主体经由客体（作品）达至另一个主体”①。进行“我思”，是从文本中发现作者的感觉和思维的各种方向，探寻作品的意义。换言之，解读不是简单地对文本呈现的世界加以认识，而是探索作者在文本中流露出来的意识，与文本的情感和理智交融、同构或异构，发现文本的内外意义。

一切解读都要克服文本与解读者之间的陌生和距离，使解读者和文本融汇在一起，从而同构或异构文本的深层意义，把难以发现的东西揭示出来。将文本的隐蔽意义显现于人们的视觉，被人们所认同，是媒介批评者解读文本的最终目的。这需要把理解力凌驾于文本之上，在建构批评文本时也建构自己，在更深刻的境界中再现媒介的现实。所以，媒介批评者的自我创造，就是发掘文本没有直接显露出来的思想，以另一个文本把自己的批评机智地表现出来。下面这篇媒介批评，表现出媒介批评者的高度智慧：

这样的奖，早该叫停了

本刊社评

前几天，某期刊社社长的电子邮箱收到这样一份通知：通知他们杂志获得“金长城传媒奖·2011中国十大期刊（行业类）奖”，他本人入围“金长城传媒奖·2011中国传媒年度期刊人奖”，但领奖有个先决条件：交钱有奖，不交钱没奖。关于“金长城传媒奖”，我们已经听到过业界太多的反映了，现在让我们认真研究和认识一下，这个自称是“中国传媒界的‘奥斯卡’”的奖项，到底是个什么东西。

先看颁奖机构。在该奖项通知的“组织机构”里，没有主办单位，只有联合主办单位，是10家高校的新闻传播学院，承办单位是某报业网和《中国传媒观察》。凡是对该奖项稍有了解的人都知道，某报业网是真正的主办单位。那么某报业网是一个什么机构呢？按照该网站自己的介绍，是私人创办的行业网站，既不是报协的网，也无其他官方和媒体机构背景。《中国传媒观察》自称是杂志，而实际上却是某报业网自己办的没刊号的假刊，按照新闻出版总署的有关规定，是不能称为杂志的。

再看奖项设置和评奖标准。据该奖项通知所载，奖项共分人物、综合、期刊、报纸、广电、网络、广告七大类，每大类里再分若干小类，合计共有46个。每个小类都是10个奖，其中还有两个是20个奖。根据以上情况不难算出，该奖项每次数量是480个。奖项名称有“中国传媒十大贡献人物”、“中国十大党报”、“中国十大期刊”、“中国十大卫视”等，几乎涵盖了所有媒体。至于获奖入选标准嘛，据几位多次参与者介绍是“通知广泛发，出钱就可拿”。最后再看看该奖项的自我宣传。“中国传媒界

① ［比］乔治·布莱：《批评意识》，5页，南昌，百花洲文艺出版社，2010。

的‘奥斯卡’”、“是促进中国传媒大发展大繁荣的历史性盛会”、“中共中央宣传部新闻局相关领导曾几次亲临现场讲话，对大会给予了高度肯定”，“有些成果已载入了中国新闻史册”。这些自我宣传的话语，不用多作评价，水分有多大不难测定。

2005年3月，中共中央办公厅、国务院办公厅印发的《全国性文艺新闻出版评奖管理办法》的通知中明确规定，任何互联网站、中介组织、企业以及其他单位和个人不得举办全国性评奖活动，也不得以各类大赛、评比、排行榜等形式变相举办全国性评奖活动。中宣部、新闻出版总署分别在2010年年末和2011年年初，对全国性新闻评奖活动进行规范，明确规定：各地新闻网站、商业网站一律不得开展各类全国性新闻评选和人物、事件评选活动。同时，要求各级各类新闻单位对违规评奖既不参与，也不报道。

——《传媒》，2012（1）

从这则媒介批评的文本中，我们看到某网站如何组织、开展评奖活动，乘机获取不义之财。作者对“金长城传媒奖的通知”这一文本进行解读，对“通知”及“自我宣传”的文本以理解和建构其意义为旨归，揭露了评奖活动的性质是“交钱有奖，不交钱没奖”。该篇批评不仅揭示了“通知”文本的外在意义——“中国传媒界的‘奥斯卡’”、“是促进中国传媒大发展大繁荣的历史性盛会”等这类瞒天过海的谎言，以肆无忌惮的吹嘘达到欺骗的目的，而且探寻其内在意义——“通知广泛发，出钱就可拿”、《中国传媒观察》是个没刊号的假刊、违背国家评奖规定——揭穿了评奖的这些老底。“通知”文本自身没有显露这一内在意义，是由作者对“通知”的进一步开掘、联想和调查，深刻地再现了批评对象的本质。

由此看来，解读是主客体间的对话，充满媒介批评者与媒介文本的双向互动。这种解读并非是批评者单方面的解释，而是进行充分的体悟，与媒介文本共同破解，把文本的背后意义复现出来。由于渗入了批评者的重新开拓，异构出批评者在解读之前所不曾想到的东西，使批评文本的意义更为丰富厚重。批评者这种能动性的参与，不是对媒介文本“原意”的追索和还原，而是积极地探索、解读和建构，以自己的各种感官去品味、探究媒介文本的各种意义。在这里，解读的主体与客体、感性与理性、具体与抽象、事象与思想、境界的有限与无限，达到历史与现实的“整合”，消解了其间的陌生和鸿沟。

媒介批评者的心理活动、情感意志，都在解读中打上印痕，在批评文本中吐露的只能是他自己感悟到的东西。凡是真正优秀的批评者，无不具有这种能动性，无不通过媒介文本的表层，唤出对世界的深层开拓，见人之所不能见，感人之所不能感。任何文本都存在“模糊地带”，即没有清晰地告诉人们某些意义或意图，存在可让人们推敲或判断的空间。这可能是媒体有意的躲避，也可能是一种暗示，还可能是无意间的意义忽略，由此产生了**意义漏缺**。这种情况恰恰使媒介批评者对媒介文本的内容产生某种联想，把文本中的模糊地带明晰起来，铸造文本的全部意义。

对媒体来说，文本总是不圆满的，意义的阐发大都是相对的，这恰好为媒介批评者驾驭文本提供了难点，也为他们提供了发挥独立见解的机会。由于媒介批评者的解读，文本漏缺的意义得以填充，文本的价值才真正全面地体现出来。媒介批评绝非仅仅探寻和领悟文本的外在思想，肤浅地解释文本的表层现象，而是切入文本的内层境界，阐释文本的深层意义。

三、从文本解读走向文本阐释

这里说的是两种文本和两种思维的关系，即从理解媒介文本走向批评媒介文本的阐释。媒介批评者对媒介文本意义的认识和说明称作“解读”，解读所用的文字表达叫阐释，二者不可分离地联系在一起，互为条件，互为因果，表明解读与批评是一脉相承的。但从本质上看，解读是批评的第一步，需要切入媒介文本的整体，化身于文本，对媒介现象进行细致的重构；而媒介批评则是把这种解读表达出来，对媒介文本与解读进行的阐释。媒介批评需要组构一个新的文本，即批评文本，用以表达媒介批评者的阐释，用文字或口头语言圆满地揭示媒介文本的意义。

媒介批评完全受制于媒介文本的表述，揭示出它的含义，体现了媒介批评者的意志，演绎出解读的思想。但这种揭示应是一种客观认识，把媒介和与之发生关联的现实真实地反映出来。据此，把解读视为对媒介文本意旨的再现和重构，说明媒介文本给我们提供的全部东西，解释那些“未定”的内容就更为重要。因为媒介文本表面、外在的意义受众大都能意识到，而内在、隐蔽的“未定”的意义却难以看出，需要媒介批评者的解读与阐释。读完下面这篇新闻，会对这一点有所领悟。

江西省原副省长胡长清被判死刑

新华社讯 昨天，江西省南昌市中级人民法院对江西省人民政府原副省长胡长清受贿、行贿、巨额财产来源不明案作出一审判决，胡长清因大肆收受、索取巨额贿赂被判处死刑，剥夺政治权利终身。

根据检察机关起诉指控，法庭经审理查明，自1995年5月至1999年8月，胡长清在担任国务院宗教事务局副局长，江西省人民政府省长助理、副省长期间，先后90次收受、索取江西奥特汽车租赁有限公司总裁周雪华（另案处理）、江西金阳光企业集团有限公司董事长李卫东（另案处理）等18人及江西省商业储运公司的钱物，折合人民币共计544万余元。其中人民币280万余元，美元8万元，港币94万元，另有价值97万余元人民币的贵重物品。胡长清还利用职务之便，多次为有关行贿人谋取利益，造成国家巨额财产损失。

法庭审理还查明，胡长清为了自己职务提升及工作调动拉关系，从1997年年初至1999年6月，先后5次向他人行贿共计人民币8万元。此外，胡长清还对明显超过其合法收入的价值人民币161万余元的财产，不能说明合法来源。

法庭认为，被告人胡长清身为国家工作人员、政府高级领导干部，大肆收受、索取巨额贿赂，并利用职务上的便利为他人谋取利益，已构成受贿罪，且数额特别巨大，造成国家财产的重大损失，社会影响坏，情节特别严重，应依法严惩。法庭还认为，胡长清为谋取不正当利益，向国家工作人员行贿，并对其巨额财产明显超过合法收入的差额部分，不能说明合法来源，分别构成了行贿罪和巨额财产来源不明罪。

江西省南昌高中级人民法院依照《中华人民共和国刑法》有关条款的规定，以受贿罪判处胡长清死刑，剥夺政治权利终身，并处没收全部财产；以行贿罪判处有期徒刑 2 年，以巨额财产来源不明罪，判处有期徒刑 4 年，非法所得予以没收。数罪并罚，决定执行死刑，剥夺政治权利终身，并没收全部财产。

——《北京晚报》，2000-02-16

单从文本的字面上看，这篇新闻的意旨是否只是告诉人们胡长清的犯罪事实和执行死刑的原因？当然不是。如果我们调动解读的创造性，就会发现记者的其他用意。比如：胡长清是通过行贿升任江西省副省长的，说明现行干部制度存在严重的缺失；他行贿的 8 万元给了谁？收受这笔贿赂的人比副省长的权力更大，地位更高，为什么没有追究，或者追究了没有报道？在法律面前仍有“优惠者”，反腐败的弹性空间如此之大，胡长清的犯罪就不是他个人的问题了。媒介批评者从文本中挖掘到这些“未定”的意义，并在解读中借助事实说明这一意义，正是批评者解读文本应有的锐利目光。

显然，媒介批评的重要任务是解读媒介文本没有或不便说明的意义，即媒介**文本隐含的意义**，它可能存在，也可能同媒介文本主导者的意旨有出入，但它却是隐蔽的，需要批评者的公开揭示。媒介文本的意旨包括文本的全部原意，公开表达的意义称作**文本的外在意义**，文本的隐含意义则曲折地表现出来，二者的容纳是媒介文本全部意义的统一体。以记者的意旨和两种文本意义来理解上面这条新闻，可以断定，这条新闻的隐含意义比文本外在意义更加重大。

解读是对媒介现象及其意义作出的说明，以对媒介文本的理解为基础，把文本内容放到更广泛的关系中分析它的倾向，才能对文本做出全面阐释。没有理论层面上的解读，就不会有媒介批评，人们也难以更多地认识媒介文本的价值。

理解本身并不是说明，但却是说明的前奏。解读（即解释）反转来以表达分析的方式推进着理解。法国哲学解释学的精神领袖保罗・利科，就解释（explanation）和理解（understanding）与意义（meaning）之间的关系，得出如下的结论：“在解释说明中，我们展开意义与命题的层次；而在理解中，我们由综合从整体上把握或理解了各个部分的意义。”① 理解和解释的内容都被规定为揭示意义，当意义在整体关系中凸显时，我们就视为理解的实现；当意义被解释或逐次展开时，就是说明与阐释。虽然理解和解释一个指认识意义，一个指说明意义，但它们的对象都是媒介文本意义本身。认识和说明是不同的，前者是用联想与判断把语言的外在和内在意念网罗起来，形成一个意义体系；说明则是一种再现认识的过程，扩大为对评价的阐释。理解是思维活动，解读是把思维转化为说明，表现为阐释行为。同时，解读和理解不断相互渗透、相互作用，是媒介批评中前后融汇的思维链。

当媒介批评者建构批评文本时，用文字或正式的口头语言严整、系统地把自己的解读叙述出来，我们把这种批评环节称为阐释。阐释属于表达范围，理解产生解读，解读伴随

① Paul Ricœur, *Interpretation Theory: Discourse and the Surplus of Meaning*, Fort Worth: Texas Christian University Press, 1976, p. 72.

和完结着阐释，因而也包容着阐释。所以阐释是针对批评文本而言的。媒介批评者阐释一部作品，从字义的理解、作品意义的叙述，直到用恰当的表达方法进行语义分析与文本分析，都要服务于阐释。传统解释学要求阐释一部作品，要通过理解发现作品文字中蕴涵着的“原意”或“意义”，解读不过是揭示意义的思维过程和结果。阐释始终不能离开理解，或是作为解读的结果，要克服历史偏见或个人偏见，以便正确地使用阐释的方法。

任何阐释最终都以语言文字来表达，让解读同生活在语言中交融，成为一种得心应手的批评手段。我们生活的世界在语言之外，阐释只有借助语言文字才能再现客观世界，但不应狭义地认为，阐释即是语言的理解。从形式上讲，理解在非语言的心理层面也可能发生，非语言表现为情感和动作，语言则塑造着人的理解力。媒介批评者的阐释只能在占有语言之后才能发生，借助语言表达自己的理解，把解读媒介文本时意会到的东西转告外界。

阐释是批评文本的形式，构成阐释系统，它的内容和视野极其开阔。首先批评文本的阐释是历史、现在和未来同时展开的理解，但又是在某一特殊历史时间对文本进行解读的文本形式，必须联系媒介批评者所生活的背景和眼前的现实。如果说过去和现在可以同时在我们的阐释中交互作用，就能在历史中理解历史，也能在历史的名义下进入历史的阐释。批评者面对一篇新闻，他所得出的结论一旦联想到历史和未来，它的正确性就有可能建立在广阔的时空的基础上。每一代人理解自己，是根据他的现在和他对未来的期望，以及他对历史的体验这三维联系展开的。在阐释的每一时刻，历史决不能被视作与现在分离的过去，而现在又总指向未来。

阐释应有创造性，通常来自理解的独到之处，既不要盲从别人的理解，也没有必要服从媒介文本作者的理解，否则就无法客观地解读媒介文本。媒介批评者的理解是创造的过程，创造性的深度和正确程度，决定了对媒介文本理解与阐释得是否科学。创造之所以成为阐释过程中的要素，在于它永远依赖于个人的理解，在个人的心境中才会出现。每个媒介批评者在与媒介的接触中，瞬间形成与历史和文化上的联系，生活经验又给这种联系烙上个性。由此推断，媒介批评者们总是以自己的经验占有他人无法取代的理解视野，容纳他所感知的阐释对象。从认识能力来讲，媒介批评者不可能在理解中完全符合对象的寓意，个人的生活经验使阐释必然在认识过程中发挥创造性。在永远无法消除媒介批评者个性的前提下，阐释媒介就难免不注入个人的东西，甚至歪曲文本的意义。这是媒介批评的最大不幸。

第二节　对媒介文本意义的剖析

媒介文本由叙事和理喻构成外部形态，解读任何一个媒介文本，都不可囿于某种方法的局限，必须融合各种方法来建立解读意识，切入理解对象的本质。正确地解读媒介文本，是一个严格而复杂的课题，稍有不慎就会陷入自我解读的谬误。形式主义的解读主张尽可能贴近文本，但却忽视媒介文本中叙事与理喻的勾连，使同社会有着复杂联系的媒介变成孤立而死气沉沉的物件。媒介批评者刻板地、单一地对媒介文本进行机械的理解，给认识媒介造成意义障碍，无法剖析媒介文本的真正意义。

解读媒介文本绝不等于剖析一般客体，因为它渗透着人的感情与理性世界，叙事与理喻交织在一起，成为相对于人的主观世界和客观世界的“第三世界”。第三世界即文本世界，是作者主观世界和现实世界的交相辉映，对其不作一番有规则的剖析，是无法阐释其精神实质的。

一、把握文本叙事意义的法则

解读涉及媒介文本的主题，而主题恰好由文本的叙事提供，解读文本意义的客观性自然就成立了。这是说，解读虽然是批评者的主观活动，但解读的对象则是客观的，必须遵循客观法则解读文本的意义。既然批评对象是一种客观的东西，解读必须符合这种客观存在。如果批评者围绕一篇新闻文本展开自己的解读，在任何一种立场、观点的范围内都可瞥见叙事的客观性。不能因为解读的主观性而否定意义的客观性，只有实现了客观性，才能实现解读的准确性。某些解读无论最初看起来多么有说服力，都不能把它作为最后的结论而强加于人，这是因为媒介文本中包含的意义通过叙事不断地重生，不同的人、在不同时间阅读，都可能对媒介文本的叙事得出新的见解。这正表明，解读活动在客观对象中不断延伸，从不同角度、不同立场和联系不同背景说明文本的意义，得出的结论都是不同的。

媒介**文本意义的重生**是在文本原意的基础上引申出来的倾向、理念和指向，是批评家在原意启示下产生新的推断。在可控的准则下寻求接近文本意义而不是随意解读它，是文本解读应注意的重要问题。媒介批评者接近文本意义，判断和确定它的倾向，不能远离文本叙事随意发挥。由于媒介文本是一个稳定的、自建的存在，它的意义重生也是一个客观存在。如何真实地再现媒介文本的含义和意义，是媒介批评者不可忽视的社会责任。媒介现象之所以有意义，通过对它的解读来说明这种意义，是因为这种现象本身就有意义，它的影响及人们对它的态度是这种意义的结果。这无疑是说，媒介文本的意义也是客观的，批评者只能发掘它，而不能无中生有地制造它。

如果把媒介文本的重生意义只归结为媒介批评者的立场和观点，那么对话的另一方——媒介文本的精神就完全消失了，对话变成了独白。因此，媒介批评者的立场和观点或多或少都来自媒介文本。细心剖析媒介文本的叙事，完全肯定它的客观性，就会得到对自己来说是有意义的、合理的东西。媒介批评者在自己的文本里不能先入为主地以自己的观点来主观地解读文本叙事，进而证实自己观点的正确。这种阐释不仅没有必要，而且会制造思想炼狱，误伤媒介。媒介文本的叙事即使是虚假的，媒介批评者仍然要经过调查和剖析，发现造假的客观性，进而为揭露叙事的伪客观找到依据，发现它的另外意义。批评过程中主客体的对立并不可怕，因为这种对立产生了解读过程的辩证关系，为创造性地解读媒介文本提供了动力。

实际上，解读的任务是找出媒介文本叙事中的意义，重新构造它的思想。这需要媒介批评者抱有客观态度，注重剖析媒介叙事的逻辑。事物的客观性都带有逻辑性。剥去叙事种种浮华的辞藻和枝节，剖析过程一旦达到客观境地，解读的客观性就会呈现出逻辑顺序。媒介文本作为解读的对象，叙事的形式和意义都有内在逻辑，根据它们的逻辑来综合，达到解读的条理性，才能建构批评文本。就像一个词的含义、强度、细微差别只有在上下文联系中才能把握一样，在剖析媒介文本叙事时，把句子的含义同上下文有机联系起来，认识它的客观逻辑，就能对其作出客观的、条理清晰的解读。

更重要的是，客观与现实往往不可分割，对于媒介活动来说更是如此。媒介文本的客观性主要表现为对象存在于客观世界，事物的存在先于它的本质。在这一客观法则的引导下，剖析媒介文本不要先去理解叙事的性质和倾向，而是先去解读它是否存在，它的状态是什么。这种剖析方法能够正确消化解读对象，确保全面认识文本叙事与现实的联系，同时也就清除了主观意念的荒唐。媒介批评者所解读的媒介文本的叙事使批评文本进入客观的表象，对叙事的感悟成为批评文本的组成部分，体现出解读的客观框架。沿着媒介文本的叙事调整批评者对客观世界的认识，充实和提高批评者的客观意识，忠实地解读媒介文本及它反映的现实世界就成为可能。

二、对文本理喻的准确解读

媒介文本直接表达观点，使叙事渗透或显现理喻，是媒介透露意义的主要形式。媒介文本理喻有明示的，也有暗示的。这里不用观点、意向或思想这类概念，而是用“理喻”这一概念指称媒体的“意欲”，是由于在许多情况下媒介文本并不直接说出自己的观点，而是欲言又止、借喻示理、以事明义。对媒介文本的隐晦意义作出判断，就是剖析文本理喻的过程。对文本理喻判断得准确决定批评的准确，二者相互依存，并寓于对文本的理解。评价结论的得出，总是依据媒介文本的语言、影像，由媒介文本的词义和表达方式产生对文本理喻的确定。

把词义限定在媒体所驱指的内容上，把解读投注于对词义的揭示，不是对文本的狭隘理解。实际上，我们总是把理解与某些其他事物以及作者的个性联系在一起，这中间，要通过读懂每个词以至每个句子的真正含义来实现。当我们要剖析词义时，不能把揭示词义和判断意义割裂开来，判断充当着剖析工具的作用。媒介批评者致力的是揭示媒体的理喻，领会媒体的意指，特别是隐意和原意，必须发挥联想的功能，把某种含义放到词语的关系中去分析。媒介批评者对媒介文本的所有剖析都应考察这种关联，依据正确的判断，对文本的理喻作出准确的解释。

下面这篇批评文章中画横线的句子，都属于批评者的判断，体现出批评者对媒介现象的理解程度。

翻拍经典，勿把经典“拍翻”

陈　鹏

正在多家地方卫视热映的新《西游记》因其人物造型雷人、特技制作粗糙、对原著肆意修改等引发各方热议，一直以来颇受争议的经典翻拍问题再次被推上风口浪尖。

事实上，在新《西游记》出笼之前，制片人张纪中一再表示《西游记》是他心中最爱的古典名著，希望拍出一部全新的“魔幻巨制”。仅从特效上，新《西游记》就投资 1 500 余万元，<u>人物造型更是颠覆原有的人物形象</u>，引进好莱坞造型技术，为孙悟空、猪八戒以及各大妖精进行“原型”塑造，使之更加“逼真、触目”。在台词方面，新《西游记》还融入了不少当下的流行语甚至雷人的网络热词，试图使之更亲民也更时代。

张纪中认为，《西游记》的主题其实并非曲折、离奇和惊险，而是贯穿其中的文化表达，是对世界和内心的价值指证。“每个人的从生到死都是一部《西游记》，都是取经的过程，遇到的都是妖魔鬼怪，《西游记》无非以更高明的方式把我们的心魔外化了。”张纪中说，“我重拍《西游记》最大的动力，就是希望让今天的人们能够去除心中的欲念，变得更加善良。”

但这样的精心打造以及“文化表达”似乎并未得到观众的认同。网名“阿三”的观众就狠批孙悟空造型，“太雷人！鼻子总是红的，是喝多了吗？比六小龄童的悟空差十万八千里!”

还有的观众直指剧情被随意篡改，如果说唐僧被改编为果敢、睿智与坚强还能令人接受，那么高家庄的高翠兰真的喜欢上了猪八戒，白骨精的前世竟然是一个因路遇强盗跳崖而死的少女，她的洞中还有一个骷髅鬼掌控其意志……这样的再创作未免太离谱，让很多观众难以接受。

被张纪中本人寄予厚望的特效场面以及“中国版《魔戒》”的过度炒作也遭到诟病。“神话剧拍成了童话剧!”“特效太雷人了，投那么多钱，值吗?”观众李颖甚至不客气地指出，硬要将两者拉在一起，无疑是对《魔戒》的调侃和讽刺。

北京师范大学资深教授、中国电影资深研究专家黄会林认为，名著改编始终是需要的，正如莎士比亚戏剧被不断重排一样，它是一个时代艺术传承和创造力不可或缺的重要内容，但重拍或改编必须遵守一些准则，尤其不要去歪曲和篡改。

——人民网，2012-02-15

这篇批评文章以新编《西游记》电视连续剧和它的制片人讲的两段话作为媒介文本，对其“篡改经典、特效雷人”的传播行为进行剖析，其中摘引文本中的两个观点，解读制片人传递给人们的“理喻”——“拍出一部‘魔幻巨制’”、突出“心魔外化”，都造成荒诞的后果。因为《西游记》原著并不是这样的，或完全不像这部连续剧这样“离谱和雷人”。批评者剖析制片人改编经典著作任意篡改和调侃，深刻否定了违背文艺创作原则的这种荒唐的创作观念。

批评者以抓取某些词语彰显理喻为前提，对批评文本进行解读，综合媒介作品“创新”的不良倾向，鞭挞了传媒人的拙劣文风。这一批评来自对媒介文本的剖析，凸显荒谬的理喻，准确解读了影视作品的制作动机和传播效果。批评者对媒介文本理喻作出准确的解释，正是他追求的主要目标，为了避免对作品及其语句的判断发生错误，不得不拓宽批评主体，引述普通观众与专家对文本理喻的否定。文本理喻是否正确，取决于批评者判断的准确与否，这又决定了对媒介文本意义解读得是否准确。在日常语言中，“判断”包含着一种评价和权衡，而“意义”则包括价值判断和事实判断，批评者转引文本中的理喻性词句，揭示出的媒介文本的含义是非常深刻的。

准确解读文本理喻的另一个法则是意义相符原则，要求批评者观察媒介文本理喻给予受众的刺激或共鸣，是否符合文本理喻的原意。如果文本没有明确表达它的原意，即没有理喻性词句，那么根据什么来判断受众的解读与原意相符呢？这就要因文悟道，从文本的整体语义来解析文本的观点，再根据语义内容把握文本的语义体系。媒介批评经过这样一个反复剖析过程，揭开媒介文本的语义奥秘，才能准确解读文本的理喻。语义体系作为文本的表现层，是文本含义的总和，可以说，文本语义的外化可能促成文本原意的显化，使媒介批评者对文本的理喻易于感知，批评文本中的阐释已没有任何奥秘可言。总之，尊重客观性和准确性，必须重视文本语义的解读，阐述语义的潜台词，开掘语义的深层内蕴，才是批评的真正任务。

三、解读和剖析文本的限度

解读和剖析媒介文本不是绝对的主观行为，可以随意对文本作出解释，恰恰相反，批评的每一步都要受到客观对象的限制。解读与剖析是有限度的，搞清楚解读的限度并遵循这些限度，是解读媒介文本的重要规则。

媒介批评者对文本的理解与解读受制于文本的客观事实，只能达到一定范围，表现为批评的相对性。一切批评都具有个人化和时间性的特点，并受批评者个人理解能力的限制。如果我们不去区分批评所呈现出的差异，只能导致对解读的过度期望，甚至产生批评万能的错觉。实际上，所有的批评总是以这种方式或那种方式去解读文本，触及的论题、作出的判断或所用的词汇都会出现不完善的地方。不同人的批评不会完全一致，其中有的人对文本某些含义的揭示可能产生某些误解，批评的目标和用词也可能有失偏颇。在批评的差异中，存在着准确与误差、真理与谬误的两极方向，我们应考察不同批评带有的谬误。

对文本作出批评的每个人为了传达他的解读，采用的是各自独有的剖析方式，这是他对文本理解的结果。理解在时间上先于批评，而且批评中能够体现出理解的程度与得失，显露出批评者的能力与批评方法的有效或不足。理解和剖析都是基于批评者的认识，很难说哪一种认识具有绝对的权威性，因为每一种方式都可能有其不足，但荒谬的解读和肤浅的剖析，限制批评者对文本意义的认识。

解读要求对意义作出积极的揭示，这不单纯是由文本给定的，文本只是一个根据，对文本语言的背后进行挖掘，才能获得圆满的开掘。剖析文本的某个表述，是在该表述固有的术语中认识它，其精妙之处在于琢磨出词的含义。任何琢磨都可能陷入主观猜测，受制于个人的分析能力，这是无可奈何的一种可能。

剖析的效果也往往是有限度的，所有批评不可能都达到圆满的效果。区分不同的批评，辨别哪一种批评可能是最完美的，要看哪一种更符合实际，更能列举大量实例说服人们改变自己原来朦胧的解读而相信批评者的解读。每个读者从媒介批评中发现，他对于这个批评只接受了某些部分，而对另一些部分并不赞同，证明了对文本剖析的效果是有限的。一个批评有时会深化他人的理解，有时又会根本改变他们的理解，这两种效果说明，不同解读和剖析效果是有差异的，表明它们分别达到了不同程度。对文本不同含义的把握，来自批评者如何认识这个含义。任何批评者不可能脱离文本进行任意的剖析，但有时难以对文本的所有含义都批评得准确，文本的客体性和批评的主体性使剖析必然具有某些限度，产生的效果也就有很大差异。

任何一个批评者对一个文本的理解大都只能对一个或几个方面作出结论，全面解读文本是很难的，甚至是不必要的，正如一个批评者可能剖析一个文本的某个意义，而另一个批评者只剖析它的表现形式。某个批评者察觉或突出的东西与其他人有很大不同，他捕捉的意义也就有其特殊性，从这一意义上看，差异就是局限。对文本进行批评的目的并不在于使该文本的含义被不同地理解，而在于揭示它的真正价值，剖析的差异与局限只是批评的能力不足和方法不当造成的，但这又是普遍现象。

对文本的解读隶属于批评，与这种功能不同的环节——理解、判断、剖析以至最后的阐释——实际是被堆放在一起的，即被堆在“批评”之中。这些批评行为不可分离地彼此联系，使批评家在运用它们时便产生了限度。比如，言语蕴涵着理解的着眼点，决定了语言的构想是与理解相联系的，但不同批评者的构想不可能完全一样。批评者只能根据媒介文本的语言去判断意义，而构想只能从特定的判断中推导出来。面对任何文本，剖析和解读都不会由批评者任意构想，根据文本内容的构想很难说完全达到内容所固有的地步。

解读的有限性主要来自文本及其内容的客观性，如果对批评的内容一无所知或一知半解，就很难达到全面、正确的剖析。我们所理解的东西，一旦不是客观存在的复现，就会陷入主观猜测。批评者如果对文本叙事的内容不熟悉，又要尽快认识媒介文本，不熟悉的东西本身就设置了限度。要推导出文本含义的价值和意义，文本内容的陌生和意外的复杂，特别是和政治的密切程度，使剖析和解读难以入手。这种令人望而却步的限度在意识形态强制的社会，必定发展为理解与批评的禁区。在禁区面前，理解永远是无限度的，只有批评才有严格的限制。把解读功能与阐释功能区分开来，就会发现，阐述还包括揭示非属文本原意的内容，因此，在下一节我们将就阐释的方式加以研究。

第三节 批评文本的建构与阐释

媒介批评者把对媒介文本的解读书写下来，或用口头语言表达出来，是媒介批评者阐释批评文本的过程。阐释通过构思转化为语言形式，进入建构批评文本阶段。为了使批评文本尽可能完善，正确剖析媒介文本的思想内容，准确、全面地表达解读和判断的结论，对于建构批评文本非常重要。运用科学的阐释方式，准确地表达解读与判断，是建构批评文本的关键。

一、综合、解构与语象阐述

世界上的一切事物，都是按一定方式组成的统一体，批评文本分析媒介也不例外。阐释批评文本，必须遵循整体性规则，凡不具备整体性思维观念的人，便没有能力写作批评文本。解读媒介的实践说明，致力于批评文本的综合分析，防止肢解对象的偏颇，是完成批评文本的第一个前提。任何一个按一定体式营构起首尾贯通的语言形式的文本，都以其整体的和谐之美来感染受众，如果失去有机的整体性，也就失去对批评文本阐释的完整性，导致对文本思想生命的窒息。

批评文本中每一部分的内容，都由其他部分的制约所决定，各部分只有在整体中起到组构作用，才有阐述完整意义的价值。文本的各部分相互牵引，彼此联系，击腰则首尾皆动；倘若失去某一部分，就会残缺不全，文本的生机难以贯通全文。阐释一篇新闻作品，从批评文本的整体出发，立足于对这条新闻的整体观照，把握每个部分的状态，才能全面揭示新闻文本的意义和作用。这种阐释虽然把文本化为一肢一爪，一截一块，从局部、枝节式的微观阐述做起，但最终要着眼于文本的部分与部分、部分与整体间的联系，寻找各部分间逻辑的贯通性。无论批评文本中的哪个片断，都不能离开整体而孤立地存在，如果不顾及全篇，孤零零地阐释某个现象，就可能歪曲媒介文本的意图。

显然，阐述媒介文本还要遵循解构的方式，从多个细部方面进行分析。就解读而言，可以先拆开文本的各个部分甚至某些句子，进行解构性缕析。"拆"可以理解为分解，把媒介文本的有机整体拆分开来，考察各个部分的特点，注意各个要素在整体中的作用和地位，然后再进行综合。综合虽然处于主导地位，但它是在解构基础上进行的。分解和综合这两种方法，在批评文本中紧密结合，把它们上升到一定原则去认识，就形成了阐释文本的最重要方式。

认识事物必须由整体到部分再到整体，由综合到分解再到综合，这是由事物整体大于部分之和这一要则决定的。媒介文本的整体功能不是它的部分功能的简单相加，每个词句和语段进入文本"整体"之后，都处在与"整体"、与其他"部分"的有机联系中，增加了新的质和新的作用。比如媒介文本中的一个段落、一句话发生严重错误，不仅伤害了整体倾向，而且部分自身的缺失在其他部分都完美的状态下，也败坏了整篇作品。这种缺失应当成为批评的重点，但必须在批评文本中强调部分与整体的关系、部分与部分的关系，然后再依据与整体的关系来分析各个"部分"。对"部分缺失"的任何孤立的评价都是不可靠的。

批评文本只能由语言材料构成，语言是文本建构的基本要素，围绕主旨发挥语义的效用。语言体系和语义内容的统一，整体框架和局部表达的统一，揭示媒介意图和文本客观意义的统一等，是批评文本整体性的全部含义。如果稍加分解就可看到，媒介的宗旨是文本的语义内容或语义体系的凝聚，表明媒介的态度和哲思。理解媒介文本是对文本语义的同构，把握其表层语义和深层内涵，并把这两方面表达出来，读者就能理解批评者的全面解读。

所以阐释批评文本要从分析媒介文本的语言入手，抓住词语的指向，认识语象世界的实情。**语象世界**是指文本中具体语言环境中特定语句所展示的外部世界及意义，带有景象、意象的味道，批评文本的语义是从媒介文本的语象世界的关系中"生长"出来的，如果不把握产生这种语义的因素，就不能准确地阐释媒介文本的内在意义。作为一个语义体系，批评文本也是靠词汇、句式的章法表达观点的，批评者对语象作具体分析，才能准确地阐述媒介文本的意义。

二、阐释的要素及运用

在批评文本的阐述中有四种要素，形成阐释的完整性，体现媒介批评者对媒介的认识：文献要素、心理学要素、文化要素和批判要素。在批评文本中，这些要素交替出现，说明媒介文本的意义与效果，是阐释的基本手段。

媒介批评者首先要知道媒介文本究竟说了些什么，恢复文本生成者的原意，用文献学的观点把握和介绍媒介文本的主旨。把媒介文本中的言语看做互相作用的结果，以直觉的认识深入文本的内容，还需要用心理学的方法阐释媒介文本对受众的影响。对媒介文本的思想以至意识形态，通常以文化传统分析它的意义，称作文化要素。媒介文本处于意义缺乏或意义过剩时，存在着内容与意义之间的不一致。所谓媒介文本的**意义缺乏**，是指文本中没有明确表明某种意义，或者根本就没有什么意义（有很多这类新闻遭到受众批评）。而**意义过剩**则是指文本给叙事添加了超出它本身仅有的意义，对事实进行了“拔高式”的渲染。对前一种情况的阐释需要“补充意义”，通过判断与联想把文本生成者没有表达的意义加以说明，或者彻底否定它的传播价值。对后一种情况，则需要指出事实的实际意义，剥掉画蛇添足或牵强附会的过剩意义。

为了认识“意义缺乏”，本书转引下面这条新闻，读者可以体会到记者报道这一事件的用心。如果要对这条新闻进行批评，应该运用文献学要素回顾中外银行家的薪金现状，考察新闻中事实产生的背景和过程，才能让读者了解媒介文本的意义缺乏或意义过剩。请读：

戴相龙收入差夫人十倍

据《解放日报》报道 和外资银行相比，中国银行员工工资水平太低，与外资的银行家根本无法相提并论。就以戴相龙本人为例，身为中国人民银行行长，他每月工资加上各种津贴不过是2 000多元，年薪不足3万元，而他的夫人，中国太平洋保险公司北京办事处主任柯用珍的年薪，包括分红在内，大约为二三十万元，两者相距接近十倍。

戴相龙早前在被问及进行住房改革后是否会购买自用住宅以及钱从何来时，他说：“我夫人的工资比我高。她工作单位不在我管辖范围。”可是，当时没人想到差距如此之大，和他们各自所要承担的责任完全不成正比。戴行长用什么方法才能“绑住”旗下中央银行的精英人才，不致人才大量流失呢？

中国银行界人士相信，外资大举进军中国已为期不远，他们最担心出现被“集体挖角”的情况，例如，银行的信贷、电脑等关键部门的主力被全面挖走，这样，人走了，客户也被带走一批。

类似的情形也发生在国家开发银行行长陈元身上。在开行的一次内部会议上，秘书将工资单给陈元过目，这位平时不过问工资数目的行长在看了工资单之后，也忍不住说：“我堂堂一个行长，一年才挣个三四万。”行长的薪水尚如此，他们将如何迎战加入世贸可能出现的“人才荒”？

——《北京日报》，2000-04-23

从字面上看，这篇新闻什么意义都没有说明，可谓“意义缺乏”的典型作品，但消息包含的意义也许半天都说不完。对这篇新闻作出阐释，指出高级银行官员低工资的缺憾，不得不查阅大量文献，介绍不同类型国家银行高管的工薪标准，以及国内近些年各行业工薪的增长比例……运用这类文献圆满地阐释这篇新闻提出的问题，能指出这篇新闻的真正意义，产生十分可信的批评效果。

如果把文化看做阐释的形态，就要从文化体系分析媒介文本内容的文化根源。那么这篇新闻说明中国银行官员在外资文化的冲击下，心态正在发生变化，那种中国特有的“安贫乐道”的文化理念日渐动摇。通过特定的文化追求，从人物的话语来阐述新闻叙事的理喻，将各种文化作为阐释的标准，就能揭示媒介文本意义的社会价值。比如，用饮食文化来解释饮食问题，用艺术文化来解释文艺作品，用政治文化来阐释政治报道的是非得失，如此等等，都是媒介批评中阐释的根本要素。詹姆斯·鲁尔把这种阐释方法称作“大众传播的文化种类分析”①。

在批评文本中，运用心理学要素阐释一种意义，与文本生成者或受众心交神会，需要根据人的潜在思想和道德观念来评价作品对人的心理影响。以上述新闻为例，阐发“分配不公”这个长期的社会问题，为银行行长们对“分配不公”发出的抱怨作出合理的解释，直接抓住了这条新闻的内在意义——分配不公产生的心理冲击。这种心理是怎样产生的？又是如何影响银行高管的？如果围绕这类心理问题阐释该篇新闻，就揭示了一种不容忽视的、潜在的社会情绪，那么批评文本将具有巨大的现实意义。

媒介批评者阐释的基本对象，是媒介文本的意向。如果阐释是可能的，那么媒介文本的意义必然有两种性质：一是外在性，容易被人们所共同认识；二是内在性，意义可以确定但可能是不清晰的，或者是隐晦的，多数受众不容易认识到。指出媒介文本意向的正误，批评者应该观照文本意向来阐述意义，绕过可能设置的迷阵来揭示文本的理喻。一些媒介文本并没有表达出文本生成者的思想，或受众只能得到一种模棱两可的印象，文本的意义便有一种荒凉感。对这类文本的阐释，需要填补“意义缺乏”。这种阐释方法有很大难度，因为它要求批评者补充媒介文本生成者的意图，并应毫无差错，是不容易做到的。

人们通常把媒介批评视为媒介批判，认为二者没有什么差别。本书认为，批判是以揭露对象的本质与动机为目的，严厉、彻底地推翻对象的根本结论。批判一旦发生错误，就成为对自己的批判。有的媒介批评家认为，精神产品作者的意图在某些方面是错误的或有害的，作为媒介批评者难道就没有理由依据某种标准去批判他的错误吗？但过激的批判常常令人厌恶，往往走向反面。真正的批判是很难做到的，因为，人们并不都能在现实的目的中分辨出合理的目的，不能把批判的目标与实际所达到的效果分辨得十分清楚。真正的批判是将作者的意愿和实际效果加以对比，找准媒介文本的真正要害，而不是把两者视为同一个东西，更不能把媒介批评者自己的臆想强加给作者。

媒介批判应是一种完全理智的评析，切实把握媒介存在的问题，按照具体问题具体分析的原则，依据媒介传播的环境和实际效果彻底否定媒介的意图。宽泛的标准对衡量批判没有任何作用，追求批判之名以引起社会注意，反而走向批判的终点——人们不再理会这种批判。批判的运用应针对极端荒谬的媒介行为，从根本上否定危害人类（人民）根本利益的媒介内容，以充分的论据阐释容易被广大受众误解的观点。

某些媒介批评者习惯于贴标签，用现成的语套和事先认定的政治概念给媒介作出定

① James Lull, “The Social Uses of Television,” *Human Communication Reaserch*, 1980, Volume 6, Issue 3: pp. 197－209.

性。这种灰色批判充满武断倾向，除了省事之外主要是达到击倒对方的目的，往往使阐释者的凶相毕露。批评文本千差万别，而标签则是有限的，过激的批判最终将导致自陷泥沼。如果用明确而理性的思想阐释批评文本，引起人们举一反三的思索，就能引导受众深刻认识媒介。这种健康、有价值的批判永远是需要的，而标签的使用者则把坚硬的断语完全套在作品原意及作者的脖子上，力图摧毁作者的原意，实际是把批判指向一个自我杜撰的世界，而不是实在的对象世界。

本章概念与思考题

概　念

媒介批评文本　媒介文本　文本的意义悬置　文本的语义信息　意义漏缺　文本的隐含意义　文本的外在意义　文本意义的重生　语象世界　意义缺乏　意义过剩

思考题

1. 怎样理解媒介文本的结构？
2. 如何解读媒介文本？
3. 论述批评者理解、解读与阐释媒介文本三者的关系。
4. 为什么说解读和剖析媒介文本是有限度的？
5. 阐释批评文本要注意什么问题？
6. 文本阐释有哪些要素？怎样运用这些要素？

第十章 媒介批评的主要领域

CHAPTER 10

媒介批评主要有新闻批评、影视批评、网络批评、出版批评和广告批评五个领域，其传播方式及文本有很大差异，批评的内容与形式也大不相同。无论哪个领域的批评，都是围绕媒介管理、媒介行为、传播内容、传播形式、传播效果和传媒人的精神状态作出评价。为了引导受众和传媒人正确认识媒介活动，促进媒介产生好的社会效益和经济效益，正确认识以上五种媒介批评的特征和机制就十分重要。这一章将主要阐述五种媒介与文本的属性及对其批评的要求。

第一节　新闻报道及新闻批评

新闻是什么？并不是所有的人都深知其义，即使记者和天天读报、看电视的人，也未必全面了解新闻的属性。有人说，新闻是新近发生的事实的报道。可是，媒体上报道的一切新近发生的事实，都是新闻吗？新近发生的没有被媒体报道的事实，其中就没有新闻吗？现代数字媒体报道的许多事件根本不是新近发生的，而是刚刚发生甚至与报道同步发生、发展的事件。显然，上述对新闻的理解，照搬 70 年前陆定一的定义，已经不能准确涵盖新闻的属性了。新闻报道从根本上说是一种复杂的精神活动，以感性化的意识再现世界，满足受众的知晓欲，因此，**新闻**是记者为了再现和说明世界，对最近或正在发生的事实的陈述。理解新闻这一本性，才能准确地进行对新闻报道的批评。

一、在世界重构中评价新闻

任何真正的新闻都给受众提供值得知晓的内容，因此新闻是对世界的最新展示与重构，是对公众具有知悉意义的事实的记录。其文本既可能是文字的，也可能是图像的。但任何具有上述属性的事实仅是事实而已，只有它们被记者记录下来并向大众或他人转告才是新闻。由于新闻媒介向人们提供真实事件的信息量远远超过了其他意识形式的信息量，人类才得以全面地了解世界，彼此之间也能更好地交往。

新闻不断给人类思想注入活力，让人们体验到逼真的生活景象，看到世界每天的面目，改变着人类对现实与未来的印象。由于它给人们提供的不是被思想家、政治家提炼出来的思想，而是无限丰富、源源不断的事实，实际是在重构世界，让受众感受生活的真实变化。人们通过新闻多维地、全面地了解世界的最新变动，认识社会各个领域的发展进程以至对全球的政治和经济状况，获得一种身临其境的感受。

记者是个巨大的集合体，重塑现实世界的任务是由各国记者共同完成的。他们发出的每个消息是孤立的、彼此毫无联系的事实，一个事件绝不同于另一个事件，每个事件都有独特的内容。这样，新闻媒介把整个生活切割成碎块，但这不是它有意这样做，而是它只能这样做，再由受众组合成一面客观世界的巨幅壁镜，最终看到真实世界的一切。新闻媒介的巨量分布和报道的频繁持续，完成了重构世界的使命。如果一个人每天阅读一定数量的报纸、连续收看国内外多种电视新闻，或整天泡在网络上，就能看到一个完整的世界。记者到处奔波，到处搜索和探寻，使新闻全息地记录生活，甚至在某种意义上代替了生活。受众无法亲临事件的现场，越是宏大和遥远的事实，越无法亲自感受，只能从新闻媒介的窗口观察世界。

人们接受新闻虽有所选择，但他们无法放弃媒介这个窗口眺望社会；新闻虽有所偏好，但记者无法摆脱生活提供的内容。某种同类事实的报道增多，就给他们制造一种无法避开的生活景象。起初，受众在每条新闻中得到的是零星并逐渐密集的生活片断，久而久之，这些片断合成一幅完整的画面，新的世界趋势就在人们的头脑中呈现出来。受众每一次接受某类新闻，都在记忆中增加同类印象，新信息和以往的信息不断融合，出现客观世界绵延的境况。对于记者来说，报道是一种"构图"，即把世界向受众图示出来；对受众而言，接受新闻如同走进宏大的展览室。

新闻反映世界的特殊方式给媒介批评提供了一种模式，即评价新闻需要联系新闻的本性才能认识得十分透彻。新闻的好坏不仅在于新闻给我们提供了什么事实，还在于新闻重塑现实生活的价值究竟有多大，使受众看到了什么。一条坏消息，很可能是极有价值的新闻；一条阐述伟大理想的报道，却很可能扭曲了生活和人的精神世界。新闻批评者必须清楚，新闻是再现世界的一种方式，绝不是发挥理论教育的宣言，豪壮的言辞不是新闻，对想了解新闻的人没有任何价值。不同的媒体对同一个事件的报道往往不一样，只看到一部分媒体的新闻，受众就可能陷入某种误导。当受众同时阅读几种报纸，特别是几个不同国家的报纸后，才能更好地认识世界。新闻批评者面对同一类新闻的广阔领域和不同媒体的同一类报道，多维地分析同一内容的新闻，才能正确地评价新闻。确定新闻的价值，要把它放到重塑现实生活中去观察，放到众多媒体的报道中去衡量，才会把新闻的意义全面地显现出来，新闻批评者才能遵循正确的批评原则。

二、把握新闻实体的范畴

批评新闻的第一要务就是评价新闻的实体，对新闻的真实性作出判断。新闻真实与否或每个细节是否存在，是新闻批评的重要内容，因为这是对新闻存在的重要考察。新闻实体把新闻的各种规定性统一起来，成为新闻批评者把握新闻的基本范畴。如果不捕捉新闻实体并加以研究，是观察不到新闻的属性的，对新闻规定性的认识也会虚无缥缈。

新闻实体是指真实的事实，体现为新闻实情，可归结为事实真相的原型。它的发掘并不容易，不是照抄实事就完事大吉了。人类社会的种种非理性因素往往让记者得不到真实的事实，记者的重构活动也可能歪曲事实。面对社会的复杂性，记者认识的基本矛盾——主观和客观的分离，有时是难以克服的因素。即使没有其他因素的干扰，记者的采访能力和认识能力的欠缺，也可能导致他对真实事实作出歪曲性的报道。新闻与生活中的事实是两种不同对象，阅读新闻文本和参与新闻中的事件是两回事，评价新闻自然需要注意二者的区别。

把新闻事实和社会事实作为不同因素加以对比，能发现记者在多大程度上反映了事实的原貌，这是新闻批评者把握新闻实体的第一个范畴。事实是主观之外的东西，不依赖记者而存在。新闻仅是现实本源的反映，不具有直接的现实性；它一旦被报道，便从记者的头脑里流出来，而不是从现实中直接飞到受众那里。从新闻的反映特点看，记者对客观事实的陈述，表现出主体对客体的认识，如果二者出现非一致性，记者就远离了新闻的本源；如果主体与客体相统一，新闻成为本源的复制，就达到了完全真实。新闻批评对新闻真实的评价，总是在客体与主体之间寻找一致和不一致的东西，而不是挑剔新闻内容和批评者的愿望不相同的因素。

真实不在新闻文本之中而是在新闻之外，从新闻文本中看不到真实，如果不了解实情，就无法知道它的虚假。新闻批评指出一条新闻真实与否，不是依据新闻本身提供的证据，更不是仅凭批评者的判断，而是依靠切实的调查和可靠的资料才能认定。对于人们熟悉的现象，批评者对新闻真实的判断可能是轻而易举的，但对于复杂现象，则必须在调查的基础上才能确定它的真相。

新闻的意义超出事实自身，记者过度强化事实的意义，要导致新闻失实。新闻是对有知晓意义的事实的报道，而大量的事实是平凡的，没有新意。记者为了服从媒介掌控者的需要而追求某种意义，容易片面强化事实中新闻价值的一面，而淡化、掩盖其他方面。由此造成的新闻失实是较为普遍的。对具有认识意义的事实，新闻报道即使十分客观，由于记者强调意义的角度和程度不同，也会造成新闻被歪曲的失真现象。准确了解新闻事实披露的意义，是新闻批评者把握新闻实体的第二个范畴。对新闻意义的判断，需要研磨新闻作品中记者强调事实意义的分寸，对记者认识中产生的偏差进行校正。

在反映客观现实方面，记者可能做到无限近似于反映对象，达到主观符合客观事实的情境，看清事实的概貌，这样就不会出现“全市人民一齐动员起来”、“在场的群众异口同声地说”这类语句。另外，新闻中的细节是否存在，新闻是否反映事实细节的情境，指出记者的观点和事实吻合的程度，是阐释新闻意义的重要依据。“新闻本身不局限于对真实的判断，它也包含了价值观，或者声明自己的倾向。”① 从记者方面考察，批评者考量意义失实是缘于动机还是操作，对受众认识媒介的立场是至关紧要的。如果是操作和记者能力造成新闻意义背离了事实，那么这种批评对提高媒介的报道质量就有重要的指导意义。

新闻批评者面对几家报刊、十几个电视频道，连续接触源源不断的新闻“流”，会看到记者为我们描绘的宇宙是一幅生机勃勃、流动不息的画面。社会和自然界的一切都处在不断变动之中，它的各个部分没有一个是静止的。运动这一经验事实一旦上升为概念，就必然出现存在和非存在的矛盾。存在就是“有”。一个事实发生了，记者的脑袋里并没有这个事实，他必须用概念去认识。非存在则是“无”，只有存在，没有非存在。如果记者不能识别“非存在”，就有忽视不存在的可能。那么，新闻批评者就容易被假象和非本质的现象所迷惑，识破新闻的假象和片面性，是新闻批评者把握新闻实体的第三个范畴。

新闻是世界发展过程的再现，当记者进一步认识世界就会发现，过程表现为两种不同状态，即相对稳定的状态和显著变动的状态，有时记者对这两种状态的混淆和漠视，造成了他们反映事实的虚假。霍尔巴赫就曾说过：“那些看来好像缺乏运动的部分，事实上只不过是处在一种相对的或表面的静止中；它们是在经历着一种非常细微、非常不显著的运动。”② 运动是事实存在的根本属性，因此记者既要考虑事件的静止状态和相对意义，更要考虑它的运动状态和未来意义。批评者评价记者对新闻事实的处理时，既要权衡事实的不显著的运动，又要指出事实的某种个别的明显变动，还要考虑每一种事实的形式在一定条件下、一定的时间内，都有一定的持续性和稳定性。新闻批评不能就眼前的变故，轻率地对报道作出绝对肯定或否定。

三、对新闻社会价值的评析

新闻批评的重大任务，在于从新闻媒介运动中挖掘新闻的深度功能，指出重大报道的社会价值。就多数新闻媒介而言，它们最大限度地搜索事实，把听到、看到的东西忠实地记录下来，共同书写人类的“日记”。新闻不断地滚动，历史不断得到证实，亿万条新闻按时序展示社会运动的过程。新闻批评者从连续报道中看到新闻的写真，揭穿荒谬现象的本质，看到社会的真相。展开几十年的报纸，把新闻的内容按照它们运动的方向逆势寻查一番，历史则清晰明彻地呈现出来。各个时期众多新闻的相继报道，能够揭示社会的变化，告诉人们是非，说明社会的发展方向，这是**新闻的昭示**。

新闻的昭示显露出极大的社会价值，体现出新闻的深度功能。重大新闻是生活的组件，媒介把这些组件按照逻辑规整地储存起来。越是活跃的社会因素，越被记者最先发现并记入显著的位置，在新闻丛中留下自己的足迹。连绵不绝的报道使一切假象被扒光了衣服，记者并不怜悯它们是否无地自容。新闻揭示了社会之“真”，也暴露社会之“假”，十年乃至数十年后，重翻报纸，谎言、煽动、残暴、伪装、愚昧的鼓吹，都会作为生活之“真”记录在案，一切反动的政治集团都对新闻之“真”垂头丧气，就连造谣的报纸也无法抹掉造谣的历史。从这一意义上看，报纸上没有假闻，因为虚假的报道也是虚伪行为的

① Gans, H. J. “The Messages Behind the News,” *Columbia Journalism Review*, Jan. - Feb. 1979, p. 40.

② 北京大学哲学系外国哲学史教研室编译：《十八世纪法国哲学》，579页，北京，商务印书馆，1963。

真实反映。

新闻批评者置身于历史的观望台，看待每一篇新闻，分析它的正误，对照实践的反馈断言新闻的价值。它可能千真万确，酿成一次社会飞跃；也可能是极度荒唐的政治胡闹，使一切吹嘘归于笑柄；也可能是可怕的言论，却是一次真理的回归。从现实远眺历史，新闻批评者会看到一篇新闻的远大目光，连续报道的春晖异彩，监督新闻让官僚主义者惊慌失措。

《人民日报》华东新闻版曾在“今日聚焦”摄影专栏中发表了《公开聚赌 学童上阵》的组照，将江西省乐平市高家镇成百人聚赌甚至连学龄儿童也手持现金“上阵”的场面，曝光于国人面前。不久之后，《人民日报》华东新闻版对此进行了连续报道。然而，令人始料不及的风波却在酝酿，最初披露这一事件的县里干部居然被解职了，被调到乐平市供销社的一个下属单位。乐平市某些领导虽然对报纸的批评表示了应有的开明，也努力纠正农村的这一不良现象，但他们同时也到处探寻是谁把这一事件捅给了媒体。当他们发现了这位作者，市委领导拍了桌子：你为什么曝我们的光？你以为我们查不出来？我们有刑侦技术，还有乐平报社提供的线索，你要说清楚！新闻批评指出这一揭露性报道引起当地领导的大惊失色和气急败坏，让受众进一步看到这类新闻的震撼力和重大价值。

批评者在新闻批评的文本中洞悉现实生活的是非，指引媒体发挥更大的昭示作用，完全来自记者对生活的火眼金睛。记者选择事实时，通常对最美和最丑的东西突出它的特征，不顾一切地进行忠实的报告。生活有什么，报纸上就有什么，禁止忠实地记录真实的事件，是根本无能为力的，因为总有一天它在媒体上会冒出来。谁也改变不了新闻的铁律。报纸之所以有时显得荒谬可笑，是因为生活荒谬可笑；报纸否定了自己的过去，那是因为生活否定了自己的过去；报纸充满光明，那是因为生活本身甜美；报纸充满阴暗面，那是因为生活充满苦难和腐朽。所以，报纸是无罪的，不能把社会的毛病说成是报纸的毛病。[①] 媒体只是再现了社会，引导人们严肃地认识生活。新闻批评者应对此作出诚实、勇敢和辩证的分析，不能简单地就事论事，而要挖掘社会内在的冲突，为社会机体割掉脓肿，也为社会的阳光抹去尘埃。

四、揭示事件变动的因果

在认识新闻文本时，只要进一步思考还会提出这样的问题：是什么在制约着事件的变化？在批评中有意识地引导受众对这种变化的认识，领悟新闻何以能够发生，是评价新闻意义的关键环节。新闻批评者把直观的现象同事件的内在联系加以区分，使对象的变化作为一种因果现象凸显出来，才有可能把握新闻的确切内容。这是因为，“原因和结果这两个观念，只有在运用于个别场合时才有其本来的意义；可是只要我们把这种个别场合放在它和世界整体的总联系中来考察，这两个观念就汇合在一起，融化在普遍相互作用的观念中”[②]。对新闻事实从普遍的相互作用中来考察，认识新闻事件发生、发展的原因和结果，

① 参见《马克思恩格斯全集》，中文1版，第1卷，194页，北京，人民出版社，1956。原文为“请不要把那种只是国家的毛病（也就是这些报纸正在力求改正的那种毛病）说成报纸的毛病”。

② 《马克思恩格斯全集》，中文1版，第20卷，第25页，北京，人民出版社，1971。

正确分析新闻的意义就有了把握。在某种意义上，新闻批评就是认识新闻发生的原因和结果，揭示媒介如何反映社会发展的进程。

当我们把前后相继的两个事件或现象从普遍联系中挑选出来，单独地研究它们之间的相互制约和依存关系时，就产生了因果联系的观念。新闻发生的原因，都先于事件的结果，在时间序列上先于报道的事件，称为**先在事件**，这是新闻批评不能忽视的分析内容。任何新闻事件，都是由先在事件转化而来的，又必然会转化为其他事件，构成后来事件的原因。这样，宇宙中的各种事物就形成了一个相互依存的因果链，其中每一个确定的因果关系，都是整个链条的一个环节。新闻之所以周而复始地发生，正是事件因果促使其不断运动、不断演变的结果。

在事件因果联系中，原因具有“始发性”，结果具有“后继性”。原因是过程的原发点，因而具有产生结果的“创始性”。而结果则是被原因引起、产生、“设置”出来的，是被动的事件。因果在本质上具有“始发性”与“后继性”、主动性与被动性的相互关系，在时间上具有前后的顺序，这一切构成了事件变动不可缺少的内容。新闻批评如果无视这一点，就等于否认了因果联系的本质，也就无法透视社会变动的因果。

有时原因引起结果是在瞬间发生的，以至人们通过感官无法分辨时间上的先后；有时原因引起结果之后，作为原因的事物并不马上消失，还在继续发挥作用；有时后继事件与先在事件可能没有任何因果关系，例如，春天在冬天之后，但冬天并不是春天到来的原因，春天也不是冬天的结果。时间上具有先后顺序的两个事物，不一定就有因果关系，能够成为原因的事物不仅必须在原因之前就存在，而且还同作为结果的事物在内容上有贯通的联系。新闻批评如果不承认这一点，二者的关系就被简单化了，只有承认这一点，才能说明新闻事件的原因何以能够产生结果。

在新闻事件的原因之中，有未曾显露的实质，这一实质的展开才导致结果的出现。在结果中，原因并没有消失，而是以隐蔽的形式保持着自身的存在，为结果奠定基础。如果两个事物之间不能互相贯通，它们就不能成为因果关系，而是两个毫不相干的事实。因果之间不仅有内容的贯通，而且在一定条件下互相转化，通过相互作用实现过渡。在社会生活中，各种事件的发生都是通过有目的、有意识的人的活动实现的，在这些目的背后存在着决定目的客观原因，对事件的发生和发展起着重要作用。因此，新闻批评不但要研究新闻中社会发展的客观原因，也必须研究人的主观目的，研究人的主观目的和客观规律的关系。对新闻中的因果关系进行具体、辩证的分析，并抓住主要的、决定性的因素，才能有效地剖析新闻文本的外在与内在意义。

新闻事件的出现还有必然原因与偶然原因之分。偶然原因可能出现也可能不出现；可以这样出现，也可以那样出现，因而它具有“多机会”性。从事件变化过程来说，原因具有必然性，而条件则是不确定的，因而表现为偶然性。反过来，凡必然的东西都具有原因，而偶然的东西则是由条件促成的。分析新闻事实，把握其必然性还是偶然性，可以确定事件的社会性质。必然性只有通过偶然性才能实现，这是指在什么时间、在什么地方或以什么形式出现，一般是不一定的。“所谓偶然的东西，是一种有必然性隐藏在里面的形式”，自然具有普遍意义。但在这里，非此即彼的思维形式是不适用的。只有把新闻事件的过程理解为必然和偶然的统一，才能科学地说明新闻事实的性质。

五、新闻文本的形式分析

新闻文本形式是作品内容的意识载体，表现为作品的内部结构和外部表现手段。所谓意识载体，是指承载新闻内容的语言、结构及表现手法。新闻文本的形式是作为记者把握世界、反映生活的再现框架，有的还具有特定的美学意义。新闻事实使受众在感官和心灵深处引起震动，形成对新闻的强烈感受，既来自事件本身，又来自新闻作品的形式，对新闻文本作出形式分析是新闻批评的重要任务。

优秀的新闻作品通过优美的形式和丰富的内容，把新闻事实的生命感，即把人类生活中潜藏着的哲理生动地揭示出来，提供一种超越时空的理性。这只能通过受众对优秀新闻作品的感受来把握。好的新闻作品的形式构成相对独立的结构美、语言美、图像美，给人以感官刺激，唤起受众的涵泳回味和寻思领悟。对新闻的形式分析，主要是剖析文本的表现力，根据作品的再现元素，对新闻的感受性进行深入的解读。

受众和新闻批评者对新闻的感受都产生于理解，新闻形式又促进理解的深化。理解总是与想象、感知等多种心理功能交织在一起，受到情感和推测力闪烁不定的影响。对新闻的感受可综合为对求真、新颖、寓意的动情和判断，新闻的各种手段、方法、技巧都处在这三种因素所构成的系统中。正因为如此，有些受众对新闻的理解一方面具有非确定性，另一方面又可能作出欣赏和价值思考。

新闻批评者不能忽略，优秀的新闻文本把特定的生活内容和思想组织到作品中，对事象巧加布局，使新闻构成一件感受性强烈的精品。新闻批评的结构分析，正着眼于结构的状态及其对内容的作用，缕析结构和收受行为的关系。结构松散拖沓，会严重影响作品的可受性；而结构精美严谨，一气呵成，能使作品具有强大的感染力，受众会被新闻所吸引。结构的好坏，直接影响作品的效果，甚至关系到作品的成败。

然而，新闻作品的结构又不是记者任意安排的，而是有规律可循的。新闻批评家不能以自己的眼光权衡记者的结构设计。一般来说，对新闻作品的结构分析应遵循下列原则：第一，说明结构服从作品主旨的需要，一切妨碍主旨表达或脱离主旨的东西，都应毫不吝惜地删去。第二，说明结构为表现人物、展示人物个性服务。在叙事作品中，内容的剪裁和布局必须考虑如何有利于再现人物，有利于展示人物的思想。第三，说明结构要保证作品的完整、和谐和统一。作品无论篇幅长短，都应像一座精美的建筑，巍峨而匀称，构成“天衣无缝”的有机整体。第四，说明结构要适应不同体裁。作品的结构分析要区别各种体裁，作出具体的评价。

作为新闻文本得以成立的框架，结构的层次清楚，疏密得当，各个部分融合为一个整体，是最基本的要求。一篇新闻就像有生命的东西一样，不能任意挪动它的某个部分。新闻批评对结构严密性的分析，指出材料安排的衔接性、贯通性和崎岖抓人的特点，这是一篇好新闻必备的要素。

新闻也是语言的艺术。电视新闻出现后，新闻自然又是一种蒙太奇艺术。语言始终是反映生活、表达思想情感、再现人物形象的主要符号媒介。语言运用得成功与否，直接影响到新闻的感受性。新闻语言有独自的述语群，具有专业特色，这是同“事件发生”这一特殊对象相关的。例如：获悉、据悉、惊闻、各方注意到、舆论界认为、事态、其间、有关方面、权威人士指出、据知情者说等等，这类词语使人对新闻获得一种“事件性”、“突发感”的印象，成为新闻的特定语汇。新闻批评家如果不能把语言和新闻语言区分开来，就很难对新闻文本中的陈述有明晰的认识。

新闻语言的第一个特点是它的事态性，即通过陈述事实来反映生活，感染受众，词语与语体必须是动态性的。一切皆动，是表达事件的基本要求。新闻语言的第二个特点是色彩性，闪烁着浓郁的格调和色调，对事件的陈述具体、鲜明。新闻语言的第三个特点是简洁精粹，言简意赅，文约事丰，既不过多地渲染与描写，也不模糊与拖沓。新闻语言的第四个特点是节奏鲜明、朗朗上口或悦耳动听，能给人以听觉上的美感。这一点对广播和电视新闻更为重要。声情并茂，词句通俗而口语化，给受众以无限、强烈的感染，是广播电视新闻的突出要求。新闻语言的这些特点，在具体文本中并不是彼此孤立、互相分离的，而是有机结合在一起。分析新闻作品的语言，综合考虑它的陈述特色和状物魅力，最终要看它能否让事态“活”起来、“动”起来。

新闻作品包含三类语言：一是认知语言，二是陈述语言，三是情感语言。新闻作品的主旨产生于认知语言，新闻叙事依赖于陈述语言，情感语言则能增加新闻的色彩。新闻作品主要是一种告知内容，批评者以把握这三种语言的能力去感受新闻，才能通过“告知”的解读挖掘新闻的全部意蕴。

分析新闻作品的内容与形式的关系，指出形式如何表现内容，要求批评者注意内容和形式的内在联系。内容和形式并不平列相等，内容决定形式，形式反作用于内容，但内容和形式又不能截然分开，而是互相依存、紧密联系的有机体。如果形式不是有内容的形式，形式就不复存在，内容也无法表现，这就形成了内容与形式的互动性和统一性。

作品的内容和形式构成了新闻实体，但内容起主导作用，形式是为了表现内容服务的。这也说明，内容先于形式，新闻内容的某些变化，并不立即引起形式的创新。新闻批评要评析记者如何走出还是陷入形式落后于内容的困境，或用适当的形式表现新的内容，都是非常有意义的评价。随着内容的变动，记者掌握的形式已经不能适用，他又找不到恰当的新形式，旧形式便成为展现新内容的障碍。这时，内容和形式之间便形成了尖锐的冲突，旧形式变成限制内容伸展的桎梏。在这种情况下，作品的质量就出现了问题，记者表现事件、生动地反映生活就遇到了障碍。

在内容和形式的相互关系中，既然内容是主导的，内容决定形式，那么新闻批评在观察、分析新闻作品时，首先应注重内容，从内容去认识新闻形式的优劣，反对只重形式而轻视内容的形式主义。

第二节　影像传播及影视批评

电影和电视是当代重要的传播媒介，影视批评对提高影像传播质量，提升影视传播的社会效果有重要意义。我国影视批评曾经引进西方的批评理论，借鉴西方的文化取向，但这一切似乎很快一闪而过。重新审视影视作品中的人文精神，创立中国影视批评模式，成为我国影视批评家的重要目标。**影像传播**是空间与形象构图的信息方式，生活理念潜藏于文本的图景化，给受众输入视觉的认知模式。影视批评者理解影视文本的这一属性，认识视觉媒介的独特影响方式，是把握影视批评特性的基础。

一、唤醒凝视中的痴迷

纵观百年电影史和半个多世纪的电视普及，从黑白到彩色、从普通屏幕到宽屏幕，影视对人的精神生活产生了深远的影响。1895 年 12 月 28 日，法国的卢米埃尔兄弟在巴黎大咖啡馆的地下室里放映了第一部影片《水浇园丁》，作为一种崭新媒介的展示，巨大的商业和文艺价值立刻让人乐此不疲。法国电影理论家马塞尔·马尔丹认为："如果有人轻蔑电影，那是因为他完全不懂得电影的美。总之，认为这门从社会学角度看是当代最重要、最有影响力的艺术可以置之不顾的看法是完全不合理的。"① 作为现代技术文明的产物，影视与传统的报纸、其他出版物和舞台艺术根本不同，充满商业和大众娱乐的空间，最终成为资本主义时代的文化工业。

大众为什么爱看电影和电视？大多数人拥抱这一媒介并非完全出于对艺术和影视美学的欣赏，而是逼真的影像再现了生活，实现了情感宣泄。大众的观看欲望异常强烈，特别是他们不能亲身体验的战争、爱情、警察抓捕逃犯之类的场面，越想窥视，也就越需要置身现场的影像。窥视欲与认知欲、好奇欲、探秘欲形成心理渴求，指向影像信息与影像娱乐，甚至把它们作为头等的消遣方式。这是人的本性与兴趣的造化，任何其他解释都是画蛇添足。当这一切呈现在影视制作者面前，影视作品的层出不穷和艺术竞争，打造了精神生活的乐园：人的精神生活焕发出异彩。影视批评面对奇幻斑斓的影像，承担着推进这种媒介文化价值的重任。

影视属于群体视觉媒体，电影更是如此，不仅观众们聚集一起观看，每个影视片都由若干人甚至成千上万的人（比如有的战争片）参与表演。制片、导演、摄制、演员等对形象的再现，都加入了自己的理解，观众包括批评家则以观后感的形式参与批评实践。影视文本的表现手段不可能是对客观影像的机械模拟，而是负荷着参与者的意向，并赋予作品的审美功能。这样，影视作品必然根植于人们的意识形态之中，呈现出一种鲜明的文化形态。影视批评者点化影视片的意识形态及文化特征，需要多维视角的阐释，不仅有内容题材方面的，表演、摄影摄像的技巧和导演的立意，都置于批评的视阈，而且有很大难度。

影视文本的形象性和感染力固有两种相反的教化目标，让人追求高尚的人生或窥视淫乐匪盗而走向灵魂龌龊，影视批评更趋于对负面教化的谴责。影视新闻对事实的选择与剪辑，包含记者编辑的意图；各种影视艺术片，比如警匪片、探险片、战争片、爱情片、武打片等，均企图以离奇的故事、恢弘的场景和视觉效果，释放和宣泄某种思想情感，体现某种爱憎和追求。传播高尚和丑恶、理想和堕落、欢乐与喜悦、苦恼与焦虑、恐惧与悲哀等，淋漓尽致地向观众展示人生的体验。奇怪的是，许多观众对人性丑恶的影像却痴迷钟情，失去批判能力。不同影像的精神世界和情感状态，都在张扬某种意识形态或颠覆某种意识形态，张扬的方式与目的，都是为了让更多的观众前来观看。但影视批评决不能仅凭收视率或票房价值来肯定或否定影视片，而应依据人文主义精神剖析它们的道德倾向和伦理效果。观众更是影视批评的生力军，他们是有绝对发言权的。观众是影视传播的对象，

① ［法］马塞尔·马尔丹：《电影语言》，1 页，北京，中国电影出版社，2006。

他们的赞扬是作品上乘的证明书，他们的不屑一顾或尖刻的批评，立即会把一部影视作品毁于一旦。

影视批评不能忽视娱乐中的思想毒素，在肯定娱乐时要发挥消毒的作用。影视对人的感性满足，体现为感性解放，通过银幕人物的对象化，使人体验复杂的生活世界。凡艺术都是用形象反映现实，影视娱乐则是生活欢快的再现，构成人们茶余饭后的幸福与思考。因此影视娱乐不仅是一种轻松的思维，而且是一种思想放松的形式，让人在逼真信息中享受愉快。影视为观众提供欢快的思考与消遣，是其他媒介无法做到的，这是它们占领娱乐市场的主要原因。影视的本质在于美感的凝聚与喷发，让人沉浸于休闲的体验，舒缓内心的压力。影视娱乐与精英文化相比，总是带有流行文化的快感，凝视爱情、家庭、犯罪、凶杀和愚昧等，对灵魂的刺激更加强烈。影视批评的目标必须以唤醒良知为目标，让观众在痴迷的幻觉中苏醒。

二、对影视文化的审视与批判

从以上分析看，影视批评首先要把影视媒体作为大众文化媒介来审视，让大众由衷地喜欢它，离不开它，习惯于从它那里接受健康的生活内容。这首先取决于技术的艺术本质，技术流程完全适于表演与展示，使它不是接近而是直接再现生活。影视不仅容易被观众理解为“画面真实”，而且对生动场面的展示信以为真，所以它是同大众口味吻合的。这是大众文化属性的充分体现。

影视作品作为一种场景信息与手段，不仅包括人们所熟知的故事片、文艺片，还有新闻报道、纪录片、科教片、教学片和历史纪实片等多种类型。它们以其丰富多彩的文化形式反映社会生活和人的内心世界，让观众回到逼真的现实，唤起他们的向往，对人类的思想、道德和嗜好产生深远而重大的影响。

影视必须有观众，必须被观众喜爱，没有观众的影视就失去生命，它传播的文化多属于大众。影视作品的取向，同大众对精神生活的价值取向一致，才能抓住受众的眼球。这种大众文化总是寓教于乐、以情感人，引起人们共鸣。影视应该无须花多大力气就能让受众看懂，否则它很难大众化。作为大众文化媒介，影视传播的内容和普通人的生活息息相关，实际它是大众生活的重演，只不过它有典型性和艺术性。例如中央电视台春晚的“全民狂欢”，湖南电视台少男少女的尽情嬉闹，盛行不衰的电视小品，电影院中观众的即兴号叫，一些影视作品谈不上有什么艺术价值，但赢得千千万万观众的钟情，因为大众化的内容迎合了大众的文化品位，他们情不自禁地与影视传播相呼应。

在评价影视文化时，影视批评者自然不能忽视影视作品的各种品质：有的是文化又是艺术；有的是文化不是艺术；有的既不是文化也不是艺术，仅仅是逗乐的精神垃圾。影视文化的大众风格，从媒介文本向普通观众日常兴趣转化，提升了许多人的知识和修养。在影视领域，以往的文化研究既反对“银幕理论”，也反对观众纵容论，但今天的观众确实自由放任地对待自己的欲望，尽情地表达自己的欲望，颇有几分“起哄”的热情。假定媒介批评还沿用过去的文化分析，把精神与心理分析看做反历史、反政治的，那么根本无法理解大众的影视狂欢。英国伯明翰文化研究学派批评银幕理论的精英主义，更关注文本的用途而不是文本本身，更倾心于格雷斯姆[①]而不是阿尔都塞，更强调社会学而不是心理分析。尽管英国的左派政治在衰落，但它对由机器和精英主持的意识形态的操控仍感兴趣，在民众中展开“协商”的议题，也在左右大众文化的推广。大众生活的日益改善，促使他们需要欢乐，精英只有同他们的利益有共同点，协商才能影响大众文化向高雅方向发展。

今天，文化正在社会冲突和协商中成长，影视文化转向大众和精英的双轨制，但主体则是大众兴趣的日益兴起和蔓延，这同影视媒体的大众化、低俗化直接有关。事实上，影视的文本话语对观众已经不可能产生对抗性的书写，因为票房价值和收视率已经征服了影视传媒人。不可否认，影视作品是一种地道的商品，失去观众，就等于失去自我。影视文本不得不迎合大众的趣味。影视媒介只能适合大众的流行文化，但艺术有其自身的本质，它仍是教育的工具。现在的问题是，影视传媒人如何寓教于乐，引导大众文化趋向有益的兴趣，在精神生产中创造更多的有益价值，而不仅仅是娱乐价值。

但是，许多影视传媒人误认为，大众文化就是吃喝玩乐、穿戴时髦、暴力色情，炮制此类影视作品是观众的需要。文化心理一旦被庸俗文化侵蚀，媒介恶果将付出百倍的社会代价。影视批评付出百倍的努力，才能廓清其严重的危害，对这类影视作品展开批判已经成为紧迫任务。这些影视作品及其危害主要有：

（1）**影视暴力**。通过画面的血腥、音效的森冷恐怖造成对受众视觉、听觉上的双重冲击，进而导致受者情感上的震惊和不安。各种三维动画制作得越趋逼真，暴力效果也被渲染得越加突出。追杀“歹徒”，暗处狙击，血光飞溅……种种暴力渲染，在于说明对暴力的认同，促使观众形成攻击性人格。暴力新闻以另一种隐蔽的方式潜入公众，即展现凶杀现场的细节，暴露死亡的痛苦等。

（2）**影视色情**。色情原指描述妓女生活的文字或艺术品，经过演进，凡在银屏上出现的刺激性欲的情节与镜头，都属于影视色情。影视色情的低俗、邪恶在于暴露性的不雅行为，践踏人的美德，导致人伦精神的破坏。性爱本身并不低俗，但性行为的公开展示却是有害的。

（3）**胡编乱造、低俗荒唐**。许多影视文本以哗众取宠的人物，脱离生活的情节，低俗荒唐的故事，衍生出离奇的结局。小品、相声的创作已经几乎没有智慧和艺术，充斥着自损、自贬与自辱，以讽刺弱势群体为乐，甚至把病患者作为嘲弄的对象。观众看后瞠目结舌，根本不相信作品内容能够发生。这种不着边际的夸大事实，缺乏起码艺术夸张和道德约束，遭到观众的冷嘲热讽。

（4）**大肆渲染负面镜像**。许多影视文本刻意反映社会的丑恶，渲染社会灾难、秩序混乱和不道德行为，扭曲社会整体趋势。这类影视新闻或纪实作品放大负面镜头，运用特写突出骇人听闻的细节，左右观众的判断。经常接触此类负面影像的人，认知和行为容易产生错觉，以至滋生邪念。接触过多的反面事实，给受众带来心理暗示，一旦受到外界诱惑，便会模仿这类行为。多数的犯罪和反社会行为都是在潜移默化中逐渐形成的。以上四

① 也称“格雷斯姆定律”（Gresham's Law），即劣币驱逐良币，这里是指低俗的影视剧占据了市场份额，战胜了严肃的、意义深刻的真正优秀的影视剧。16世纪，英国在铸币时，使低于法定重量或成色差的“劣币”进入流通领域，人们就将那些足值货币——“良币”收藏起来。最后，良币被“驱逐”，市场上流通的只剩下劣币了。

种影视内容都不是大众文化，抵制这种有害的传播是影视批评的永恒话题。

三、影视作品的审美评价

观众对影视作品有什么感受，从节目中获得了什么意义，通过影视批评的审美分析才能更好地反映出来。影视剧中的情境和叙事虽然不是**原型真实**，即社会确有其事、毫无虚构，但剧情的设计与演员的表演，却赋予了生活真实的特性，因而使观众感动。艺术作品的**生活真实**，表示故事和人物都是实际生活中能够发生的，比生活中的实际情形更生动、更鲜明、更感人。这种生活真实使情节与形象逼真动人，让观众深受感动，获得一种美感，这是影视作品的**美学意义**，又称美学价值。影视批评对影视作品的情节是否完美生动，人物形象是否鲜明感人，即对其美感作出评价，属于**审美批评**范畴，又可称为**审美评价**。

影视批评很大程度上因袭文学批评的传统，批评者根据自己的感受发表评论，评价影视作品的质量与影响。只注意影视作品的表现手法，忽视内容的生活真实，是多年来影视批评的流弊。其中，商业炒作成为时尚，影视批评沦为令人反感的影视广告。影视机构与影视批评者一旦分享影视作品的销售利润，商业炒作式的影视批评必然会愈演愈烈，影视作品的审美与艺术价值便会受到冷落。很多影视批评者闭门造车，用所谓新潮文艺理论开展“跨语境”分析，导致批评文本的玄虚与拘泥，让读者不知言其何物，这样的影视批评不仅脱离了审美轨道，也陷入一种后殖民主义的学术尴尬境地。

从美学角度看，审美批评是影视艺术批评的主要内容，从影视节目的观赏角度出发，强调思想性与艺术性始终应是统一的。**影视媒介批评**对影视作品质量进行评价，着重对其审美对象加以分析，评价影视作品的教化功能和社会效果，同影视艺术批评是不同的。影视媒介批评的审美阐释，主要针对影视作品违背艺术规律的弊端展开评价，并不过多地分析艺术创作的手法。大体来说，这种审美批评一般集中于下列两个问题，形成两个审美对象。

一是对背离空间艺术的批评。影视剧是一种空间艺术，而不是舞台艺术，它的美感在于不断变换空间，变换角度，把情节与人物置于连续、变换的画面之中。故事借助流畅的空间延续呈现动人的情节，人物的对话则嵌入场面变动，以精练、生动的语言表达最核心的思想，无须言语累赘地说个没完。话剧则不同，它以语言在有限的场景中叙述情节，人物的对话表演成为剧情的主体。让观众深感遗憾的是，中国的影视剧大都变成了话剧，对话的时间过长，领导的“报告”喋喋不休，剧中人物的“说瘾”让许多观众恼怒。这种丧失艺术个性的影视剧，至今没有受到深刻的审美批评。

二是对背离生活真实的批评。影视媒介批评围绕影视与生活的关系，评价它反映生活的真实程度，否定一切胡编乱造。艺术虚构是符合实际的联想和创造，而不是制片人与编导们背离生活的神奇遐想。今天，影视作品不仅成为人们生活中的一部分，而且是人们思想感情的真实流露，在网络传播中更是如此。人类思索、交流、沟通的主要手段已经不再是文字，画面与口头语言的沟通正在或将要占主要地位，因为屏幕善于再现生活中的形象、声音与情感，真实就是它的重要美感所在。真实是美的第一要素，真实加感人才有美的全部意义，因为不真实就没有感染力，不真实就是无聊的戏谑。影视媒介批评对影像传播的真实感作出准确的评价，观众才能通得过，也是评价影视作品优劣的首要目标。

四、现代主义的影视批评

20世纪80年代以前，中国还没有自己的一套批评话语，以宣传干部的政治批评为蓝本，所有的媒介批评都以政治观念为尺度。这就导致这样一种结果，无论文学批评还是影视批评，都运用政府话语进行阐释，缺乏批评的特定概念、理论和知识指导。改革开放后，中国引进了西方的影视批评理论与方法，现代主义和后现代主义批评在少数学者中成为时尚。但《现代主义概念》一书的作者埃斯坦森坦言："现代主义是一个让人最无法容忍的含混不清的词。"[①] 雷蒙德·威廉斯在《现代主义的政治：反对新国教派》一书中也认为有必要指出现代主义"是所有主要的艺术——历史主义或概念中最令人灰心、最没有特点、最难以处理并且最不能确定时期的"[②]。直至目前，我国某些媒介批评学者仍然对现代主义和后现代主义影视批评怀有兴趣，专业刊物上经常出现这类文章和概念，为了让读者了解这方面的知识，这里将对其作一番介绍。

西方在20世纪60年代后，将影视（包括其他媒介）的符号学批评、结构主义批评、意识形态批评、精神分析批评和女性主义批评，称为**现代主义批评**，而将文化研究批评、读者反应批评和社会学批评称为**后现代主义批评**。美学家阿恩特·贝尔曼对现代主义有一个简洁的定义，指出："现代主义是位于现代性内部的审美运动的名字，它将自己视为反对现代性的某种负面要素——例如没有能力生长出一个令人满意的与公平的社会，尽管它曾经这样许诺过；或者说，现代主义充分地将审美经验解释为价值的一种导向或一种认可，正如浪漫主义曾经做过的那样。于是，在现代性与现代主义之间存在着一种紧张，甚至是不可兼容的紧张，尽管现代主义位于现代性之中。"[③]

西方大多数学者认为现代主义必须被置于更广泛的社会与文化背景中加以观照，最重要的是要置于由工业化、城市化、大众化与技术进步主宰的晚期资本主义社会的背景中。围绕现代主义的精神气候是模棱两可的：首先人类似乎正在对获得的动能与无穷景观而狂喜，同时也越来越因为（精神的）人类与（技术的）文明之间的矛盾而感到沮丧和异化。[④] 西方现代影视批评是对传统电影理论中的形式主义和现实主义的否定，其主要理论是：传统批评把影视节目看做"作品"；而现代主义批评则把它们看做符号组合的"文本"，从而把文本看做一个被建构的世界。传统批评强调艺术作品的自我价值，而现代主义批评则强调文本和传播之间的关系，价值是受传者认可的；传统批评以艺术家为中心，而现代主义批评则强调文化产品生产的语境以及市场效益；传统批评通过分析作品来揭示主题，把意义看做艺术作品固有的，而现代主义批评则把意义看做受众解读文本的产物。

后现代主义是对现代主义的批判，基本上建立在对现代主义的一个致命的曲解上。他们认为现代主义提倡艺术自主或纯粹的形式主义而不问艺术价值。例如，布莱恩·瓦里斯

---

① Astradur Eysteinsson, *The Concept of Modernism*, Cornell University Press, 1992, p. 1.
② ［英］雷蒙德·威廉斯：《现代主义的政治：反对新国教派》，6页，北京，商务印书馆，2002。
③ Ant Berman, *Preface to Modernism*, Urbana & Chicago: University of Illinois Press, 1994, p. viii.
④ 参见［英］雷蒙德·威廉斯：《现代主义的政治：反对新国教派》，64页，北京，商务印书馆，2002。

在著名后现代主义论集中指出："现代主义的假设是：批评可以是并且应该是价值不涉的(value-free)。"他接着指出，"现代主义是工业资本主义的一个伟大梦想，一种理想化了的意识形态，它将它的信念置于进步与寻求创建一种新的秩序之上。"①

后现代主义批评强调社会和文化"现实"和个人身份的异质性，认为批评者不可能对它们作出统一、全面的理解，倡导折中主义和美学界限的模糊，轻视作品的原创性和原则性。后现代主义批评认为，所有媒介文本都表现为"一种风格的杂乱"，充满"高雅"文化和"通俗"文化元素的混合。针对广泛的文化转型，后现代主义认为媒介作品总是各自经验的产物，并没有形成一套公认的理论与方法，因为它怀疑统一理论框架的作用。在政治倾向上，后现代主义批评则重新拿出"意识形态批评"方法，主张对媒体文本进行解构，反对媒介作品服务于任何政治主张和政治变革。

后现代主义挑战现代主义对艺术自主的确信，视再现与现实是重叠的，因为再现的成规或语言（"意指过程"）是习得的与被内化的，所以把它们当做现实来体验。特别是在电视与其他大众传媒扮演重要角色的时代，人们感知为真实的东西，总是呈现在再现中，并通过再现加以过滤。"我们的思想来自我们一生的再现经验，因此想象一件作品的作者发明了它的形式或控制了它的意义是天真的。后现代主义不再假装拥有一种权威的原创性，而是关注图像与符号（或'能指'）的转移或失去其意义的方式，当它们被置于不同的语境中（'挪用'），从而显示（'解构'）意义被建构出来的过程。"② 这就是说，一切影视作品都在生产或解释它们的意识形态中得到暗示，意义是自动生成的。西方现代主义和后现代主义的媒介批评观点，有些是正确的，有独到之处。但硬要把它们和"现代主义"联系起来，而且有"前后"之分，本书认为科学性不足，对评价影视作品没有什么价值。

第三节 网络传播及网络批评

网络极大地开辟了信息与话语空间，促进各种思想的大范围传播，但也成为谣言、色情信息、知识侵权、话语暴力、网络示丑与网络恶搞泛滥的渠道。这些违法内容的肆虐，同网络法治与网络管理缺乏力度有关，也是网络批评没有形成强大压力的结果。网络言论严重伤害公民的名誉，是某些网站放纵言论公害，为提高点击率不惜践踏法律造成的。网络技术（搜索网站和频道除外）完全能够控制不法言论与影像。不法信息在各级政府网站、人民网和新华网上是没有的，只在那些无视法律、没有社会责任感的网站泛滥，很能说明这种现象的性质。对网上的不法信息、不法网站给予强烈的批评，分析它们的危害，构成**网络批评**的主要内涵，是预防网络违法的重要途径。

一、众矢之的的网络邪恶

2011 年 6 月 29 日某银行网站竟然出现"这些人真贱，银行开门一天不来，全部等到

① Brian Wallis, *Art After Modernism: Rethinking Representation*, David R. Godine, 1992, p. xii.
② Christopher Reed, *Postmodernism and the Art of Identity*, in Nikos Stangos ed., *Concepts of Modern Art: From Fauvism to Postmodernism*, Thames and Hudson, 1994, p. 272.

下班才来，我只能祝福你们出门就被撞死”这样一条帖子。这是该银行一名员工在网上辱骂顾客的放肆行为，事后银行已将这名员工开除。该员工还多次将客户的姓名、照片等信息直接发在微博上，多次谩骂顾客。许多储户在网上对这家银行及其网站展开口诛笔伐，批评银行管理混乱。该银行的领导除开除了这名员工外，还与当事客户取得联系，登门致歉并取得客户谅解。这是网络批评制止网络谩骂的一则实例。

网络邪恶成为众矢之的，已出现公众的批评浪潮，但批评家的具体批评文字却很少见，尤其对网络弘扬正气的内容缺乏点评。无论报刊广播电视还是网络，都载有正面和负面信息，但网络的正面信息诸如群众的切身利益与要求、国家建设的新成就、先进人物的模范事迹等，能立刻被全国人民所知晓，激发人民的强烈呼应。有了互联网，各种先进事物、各种经济信息的广阔交流，促进了社会生活的活跃和各领域的发展，网络显示出巨大的正面传播效果。

网络舆论是社会真正的眼睛，警惕的目光来自每个角落，又投向每个角落，所有社会成员的一言一行都受到监督。网络舆论反应快速，大面积地集中和提升民意，迅速反映人民的正义呼声。现实中的一切都能在互联网上得到及时、深刻和逼真的再现，迅速转化为整个社会的舆情。人民网的“观点频道”和“强国论坛”、新华网的“新华言论”和“发展论坛”、国际在线的“管窥天下”、红网的“红辣椒评论”、千龙网的“千龙评论”、东方网的“东方评论”、中青在线的“青年话题”以及新浪、搜狐等各大网站的新闻跟帖，都就当下的社会问题展开讨论，释放出强大的舆论能量。2003 年的孙志刚事件、2004 年的黑龙江“宝马案”、2007 年的山西黑砖窑事件，无一不是在网络舆论的强大压力下引起政府高层的关注，促成了问题的解决。肯定网络的正义呼声和各种积极言论，促成生机焕发而健康的意识环境，是网络批评的重要目标。

但更重要的批评目标是声讨网络邪恶，打击网络犯罪。在大量正确舆论涌现于网络的同时，丑恶言论也不断出现，许多捏造出来的骇人听闻的消息、侮辱和谩骂的词语，公然侵犯公民的权利。在现实社会中，人们不敢讲的话在网上就不再顾忌，一些怀有特殊目的的人利用网络传播谣言、色情、暴力、恐怖、迷信等丑恶信息，对社会尤其是对青少年的健康成长产生严重危害。网络谣言杀人成为司空见惯的现象。2007 年 7 月中旬，一篇名为《后妈毒打 6 岁继女》的帖子开始在网络中流传，一个名为丁香的 6 岁女童被后妈“打得口吐鲜血，背部 6 块脊椎骨基本被打断”，配发的血淋淋的图片更是触目惊心。几经各大网站转帖，标题已经被升级为《史上最恶毒的后妈暴打 6 岁女儿》。在诸多网站及传统媒体介入后，这一事件迅速升级为舆论热点。那名后妈成为舆论的众矢之的，不乏“魔鬼”、“杀了她”、“没人性的畜生”这样刺眼的口诛笔伐。当地公安局经过调查得出结论：那位后妈没有虐待丁香，丁香的伤势是自己跌倒造成的。如同发生在 2005 年和 2006 年网上炒得沸沸扬扬的“卖身救母”、“虐猫女”和“铜须门”事件一样，当事人都落得网民“痛打”的下场。

据 2008 年 1 月 9 日《中国青年报》报道，一些网民启动“人肉搜索”，搜到一位 13 岁少女，其出生年月、所在学校、平时成绩以及所获奖励在网上被公开，少女的视频、图片、恶搞漫画及帖子亦开始在网上传播，出现咄咄逼人的舆论攻击。不经本人允许在网上私自公布他人电话、家庭住址、联系方式和其他私人生活，构成严重侵犯隐私的犯罪行为。

但许多网站却放纵这种行为，不采取措施堵塞或及时删除违法网页。某些网站为提升知名度热衷炒作，因为知名度意味着点击率、金钱和利益。有的不惜自我爆料、疯狂恶搞或策划假新闻，企图引起各类媒体争相报道。一些不法机构或私人圈子通过互联网传播错误信息误导民众，对嫉恨的人施以言论攻击。有些网站利用社会矛盾蛊惑民众，扰乱人心，破坏社会秩序……种种有害的网络信息的传播，都需要通过网络批评引起网民的注意，唤起管理部门采取有力措施加以制止。

二、倡导网络言论的规则

网络批评首先要倡导积极的网络言论，建立正确的言论规则，维护网民的表达权、参与权与监督权，鼓励网民发挥干预生活的作用。网络作为最便捷的媒体，每个人都可以用它高谈阔论，讨论时事政治，讥讽世态炎凉，最大限度地发挥个人的创见。新兴媒体这一最大优势，由于信息难以把关，或网站根本不想把关，使一些人利用匿名的方便捏造事实、造谣惑众、攻击他人，肆意发布不实消息。

网络批评提倡有限度的网络实名制，这是扫荡网络邪恶的有效措施。有人认为，“实行网络实名制看似美丽，其实不过是个‘毒树之果’，看似诱人垂涎，其实比曼陀罗花还毒……网络实名制会大大削减虚拟世界带给网民的自由与快感，造就一个现实不自由、压抑的网络社会翻版。”这种网络自由的快感，恰恰是肆意发泄恶毒情绪的快感。网络批评主要针对网站和少数别有用心的人，滥用网络匿名，肆意践踏法律，把自己的快感建立在别人的痛苦之上。

以真实姓名发表涉及他人名誉权或正当利益的言论或信息，是平衡表达自由和社会责任的重要规范，这种**网络实名制**是网络言论的第一个规则。网络批评要倡导在特定内容上实施网络实名制，揭露匿名制的藏污纳垢，指出哪些该实名、哪些不应强制实名。长期以来，在匿名制的阴影下，网上的邪恶言论横行无忌：调动水军发起辱骂攻势，围剿商业竞争对手；学派不同、观点有别，又无力反驳，竭尽拍砖之能事，以流言蜚语大肆诽谤；对上级或同事的批评，不是与其交换意见，进行正当的反批评，而是以污言秽语在网上滥施攻击；对分手的恋爱对象怀恨在心，拼造污秽的图片疯狂诋毁和丑化……有些人利用网络独来独往的特性，想骂谁就骂谁，在匿名制的掩护下任意发泄怨恨。

在网上指名道姓反驳他人的观点，发表批判性文章，特别是发表尖锐意见，应当亮出自己的真实姓名。这不仅是诚实、正直的态度，也是敢于面向反对意见的一种胸怀。有些人利用博客和论坛指名道姓地抨击他人，捏造事实，煽风点火，而自己却隐姓埋名以售其奸，丧失了起码的学术与思想道德。对这类人不强施实名制不足以挫其气焰。任何人在网上发布信息，都应实名向网站提供消息来源，使网站有核实的线索，核实后才能挂上网页。网站不经核实传播重大失实消息，要负法律责任。

实行正当的言论自由，发挥网民参与社会管理的主动性，是网络言论的第二个规则。只有尊重每个人的言论自由权，通过依法监管和正确引导，才能防止滥用网络自由。每个人，不论他持什么意见，只要他冷静地观察、诚实地说出他的意见，都应当享有言论权，积极参与社会讨论。正因为如此，网络实名制没有必要在舆论监督方面强制实行。有些公民举报腐败案件受到打击报复，甚至举报材料转到被举报人手里，不得不匿名揭发坏人坏事。实名举报有利于案件调查，应当提倡，但不易强求。如果强制要求实名举报，对举报人的信息无法保密，使举报人暴露在被举报人的眼皮底下，实际是对群众反腐斗争的压制，客观上保护了腐败官员和其他为非作歹行为。有的违纪犯罪事实只有匿名举报人知道，找不到举报人，在客观上同样保护了社会丑恶。实行网络实名举报除采取自愿原则，还应采取特殊方式，即实名只记录在注册阶段，发帖时可以使用假名。无论网站还是司法纪检部门，都应为网民的真实身份保密，泄密者要承担民事责任甚至刑事责任。

网民对社会问题提出批评，对政府工作提出建议，不管针对的是某项政策、社会发展规划、工作挫折还是民众疾苦，既可实名发表也可匿名发表，网上言论自由的宽阔天地始终向网民敞开。网站对博客和微博作者实行实名注册，为其提供优质化服务，不仅是出于管理的需要，也是发现和推荐优秀博客作品的必要措施。但发表博客文章究竟使用匿名、笔名或昵称，应完全由自己决定。

发表真实的言论，不夹杂任何虚构与杜撰，是网络言论的第三个规则。真实地把社会情况告诉人们，才能表达正确的意见，准确地反映社会问题。坚持说真话、讲真理，直爽地评价客观事物，是追求真理的诤言。讲真话以反映客观实际为目标，真实反映对社会问题的认识，是一切民意代言人的必备品德。

遵守法律发表意见，是网络言论的第四个规则。网上的舆论监督虽然可以匿名，但必须遵守法律，网站要履行守法的责任，禁止用侮辱、诽谤等方式损害公民、法人的名誉。如果在网上无中生有地捏造他人贪污、受贿或与人通奸等事实，败坏他人名誉，要负法律责任。舆论监督不允许在网上信口开河、诬陷栽赃。法律要保护说错话的人，但不保护故意诽谤、诬陷他人或泄露国家机密的人。

网络批评直指不法网站，引导网站履行社会责任，是扫除网上邪恶的关键。据有关部门统计，在2010年有90%的网上购物的网民被仿冒网站欺骗过，44.8%的网民的账号及个人信息被盗改，假冒的网上银行、网上证券、电子商务等网站竟占网站总数的16.8%。根据各地调查的结果，大约有三成青少年上过色情网站，接触过黄色信息的青少年有90%。网络信息的过剩，垃圾信息的困扰，无谓消耗了大量网民的精力。一切网站都要实名登记，经过有关部门的正式批准才能运行，强调管理部门整肃冒名网站，是网络批评的当务之急。网络批评还要依据法规和公约，约束网站严格管理、依规运作，严格制止传播非法内容。

三、提示手机信息的骚扰

1973年美国人马丁·库帕发明了手机，他曾是美国摩托罗拉公司的工程技术人员，后来在硅谷创办了通信技术研究公司。同年4月库帕研制出世界上第一部笨重的移动电话，直到1985年第一台现代意义上的移动电话才诞生。1991年，手机的重量为250克左右，1996年秋，出现了体积为100立方厘米、质量100克的手机。此后手机又进一步小型化、轻型化。

手机文本短小，大多仅为三言两语，但已经集声音、图像与文字为一体，向着“多元化”整合发展，已同网络信息结合在一起。百万像素的强大拍照功能，短信彩信功能的迅速发展，使人类正在享受现代媒介的便捷与快乐。保罗·莱文森在《手机》一书中说，自人类诞生之日起，说话与走路是分开的，手机之前的几种媒介，都把说话和走路分开，只有手机能够使人一边走路一边说话，实现了走路和说话的结合。手机是媒介的终端，既有获得信息又有发出信息的功能，具有交流、教育、娱乐和消费功能。手机传播速度更快，时效性更强，便于携带，快速扩展了社会信息的共享。

手机使空间的隔离和信息入口没有任何障碍，新的社会交流方式出现了。手机创造了短信文化，打油诗、笑话、幽默段子和小说接龙等一下子涌入人们的生活。世界上最早的手机小说是2000年4月出现于日本的《深爱》，而我国第一部手机短信小说是《城外》。2004年2月24日，人民网推出国内首家以手机为终端的“两会”无线新闻，成为手机报道国家政治新闻的开始；2004年7月18日《中国妇女报》推出全国第一家“手机报”，掀开了手机与报纸联姻的序幕。但是手机信息也出现了隐患，一些不健康的内容在手机上不时传播，用户被无端骚扰，手机批评成为新媒体环境下重要的媒介批评。

评价手机传播内容，提示手机用户正确利用短信，从事健康的娱乐和消费，是手机批评的主要目标。手机游戏、移动QQ、娱乐休闲、动感服务等都为人们在工作之余提供了一些快乐，发挥综合办公、家庭、学习和通信功能，手机成为工作、生活和休闲的主要信息工具，因此，开展手机批评具有重要意义。

指正层出不穷的垃圾短信，也是手机批评的一个目标。针对手机里的有害信息，应当及时写出短评发表在报刊和网络上，也可写成短信由政府信息部门和无线运营商群发给手机用户。目前，大量无用的广告、迷信短信、人人皆知的小常识每天大量涌进人们的手机，不仅扰乱了人们的正常休息，还给使用手机带来麻烦。手机短信是熟人、朋友之间的私密交流，商业机构的擅自闯入，侵犯了公民的通信权。我国现有的相关法律规定，凡属广告，内容必须经过主管部门的审查批准后才能发布。未经审查批准而乱发广告短信，违背了《中华人民共和国广告法》。未经同意擅自向他人发送垃圾短信，违背了《中华人民共和国消费者权益保护法》。《中华人民共和国治安管理处罚法》对此也有明确的处罚规定。

自2007年以来，**手机段子**悄然兴起，以押韵、对仗的打油诗形式表达某种感触，成为大众娱乐的诙谐作品。手机段子是移动载体的便捷、信息空间狭小的产物，又是人们生活愉悦产生娴雅兴趣的抒发，同时又是对社会的丑陋、滑稽的戏谑。段子文本已取得手机文学的称号，但它突出的政治倾向和宣传欲望已影响人们的心理、生活、工作和政治领域。最早始于广东手机的“红段子”，发送健康向上、催人奋进的内容，受到一些用户的追捧。比如：“生命在于运动，干劲在于调动，爱情在于心动，友谊在于走动，创新在于变动，理解在于互动，资金在于流动，成就在于行动。”是一条客观、中性、积极的“红段子”，号召人们做事不要消极等待，只要主动争取就能获得成功。“红段子”内容短小，思想健康，易于记忆，便于流传，弘扬主流网络文化。很多“红段子”紧扣社会、政府、民生的热点话题，回应手机用户的期盼和诉求，赢得广大群众的积极参与。几年来仅中国移动广东公司的客户里，参与者就超过1 000万人，转发“红段子”总量达8亿条。但是“红段子”不是越多越好，也不是人人都感兴趣，未经本人同意，经常把“红段子”传给那些不感兴趣的人，同样是对手机用户的骚扰，也侵害了公民应有的信息传播权利，应受到批评。

第二种是针对低俗的“黄段子”和“黑段子”，指出这类段子的危害。“黄段子”露骨地描写两性关系，渲染卖淫嫖娼和一夫多妻，对社会的污浊风气持中性态度。“黑段子”肆意污蔑英雄人物，传播小道消息，宣扬错误的人生观，污染社会风气，消弭青少年的意志，诋毁、消解主流文化。肯定传播“红段子”的作用，不仅能宣传积极的思想和社会现象，而且能挤压“黄段子”、“黑段子”的空间。手机批评号召经营商杜绝或删除“黄段子”、“黑段子”，保护公民权利不受侵犯，引导运营商传播和索求健康的段子，提高人们文明使用手机的主动性与自觉性。

许多段子写手是真正的“草根”，一部分有文化的大众用户把生活体验写出来，传给亲朋好友，表达对生活的强烈追求。目睹现实中的疾苦或兴奋，信手拈来，就是一条很有意义的段子。许多运营商都有一些常年活跃的写手，为他们生产“段子”，生产过程中贯穿批评。精彩的段子除了内容吸引眼球外，还根据不同群体做到“投其所好”，又根据受到欢迎的程度，推荐给网站传播。只要是好段子，就能得到手机用户的追捧，转发量马上激增。在“大众麦克风”和“草根群言堂”时代，手机段子的勃兴是手机网络兴盛的产物。

有相当一批段子反映了人们对腐败与丑陋的憎恨，针砭时弊，嘲讽抨击，表现出人们的斗争精神和斗争艺术。肯定这种斗争手段，是手机批评者责无旁贷的使命。比如讽刺社会污浊风气的“学问之美，在于使人一头雾水；诗歌之美，在于煽动男女出轨；女人之美，在于蠢得无怨无悔；男人之美，在于说谎说得白日见鬼”，幽默可笑，意味深长。评价段子的幽默、比喻和夸张，肯定手机文学的创作艺术，是手机批评的重要内容。幽默给人带来轻松，产生风趣和健谈气氛。撰写和转发幽默的段子，拉近了人与人之间的情感距离，增添人生的乐趣。手机批评还要指出，浓郁的讥讽、雷人的话语、古诗的风格、轻松的调侃，虽然在段子中广泛应用，但也有不三不四的蹩脚修辞。

不健康段子的风行反映了转型社会不成熟的一面，也反映了社会矛盾中的公众情绪，提示手机用户自觉抵制不良段子，成为手机批评的另一个目标。批评乱发“黄段子”和“黑段子”的行为，营造健康、积极、向上、文明的传播环境，需要全体手机用户的共同努力。随着社会文明程度的提高，手机不良段子会逐渐消失，仅仅成为少数人圈子中的一种无聊嗜好。

第四节　出版批评及书评

出版批评主要是指对出版思想、出版活动和书籍的评价，通过分析出版业存在的问题，提高出版物的精神价值和经济效益。书籍是出版社的产品，以传播知识、介绍经验、阐述思想、宣传主张为目的长篇著述，文本容量宏大，有的书籍兼有文字、插图或照片，经过艰苦的创作或编辑才能完成。图书文本记录漫长的事件，表达复杂、系统的思想，使人类的智慧得以成长。很难想象没有书籍我们面对的将是什么样的社会。但坏书、不健全或不正确的书，是诱导人们陷入舛误的毒品。正确从事出版活动，需要批评家对出版社和书籍作出评价，及时写出书评，引导人们正确阅读和使用图书。

一、出版与出版批评的趋势

利用机械印刷术和数字复印技术，经过编辑加工把著作和艺术作品记录下来，制成（多量的）纸质或电子载体，称为**出版**，书册、电子书与单页或多页印刷品统称**出版物**，从事此类工作的机构称为出版社。日本学者曾指出："采用印刷术及其他机械的或化学的方法，对文稿、图画、照片等著作品进行复制，将其整理成各种出版物的形态，向大众颁布的一系列行为，统称为出版。"①《世界版权公约》给出版下的定义是："可供阅读或者通过视觉可以感知的作品，以有形的形式加以复制，并把复制品向公众传播的行为。"显然，以上两种定义都已过时，都不够准确。电子出版物不再印刷；手抄作品也是一种复制，但不能把它称为出版。

出版属于特殊性质的媒介形态，成为人类发展文化的载体和动力。出版是文化的积淀和流传，作为人类文明的固化活动，决定一个民族的生存与发展。因此出版批评的最主要目标是，指出出版活动的价值及为谁服务。在现代社会，出版批评集中揭示出版社为社会公共利益服务、为读者服务、为积累和发展文化服务，是责无旁贷的责任。但出版批评者履行这一责任往往受到出版传统观念的制约。在阶级社会，出版转化为强大的话语权，成为统治阶级控制人民的工具。统治者利用对出版的支配和操纵，实现对读者和民众的知识与信息控制，诱导他们服从自己的利益。但出版更为纯洁的职责是，作为民族文化认同和民族整合的途径，把社会规范灌输到人们心中，影响一代代人的文化取向。书是人类文明的基因，记录了时代的思想和生活方式，促成文化圈的扩散与发展。出版批评时刻要体现这一神圣的使命。

并非任何印刷品都是出版物，印刷不等于出版。纸币的印刷和发行，政府文件的印刷和下达，都不能称为出版物和出版活动。出版是指作者完成的作品经过出版社编辑加工，在编辑的要求下修改或补充某些内容而生成的精神产品。因此出版有如下几个特点：第一，出版包括被出版的作品和经过编辑完成的出版物两种成果形态。第二，出版是出版社的集体劳动，对作品的加工不是由一个编辑单独完成的，从审读、编辑、负责人把关，到制作封面、印刷或装订，至少需要五六道环节或工序，才能最后完成。第三，出版是以把出版物推向市场为目的的，在编辑过程中以考虑读者需要为出发点，实现公开发行。第四，出版作品既是一种权力又是一种权利。出版社经过政府登记、注册或批准，领取营业执照后才有资格出版作品。作者对写作的作品和出版的作品都享有著作权，出版社对已经出版的作品在一定年限内享有版权。出版物标明版权和著作权所有者、出版时间及作者编者的名字，称为版权标记。遵循出版活动的上述特征和规则评价出版行为，才能指引图书事业的健康发展。

进入21世纪，数字出版对机械印刷出版造成冲击，尽管传统出版社的主要产品还是纸质图书，但出版过程越来越多渗透着大量的数字出版因素，有的环节已经完全实现数字化。数字图书即电子书可以供给不同的经营商，方便读者阅读和购买，最终将改变图书的发行模式。**电子书**有两种，一种是网上图书，在网上阅读和下载；另一种是电子书籍阅读

① 边春光主编：《编辑实用百科全书》，150页，北京，中国书籍出版社，1994。

器，使用点阵式液晶屏。狭义上的电子书正是指这种阅读器，俗称电子纸，可以随身携带。随着电子书的普及，出版批评首先集中于电子书的使用缺点。电子书好不好用，取决于操作方法，键盘的设计对提升阅读速度和网页浏览有着决定性作用。在电子书批评的指导下，电子书的操作设计不断变化，从传统向个性化发展，其售后服务也逐渐改善。

二、出版批评的指向

根据出版的性质和特点，出版批评主要指向图书的内容，抓住书籍的要害问题进行评价。第一，对出版选题的指导思想和和策划效果进行评价，是出版批评的主要指向。出版选题包括确定选题要旨即指导思想、题目、作者、出版意图、读者对象、基本内容、写作要求，设定一部出版物的概貌、内容与实施方案。选题和选题策划是出版活动的起点，是创造精神价值和市场效益的基础，在选题问题上开展出版批评，对提高出版质量和效益都有重大意义。分析哪些选题原则有助于出版活动的正确进行，哪些原则或指导思想有害于出版物的质量保障，是强化出版针对性、端正出版目的的首要因素。

符合读者需要的出版物，才是有价值的出版物。坚持传播健康文化，重视文化成果的精神财富，才能推动精神文明的发展。坚持出版精品的原则，即出版那些质量高、影响力显著、市场效益好的图书，是落实选题任务的关键。出版内容独特，具有独家选题、独家追求，有较高质量和思想文化价值的书籍，才能使市场销售经年不衰。出版批评围绕以上出版原则引导出书思路，激励出版物的独创性和高质量，防止选题雷同和不顾图书内容是否健康而单纯追求利润的倾向。

随着出版社企业化，图书全面进入市场，有些出版社以追求奇特、刺激读者心理为目的，出版了一些黄色书刊和**非法出版物**；还有些出版物胡编乱造、错误百出、抄袭剽窃，遭到新闻出版管理部门和读者的批评。不经出版社审定或同意，擅自印制的图书和印刷品，公开向公众发售，称为非法出版物。未经版权所有者授权擅自印刷的图书和其他印刷品称为**盗版出版物**。这类书刊和印刷品不仅遭到行政批评和制止、收缴和依法处罚，严重的还要对肇事者判处徒刑。2011 年 10 月下旬，商丘市文化市场综合执法支队组织执法人员对相关书店进行了突击检查，发现涉嫌伪造、假冒高等教育出版社的《2012 年全国硕士研究生入学统一考试》和《全国计算机等级考试》等系列丛书 200 余本。经高等教育出版社鉴定，这些图书均系假冒高等教育出版社的非法出版物。根据《出版物市场管理规定》，商丘市文化市场综合执法支队对几家书店给予了没收非法出版物并处罚款的行政处罚。

第二，出版批评应对出版物的推陈出新程度及其对文化发展作出的贡献进行评价。出版是思想和文化成果的创新活动，从选题到内容都应具有新意，既有历史文化的继承，又有新的文化建树，即有新知识、新理论、新故事、新形象或新形式。优秀出版物都以“内容为王”，使读者深受教育，令人终身受益。内容不新，没有特色，平淡无味，难以引起人们的阅读兴趣，是同优秀出版物无缘的。

不好的出版物大部分为内容雷同，缺乏原创性，形式没有个性，让读者无法获得新的知识和精神享受。**劣等出版物**有多处错误内容，错别字连篇，印刷或装订质量差，令读者扫兴。**有毒出版物**包含有害的内容，歪曲历史，宣扬错误的人生观和价值观，或以淫秽色情内容吸引读者。2004 年 9 月新闻出版总署对出版劣质《唐诗三百首》的青海人民出版社进行了行政处罚。此前，新闻出版总署接到读者举报，青海人民出版社出版的《唐诗三百首》一书有非唐诗 20 余首，文不对题，且存在严重编校质量问题。经核实，读者反映情况属实。依照《出版管理条例》，新闻出版总署向青海人民出版社发出违规通知单，要求该社对已经发出的《唐诗三百首》一书全部收回，连同现存图书作报废处理，并责成该社在《中国新闻出版报》等媒体向读者正式道歉，对相关编辑室进行整顿。

优秀出版物创造新的文化知识或艺术典型，发现新的规律，使读者深受教益。在优秀出版物中，可能出现文化瑰宝，成为杰出出版物，被知识界称为**名著**。对名著，出版批评应给予高度评价，让其家喻户晓，载入民族或世界文化史册。不朽名著的标志是：(1) 首次记录宝贵的文化遗产，或创造了宝贵文化遗产，成为民族文化的硕果，对民族文化的发展奠定了基础。像中国的“四书五经”和《史记》的首次出版，就有这类重大价值。(2) 出版物的知识或艺术创新，指导了民族以至整个人类的生活实践，推动了生产力的发展，改变了人类的生活方式，创造了历史。公元前 104 年最后编成的比较完整的历法《太初历》、1482 年出版的欧几里得的《几何原理》、1543 年出版的哥白尼的《天体运行论》、1776 年英国亚当·斯密的《国富论》、清同治七年（1868 年）同文馆刻本《格物测算》等著作，都对生产力和社会的全面发展起了推动作用。(3) 出版物提出的正确思想改变了人们的观念，创造了新的社会观、人生观或价值观，激发了强劲的社会思潮，引起社会的巨大变革。像 15 世纪欧洲《圣经》的出版，1690 年洛克的《政府论》的出版、1776 年美国潘恩的《常识》的出版和 19 世纪马克思与恩格斯某些经济学论著的发表等，让人类对社会生活与社会制度有了崭新的认识。

第三，出版批评应对出版物的意识形态性质和作用作出评价。出版物作为知识、观念和信息传播的重要形式，多反映一定社会利益集团和社会制度的要求，政治理论书籍尤其突出意识形态倾向，提出反对或赞成哪种社会问题。在现阶段，各种意识形态总是把出版物作为推销自己的工具，广泛宣传某种观念，显著或潜在地影响人们对社会问题的认识，力求把自己的意识形态变成广大公众的意见。自然科学书籍对自然规律的探索如果涉及人的价值观和思想方法，也有一定的意识形态烙印。不管评价社会领域还是自然科学领域的出版物，都应对它们的意识形态性质和正误作出批评。

一些社会领域的书籍宣传错误的意识形态，抹杀公平正义，背离实事求是，诱导人民不去关心自己的切身利益，用一些空话、大话、套话欺骗人民，以追求所谓崇高的理想来转移人民对眼前生活苦难的思考和诉求。对于自然科学领域的出版物来说，正确的意识形态表现为正确概括自然规律，传播和普及科学知识，弘扬科学精神，提高人们的科学素养，形成全社会崇尚科学、尊重知识、热爱学习、反对迷信的良好风尚。与此相反，毫无根据地推测自然界的变化，主观捏造原理，宣传迷信和灾难恐惧，转移人们对现实问题的关注，推销的是错误意识形态。

第四，出版批评应对出版物的社会效果进行评估，推动出版物质量的提高。评价出版物的社会效益，要根据实际论证出版物如何满足人们的精神需求，满足了哪些需求，出版物提供的新知识如何推动人们智力的成长和生产力的发展。许多伟大的作品都有顽强的反叛倾向，庇护生活中不幸的人，传播不妥协精神，号召人们同邪恶和腐朽制度进行斗争。

评价这类作品的正义和斗争性，本身就是一种正义斗争。

大量通俗出版物满足一般民众的精神需求，使读者了解生活常识，从事娱乐和休闲，得到低层次的审美认识。**通俗化**是指一般民众能够看得懂、能够接受、思想健康的精神产品，成为人民大众的知识与娱乐源泉。出版批评对这类读物评价的标准应强调：（1）适合大众的口味，切实能提供人民大众求知、审美的需要，体现民族的人文精神。（2）贴近下层民众的思想、生活与语言，具有趣味性和可读性。（3）既重视粗浅、大众化和消遣功能，也不忽视审美和教育功能，通俗不等于低级趣味。那些渲染色情暴力的书报杂志不是通俗出版物，粗制滥造、商业化倾向突出的作品，以吸引读者的眼球为目的，只能称为**低俗化和低俗出版物**。通俗化作品与低俗化作品的区别是思想是否健康、艺术形式是否美好。

第五，出版批评应对书籍的装帧作出评价，指出书籍装帧是否精美与精美的程度。书籍装帧包括封面、封底、扉页环衬、开本的大小、书眉和插图等，书籍装帧艺术不仅指封面和扉页环衬的设计，还包括插图的样式和布局。封面是书的外观，既体现书的内容、性质，又给读者以美的感受，是一本书销售的起点。出版批评对书籍装帧的评价包括封面设计是否同书的内容和读者的年龄、文化层次吻合；封面形象是否恰当，体现图书内容，符合图书读者的要求。开本的大小、精装平装、用纸和印刷等问题，直接涉及读者是哪种层次，在什么地方、什么时候较多阅读这本书。书的外貌给人以美的感受，直接增强书的感染力，成为图书影响力的一部分。

第六，出版批评应重视对图书宣传与市场销售的批评，指导出版物健康进入市场。在图书市场，一些出版策划以不正当的营销手段吸引读者，使读者上当，最终损害的是出版社自己的声誉。比如曾有“买书获赠国际机票”的广告，称读者买某出版社最新出版的两本书中的任何一本，即获得一个序列号码，用这个序号登录某网站，即有机会兑换到一张单程国际机票。有些购书者登录网站屡试不成，原来这是一场骗局。书籍出版应该坚持把社会效益放在首位，实现社会效益和经济效益相统一的原则，使经济投入有较好的回报，但不能用虚假宣传推销图书。

第七，出版批评应对违法出版行为给予批评，包括批评侵犯著作权、版权，积压书稿影响作者正常使用自己书稿的行为。据 2008 年 02 月 14 日《新闻晚报》报道，一位作者向某出版社投稿后六个月，既没收到采用稿件的通知，也没收到退回的稿件，他将出版社告上法庭，要求退稿并赔偿自己的经济损失。经法院一审判决，认为出版社应承担相应民事责任，判令出版社向原告返还其作品的打印稿，并赔偿其经济损失 3 000 元（作者为投稿和追回书稿花费的交通费、住宿费、餐饮费、通信费、邮寄费、打印复印费、查档费等）。依据国家版权局制定的《出版文字作品报酬规定》，作者主动向图书出版社投稿，出版社满 6 个月既不与作者签订合同、不予采用又不通知作者的，应向作者支付经济补偿并将书稿退还作者。这样的规定符合《中华人民共和国著作权法》，有利于鼓励作品创作，尊重作者的劳动。

三、书评：出版与阅读的导航

作为历代圣贤永存的追求，书籍凝结着辛苦的劳动和成熟的智慧，大众对书籍充满敬畏和爱戴，将其视为人类力量的源泉，希望从中得到善行与取道的钥匙。但读完一本书，一千个人有一千种感受，常常得到完全不同的认识，甚至得出相反的结论。批评家对书籍的评价一旦充满理性分析，让读者认识书的精华或糟粕，由直觉升华为对真理的体验，书评就成为读者寻找真理的灯塔。因此书评的价值在于，挖掘书籍的真正意义，把它展示给读者，引导读者把握书籍的真谛，看到灿烂的世界，也引导出版社推出更多、更好的图书。

书评的使命是评论作品的是非优劣，对书籍进行价值判断，而不是无端妄评。为了使书评具有说服力，书评家的论证应该严密、准确和周详，体现出对作品负责、对作者负责、对自己负责和对读者负责的严肃态度。只有评语而不加论证的“书评”，不仅有敷衍了事之嫌，而且它的评点也可能失去基础。这就要求书评论点鲜明，论据充分，论证严谨，做到“介”、“评”、“述”、“论”四种手法紧密结合。

由于书评对阅读具有导向性，涉及图书的社会声誉，写作书评有严格的规范与要求。写好书评一定要遵循下述规范：(1) 多读几遍，吃透书的全部内容，全面认识其思想倾向、表达的特点、社会价值和艺术价值等，这是写好书评的前提。(2) 读完一本书后，有深刻的感受、明显的收获、丰富的感想，值得大书特书，才着手写作书评。没有触动，无病呻吟，就没有必要写作书评，也写不好书评。(3) 评价要客观，既不过度誉美，又不毫无根据贬斥；绝不以偏概全，抓住一点不及其余。

为了破解人生的密钥，无数读者渴望读书，摆脱迷途。人类生命的短暂，视野的狭窄，令无数人沉湎于知识的海洋。当读者刚刚读完一本书，却不知书的含义，头脑混乱，理不出头绪，书评就成为他阅读的导航。出版社一年出书几百种，有些书积压在仓库里卖不出去，却不知什么原因，这时书评可能使出版社与编辑豁然开朗。好的书评高举永恒的火炬，照亮图书幽暗的文字，成为书籍价值的守望者。优秀图书给读者提供精神热流，营造人类与天地共存的寓所，走进这个寓所，需要优秀书评的指引。书评超越作品本身而有独到的发现，把作品没有直接透露的意义挖掘出来，可能遭到作者的反对，但优秀的书评常常突破作者的笔触伸向新的思域，扩大了图书自身的价值。

书评有不同的种类，有长有短，从几百字到万把字，有各自不同的写作目的和作用。报刊上最常见的是介绍类的书评，一般在500～1 000字，以介绍书的主要内容为目的，文笔简练，多对书的内容予以点评，发挥推荐图书的作用。另一类是学术性书评，从指导学术研究出发，以学术论证的笔锋分析书籍的观点，一般有3 000～5 000字左右。这类书评通常概述原书的内容，边分析边评论，对书中的学术观点给予支持，常有独到的发挥。第三类是推广学习的书评，包括对政治理论学习、各类学生阅读书籍的指导性评论，介绍图书对学习有什么价值，阅读它应注意什么，如何提炼问题和理解答案。第四类是商榷性书评，文字可多可少，表明不赞成书中的观点，对书中的主张予以系统的反驳。写作这类书评要慎重，对商榷的错误要有把握，经过反复思考再下笔批驳。书评中提出的问题和推理，论证充分，有说服力，才能引导读者。

不管哪一类书评都包含内容的简介部分，让还没有读过该书的人通过书评了解该书的内容梗概。书评的重点是分析书的选题价值、特点、立意和有没有创新。对前人没有研究过的课题，要肯定填补空白的学术贡献；对前人研究欠缺的课题，要指出选题的开拓性；

对指正前人研究发生错误的选题，要强调书籍匡正谬误的意义。在指出图书存在的问题时，书评作者要详细引证理论、史料及其他参考文献作为证据，避免抽象否定，凭空虚论。评价文艺图书则是围绕思想性和艺术性，评价作者的创新和探索，在读者中引起什么样的震撼将成为这类书评的中心论点。

掌握写作书评的步骤和方法，是写好书评的前提。写作书评从阅读书籍那一刻就开始了，书评作者边阅读边记录感人的情节、形象描写、重要观点、论证方法等，把值得评论的段落画上印记，便于多次阅读这些文字。记录书的重点内容的同时，把心得也附记在一侧，形成初步的读书笔记。然后对得出的肤浅、片段性的心得加以整理，最后形成观点明确的读书笔记。在这一基础上提炼出书评的标题、中心观点和分支论点及论据，建构书评的框架，拟出写作提纲。

接着，书评作者开始写作，围绕写作提纲，用准确的语言把读书笔记的内容变成流畅的演绎，把全部思考阐述出来。开篇段落，通常写出书名、著者、出版社以及出书的时间。如果了解情况，可以用简短的文字介绍书籍出版的背景以及作者的简要信息。此后，交代写作书评的目的和初衷。开篇段落要抓住读者的注意力，引起读者的兴趣，不仅语言要简洁生动，引人入胜，还要找一个令读者感兴趣的由头。比如用“读完此书，久久不能入睡”、“多天来，书中人物的话语和神情一直萦绕心头”、“书中的许多结论令我豁然开朗”等词句引起读者的注意；还可用“词语清新，娓娓道来”、“情节曲折，妙趣横生”、“观点新颖，博大精深”等生动语言形容书籍内容的不同凡响。

不管哪类图书的书评，都应在第二段对作品的主题与时代给予深刻论述，让读者了解书籍的由来、生活的底蕴和作者写作动机。读者了解了这些内容，才能产生阅读的动力。书评的主要部分是分析作品的优劣，以书评家的眼光和思路对作品进行解读，揭示作品的主要倾向。

书评是一种分析的艺术，缕析书的思想和表现形式，对读者的认识和审美产生影响。这种分析不是夸大其词，也不仅仅是忠于原著，而是在原著基础上深发认识的光彩，包括肯定某些价值，探悉思路、分析结构，揭示文字隐含的某些观点，逐一对作品作出条理清晰的阐述。作品内容是书评作者聚焦的对象，在分析中适当引用原文作为论据，说明书评作者的观点，使读者确信书评的正确性。引文力求准确，文字不宜过长，只要能说明问题即可。在引文最后，要注明出处（注上页码），以便读者查找核实。

书评写作还要注意一些技术问题，体现书评作者的严肃态度和道德修养。这就是：（1）不能依据书出版后新发现的材料、学术的最新研究成果和国外的学术观点来批评作者及其书中的观点。依据图书出版的年代和当时情况来写书评，是一种客观态度，以“事后诸葛亮”批评作品，是不道德的。（2）对书籍的批评，仅仅局限于书的内容本身，不要批评著者本人，评书不评人。尽量多作客观分析，防止人身攻击或为其吹嘘，即使否定一部作品也要对著者表示尊重。（3）用词注重说理，不用过激的言语。除非作品践踏社会道德、损害公共利益或侮辱人格，一般不应使用“恶意”、“用心”、“蒙蔽”、“兜售”之类的词，不使用伤害作者、让人不愉快的词语。

长期以来，我国的书评说好话的多，提出批评意见的少，绝大多数书评作者缺乏批判意识，正常的学术争鸣难以开展。批判意识薄弱导致书评歌功颂德的倾向严重，使出版界和读者对出版物缺乏正确的估计。没有一本书是完美无瑕的，只有指出书籍真正存在的问题，作者和编辑的创造性劳动才能提高水平。倡导书评写作规范，正确认识书评写作的要求和方法，不仅是提高书评水准的关键，也是引导出版活动健康发展的重要条件。

第五节 广告宣传与广告批评

广告宣传有广义和狭义之分，广义的广告包括商品广告、公益广告和政治广告，狭义广告仅指产品广告，是以盈利为目的占领市场、提供劳务的商业推销。本节所研究的广告批评是指狭义的产品广告批评。广告不是媒体，是适合多种载体传播的商品信息，包括报刊与广播电视广告、网络广告、电影广告、招牌广告、车船广告、包装广告和传单广告等，其文本由语言、图画或影像演示构成，有的三者结合一起渲染商品的品质和价值。在商业社会，广告宣传铺天盖地，有的受到公众欢迎，有的引起公众的反感和抵制；有的发挥了推销商品的作用，有的败坏产品的形象，造成产品滞销。开展**广告批评**，分析广告宣传的利弊，指导广告宣传采取正确的形式，在恰当的时间和地点宣传产品，能够扩大产品的销路。广告批评一般包括社会批评、文化批评、伦理批评、美学批评和符号批评。

一、对不实广告的社会批评

广告批评不但直接指导广告的策划和传播方式，而且是引导媒体与商家树立信誉的一面镜子。广告是产品宣传的说服性手段，能改变消费者的趣味并建立品牌忠诚，做得好会有明显的促销效果。产品畅销靠的是产品质量，但广告提供的产品信息能增强消费者的质量意识，提升广告主的市场力量。大企业用巨额广告费垒筑了市场屏障，同类中小企业难以进入，大企业由此确立了产品的霸主地位。然后它们再把更多的利润投入广告，频繁的广告宣传凸显了产品形象，又进一步强化消费者的品牌意识，把中小企业挤出市场。但如果广告制作得不好，没有吸引消费者的鲜明创意，或广告宣传假话连篇，不仅不能促销，而且有可能影响产品在公众中的形象，堵死产品的销路。广告批评指引正确的广告宣传，提高广告传播的效果，使媒体获得更大的广告收益，直接推动商家建立品牌影响力。

就批评内容看，最集中、最普遍的批评是对虚假广告的谴责。2010 年 6 月北京军区总医院副院长、人大代表杨蓉娅曾说，充满不实之词的医疗广告，让老百姓花了钱，误了事。在十届全国人大三次会议上，她向大会提交议案，建议在药品管理法中增加"专家对该药品的功效完成论证后，方可发给药品广告批准文号"。她多次针对明星代言虚假广告发表意见，指出"代言虚假广告的明星，不仅要承担法律责任，更要接受道德的谴责，承担失信的后果"。对不实广告的批评，来自社会各个角落，从社会精英到普通百姓，一直发出强烈的呼声。

2011 年 10 月，武汉市民对虚假广告反应强烈，武汉市工商局曝光了 45 件虚假广告，其中家电、服装、教育、房地产等领域广告 21 件，医疗、药品、美容、食品等产品和服务广告 18 件，其余则涉及其他商品及服务领域。维护广告的真实性原则，是营造诚信社会环境，切实维护消费者权益的重大法律和道德问题。广告文本中的产品造型、质量与功能的真实，构成**广告的三维真实**。广告批评分析产品信息的三维真实，是揭露广告虚假宣传的全面标准。

批评广告的表现力虚假，是近年管理部门和民众集中注意的问题。广告不仅应对产品质量的描述保证真实，而且对产品信息的艺术表现和视觉、听觉效果也应符合实际。真实是广告的价值所在，弄虚作假不仅引起受众的反感和鄙视，而且暴露了厂家、广告公司和媒体的欺诈行为。广告的真实可以升华但不能超越，升华仅仅是指广告运用艺术手法让消费者看到更真实的产品，而不是把虚假的东西塞给消费者。对广告真实的要求，不是要限制广告艺术的表现手法，而是要为广告的表现注入真实的感受，使艺术真实不致改变实际真实。如果广告故弄玄虚，用欺骗手段推销商品或服务，既违社会公德又是对社会文明的践踏。

广告批评者广泛搜集民间和行政部门对虚假广告的批评意见，分析虚假广告的表现形式和判定标准，能提高广大受众识别虚假广告的能力。就一般来看，虚假广告大体有下列表现：伪造或隐瞒企业名称、企业地址、通信方式等资讯；对产品的性能、用途、质量、有效期限的说明与实际不符，夸大产品及其服务功能；使用的数据、统计资料、调查结果、检测报告、文摘、引用语不能提供证明或证明无法律效力；在大吹大擂的同时，贬低、诽谤其他商品或服务；以消费者、患者现身说法说明商品或者服务效果，但人物情节是虚构的；伪造或仿冒其他商品的认证标志、注册商标，抄袭、模仿他人广告创意和产品形象，使消费者产生错觉。以上六种表现形式是判定虚假广告的六个标准，也是对虚假广告批评的六个要点。

广告作为一种营销传播，利销性是本质属性，利销的基础是产品的高质量和诚实推销。广告形象利用夸张修辞和艺术化创意，也必须真实。

二、广告代言人的效果分析

广告代言人的形象与表演，被广告策划者视为表达广告内容最好的手段。这一点也常被虚假广告所利用，这些广告借助民众崇拜明星的心理，让代言人诉说“切身体验”，向消费者传达商品的用途和优点，容易使消费者上当。广告批评应重视对广告代言人的效果分析，正确指导广告策划。广告代言人能否产生推销效果，如何代言才能给消费者准确的印象，是广告批评的重要内容。2012 年 1 月 7 日《北京晚报》发表文章说，电影演员×××和××等名人，成为问题广告的代言人。在药品“迈道通”电视购物广告中，鼎力推荐“治疗脑中风，一定要用迈道通……告别脑血栓，摆脱后遗症”，其中含有不科学的断言和保证。这条广告批评直呼演员字名，揭露直截了当，毫不留情，表现出对消费者的强烈责任感。

商品的**形象代言**，是指请知名人士出来为产品美言，以其形象及表演传达品牌个性，希冀在消费者心中打上深刻烙印，达到促销的目的。广告的形象代言真实质朴，语言与演示贴切，独具人格魅力，通过影视明星、其他社会名人、吉祥物或动画方式传达品牌理念，能对消费群施加显著影响。广告批评否定蹩脚的形象代言人，对广告诚信和广告效果作出深刻分析，让企业、广告公司、媒体和代言人反省不恰当的表演。广告形象代言人应当知道自己的社会声望，不辜负公众对自己的信任和尊重，在广告叙事中抱有诚实态度。但有些形象代言人明知自己在说假话，欺骗消费者，还要替骗人产品代言，这是无视道德约束、公开违法的卑劣行径。他们既然是社会知名人士，知事达理，有行为能力，却不负责任，协从违法，最终会成为千夫所指，名声扫地，根本达不到推销产品的目的。

评价形象代言人的作用和效果，包括两种分析，一是肯定形象代言人的积极作用，二是否定形象代言人的欺骗行为和弄巧成拙的负面效果。对具有积极推广效果的形象代言广告，作出如下解读才有提升这类广告品质的作用，这就是：契合形象与产品的联系，分析形象代言人如何发挥让消费者认识产品的作用，强调朴实、准确的广告叙事和表演。塑造耳目一新、真诚朴素的品牌形象，强化产品的个性，让人产生美好的印象。而荒诞的形象代言人受雇于商家为其吹牛，不问产品优劣，眉飞色舞献上颂词，是低劣形象代言的通病。同时，在评价中还应当注意形象代言并非美色代销。电视上几乎是千篇一律的俊男美女广告，不问产品个性与用途，把展示“美人”作为唯一手段。这样的形象代言充其量是形象展示，没有同产品的适用人群联系起来。

形象代言的亲身体验模式，是广告真实效果的生动体现，构成广告批评的重要原则。表演艺术家×××和演员×××在多乐康祛病裤电视购物短片广告中说：“穿上它又保暖又治病，能解决六大疾病，吃药吃无数，不如一条祛病裤”，这六大疾病是风湿病、骨质增生、腰椎间盘突出、前列腺炎、肠胃炎、肾病。而这两位明星是否有这六种病？是否使用多乐康祛病裤治好了这六种病？如果他们没有这六种病，也没有穿多乐康祛病裤，有什么理由告诉病人它的功效？代言人的说辞是否与产品性能的体验相符，是否是产品价值的见证者，是使用形象代言人的主要根据。如果答案是否定的，那么代言人就是为商家吹嘘。如此分析形象代言广告，并非苛刻。形象代言广告不是舞台表演，而是形象代言人对商品的实际体验和真实诉说。代言是介绍自己的真实体验，没有这种意识，就没有领会形象代言的真谛。

依据产品定位选择不同形象代言人，确定他们的演示内容与手段，是广告批评的重点之一。定位于高端市场，产品的使用者是富人和上层人物，选择的代言者及形象代言人应是炫丽、高雅的，语言动作应庄重、深沉。定位于低端和大众市场的产品，选择的形象代言人应有普通劳动者的面孔，语言动作应粗犷、朴实、简单。产品的类别不同，选择的代言者及代言方式也有差别，妇女用品选择淳朴的女性，儿童用品选择活泼的少儿，老人用品选择健康、沉稳的年迈者，这种选择代言人的规则是人人皆知的常识。形象代言身份的专一模式，反映了社会角色的对应性，经广告批评的提倡，能被广告界所认识。

形象代言身份的专一是说，特定形象只能体现某个产品的个性和突出价值，至少在一段时间内一个名人只为一种产品代言。这种身份专一体现了广告的诚信。可是在电视上常常发现某个明星今天做完药品广告，大吹了一通，明天又做食品广告，又吹了一通。代言人频繁地“走马客串”，让观众一眼看穿明星不光是“作秀”，而且是为多家厂商充当说客，对产品没有任何忠诚感。广告批评指出这种现象，不但是维护广告品质的纯洁，也是敦促明星珍惜自己的光环。明星客串表演各种广告，令观众眼花缭乱，消费者心目中的品牌印象日趋混乱，产品的价值和个性也就消失了。这类广告导致了形象代言人和品牌的分裂，代言人仅仅在充当商品，而永远没有品牌的味道。

三、对广告低俗化、拥堵化的责难

广告低俗化已受到社会的口诛笔伐，遭到许多观众无情的嘲弄。打开电视，走上街头，满眼都是广告，很多是格调低俗、充满性诱惑的广告。这些广告渲染低级趣味、暴露人体性器官、语言挑逗或散布颓废消极思想，频繁插播在电视节目中，出现在墙壁、招牌和公共汽车上，观众怨声载道，不断发出责难，但却没有选择的余地。内容低俗的广告侵犯了观众的利益，污染社会风气，误导人的价值观，影响媒体的公信力。广电总局传媒机构管理司副司长任谦说："一个很纯洁的小孩，知道什么是送礼啊？对未成年人的影响非常恶劣……应该让企业换别的版本来播。"这一批评指向观众曾天天目睹的"脑白金"和"黄金搭档"广告文本。根据群众举报，观众对"脑白金"的"今年过节不收礼，收礼只收脑白金"和"黄金搭档"的"送老师、送亲友、送领导"广告语，都十分反感。

揭露广告低俗化的原因，是广告批评的内容之一。"脑白金"和"黄金搭档"在央视一套节目连续多年播出，被社会多次批评，但始终"屹立不倒"。大众和管理部门的强烈批评，经十几年的连续"作战"，最终在 2011 年年末才逼其退出荧屏。商家为了吸引观众，不惜用低俗手段设计广告叙事，广告审批部门听之任之，都源于经济利益的驱动。媒体和商家通过广告追求经济效益，既符合市场规律又符合推销策略，没有什么可指责的，但应以保证广告和产品的质量为原则，不能以广告低俗化降低受众的思想品位。低俗广告传播的顽固性，在于广告从业者道德水准和业务素质低下，没有把低级趣味当做问题，对社会消极因素的危害更没有防范意识。

分析低俗化的形式，认识广告低俗化的特征，是广告批评的重要目标。步步高电子词典广告中，女主角在室内随音乐跳舞，穿着突出女性特征，伴以性感部位的特写和挑逗的表情，只在最后一个镜头手拿产品进行推介。女主角的衣着、动作、表情都与产品无关，只为了吸引观众或引发欲望才如此表演。直接暴露和描写人体性器官，或仅用肢体掩盖隐私部位；语言充满低级趣味，导致人的意志委靡、颓废；内衣、内裤、文胸等成人用品广告在黄金时段泛滥；在人们用餐时间播放容易引起受众不良生理反应的广告，如治疗痔疮、脚气等药品及卫生巾等广告。这类有低俗倾向的广告，瞄准一部分人的低级趣味和窥视欲，以吸引消费者眼球为宣传目标。广告内容的低俗，对社会风气造成负面冲击，对未成年人的影响非常恶劣。以脏为净，以俗为雅，哗众取宠，任其蔓延，只能导致民族精神的退化、判断力的钝化。

广告拥堵也在严重损害公众利益，引起观众的愤慨，经常受到媒介学者的批评。电影《非诚勿扰 2》上映后，大量的植入广告与电影放映前近 20 分钟的贴片广告，受到观众的指责。电影有植入广告并非怪事，但不能太多太滥，达到"非广告勿扰"的程度。有的影片广告植入已经占到总投资额的三分之二，十几分钟一个广告，从巧克力、招聘网站到旅游景点，颇有展示"广告全集"之状。

多年来广告一直是电视剧的主角，不请自来，深受观众诟病。40 多分钟的电视剧不到 10 分钟就插播 1 分钟广告，把情节搞得支离破碎。越是好的电视剧或关键情节，广告出现得越多，观众气愤至极，痛骂电视台的做法。2010 年春晚节目大量"植入式广告"引起大多数观众不满，有人直呼"在广告中插播春晚"，有人质疑："春晚到底是为商家服务，还是为老百姓服务？”人大代表刘春梅在《关于春晚改革建议》的议案中指出：“广告太多，令人反感”，“再这么办下去不如不办”。

管理部门也多次对广告拥堵无序提出批评。早在 2003 年国家广电总局就颁布了《广播电视广告播放管理暂行办法》，规定 19 点至 21 点的黄金时段内播放的电视剧中不得插播广告，不得以任何形式插播自行组织的广告。但这一规定形同虚设，各种违规广告依然盛行。2009 年 9 月 10 日，广电总局又出台《广播电视广告播出管理办法》，规定黄金档播出的电视剧单集插播广告时长不得超过 1 分钟；在 2011 年 12 月出台的“限娱令”中不仅要求从 2012 年 1 月 1 日起严禁在影视剧中插播广告，而且还规定“禁止在片头之后、剧情开始之前，以及剧情结束之后、片尾之前插播任何广告。播出片尾画面以及演职人员表等内容时，禁止播出任何形式的广告”。尽管管理部门三令五申地批评，但观众沮丧地发现，虽然电视剧中间的插播广告取消了，但许多城市台在电视剧前后插播的广告时间过长，仍然在损害观众利益。

四、广告批评的符号解读

张扬产品个性、凸显服务特质、独具魅力的广告创意，反复出现在受众眼前，形成某种象征意义。依据这类象征意义分析广告意图、广告定势和广告意念，称作**广告符号解读**。许多广告将商品转化为符号，超越物品本身的使用价值，成为社会地位、身份和人格的象征。从宏观看，广告向人们展现的不仅是产品本身，而且是美好生活和理想的消费者形象，渲染消费带来的满足和生活乐趣，使物质主义被某种精神追求所取代。在微观上，为实现精神追求购买产品，比如为了炫耀自己的身份或富有，购买不需要的消费品，就是广告符号化导致的结果。从这两个角度批评广告，都是广告批评的符号解读。

邦迪亚克牌汽车广告——“坐在里面是件美事，被人们看见坐在其中更是快事”；房地产广告——“贵族领地”、“豪宅新系，奢华垂范”、“爱情承诺不可靠，不如新界有一套”。服装广告——“不求天子地位，但求天子风度!”……这类广告文本不光是推销商品，也在推行观念，炫耀富豪生活、富贵荣华的身价，拥有这类商品是一种符号。从广告符号化角度，批评广告在消费文化中的意识作用，揭示广告的意识形态倾向，已引起社会的广泛注意。产品在物质价值外，具有深沉的精神价值，能给使用者带来社会声誉、精神愉悦或历史纪念。对广告的这种符号解读，阐释符号消费的社会潮流，标志商品拜物教的形成，它的某些负面影响正在腐蚀人们的健康追求。

有些广告玩弄消费者的情感，引诱消费者拿出钱袋，培育有害的消费习惯。在广告文本的诱导下，消费者希望通过消费来提升社会地位，改变不理想的境况，其实不过是幸福的泡沫，只能让心灵得到短暂的慰藉。某些广告的符号化确实只有精神安慰作用，但有些广告的符号化却是人类精神追求的境界。实现精神的高度愉悦，并没有什么过错，这类广告赋予了商品物质享乐和精神享受两种价值。

广告符号是人们共识中的产品标志物，以某种形式显示意义，让消费者从感觉到的东西体验意义，实现一种精神享用。**广告符号**有三个内涵：一是意义的象征物，二是意义的商品载体，三是精神追求的呈现。在符号中，既有感觉材料又有精神体验，二者是统一不可分的。广告一旦符号化，就具有了某种象征，广告语言和形象成为一种标志，可能代表消费者的社会地位、高贵身份、诚实或朴素的人格等等，这就是精神意义。在广告符号中，语言是首要元素，词语的能指和它的所指没有固定联系，就看广告策划者如何安排语境。解读广告符号的语言，将语境理解为词语和产品的血脉，就能挖掘广告叙事的神韵。形象是广告符号的第二个元素，分析人物的姿态和表情，就能揭示消费者的精神状态。广告画面的环境是广告符号的第三个元素，衬托产品消费的时代或社会气息，拓宽符号意义的空间，揭示出商品精神价值的社会源泉。

广告符号从市场营销到消费者的广泛认可，再到社会意识的定型，表现为产品概念的深化与社会印记。在这种境况下，广告更多地被人们看做一种精神文化，在精神层面形成享受价值。因此说，它不是物质性的而是理想性的，让消费者从漂浮不定的感觉中寻到精神满足。如果没有符号的影响力，广告效果就被限定在物质需要和利益范围内，堵塞了通向精神世界的道路，那么，广告的功能也仅仅局限于对物质本身的宣扬。

五、对违规广告的鉴别与认定

各类广告都有严格的法规约束，对违规广告依法进行批评，需要对其进行法规鉴定。全国人大制定的《中华人民共和国广告法》、国务院颁布的《广告管理条例》和国家工商行政管理总局颁布的《广告管理条例实施细则》是最重要的广告法规，都对违法广告的处理作了说明。广告批评对违规广告的认定，依据法规阐释广告活动的规范，论述广告公序良俗原则的约束性。强调广告活动的合法标准，基于广告立法的宗旨，把握广告法规的各种兜底条款，是认定广告是否违规的前提。

一些违法广告内容较为专业，广告批评者不熟悉这类专业知识，是开展批评的难点之一。掌握广告涉及的专业，了解广告如何歪曲专业知识，是认定广告违法违规的重要出发点。发现违法广告后，无论是虚假广告还是缺据广告，都要依照法规条文对照分析。从广大消费者饱受欺诈过渡到法规限制，阐释违法广告的沉痛教训，消除“广告就是要夸大”的错误认识。对从暗示增强性功能的保健食品，保证治疗肿瘤、湿疹之类的无单位只有联系电话的药品广告，到马路上到处散发的商品传单，指正其违法违规的要害，不仅是对政府部门缺乏监管的批评，也是对广告商肆意践踏法规的揭露。利用数据指出违法广告的严重泛滥，更能引起广告策划者的注意，例如一项调查显示，从广告发布的媒体看，违法率从高到低依次为报纸、广播、电视，分别是3.47%、2.35%、0.93%。[①]

广告商和媒体都承认媒体是社会公器，是大众与社会安全的守望者，但他们为获取金钱却不惜公然违法，丧失了自己的天职。有时他们还钻法律空子，打“擦边球”，模糊广告批评者的视线。无论广告活动的经营主体、广告内容还是广告载体，都可能出现一些法律“真空”地带，广告批评依据广告法的基本宗旨将这些“真空”地带纳入法律调整领域，解释这类广告行为应有的法理，都可对违法违规之处作出合理的认定。

对于城市招牌广告的违规批评，同样可以使用此类分析手段。一块块高悬空中、设计精美、赏心悦目的广告牌，成为城市的一道风景，被称为斑斓密集的“广告牌森林”。但是如果不加控制，不经城管批准，随意树立高空招牌，造成的危害不容忽视。在深圳市，

① 参见於超：《大众传媒中的违法广告报道现象浅析——以报刊为例》，载中国青年网，2007－06－12。

51公里的机场高速路上竖起174块广告牌，其中只有64块经过相关部门的审批。许多城市，大量广告牌树立空中，不仅打乱了城市的空域布局，影响市民出行的视线，遮挡了宝贵的阳光，而且在狂风吹打下多次发生伤亡事故。城管执法人员严厉查处各种违规户外广告，净化、美化城市的凌空立面，保持和提升城市的优美环境，已经刻不容缓。加大对无序户外招牌广告的批评，陈述它们对市民的威胁，是对政府部门净化城市空间的最好协助。

本章概念与思考题

概念

新闻　新闻实体　新闻的昭示　先在事件　文本形式　文本形式分析　影像传播　影视暴力　影视色情　原型真实　生活真实　美学意义　审美批评　审美评价　影视媒介批评　现代主义批评　后现代主义批评　网络批评　网络实名制　手机段子　出版　出版物　电子书　非法出版物　盗版出版物　劣等出版物　有毒出版物　优秀出版物　名著　通俗化　低俗化　广告批评　广告的三维真实　形象代言　广告低俗化　广告符号解读　广告符号

思考题

1. 媒介批评者如何认识新闻、把握新闻？
2. 从哪些方面分析新闻的社会价值和事件的因果关系？
3. 如何分析新闻作品的形式？
4. 影视批评的主要目标是什么？
5. 论述影视审美评价的含义和审美对象。
6. 网络批评提倡什么样的网络言论规则？
7. 手机段子兴起的原因有哪些？怎样分析手机段子？
8. 试述出版批评的主要指向和内容。
9. 试述写作书评的过程和要求。
10. 分析广告形象代言的亲身体验模式和身份专一模式。
11. 如何理解广告符号化的精神价值？

第十一章

传播政策与媒介批评伦理

CHAPTER 11

媒介批评因批评的目的、动机和批评类型不同会有不同的指向与方式，但批评行为一旦受传播政策的制约，就会按照国家意志分析媒介。媒介的表现也常常同传播政策有关，有时传播政策恰恰是媒介问题的根源。传播政策还为媒介批评提供重要的指导思想和行为准则，作为传播政策的派生物——批评者的精神状态和伦理表现，则体现出媒介批评的风尚和批评者的道德面貌。

第一节　传播政策与媒介批评

在不同媒介制度下，传播政策约束媒介的力度不一样，媒介批评考虑传播政策的因素也不尽相同。在美国，“报纸的政策是隐蔽的”，“编辑们可以不理会那些可能与报纸政策相左的题材，如果非报道不可，也可以指派一个懂得分寸的‘安全’记者去写”①。但在中国，传播政策是媒介管理层的“精神”，重要指令贯穿于媒介工作的各方面，制约着传媒人的一言一行。这样，传播政策有时成为媒介批评的思考方向，构成媒介批评的重要原则。

一、传播政策对媒介批评的作用

传播政策是国家或媒介所有者，对传播活动制定的原则和方针，要求媒介维护其利益，遵循其规章，成为权力机构控制传播内容的指南，包括政府的传播政策和媒体自身的工作方针两部分。从

① ［美］沃纳·赛佛林、小詹姆斯·坦卡德：《传播理论：起源、方法与应用》，362～363页，北京，华夏出版社，2000。

事传播活动的人，按照传播政策工作，把信息传播纳入一定政治和社会秩序框架，实现传播宗旨。国家的媒介管理者把传播政策放在比传播法更重要的地位，约束媒介的范围往往超出传播法，法律不管的传播内容却可能受政策的制约。

最原始的传播政策是公元前60年罗马帝国《每日纪闻》的刊布方针："元老院的工作报告，须每天公布一次。"恺撒大帝的这句话，提出奴隶主阶级宣传国事的需要，规定了《每日纪闻》刊发事件的内容和时间，成为编辑"纪闻"的人必须遵循的思想。这是历史上传播政策的起源。我国宋朝的邸报曾有定本制度，朝廷枢密院审查过的邸报样本，任何人不得擅自增减。封建统治者控制言路的这一方针，是"王命独尊"在邸报传播中的反映，贯穿于当时的邸报批评（见本书第三章第一节）。

不管是古代还是当代，各国都对媒介实施政策控制，所有媒介都受传播政策的约束。在西方，有的国家制定明确的政策条文，有的国家在传播活动中有形无形地按照约定俗成的规章办事，不同性质的媒体（私有或政府的）受政府约束的程度不同，约束的方式也不同。在政治制度框架下，建立体现国家管理权的媒介制度，最终由传播政策体现出来。正如美国南卡罗来纳州《哥伦布州报》的主编针对美国新闻界情况所说的那样："这个国家最大的报纸（不管是哪一家）和（某个主编个人拥有的）最小的报纸都同样忠于某种方针，设定规范，赋予报纸运作和流通的力量。"① 这个方针就是把媒体置于国家与某个老板的监督与约束之下，按照他们的意志确定传播行为。这种监督和约束既是政府和老板的媒介批评，也是政府或老板制定的传播政策。

在西方，传播政策的实施有时由政府发出警告或处罚，有时由媒体的主持者根据需要、体验和教训来把握。许多媒介也制定自己的传播方针，暗示或张扬自己独立、正义的立场。自近代私人报刊奉行"独立办报，客观公正"的立场以来，标榜新闻事业的自由和不偏不倚，成为新闻界普遍追求的编辑政策。正如美国报人喜欢宣告的那样："我们的报纸刊登所有我们知道的新闻，我们没有偏好，有时候这个方针让我们感到很尴尬。但我们确立了这个方针，就没有人再要求我们采用微妙的扣压手段。我们的朋友不会这么要求，我们的广告商不会这么要求，我们的对手不会这么要求，我们的态度广为人知并得到了大家的尊重。"②

这种传播政策有深远的影响，因为在近两个世纪，西方一批私人报刊表面上确实是在独立地行使报道权，今天批评某个党派和政府，明天又批评另一个党派和新上台的政府。但由于传播工具被少数人所控制，不可能有彻底的报道自由，也不会事事做到"客观公正"。为维护媒介所有者的政治和经济利益，记者追求独立、客观和公正精神往往碰到许多障碍。某一新闻对媒介老板有利，记者就可以进行客观报道，当对这些人有害时就要隐瞒事实真相。即便办报者有些自由，一旦传播内容触犯了国家和老板的利益，独立就变成一句空话。西方大量的媒介批评高举"独立客观公正"的大旗对那些不独立、不客观、不公正的新闻展开孜孜不倦的揭露，成为那里媒介批评的永恒主题。

中国党报的传播政策并不抽象地谈论什么客观公正，而是强调媒介的立场，强调媒介

---

① 转引自［美］利昂·纳尔逊·弗林特：《报纸的良知：新闻事业的原则和问题案例讲义》，261页，北京，中国人民大学出版社，2005。

② 同上书，64页。

为谁服务。这是由中国共产党的党报体制产生的意识形态。它公开声明一切媒介都要贯彻党的政治方针，是党和政府的喉舌，以党的利益、国家利益和人民利益为宗旨。媒介传播要有利于社会稳定、政局稳定、经济稳定和人心稳定，媒体不能散布腐朽思想、颓废情绪，不能传播封建迷信、渲染色情暴力，对危害党的事业、损害受众身心健康的传播内容，坚决制止。媒体要坚持两个效益，始终把社会效益作为最高准则，经济效益服从社会效益。媒介从业人员要恪守职业道德，坚决抵制有偿新闻。在这一政策中，关于政治和国家各项政策的传播，要求"和党中央在政治上保持一致"的立场被提升到首要地位。新闻出版管理部门依据这一传播政策批评媒体的违规行为，一些媒介批评者也以这一政策批评媒介，成为多年来我国媒介批评的突出特征。

可见，在我国，传播政策被用来调整媒介与政治的关系、与经济的关系、与人民利益的关系，是维护现行政治制度的一种手段。媒介批评审视重要的媒介现象，特别是评价传播活动的政治倾向时，依据传播政策分析媒介的正误与得失，是官方媒介批评的基本路径。在多数情况下，传播政策决定政府媒介批评的方向，成为这类媒介批评的主要指针。

二、传播政策与媒介批评的互动

某些媒介批评来自传播政策不是什么奇怪的结论，不同传播政策产生不同的媒介批评也是自然而然的事情。美国媒介批评的内容和中国媒介批评的内容不仅有所不同，而且在某些问题上恰恰相反。在中国，中国共产党对报刊的领导和严格控制，不仅不是批评的对象，而且在政府媒介批评和某些批评文章里被予以肯定。在美国，媒体受党派和政府的控制，却成为媒介批评的众矢之的。之所以有这样的差别，是因为批评家们所依据的传播制度和传播政策不同造成的。在中国，许多批评家成为党的意识形态尖兵，把违背党的方针政策的报道作为批评的目标，被许多人认为是天经地义的。

依据传播政策开展媒介批评有很多复杂情况，因为遵从传播政策的报道也可能发生谬误，这也引起了媒介批评者们的思考。新闻记者用党的方针政策判断客观事物，导致各媒体的报道内容十分雷同；记者依据领导的讲话和文件精神，不断重复或过时或流行的口号，新闻的"假大空"和"旧闻不闻"现象始终难以克服。对此，媒介批评者们作过深刻的批评，渐渐收到一些效果。进入 21 世纪，歌颂富民政策的许多典型新闻，一方面激励人们创造财富的积极性，另一方面又推动了贫富两极分化和奢靡生活方式的蔓延，引起低收入阶层的强烈不满。批评媒体宣扬拜金主义和"为富不仁"的话题，曾一度频繁地出现在报刊上。经济变革速度之快，社会面貌的日新月异，使政府的方针政策不断调整，追随政策踪迹的报道颇有措手不及的紧张感。下半年报道的某些内容恰好和上半年相反，今年和去年的口径大相径庭，这种"朝秦暮楚"的报道降低了新闻媒介的权威，也给各项事业的发展造成阻力。对这种"颠三倒四"的报道批评逐渐引起媒介管理层的思考，提出"三贴近"的报道原则和"走基层"的报道方针，传播政策有了新的变化。

媒介批评和错误报道一样，引起传媒人和管理层的思索，他们不断提出新的传播政策适应情况的变化，成为媒介批评和传播政策互动的结果。媒介批评的理性使传播政策逐渐科学化，随实践的发展而创新，提出了"必须坚持以人为本，增强新闻报道的亲和力、吸引力、感染力"① 的报道方针。媒介批评否定那些不顾受众需要的虚张声势和假大空的宣传鼓噪，肯定反映社会进步、关注民生民情的生动感人的报道，增强了新闻媒体的传播力。媒介批评使传媒人认识到，缺乏以人为本的新闻，伟大的政治宣传也会变成莫大的孤芳自赏。这种倾向不克服，不彻底清除，久而久之，也会改变新闻事业的性质。

各类媒介进入市场，自然考虑经济收益，但媒介活动不能以追逐利润为目的。媒体与记者应抵制腐败之风，在市场经济大潮中不受金钱腐蚀，是媒介批评近年来反复强调的问题。媒体强行让一些企业刊登广告、收取广告费，榨取违法单位的封口费、收取"免灾费"的不道德行为，媒介批评一直抓住不放，敦促新闻界保持清正廉洁的作风。"记者守则"中强调"新闻工作者要坚持发扬清正廉洁的作风，自觉抵制拜金主义、享乐主义、个人主义思想的侵蚀，坚决反对'有偿新闻'等不正之风，树立行业新风"。记者的这一行为准则，成为新世纪我国的重要传播政策。媒体把公众利益放在首位，以追求社会正义为价值取向，追求社会公正，进一步充实了传播政策的积极因素。

党报记者一旦被视作党的意志体现者，他们的报道代表党说话，也导致一些记者容易跨越法律红线。媒介批评对记者恣意妄为作出的深刻分析，使新闻政策正向监督媒体方面倾斜，按新闻规律管理媒体成为政府调整新闻政策的重要方向。正如胡锦涛总书记所要求的那样："要坚持用时代要求审视新闻宣传工作，按照新闻传播规律办事，创新观念、创新内容、创新形式、创新方法、创新手段，努力使新闻宣传工作体现时代性、把握规律性、富于创造性，不断提高舆论引导的权威性、公信力、影响力。"②

三、现代传播政策的重大意义

正确的传播政策是媒介规律的真实反映，指导媒介的正确运作，约束媒介传播的不当行为。媒介批评依据这种传播政策，指正媒介的失范行为，无疑能产生积极的引导作用。正确的传播政策对批评的标准、批评的方式和批评的力度也有借鉴意义，使批评者持有正确的批评态度，坚持正确的批评方向。批评者对媒介现象进行评价，以正确的传播政策观照批评的目的、内容和态度，权衡媒介有没有违规，对媒介行为的评价要符合媒介规律。错误的传播政策本身就违背媒介传播规律，不会对媒介批评产生引导作用，依照这种政策的媒介批评只能更加荒谬。

我国正处在进入全面建设和谐社会的历史时期，传播政策应反映人类精神生活的精髓，体现社会现代化的人本主义和人文精神，反映现代传播政策的崭新要求。这一政策的内容应当是：（1）一切传播工作者要科学认识和把握人的切身利益、公民权利和人的平等自由高于一切的理念，大众传媒应成为传播这种理念的独立工具。（2）大众传媒以人为本，忠于生活实际，坚持讲真话、报实情，实事求是地反映情况，坚决反对弄虚作假、空话大话连篇。（3）大众传媒的使命是：坚持用"代表先进生产力、代表先进文化、代表人民利益"的思想教育官员与民众，大力宣传立党为公、执政为民，努力营造权为民所用、情为民所系、利为民所谋的良好氛围，保证人民的知情权、参与权、表达权和监督权。

---

① 胡锦涛：《在人民日报社考察工作时的讲话》，载《人民日报》，2008-06-20。

② 胡锦涛：《在人民日报社考察工作时的讲话》，载《人民日报》，2008-06-20。

(4) 及时准确地传播信息，增加社会透明度，促进媒体提高吸引力和感召力，用群众熟悉的语言和喜闻乐见的形式反映生活。(5) 促进一切媒介贴近实际、贴近生活、贴近群众，反映群众的疾苦和呼声，回答群众提出的各种问题，通达社情民意。(6) 努力创作出更多融思想性、艺术性、观赏性于一体的精品力作；哲学社会科学要立足于国情、与时俱进；立足于当代，坚持解放思想，努力贯彻“双百方针”。

这一现代传播政策具有划时代的意义，反映出全球化进程和人的价值提升带来的新思想和新面貌。这就是：传播规律高于一切，贯彻科学思想是媒介工作的最高原则；忠实反映生活实际是媒介的准则，满足人民的需要是媒介运作的最高标准；媒介不再是任何权力专有的工具，而是人的思想解放和人的创造力的工具；它将扬弃一切虚伪、欺骗和矫揉造作，成为鞭挞丑恶、弘扬正义的利器。依据上述政策，媒介批评对媒介现象的分析要立足于科学性、客观性和大众性。联系媒介传播的效果，校正媒介行为的错失，是媒介批评的主要任务。这里仅就几个重要问题概括如下。

(1) 应注重批评媒体唯书唯上，不敢说真话、报实情，侵害人民的知情权、参与权与表达权。媒体这些违反传播政策的表现，大都不是媒体自身的错误，而是媒体的上级领导部门过度限制媒体的独立思考，压制媒体思想解放、实事求是、反映群众疾苦的结果。

(2) 应批评媒体丧失社会良知和职业道德，捏造新闻，炒作离奇事件，宣扬庸俗色情，使受众遭受信息污染之害。媒体失德的主要原因是见利忘义，抛弃良知；某些利益集团为树立形象滥用媒体，颠倒黑白、借题发挥或无中生有。

(3) 应批评媒体对阴暗面不敢监督，对社会腐朽现象不敢揭露，管理部门以各种理由封锁、压制媒体的监督报道。只要不违背真实性，媒体对重大问题的揭露都应加以肯定，媒介批评要支持记者的正义举动。揭发腐败和政府工作的错误必须谨慎，决不能无中生有、草率从事，但也不能因此不敢发表不完善的意见。

(4) 应批评媒介面对突发事件麻木不仁、反应迟缓，甚至认为没有积极意义而拒绝报道。受众要求从不同方面了解变化着的世界，特别关注突发事件和社会热点问题，尽量满足受众的多方面要求，是媒介的天职。

(5) 鼓励传媒工作者有自己的创见，善于发现社会重大问题和最新事物，宣传和推动社会变革。媒介是社会言论机关，作为社会的晴雨表，随时提出重大事项引导社会前进，是它的天职。

(6) 媒介活动要奉行正义、真诚的宗旨，积极维护社会公共利益，促进社会进步。肯定并赞扬媒介的正义、公正立场，在社会分歧中提出正确的主张，消除社会的对立和紧张气氛，是媒介应履行的社会责任。

此外，媒介要以现代思想和先进的价值观教育、鼓舞和培养受众的高尚情操，不以庸俗趣味麻痹受众，不能片面地追求受众爱看爱读什么就印什么、登什么、播什么。受众有各种层次的人，包括喜欢各种趣味的人，媒体要发挥人民教科书的作用，只能以正确的思想、健康的兴趣引导受众。如果单从满足受众兴趣出发，削弱或否定传播内容的指导价值，媒介就无法成为社会文明的推动者。用传播政策衡量、批评媒介的传播倾向，始终要坚持有益于社会、有益于公众的原则。

第二节　媒介批评的伦理准则

正确开展媒介批评，贯彻批评的规范，需要遵循批评伦理。处理好批评与批评对象、批评者和被批评者、批评与受众以及批评者之间的道德关系——尊重批评各方的权利与利益，维护批评的严谨性和相关各方的尊严，是批评应有的诚实和正直的态度。这种**批评伦理**制约媒介批评者的行为，形成自律意识与自律手段。传播政策只是间接地操控批评行为，直接制约媒介批评者的是伦理原则。

当媒介批评者用善恶标准评价媒介时，依据的内心信念和良知也必须符合善恶标准，由批评者的责任感转化为批评者的品质。伦理体现的道德行为必须对社会有利、对公民无害，显露出诚实、公允与正义精神，否则就是批评的伪道德。了解媒介批评伦理的内容，掌握批评伦理的要求，对开展媒介批评有着重要意义。

一、媒介批评者的社会责任

从媒体、媒介批评者、受众三方面的关系考虑媒介批评，防止对三者中的任何一方产生危害，是媒介批评者应有的责任。批评者的行为规范，构成媒介批评的伦理准则，指引媒介批评者正确、严谨、郑重地分析媒介现象。即使对媒介的严重错误行为持有严肃的批判态度，也需要遵循批评伦理，尊重对方的人格，作出正当的定性与分析。

第一，媒介批评者必须为批评的内容负责，提供给受众的必须是有真实前提、有价值、有启发的观点，不能以任何虚假的材料和强词夺理的观点欺骗受众。媒介批评者不认真履行这一责任，批评的崇高理想和追求就既不可靠，也无法实现。为确保媒介批评对媒体和社会产生积极的影响，不管什么样的批评，只要作出的评价符合实际，对人们正确认识媒介有一定价值，都是负责任的表现，就应直率地把意见说出来。反之，如果对媒体的行为没有独到的见解，没有把握确认媒介传播的错误，对批评的对象缺乏明确的认识，就匆忙地发表批评意见，都属于不负责任的批评。同样，媒介批评者发现了媒介的不当行为，却对有害的传播现象置之不理，有意回避媒介对社会的危害，也是不负责任的表现。媒介批评者连真话都不敢说或不想说，不是光明磊落的批评家，更不是勇于坚持真理的批评家。

第二，媒介批评者在客观上承担维护媒介传播秩序的责任，对媒介的切身利益和社会声誉抱有负责的态度。作为意识形态机构，媒体的力量一旦被滥用，就会对公众利益和社会稳定造成危害。媒介批评主要是否定媒介危害社会秩序和公众利益的传播内容，对媒介违反社会道德、腐蚀健康文化的行为进行必要的批判。但是，媒介批评要慎重确定媒体的错误行为，爱护媒介的荣誉与自信，不考察媒体的具体处境和客观原因，轻率地发表批评意见也是一种不负责的态度。对媒介难以预料的过失大批特批；对媒介由于经济能力的不足或客观条件所限造成的传播错失缺乏具体分析，把不当的结论强加于人；对媒介不是源于自身原因，而是源于领导部门或媒介制度的错误，武断地进行指责；如此种种，都使媒介批评丧失了正当性和严肃性。对媒体传播的有害信息，除了提出具有说服力的批评外，应尽可能提出消除危害的建设性意见。不是为了批评而批评，而是为了建设而批评，才是一种正当的态度。

媒介传播究竟产生什么作用，产生的是积极作用还是消极作用，不同的人有不同的评价。对媒介文本的不良反应是多数人还是少数人的意见，哪些是正确的哪些是错误的，都需要媒介批评者认真思考，不能匆忙得出结论。如果有可能和必要的话，媒介批评者对媒介行为的否定作点社会调查，询问相关方面的人士，然后再得出结论，将更为稳妥和有益。媒介批评一旦公开发表，给媒介的社会声誉造成的影响很难短期消除，因此媒介批评者不可随意发表批判性意见。如果要批判，必须有根有据，有广泛的社会支持。

第三，媒介批评者负有指点传媒人、引导受众的责任。以正确的理念指导传媒人与公众正确认识媒体的使命、传播方式和传播效果；对传媒如何影响社会、人民大众如何接触传媒，媒介批评应发挥重要的启迪作用。媒体是一所学校，是永无休止的课堂，记者就是诲人不倦的教员。媒介批评者则是传媒人与受众的助手，他们对媒体行为和传播活动作出的评价，实际是告诉人们媒体是否把社会环境的真实变化反映出来，是否把人类积累的丰富知识供给大众，是否正确地为人们指引前进的方向。没有正确的媒介批评，大众就可能在变幻莫测的媒介乱象中丧失清醒的头脑，失去明确的受阅和视听目标。

对媒体的道德滑坡、宣扬腐朽文化提出尖锐的批判，成为媒体认识自身堕落的警钟。正如英国社会学家针对专门挖掘人们隐私（从公众人物到一般民众）的《太阳报》指出的那样："英国人不会在地铁上阅读《太阳报》，但这并不妨碍它成为全英国发行量最大的报纸。古板、保守仅仅是表面现象，英国人骨子里的猎奇心理才是小报在市场上备受欢迎的原因所在。虽然小报在英国仍难登大雅之堂，但它已从日常的点点滴滴渗入每个英国人的生活中。"① 这一批评，无论对《太阳报》编辑人还是对大众读者都是一种耐人寻味的警示。

媒体传承社会文化，为大众提供先进的思想和道德教化，担负着文化启蒙和培植社会伦理的任务。各种类型的大众传媒都在教育人，关键在于用什么精神育人，引导大众做个什么样的人。陈腐的媒体用低级下流的作品腐蚀受众。阴暗的媒体麻痹人们忍受剥削、压迫和社会不公，俯首帖耳做个顺民。激进媒体不遗余力地鼓动没有积极意义的破坏行为，肯定愚拙和盲动，将政治文明和社会道德置之度外。当记者自身的职业道德有悖社会公理时，他已经抛弃了专业主义理想，媒介批评会使他深刻反思，直至放弃不道德的传播行为。

第四，媒介批评具有针对性、通俗性、专业性和可读性，才能对受众产生有益的指导，媒介批评者对被批评者和公众认识这些批评的价值、诚心接受这些批评也负有责任。媒介批评者既是公众的代言人，又是媒体的代言人，他们的批评意见也是一种话语权，但不应脱离公众和传媒工作者为自己说话或说只有自己能懂的话。他们首先要考虑"为谁说"、"说什么"。在一个民主国家，媒介批评者的话语权是由公众赋予的，为公众代言也就成为他们不可推卸的责任。媒介批评一要表达受众的要求和呼声，二要反映传媒工作者的处境和心境，在这个前提下对媒体的错误作出分析，也给关心媒体的人提供表达思想的机会。媒介批评者有责任站在受众和传媒人的立场上，审视媒介和传播政策的利弊，架起

① 转引自曾昭翔：《在他们眼中秘密只是传说》，载天津网-数字报刊，2010-12-03。

媒体与传媒管理者沟通的桥梁，在传媒与广大受众之间构筑交流渠道，否则传媒人和受众的声音将永远被压抑、被忽视。媒介批评反映受众的呼声，把媒体运作的真实状态和困难反映出来，新闻出版管理部门才能制定切合实际的传播政策，促进媒介的良性发展。

为了达到这个目的，媒介批评文章的通俗化和专业化十分重要。具备通俗化，广大受众和传媒人士才能读懂，容易认识批评的观点，理解批评的价值。媒介批评遵循传播的专业要求，贯彻专业主义原则，增强批评的知识化和规范性，才有益于传媒人和公众媒介素养的提高。**媒介批评专业化**，是指运用新闻学、传播学、影视学和出版学的知识与理论评价媒介现象，对媒介人士和广大受众进行媒介素养教育，提高他们认识媒介、自觉抵制媒介有害传播的能力。这种批评对传媒人士进行专业教育，提高他们的专业理念和业务能力，更有重大意义。

二、批评的错失与说真话的道德

媒介批评发生错误有两种情况，一是没有认真考察媒介的错误，出现批评失当，另一种是由于缺乏批评伦理，抛弃批评应有的正派作风。为避免后一种情况，媒介批评说真话，坚持实事求是的原则，遵循诚实笃信的伦理，是至关重要的。依据媒介存在的问题，不夸大不缩小媒介的瑕疵，按照实际分析媒介现象，使人们正确认识媒介的隐忧。坚持实事求是，真实地说明批评对象的倾向和效果，是媒介批评者最重要的道德准则。

对媒介现象，不是用简单的直接感受就可以把握的。按照客观世界的复杂联系确认媒介倾向，作出合乎逻辑的说明，是媒介批评说真话的全部含义。以个别实例代替对媒介整体和真相的认识，用偶然性的事实否定大量必然性的事实，或把大量起主导作用的事实贬低为次要的、非主导地位的事实来评价媒介，是说假话的最巧妙的方法。媒介作品反映的客观事实是否符合实际，需要媒介批评者作出如实的说明。夸大渲染，文过饰非，有意维护媒介的错误，都是不道德的表现。媒介批评违背客观实际，怂恿传媒人说假话，不但损害人民的利益，而且会引导媒介犯更大的错误，破坏媒介的公信力。

媒介批评坚持实事求是的方针，要克服思想方法的僵化和片面性，分析问题防止走向极端。媒介批评者个人的视野是有限的，只能看到媒体问题的一个或几个侧面，想全面认识复杂的媒介现象是很困难的。为了全面、准确地对媒介行为作出评价，既需要了解媒介的整体情况，也需要掌握完整的社会情况，还要知悉同媒介相关的历史和国外情况。用系统论的观点分析媒介的全貌，揭示媒介现象的本质，不过激也不折中，才能对媒介作出科学的评价。

有些媒介批评只看一面，不看全面，只看现象，不看本质，这是理论和实践都没有根底造成的。产生片面性的原因虽是多方面的，但其中一个重要因素是思想僵化，条条框框多。用固定的眼光看问题，不能从实际出发分析媒介的具体情况。按照本本、按上级的意旨和过去的经验硬套，使批评思路单一、狭隘，不可能有新的发现。所谓**僵化的批评**，正是一种唯心主义和形而上学的批评，用公式化的、陈旧的观念对媒介作出片面的结论。克服主观性和片面性，一方面要用辩证观点分析问题，另一方面要深入生活实际，多观察、多作调查研究，切实把握媒介活动的多方面联系和趋势。前人的观点、领导的说法一旦被神化，就要形成“凡是论”，成为媒介批评者认识真理的障碍，不得不在迷信中思维萎缩，失去批评的锐气。

媒介批评的片面性并不是伦理问题，但明明知道媒介的实际情况和客观条件，却以上级指示精神为准则，故意讲假话，违背实际指责媒体的所谓错误，则是丧失批评道德的表现。有些批评者没有正义立场，不以反映真理、坚持真理为宗旨，而是为追求官位或其他利益迎合领导的口味，这种违反道德的批评行为使媒介唯书唯上的习气难以消除。凡是符合实际、符合现实发展趋势的观点就应当肯定，凡是过时的、被实践证明不适用的论断，就应当公正地作出否定。对理论的迷信，必然导致盲目崇拜，随之产生庸俗倾向。媒介批评者遵奉迷信，丧失坚持真理的良知和勇气，对一切新事物毫无嗅觉，必然出现“随风倒”、乱贴标签的不良风气。

媒介批评与现代迷信决裂，必须坚持实践第一的观点，不顾媒介的实践效果，仅仅强调某种理论的绝对正确，恰恰是无知的表现。媒介的实践不断发展，理论认识也不断更新，及时突破旧的认识才能对媒介活动作出符合实际的评价。这需要不断解放思想，用现实的理性与眼光去看待一切，分析一切。打破思想封闭，给批评注入活力，不断回答新闻界提出的新问题，是媒介批评者敢于创新的标志。许多人提倡马克思主义理论，实际却在阉割马克思主义，因为马克思主义理论还有一些更重要、更符合现实生活的观点，他们却回避不谈。运用马克思主义理论解释媒介现象，或运用西方批判理论解读媒介，主要是运用它的正确原理和思想方法，而不是句句照搬照套。解放思想，就是运用物质决定精神、存在决定意识、经济决定政治、人民决定历史发展方向这些最基本的观点阐释媒介活动。怎样做最能提高媒介的传播效果，对受众最有好处，最能推动社会全面进步，尽管不符合“本本”和领导精神，仍是马克思主义。媒介批评对此大加提倡，是符合真理的批评，是解放思想的批评，也是正直、正派的批评。

三、媒介批评争鸣中的不道德行为

任何一个批评者都难以保证批评的绝对正确，由于这个原因，在媒介批评中开展争鸣，批评一方和反批评的另一方平等地交流意见，有助于批评的深化，推动批评活动的健康发展。但是，有的批评者认为自己的批评绝对正确，不允许媒体反批评和其他批评者与之讨论；此外，被批评的媒体和从业者一见批评意见，就火冒三丈，反唇相讥，大加攻击。这两种现象都违背批评伦理，是一种不道德的媒介批评现象。

在当代信息社会，人类生活和媒介传播日益复杂，媒介批评面对许多新的东西，媒介批评的难度越来越大，许多新的媒介现象需要重新认识。在批评中积极推动各种意见的争鸣，不仅能够拓宽批评界和传媒人的视野，促进媒介活动沿着正确方向发展，而且能为媒体探索新的传播规范提供新的发现。生活的丰富性和传播模式优化的无限性，使媒介传播领域无比广阔，形态无比丰富，底蕴无比深邃。允许不同批评者对各种传播问题自由探讨，在争鸣中一展各自的高见，才能最大限度地寻求媒介反映生活的真谛。争鸣各方相互尊重、认真探索，才能取得共识。但在现实生活中，一方面传媒界害怕争鸣、拒绝争鸣，争鸣成为稀有现象，另一方面一旦出现争鸣，则采取蛮横的态度攻击对方，难以形成平等交流意见的和谐关系。

2010年4月，电视连续剧《乡村爱情故事》研讨会在京举行，主要导演赵本山首先致辞："我们本山传媒集团如何做大，前方的路如何走，很希望专家提出意见，同时给出批评和提醒，多批评、少夸奖！我这个人抵抗力很强，非常能接受批评。我今天就想听'坏话'和真话。我永远感谢让我经受磨难的人和给我批评的人。"中国传媒大学某位教授在发言中认为，《乡村爱情故事》展现了农民生活的很多场景、片断，但缺乏"历史进程中本质的真实"。"其中塑造的人物形象扁平化、不够典型，没有时代背景下共同群体的特征。""电视剧绕开真正的现实生活走，其实是一种伪现实主义。本山先生应该抓住更广博、更深层的东西，敢于揭示现实生活中的矛盾、冲突，这样的作品才能流传下来，长留艺术史。"正当大家对该教授的发言报以掌声时，赵本山立即说："首先我要说，我从来都不是高雅的人，也从来没装过高雅，我也最恨那些自命不凡、认为自己有文化的，而实际在误人子弟的一批所谓教授。高雅是从民俗进化来的，没有大俗就不会有大雅。""这位教授提到的农村生活，我想知道，您熟不熟悉农村生活？农村到底什么样？您去没去过？您体验过吗？如果要发言权的话，那考虑好再说。"后来赵本山针对该教授的批评又说："有质疑是正常的，谁做点儿什么事儿会没有质疑呢？有些专家和教授就是靠质疑和批评别人吃饭的，如果叫他们不批评别人，可能他们就没饭吃了。"① 这则实例说明，开展批评争鸣容易走调，坚持批评伦理和相互尊重就更难了。

媒介批评争鸣的各种观点可以自由讨论，每个媒介批评者的地位是平等的，不容相互抨击或讥讽。没有有权威的人，只有有权威的意见，只有正确的、散发真理芳香的观点，才能说服人、征服人。媒介批评家的影响不是靠身份、地位或某种象征，而是靠他的真知灼见和平等待人的品格。只许一花独放、一家发言，压制人们发现真理，是对平等争鸣方针的歪曲。正确的批评能容纳、消化、吸收一切真正有价值的思想，摒弃一切错误和糟粕，因此要允许并鼓励不同意见的争论。这种争论只是意见的不同，不应是态度的尖锐对峙，更不应抱有敌视、讥讽的态度。

2007年3月，某学者对南方某大报发表的《现代化与中国历史教科书》一文提出尖锐的批评，认为此文为八国联军侵华辩护，属于"汉奸言论"。他还指责发行上百万份的南方某大报公开发表这篇文章，违反宣传纪律，此文只可"在内部刊物讨论"。他强烈要求人大制定《惩治汉奸言论法》，对歪曲历史、违反宪法底线、为八国联军侵华特别是日本侵华翻案的言论，分别判处10年和20年徒刑。② 这一批评一见报，立刻引起舆论大哗，纷纷批评"汉奸言论"说严重泛化，残酷压制言论自由，非常荒谬。

《现代化与中国历史教科书》一文围绕第二次鸦片战争和义和团运动列举中国近代史反对外来侵略者的过火行动，批评中学历史教科书把中国人的"野蛮至极的犯罪行为说成是革命"，"几乎没有什么自我反省的精神"，引起这位学者极大愤慨，认为该文作者犯有"汉奸言论"罪。

《现代化与中国历史教科书》一文在抹杀侵略与被侵略的前提下，责难中国人粗暴杀害外国传教士和其他外国人士的过激行为，确有不当之处，但属于学术问题，而不是违法和犯罪行为。媒介批评者不是以有说服力的事实和分析与其商榷，而是蛮横挥起大棒，给

① 《〈乡村爱情故事〉被批伪现实 赵本山发飙》，载《山东商报》，2010-04-12。
② 参见志灵：《立法禁绝"汉奸言论"会伤害学术自由》，载《中国青年报》，2007-03-06。

其扣上汉奸的帽子，实有“文化大革命”遗风的恶劣痕迹，成为一桩打压媒介批评自由的令人震惊的事件。

媒介批评丧失平等互敬的态度，必然抛弃批评伦理，将批评对象置于死地。这是不道德的行为。媒介批评持有平等互敬的态度应有两个准则：一是允许批评者对媒介传播持有不同的观点和分析，双方都要认真听取和研究对方的观点，以充分说理的态度反驳自己不赞成的意见；二是允许被批评的传媒人发表反批评的意见，说明自己的见解，反驳他认为是错误的批评。允许被批评者为自己申辩，是澄清认识、发现真理的必经之途。衡量是否坚持平等争鸣的立场，要看是否与人为善，有没有实事求是的见地。离开平等互敬的原则，就不能进行真正的批评与反批评，批评争鸣就被抽掉了灵魂。以错误意见压制争鸣，不允许发表不同意见，不仅不能纠正错误，反而会暴露压制者坚持错误的顽固心理。允许不同意见的存在，才是发展媒介批评的唯一途径。探索一个真理，对某一媒介现象取得比较正确的认识，是需要时间的，有时还需要很长时间。对于分歧较大又不涉及急于解决的问题，不要匆忙得出结论，要给人们充分讨论、逐步认识的时间。

有人往往打着马克思主义旗号，自称马克思主义的代表，动辄对不同意见武断地扣上“反马克思主义”、“反社会主义”或“资产阶级自由化”的帽子，将对方打入敌人阵营，给自己罩上捍卫党的原则的光环。这种做法恰恰是违背马克思主义的，因为马克思主义从来不害怕批评，也允许批评。批评者迷信“棒子”的作用，企图将人一棒子打死，正说明自己没有真理，心里发慌。比如在 20 世纪 90 年代中国的国有企业改革中，报刊上刊载了一些经济学者主张贱卖国有企业（导致国有资产大量流失）的文章。对这类文章和报刊，当时有位“理论家”发表批评文章说：“可笑的是，当今一些颇有地位和名气的人，不懂得‘历史无情’这么一个简单道理。他们放肆地攻击马克思主义和科学社会主义，宣传西方的新自由主义，鼓吹大量出卖国有企业，搞私有化。他们自恃是某些领导机关和高等院校的‘红人’，是‘精英’，洋洋得意地以‘主流派’自居。”①

对倡导“贱卖国有企业”、“零资出售”的改革进行批评是正当的。媒介批评指出这类文章和报刊公然主张“化公为私”，把全国人民的公共财产拱手送给少数人，违背社会公平正义，号召国家立法机构把这一重大问题提交全国人民代表大会讨论、投票作出决定，是极为正确的建议与要求。这种主张如果得到全国人民的赞同，唤起人民的普遍支持，一定能通过全国人民代表大会得到妥善解决。但上述这位“理论家”的批评文章则高高扬起“攻击马克思主义和科学社会主义”、“宣传西方的新自由主义”、“搞私有化”的政治帽子，对在报刊上正常发表意见的人实施政治陷害，重新拾起“四人帮”那套骇人听闻的“整人”手段，引起人民的反感，他的批评反而产生了负面效果。媒介批评决不能奉行政治迫害、诬陷记者，是什么问题就说什么问题，不能“上纲上线”、置人于死地，以整人为目的。

四、不谩骂，不讥讽，多指正

每年春晚一结束，全国都会涌起一片批评声，在某些圈子则骂声暴起。对 2012 年春

① 喻权域：《刘国光的名字将载入历史的光荣簿》，载《环球视野网摘》，2006－07－20。

晚的批评尤其活跃，街谈巷议斥责蔓延，微博与博客火药味十足，群骂攻势让人始料不及。有些人发出恶言恶语，把矛头指向演员和导演。这不是正派的媒介批评，而是以谩骂践踏批评。一般公众对媒介不满，讲不出道理，习惯于骂街、抨击。如果媒介没有诋毁大众，也没有传播损害大众利益的意见，只因内容大倒胃口，就以谩骂解恨，这种不道德的批评应当收敛。

"多指正，不谩骂"，维护批评的尊严，是媒介批评重要的伦理准则。对媒介的错误或蹩脚之处，指出错失，提出建设性意见，让媒介认识存在的问题，知道如何改进，才是有积极意义的媒介批评。媒介批评需要严肃和一丝不苟，是为了让媒介在迷茫中惊醒，认识有益的传播内容与正确的传播方式。任何谩骂都不能达到指正媒介的目的，只能把媒介批评变为恶言中伤，这种不道德行为毫无价值。

《咬文嚼字》杂志2012年第2期对央视龙年春晚的文字质量进行评论，指出西施与貂蝉相差700年并非同时代人，鼓不是人类最早的音韵乐器。在众多春晚的批评中，《咬文嚼字》注重知识辨析，既无恶意又无攻击，使人了解了历史，掌握了知识，对媒介和受众都是有益的。《咬文嚼字》在严格考证后的纠错分析，表现出追求知识的责任，同口头上的调侃与网上的质疑和谩骂，表现出不同的道德风貌。条分缕析、小心求证的正派批评，同捕风捉影、用语不雅的不道德批评，给人不同的感受和效果。

谩骂与讥讽不是批评，更不是争鸣。某些受众粗鲁地表达意见是多种原因造成的。有人长期缺乏伦理教育，不知尊重人的重要，把自我发泄作为处理社会关系的准则。他们自恃对媒体的见解绝顶聪明，目中无人，不可一世，动辄对媒体破口大骂，挖苦亵渎。有些人把"心绪惬意"视为天经地义，心理承受能力极差，经不住感官挫折。他们视媒体为奴婢，把媒体置于脚下，不容有半点纰漏。

受众谩骂又是对媒体缺乏选择的结果，是受众对信息单一的强烈反弹。当人们只能接受一种内容、一种模式的媒体而没有其他节目可看，特别是被迫接触不合心意的媒体时，必然产生一种焦虑。如果央视春晚不是大年三十晚唯一的一台节目，全国30多个省级上星电视台都推出自己的春晚，观众有更多的选择，绝不会对央视春晚发出如此强烈的谴责。

媒介批评遭到冷遇，也许是谩骂的诱因之一。人们喜欢赞扬，不愿意听到批评，很少有人意识到"批评逆耳、良药苦口"的道理。真诚欢迎批评的媒体不多，畅言接受批评的媒体更少，同批评针锋相对的媒体不占少数。许多媒体自以为批评是有意挑剔，让媒体丢丑，于是充耳不闻，横心不接受任何意见。受众越是批评，媒体越是坚持原来的做法，导致受众由批评转为激愤，用谩骂、讥讽回击媒体的傲慢。但谩骂只能雪上加霜，唯一的良方是强化双方的良知，提高双方的媒介素养，化解媒介批评的对立情绪，才会形成良好的批评风尚。

五、划清认识与政治错误的界限

许多媒介作品直接表现政治事件，表明媒体的政治态度，发挥政治宣传或煽动作用。从总体看，很多媒体是为一定政治服务的，关键是为哪种政治服务，是为人民的政治服务，还是为反人民的政治服务。媒体对政治事实的反映歪曲真相，曲解了人民的意愿，对广大人民造成危害，媒体的政治传播就发生了严重失误。发生此类错误可能来自认识上的原因，也可能出自某种政治动机，前者属于认识错误，后者属于政治错误。媒介批评应针对政治传播的过失，进行政治分析，不能混淆认识错误与政治错误的界限。

媒体的政治宣传有时表现得十分凌厉，媒介批评十分重视反映政治生活的作品，特别是政府的批评。无论新闻、影视剧还是书籍，一旦表现的是政治事件，也就是政治宣传品，或多或少反映了媒体的政治立场。一篇报道歪曲中国人民的正义事业，伤害中华民族的感情，新闻出版管理部门就要对其提出警告或制止它的传播。这种干预，正是为人民负责，而不是横加干涉。同样，媒介批评的文章解读这类错误，分析错误的政治性质，如果符合实际就不是武断的批评，但仍不应给当事人作出政治定性，“打棍子”、“扣帽子”。媒介批评应当对事不对人。

对政治传播的批评仍然要遵循政治第一的标准。政治标准不是批评者任意圈定的，不能在批评文章中随便指责媒介作品背离政治标准。在我国，从根本上说政治标准只有一个，就是人民的民主政治、人民的根本利益，以及体现这种利益的国家利益和建设小康与和谐社会的工作大局。媒介作品坚持正确的政治方向，只能是为人民利益服务、为发展生产力服务，离开这“两为”，空谈马克思主义或社会主义，都是空洞的政治口号。媒介作品引导人们怀疑以至否定人民的权利和利益，否定生产力标准，是有害的、消极的，甚至是背离时代潮流的。

鉴别媒体的政治错误是由于传媒人的认识模糊还是政治立场所致，要分析产生错误的原因。如果媒体对政治事实了解不够、采访不周，听取了片面的情况，观察不到事实的真相；或是由于领导机构政令不明，政出多门、发出不同声音，造成传媒人的误解；或是传媒人经验不足，缺乏政治学知识，政治理解力低下，对政治事实的内在倾向把握肤浅。以上三种原因造成的政治传播失误，属于认识错误，媒介批评者应从认识环境、认识渠道和认识能力分析这类错误，指导传媒人提高政治传播水平。

如果媒体或传媒人出于不良的政治立场和政治动机，站在人民的对立面，以反人民的政治态度设计政治事实的真相和解释框架，引导受众确信已被颠倒的事实，属于政治错误。由于广大受众不可能接触一切事实，虚假的政治报道如果被精心策划，就对受众造成欺骗。这类报道是记者和媒介政治倾向的自我显露，媒介批评应分析这类报道谬误的政治原因，挖掘媒介与传媒人的政治参与身份，深刻地揭示出媒介或传媒人的政治背景，但仍不宜轻率地给其扣上政治反动或罪犯的帽子。

在我国，只允许有一种政治声音，不搞政治多元化，管理层批评媒体的政治错误是经常发生的。但一定要区分是政治错误还是认识错误。如果明知二者的区别，却强硬地把认识错误当做政治错误，并对传媒人作出政治处理，使其遭受侮辱与困境，是不道德的批评行为。

第三节　媒介批评者的修养

媒介批评作为塑造记者与媒介灵魂的重要途径，是一项神驰意往、庄重自守的媒介监督，也是媒介从业者的教员和净友。媒介经常被各种错误思想所困扰，随时面临巨大的、崭新的、生疏的信息流动，需要向它输送崭新、多维和丰富的理念，培养其敏锐的嗅觉，指引其开拓认识之路。为此，思维开放，立场公允，与人为善，富有包容，态度平和端肃，是媒介批评者应有的修养。

一、媒介批评者的自律精神

批评媒介是一种他律，需要批评者拿出正确的观点，同时也是一种自律。批评者应首先检查自己的观点是否正确，严格约束自己的言论，并允许被批评者反驳。为了保证批评的科学性，批评和反批评的双方都应崇尚真理，勇于检讨，有屈服于真理的精神。敢于进行自我批评，保持谦虚谨慎的态度，而不是强词夺理、以势压人、吹毛求疵，是一种可贵的自律修养。严于律己，头脑冷静，严防失言失度，才能提出有价值的观点，否则会形成批评的粗暴作风。

许多媒介批评者往往坚信自己的观点完美无缺，居高临下指责媒体，多有不容置疑的姿态。在批评媒介时反复斟酌自己的意见是否有道理，批评的态度是否端正、亲和，反映出批评者的修养。不管自己的观点是否站得住脚，对媒介硬加鞭笞，口气傲慢、武断，是一种道德品味欠缺的表现。道德的基础是人类精神的自谦和自律，对自我意图的是非好坏自觉予以批判，抵制各种肆意与非礼，是履行责任应有的自我约束。媒介批评者在发表荒谬意见之前能够自我意识到，进而自责，是一种自律的防范，应贯穿批评的始终。在媒介批评实践中，道德规范必须有内在的善良愿望才能切实遵守，从内心深处把批评视为庄重行为，并以苛守善意来制约自己，才能坚持高尚的批评。

媒介自律已经在传媒界人人皆知，但让每个媒介批评者认真自律，确实是一个难以达到的要求。媒介传播的目的在于保障公众与社会公益，防止媒体在利益冲突中背弃专业角色，批评者经常自觉地进行自我检查，才不会违背这一专业理念。一个人善于自律，是这个人成为专业高手的必经之途；一个行业善于自律，是这个行业迈向专业化的重要标志，媒介批评者的自律是批评成功的前提。自律与他律是并行的，自律对他律起到增补作用。这自然涉及道德和法律问题，在背德和违法之前就由媒介批评者的良心发现并解决了，是没有成本的错误自纠。就批评者个人来说，对批评的失度或错误能主动自检，或向被批评者主动道歉，自律就保持了高贵的人格，实现了崇高的批评理想。

媒介批评者作为社会良知的自觉者，在自律中设置思垢栅栏，净化语言污水，不断提高修养，根除不正当的挑剔癖好，恪守公正的批评，才能防止批评与道德的冲突。自律在纠错中发挥润滑作用，需要批评者与媒介进行切实的交流，新闻出版管理部门发出批评意见之前尤其需要。有时候管理层对媒体的干预不是渐进的而是断裂的，不是切磋的而是强令的。一次新闻出版管理部门的会议或文件下达让媒体不知所措，在情绪紧张的检讨中根本不能反省自身的过错。如果媒体真的发生了错误的话，新闻出版管理部门的批评首先应该自律一下：对媒体的批评是否正确，分寸是否得当，媒体的错误是怎么发生的，如何批评才能使他们更易认识和克服错误。这样，新闻出版管理部门的批评不仅不会失当，媒体也会很好地认识自己的过错，如果它们确实发生了错误。

二、媒介批评者的政治修养

无论对西方国家还是对中国而言，媒体大量有关政治问题的传播严格说是一种政治活动，媒介批评者评价这类传播的正误，自然要用政治家的眼光。一切媒介批评者都要以科学与严肃的政治态度，向公众阐明媒介的政治是非，引导受众正确地理解政治性媒介作品。

媒介批评者正确评价媒介的政治倾向，除了要有媒介的知识修养，还需要有高度的**政治修养**。批评家具有饱满的政治热情、丰富的政治知识和经验，以灵敏的政治嗅觉和宽容的政治胸怀洞察媒介现象，同人民的要求相呼应说明媒介的政治问题。具备这种政治修养，是分析媒介政治倾向的关键。对政治传播能否作出正确的评析，要视媒介批评者是否关注国家的前途命运，能否关心人民的忧患和疾苦而定。对人民的忠诚和效力，应当达到如此亲切、恭敬和全心全意的程度，即当他们撰文批评媒介的政治过错，指正媒介违背人民意志的种种行为，是以符合人民的意愿和要求为出发点的。许多事件一闪即逝，接踵而至，时间紧迫，不容媒介批评者四平八稳地准备材料或写作。许多媒介批评者都在不算太多的材料基础上作出判断，探索政治事件的历史趋势，揭示媒介对这种趋势的反映，需要精心、敏锐和谨慎的态度。

媒介批评家有良好的政治修养，是在长期参与政治传播实践中形成的，表现为灵敏的洞察力和严谨的判断力。政治洞察力是最重要的政治素养，有了这种素养，才能够随时注视社会事态的变化，从媒介行为的隐微发现传播的真实意图。培养这样的修养和素质，依仗对哲学、政治学、社会学、法学等社会科学研究之勤和造诣之深，同时也来自对公共利益的热情及忠诚。在21世纪，人类正处于曲折的变革中，旧事物、旧思想有时相当强大，而新事物、新思想却可能遭到贬抑，各种政治逆流随时都可能统治传媒人的头脑。面对媒介的各种倾向，需要媒介批评家大义凛然地挥毫泼墨，写出准确、有益的文章。缺少风骨、正气、激情，缺乏政治灵魂的媒介批评者，不仅会落伍于时代，而且会在政治新潮中不知所措。

三、媒介批评者的思想修养

媒介批评者应是个正派人，以“老实人”的品格对待批评问题，作出的是正派批评。与此相反，批评的动机不健康，没有“老实人”的诚实品性，媒介批评就不可能是正派的。为了打击别人、抬高自己或其他目的，对媒介作品和编辑记者滥施鞭挞，败坏精神生产的纯洁性，这类媒介批评经常出现。没有是非观念，缺乏社会责任和学术责任，不问批评对象的特殊环境，用历史问题否定现实问题，用外国人的社会理论否定中国人的探索，是一种蒙昧无知而又自作聪明的寻衅。为了批评而批评，不是为了发现和坚持真理而批评，难以指出批评对象的错误所在，甚至把对媒介的误解和捏造的谬误视为真理，如此等等，都是媒介批评者缺乏思想修养的表现。

中国思想界长期缺乏正气，对荒诞不经、污迹斑斑的思想与行为视而不见，躲躲闪闪，而对仗义执言、堂堂正正的思想不支持、不护驾，明哲保身、谨小慎微，多一事不如少一事的习气浓重，严重影响了媒介批评的开展。思想理论界曾一度大批判泛滥，新闻界内部动辄成为大批判“战场”，出现一次次整人运动。这种**媒介大批判**颠倒黑白、无限上纲、罗织人罪，剥夺被批评者的发言权，不仅背离严谨的学风，而且把批评演化为“斗争”。过去，媒介批判胡言乱语，肆意攻击，陷害好人，却长期受到鼓励。许多人丧失正义感，“随风倒”、“看风向”，圆滑处世，这种苟且偷生的处世原则在批评界盛行，哺育出一些善于对错误歌功颂德、指鹿为马、谄言媚主的批判能手。

批评者的思想修养有其明确的含义，主要是指处理批评与被批评的关系要有端正的思想和善良的愿望，抱有诚实的态度，富有追求和发现真理的崇高目的和作风。这就需要面对现实，针砭媒介的不规范行为。媒介批评想逃避现实是不可能的，回避现实不但难以提出有益的见解，而且随时都可能遇到错误思想的压制。媒介批评者应不断调整自己的批评方式，克服解读媒介的偏差，不被图谋者所利用，使诬陷难有可乘之机。

第一，媒介批评要有诚实的理念。对媒介涉及的重要社会问题或时事政策，一定要据实解剖，告诉人们客观的真实情况，不造假，不故弄玄虚。制造新闻，拔高典型，夸大事实，是我国媒体的痼疾，也是一些媒介批评者喜好玩弄的噱头。认为媒介作品好，就把它说得历史第一、世界独秀，这不是老实的态度。无论说好还是说坏，都要以实为据。说假话是丧失人格的表现，惯于说假话，批评者就毁掉了自我品行，丧失了起码的公德。

第二，媒介批评要耻于“跟风”。批评面临大量政治问题、是非问题，对媒介的错误表明态度，要出于自我的独立观察和分析。任何大是大非问题，都可能有两种对立的观点，有的观点虽然错误，却可能受到强有力的支持。媒介批评者不应看风向，看来头，放弃正确的立场。坚持真理，不“跟风”，是媒介批评者的高尚道德。为了个人的私利和保全自己，向践踏人民利益的观点让步，向错误潮流低头，迎合错误的需要，或为错误观点辩护，都是媒介批评的肮脏行为。

第三，媒介批评要有理有据。判断媒介批评是否有价值，不是靠地位和权威，而是靠科学分析及阐述的方法。媒介批评的观点脱离实际，脱离事实，出了偏差就不容易纠正。正确的媒介批评至少要具备一个条件，即对批评对象要有全面、深入的了解。没有调查就没有发言权，是永远打不倒的真理。对任何媒介现象的批评只能根据客观事实，坚持严谨的科学态度，不应将个别的、局部的、暂时的、不重要的缺点或错误夸大为系统的、严重的缺点或错误。对批评对象缺乏足够的了解，缺少全面、深入的考察，难以使批评有理有据、准确无误和分寸适当。

四、媒介批评的良好文风

某些媒介批评文章缺乏丰满的内容和生动、朴实的形式，文风尖刻、粗野，起了不好的作用。文如其人，文风轻佻或庄重，显露出批评者修养的高低。内容与形式同时不可偏废，哪一方面出了问题，都要影响媒介批评的效果。但内容决定形式，形式必须服从内容。**媒介批评**需要良好的**文风**，是指用适当、肃穆的形式表现批评内容，语言准确朴实，达到理想的批评效果。

批评形式一般被理解为文章结构和表达方法，但更主要是文风问题。文风是批评者思想作风在文章中的表现，涉及批评者的思想、笔力和文字修养，是文德教化之风。“盖文章，经国之大业”。媒介批评文章关乎媒介的消长和对媒介制度的态度，让媒介如何发挥更好的作用。在官场语境中，盛行官话、套话、假话、空话、大话，有用的话不多，无用的套话串串堵心，废话“珠联璧合”。如果把这套文风搬进媒介批评，就会导致批评内容的空洞化，言之无物，浮华冗长，秕糠尽现。媒介批评应内容充实，风格流转自如，以朴实持重为本。

文风表现为文章形式，往往被凝固化、模式化，难以突破旧的框子，这就出现了新内容与旧形式的冲突。媒介传播每天都在变化，新内容不断涌现，而媒介批评的形式却比较少变。旧形式为人们所熟悉，于是许多新内容就用旧形式来表现，但用旧形式必须有助于表达新内容，不能抓来随便使用。媒介批评者要善于创造新形式，从旧形式中发展出新形式，用新的语言和喜闻乐见的表现力，使业界感受到批评的感染力。创造新形式是让人读起来轻松、精深、连贯、严谨，观点步步透彻深入。

媒介批评文风中最活跃的因素是语言，语言的鲜明、明确、一目了然，是优良文风的标志。网络词汇的大量出现，丰富了语言的表现力，但有些新词破坏了汉语的准确性。像“你妹”、“我勒个去”、“神马”、“老湿”、“话痨”、“坑爹”等词，没有以规范性语言为基础，是一种随意创造，给正常交际造成困难。但也有类似“给力”、“粉丝”这样的网络词汇表意畅达，人们很快就能理解。主流文化的特性都展示在语言中，媒介批评规范地使用语言，是保护批评赖以生存的文化基因。在社会飞速发展环境下，社会生活和思想变化需要最新的语言，其中包括合乎表意规则的网络语言，媒介批评自然不能拒绝这类语言。媒介批评文从字顺、词句醒然，是运用语言的基本规范，而表达准确、清冽而深邃，则是健康文风的突出要求。

本章概念与思考题

概念

传播政策　批评伦理　媒介批评专业化　僵化的批评　批评者的政治修养　批评者的思想修养　媒介批评的文风

思考题

1. 中西传播政策有什么区别？我国媒介批评以哪些传播政策为指导？
2. 简述现代传播政策应有的内容和划时代意义。
3. 依据现代传播政策，应当批评媒介的哪些不良现象？
4. 简述媒介批评者肩负的社会责任。
5. 媒介批评容易发生哪些错失？
6. 丧失伦理规范的媒介批评有哪些表现？
7. 媒介批评者需要什么样的修养？

参考文献

[1] 刘建明，等．中国媒介批评史．福州：福建人民出版社，2011.

[2] 董天策，主编．中外媒介批评研究．广州：暨南大学出版社，2010.

[3] 胡正强．中国现代媒介批评研究．北京：中国传媒大学出版社，2010.

[4] 刘祖禹，胡文龙，编．新闻阅评学．北京：中国人民大学出版社，2010.

[5] 曾娅妮．媒介批评：理论与例证．成都：四川大学出版社，2010.

[6] 雷跃捷，主编．大众传播与媒介批评：首届两岸三地媒介批评学术研讨会论文集．北京：中国传媒大学出版社，2010.

[7] 王君超．第三只眼睛看传媒：媒介批评热点文选．北京：清华大学出版社，2009.

[8] 谢静．美国的新闻媒介批评．北京：中国人民大学出版社，2009.

[9] 薛耀晗，张国凡，杨秀荣，编．媒介批评的实践与探索：陕西省报刊专题审读案例选辑．西安：陕西科学技术出版社，2008.

[10] 雷跃捷．媒介批评．北京：北京大学出版社，2007.

[11] 刘建明，等．西方媒介批评史．福州：福建人民出版社，2007.

[12] Robert Allen，编．电视与当代批评理论．台北：远流出版事业公司，1993.

[13] 欧阳宏生，等．电视批评学．成都：四川大学出版社，2006.

[14] 陈龙．媒介批评论．苏州：苏州大学出版社，2005.

[15] 谢静．建构权威·协商规范：美国新闻媒介批评解读．上海：复旦大学出版社，2005.

[16] 李岩．媒介批评——立场、范畴、命题、方式．杭州：浙江大学出版社，2005.

[17] 蒋原伦，张柠，主编．媒介批评第一辑．桂林：广西师范大学出版社，2005.

[18] 成露茜，罗晓南，主编．批判的媒体识读．台北：正中书局股份有限公司，2009.
[19] 时统宇．电视批评理论研究．北京：中国广播电视出版社，2003.
[20] 李道新．影视批评学．北京：北京大学出版社，2002.
[21] 夏琼，编著．新闻评析．北京：高等教育出版社，2002.
[22] 肖小穗．传媒批评：揭开公开中立的面纱．哈尔滨：黑龙江人民出版社，2002.
[23] 尹鸿．尹鸿影视时评．开封：河南大学出版社，2002.
[24] 刘建明．媒介批评通论．北京：中国人民大学出版社，2001.
[25] 王君超．媒介批评：起源·标准·方法．北京：北京广播学院出版社，2001.
[26] 张宏源，主编．媒体识读：如何成为新世纪优质阅听人．台北：亚太图书出版社，2001.
[27] 黄国钧，主编．新闻阅评录．武汉：湖北教育出版社，2000.
[28] 欧阳宏生．电视批评论．北京：中国广播电视出版社，2000.
[29] [美] 理查德·沃林．文化批评的观念：法兰克福学派、存在主义和后结构主义．北京：商务印书馆，2000.
[30] 周安华，主编．现代影视批评艺术．北京：中国广播电视出版社，1999.
[31] 时统宇．电视影响评析．北京：新华出版社，1999.
[32] 张荣翼．文学批评学论稿．昆明：云南人民出版社，1994.
[33] 张锦华．传播批判理论：从解构到主体．台北：黎明文化事业股份有限公司，2010.
[34] 王石番．传播内容分析法：理论与实证．台北：幼狮文化事业公司，1991.
[35] Berger，A. A. 媒介分析方法．台北：远流出版事业公司，1992.
[36] 黄新生．媒介批评——理论与方法．台北：五南图书出版公司，2002.
[37] [美] 韦勒克．批评的诸种概念．成都：四川文艺出版社，1988.
[38] 赵毅衡，编选．“新批评”文集．北京：中国社会科学出版社，1988.
[39] 黄展人，主编．文艺批评学．广州：暨南大学出版社，1990.

图书在版编目（CIP）数据

媒介批评通论/刘建明著．—2版．—北京：中国人民大学出版社，2012.6

21世纪新闻传播学系列教材

ISBN 978-7-300-15664-4

Ⅰ．①媒…　Ⅱ．①刘…　Ⅲ．①传播媒介-批评　Ⅳ．①G206.2

中国版本图书馆CIP数据核字（2012）第110829号

21世纪新闻传播学系列教材

媒介批评通论

第二版

刘建明　著

Meijie Piping Tonglun

出版发行	中国人民大学出版社		
社　　址	北京中关村大街31号	**邮政编码**	100080
电　　话	010-62511242（总编室）		010-62511770（质管部）
	010-82501766（邮购部）		010-62514148（门市部）
	010-62515195（发行公司）		010-62515275（盗版举报）
网　　址	http://www.crup.com.cn		
经　　销	新华书店		
印　　刷	北京捷迅佳彩印刷有限公司	**版　　次**	2001年1月第1版
开　　本	787 mm×1092 mm　1/16		2012年7月第2版
印　　张	16.25	**印　　次**	2024年1月第7次印刷
字　　数	373 000	**定　　价**	45.00元

关联课程教材推荐

书号	书名	作者	定价	出书时间
978-7-300-09805-0	美国的新闻媒介批评	谢静	35.00 元	2008 - 12
978-7-300-09668-1	传媒文化研究	陈龙	29.00 元	2009 - 04
978-7-300-10330-3	新闻专业主义研究	吴飞	39.80 元	2009 - 05
978-7-300-22244-8	媒介素养概论	刘勇	38.00 元	2016 - 01

配套教学资源支持

尊敬的老师：

衷心感谢您选择使用人大版教材！

相关的配套教学资源，请到人大出版社网站（www. crup. com. cn）下载，或是随时与我们联系，我们将向您免费提供。

欢迎您随时反馈教材使用过程中的疑问、修订建议并提供您个人制作的课件。您的课件一经采用，我们将署名并付费。让我们与教材共成长！

联系人信息：

地址：北京海淀区中关村大街 31 号 206 室　龚洪训 收　　邮编：100080

电子邮件：gonghx@crup. com. cn　　电话：010 - 62515637　QQ：6130616

如有相关教材的选题计划，也欢迎您与我们联系，我们将竭诚为您服务！

选题联系人：	电子邮件：	电话：
翟江虹	zhaijh@crup. com. cn	010 - 62515636